大学生心理健康教育

赵 燃 侯舒艨 华 丹 主编
卢 宁 张 雁 主审

内 容 简 介

本书以大学生心理健康成长为主线,围绕大学生心理发展的特点,深入浅出地探讨大学生心理健康教育的理论与实践,系统介绍了大学生在学习和生活中容易遇到的各种心理问题、诱因形成及调试方法。全书共九章,阐述了大学生心理健康导论、自我意识与人格发展、职业生涯规划、学习心理、情绪与压力管理、人际交往、爱情与婚姻、心理危机与生命教育、积极心理与幸福人生,旨在帮助大学生树立心理健康意识,促进身心健康发展,在积极心理的引领下拥有和谐幸福的人生。

本书既可作为大学生心理健康教育的教材,也可供其他广大读者作为心理调适的自助读物。

图书在版编目(CIP)数据

大学生心理健康教育/赵燃,侯舒艨,华丹主编. —哈尔滨:哈尔滨工业大学出版社,2021.8(2024.8 重印)
 ISBN 978-7-5603-9372-8

Ⅰ.①大… Ⅱ.①赵… ②侯… ③华… Ⅲ.①大学生-心理健康-健康教育 Ⅳ.①G444

中国版本图书馆 CIP 数据核字(2021)第 045718 号

策划编辑	杨明蕾 刘 瑶
责任编辑	陈 洁
封面设计	屈 佳
出版发行	哈尔滨工业大学出版社
社 址	哈尔滨市南岗区复华四道街 10 号 邮编 150006
传 真	0451-86414749
网 址	http://hitpress.hit.edu.cn
印 刷	哈尔滨博奇印刷有限公司
开 本	787 mm×1092 mm 1/16 印张 18.5 字数 462 千字
版 次	2021 年 8 月第 1 版 2024 年 8 月第 3 次印刷
书 号	ISBN 978-7-5603-9372-8
定 价	50.00 元

(如因印装质量问题影响阅读,我社负责调换)

前　言

21世纪是一个思想文化激荡、价值观念多元、新闻舆论冲击、社会瞬息万变的时代，面对如此纷繁复杂的世界，优良的心理素质对大学生全面素质的提高起着举足轻重的作用，它必将对21世纪人才的质量产生积极而又深远的影响。加强大学生心理素质的教育与培养，全面提高人才质量已成为高等学校所面临的迫切任务。健康的心理是一个人全面发展必须具备的条件和基础，培养合格的新时代人才需要不断加强对大学生的意志力、创造力以及自信心等心理素质的培养与提升，引导他们科学地走出自我认识的误区，更新观念，超越自我，走向成熟，真正参与到国际人才竞争之列。

大学生心理健康教育是高校思想政治工作的重要内容，是促进大学生健康成长、全面发展的重要途径和手段。2018年7月，《中共教育部党组关于印发〈高等学校学生心理健康教育指导纲要〉的通知》（教党〔2018〕41号）对高校学生心理健康教育工作的指导思想、总体目标、基本原则、主要任务、工作保障、组织实施给出了指导性意见。以提高大学生的心理素质为目标，加强心理疏导，优化心理品质，培养健全的心智，增强大学生自我解决心理问题的能力和心理调适能力，是大学生心理健康教育工作的基本任务。为了切实落实这一任务，本书编写组以认真学习习近平总书记在全国高校思想政治工作会议上发表的重要讲话为契机，以关注大学生心理健康教育工作为引领，遵循思想政治教育与学生心理发展规律。强化心理健康教育工作的育人功能，帮助学生树立良好的心理品质和优良品格，帮助学生树立正确的世界观、人生观和价值观。结合多年一线教学实践、个体心理咨询及团体辅导等丰富的教学经验和教学资料，培养学生良好的心理品质和优良品格，使之具备较强的心理调适能力；促进学生的心理素质与思想道德素质、科学文化素质、专业素质和身体素质的协调发展，从而提高大学生适应社会生活的能力。

本书特点如下：

1.本书既注重强调教材的理论性与应用性的统一，又充分体现了面向大学一年级新生的针对性。心理健康教育是一门专业性很强的课程，教材内容需要具有一定的理论基础，本书在内容上体现了专业性、应用性和原则性，难易适度，专业性较强的知识点用案例分享、心理体验、课外知识拓展等方式呈现，注重激发大学生的求知欲、培养大学生综合运用心理学基本理论解决实际问题的能力，符合大学生的实际认知水平及兴趣特点。

2.本书既注重贴近生活和实际，又充分融入近年来心理健康教育研究的热点和焦点问题，如积极心理和幸福人生、高效学习方法、生命教育、心理危机预防与干预等内容，与当代大学生的现实生活息息相关，具有很强的现实意义。

3.本书既注重体现教材的实用性和易读性，又充分体现了教学方式的多元化和灵活性。

众所周知,心理健康教育的课程目标是希望通过一系列的心理体验让学生能够从活动中懂得认识自我、发展自我的重要性,进而能够主动地去发展和提升自己的心理品质。本书内容安排注重课堂讲授、案例教学及活动体验相结合,课堂教学与课外实践相结合,教师讲授与学生自我教育相结合。

本书在编写过程中参考了大量的国内外相关资料、心理健康的研究成果及相关网站材料,部分引文原出处遗失,未能详尽列出,谨向以上文献资料的原作者、专家及学者表示深深的谢意。由于编者学识有限,书中难免会有疏漏和不足之处,恳请专家、同行和广大读者批评指正。

编 者

2021 年 8 月于深圳

目 录

第一章　大学生心理健康导论	1
第一节　大学生需要树立正确的健康观	1
第二节　大学生心理发展特点及其影响因素	7
第三节　大学生常见心理困扰与应对措施	10
第四节　大学生异常心理的识别与治疗	13
第五节　心理咨询与心理治疗	23
第二章　大学生自我意识与人格发展	29
第一节　自我意识概述	29
第二节　大学生自我意识的发展	36
第三节　大学生的人格概述	49
第四节　大学生常见的异常人格及健全人格的塑造	68
第三章　大学生职业生涯规划	78
第一节　职业生涯概述	78
第二节　职业生涯规划的主要理论	92
第三节　大学生职业生涯规划的特点及步骤	106
第四节　大学生如何做好职业生涯规划	113
第四章　大学生学习心理	118
第一节　大学生学习特点及影响因素	118
第二节　大学生常见学习心理问题及调试	128
第三节　学会学习	136
第五章　情绪与压力管理	152
第一节　认识情绪	152
第二节　大学生的情绪调节	161
第三节　压力及其应对	176
第六章　大学生人际交往	192
第一节　人际关系概述	192
第二节　大学生人际关系	200

第三节 大学生人际交往原则与艺术 ······ 205
第四节 人际冲突处理 ······ 216

第七章 大学生爱情与婚姻 ······ 224
第一节 爱情与婚姻概述 ······ 225
第二节 当代大学生的恋爱现象及心理特点 ······ 231
第三节 大学生恋爱常见心理困扰的应对方式 ······ 234
第四节 大学生应树立健康正确的婚恋观 ······ 236

第八章 心理危机与生命教育 ······ 244
第一节 认识生命及生命的意义 ······ 244
第二节 大学生心理危机干预 ······ 252

第九章 积极心理与幸福人生 ······ 262
第一节 积极心理学 ······ 262
第二节 关于福流 ······ 272
第三节 积极心理学与人生幸福修炼之旅 ······ 274

参考文献 ······ 284

第一章 大学生心理健康导论

世界卫生组织(WHO)专家曾经指出:从20世纪90年代末到21世纪中叶,没有任何一种灾难能像心理疾病那样给人们带来持续而深刻的痛苦。

2019年4月全国性精神障碍流行病学调查显示,我国任何一种精神障碍(不含老年期痴呆)患病率为9.32%。焦虑障碍患病率最高,为4.98%;心境障碍其次,患病率为4.06%;酒精药物使用障碍第三,患病率为1.94%;间歇爆发性障碍第四,患病率为1.23%;精神分裂症及其他精神病性障碍终生患病率为0.61%;进食障碍患病率低于1‰;65岁及以上人群老年期痴呆患病率为5.56%。

高校大学生心理健康现状也不容忽视,近几年全国抽样调查显示,约有22.8%的大学生存在不同程度的心理健康障碍或心理异常表现。目前,帮助在校大学生了解心理卫生知识,树立心理健康意识,优化心理品质,增强心理调适能力,预防和缓解心理问题等工作迫在眉睫。

第一节 大学生需要树立正确的健康观

一、健康的定义

(一)健康定义的"前世今生"

2 400年前,苏格拉底认为身体的健康因静止不动而破坏,因运动练习而长期保持。

20世纪初,《简明不列颠百科全书》1986年中文版对健康和疾病的定义为:"健康,使个体能长时期地适应环境的身体、情绪、精神及社交方面的能力。""疾病,是以产生症状或体征的异常生理或心理状态",是"人体在致病因素的影响下,器官组织的形态、功能偏离正常标准的状态"。"健康可用可测量的数值(如身高、体重、体温、脉搏、血压、视力等)来衡量,但其标准很难掌握。"

1979年,《辞海》对健康的定义是:"人体各器官系统发育良好,功能正常,体质健壮,精力充沛,并具有良好的劳动效能的状态。"

1946年世界卫生组织(WHO)成立时在它的宪章里提到健康概念:"健康不仅指一个人身体没出现疾病或虚弱现象,而是指一个人生理上、心理上和社会上的完好状态。"这里的健康定义,至少表达了这样几个方面:①躯体健康;②心理健康;③社会适应;④没有疾病和虚弱。

1989年世界卫生组织(WHO)公布的健康定义是:"健康不仅仅是躯体没有疾病,而且还要具备心理健康、社会适应良好和道德健康。"由此我们得知,健康是生理、心理、社会适应和道德健康等几个层面的健康,可见心理健康是健康的重要组成部分。

由此可见,传统的健康观是"无病即健康",现代人的健康观是整体健康。身体健康,不等于身体没有病。现代健康的含义并不仅是传统的身体没有病,上述世界卫生组织(WHO)的解释:健康不仅指一个人身体没有出现疾病或虚弱现象,而是指一个人生理上、心理上和社会上的完好状态。这就是现代健康较为完整的科学概念。

最近有学者提出了具有现代意义的新的健康观:健康应是能对抗紧张,经得住压抑和挫折,积极安排自己的各种生活及活动,智慧、情感和躯体能融为一体,物质生活和精神生活充满生机,且富有文明的意义。

(二)世界卫生组织(WHO)健康的标准

世界卫生组织提出了10条健康标准:
(1)有足够充沛的精力,能从容不迫地应付日常生活和工作压力,而不感到过分紧张。
(2)态度积极,乐于承担责任。不论事情大小都不挑剔。
(3)善于休息,睡眠良好。
(4)能适应外界环境的各种改变,应变能力强。
(5)能够抵抗一般性的传染病。
(6)体重得当,身体匀称,站立时头、肩、臂的位置协调。
(7)反应敏锐,眼睛明亮,眼睑不发炎。
(8)牙齿清洁、无空洞、无痛感、无出血现象,齿龈颜色正常。
(9)头发有光泽,无头屑。
(10)肌肉和皮肤富有弹性,走路轻松稳健。

二、心理健康的概念

心理健康(mental health)是指高效而满意的、具有持续性的心理状态,是指人基本心理活动过程内容完整、协调一致,即认识、情感、意志、行为、人格完整和协调,具有良好的社会适应能力。

心理健康主要包括三方面的含义:其一是没有心理疾病,其二是具有一种积极向上的心理状态,其三是具有良好的社会适应能力。

以上内容符合了世界卫生组织(WHO)提出的健康观,即"健康不仅指一个人身体没有出现疾病或虚弱现象,而是指一个人生理上、心理上和社会上的完好状态"。

三、心理健康的标准

(一)大学生心理健康的标准

根据世界卫生组织(WHO)给出的心理健康标准,结合我国大学生心理健康实际情况,大学生心理健康的标准可以概括为以下几个方面。

第一章 大学生心理健康导论

1. 智力正常

智力是指人认识、理解客观事物并运用知识和经验解决问题的能力。智力包括观察力、记忆力、想象力、思考力和操作能力等。正常的智力是大学生学习、生活与工作的前提，也是大学生适应周围环境变化的保障。相比较而言，大学生群体总体智力水平较高。智力正常是人正常生活最基本的心理条件，是心理健康的重要标准。因此，衡量一个大学生的智力水平，关键在于他是否能够正常地、充分地发挥效能，即是否具有强烈的求知欲，乐于学习，能够积极参与学习活动，同时包括积极的人际关系发展等。

2. 情绪乐观并能自控

通常情况下，一个人的心理健康状况往往会直接从情绪上表现出来。对大学生而言，情绪健康的标志就是保持情绪稳定和心情愉快。大学生正处在人生的黄金时期，大学校园是大学生的舞台，积极进取，乐观向上，认真学习，努力提升自己各方面的能力，为人生的发展积蓄力量，这是大学生活的主旋律。由于所处人生阶段的特殊性，无论年龄、心理发展、生活境遇、人生节点如何，处在这个时期的大学生的情绪起伏波动都较大，他们会被学习、生活、交友、恋爱、就业等各种事情所困扰。但必须指出，心理健康的表现并不是没有消极情绪，而是这种消极情绪持续时间短或对学习生活影响的程度低。心理健康的人总体情绪较稳定，且积极情绪多于消极情绪，能保持乐观积极向上的心态，富有朝气，对生活充满希望，善于调节与控制自己的情绪，既能克制又能合理宣泄情绪，情绪反应与环境相适应。心理不健康的人却容易陷入消极情绪中不能自拔，持续时间长，甚至严重影响到自己的生活。

【案例分享】

小明是一名大二的学生，长得阳光帅气，学习成绩名列前茅，还是学院篮球队的主力。同学们都很喜欢跟小明聊天，觉得他组织的活动既有意义又很有趣，更让人羡慕的是，小明还有一位温柔体贴的女朋友。可是天有不测风云，小明在一次篮球比赛中不慎受伤，以后都不能剧烈运动，更不能打篮球了。小明出院以后非常消沉，每天苦着一张脸。由于上课很不方便，学习也落下了很多，同学们都很关心他，可他不能接受别人同情的眼光，动不动就跟同学发脾气，同学们只能对他敬而远之。小明的父母得知情况后将小明带回家休养，在家人的悉心照料和女朋友的贴心安慰下，小明又渐渐恢复到之前活泼开朗的模样。

分析 通过小明的故事可以看出，即使样样优秀、心理健康接近理想状态的人，由于生活事件的影响，也会导致心态发生变化，出现较大的情绪波动，让心理变得不那么健康。但是心理不健康的状况不是固定不变的，小明受伤后回家休养，在家人和女朋友帮助下，恢复到了心理健康的状态。

3. 意志健全

意志是人在完成一种有目的的活动时所进行的选择、决定与执行的心理过程。意志健全者在行动的自觉性、果断性、顽强性和自制力等方面都表现出较高的水平。意志健全的大学生在各种活动中都有自觉的目的性，能适时地做出决定并运用切实有效的方式解决所遇到的问题，在困难和挫折面前，能采取合理的反应形式，并能在行动中控制情绪。大学阶段虽然没有了高考的压力，但学业的压力、恋爱交友的压力、能力提升的压力、就业的压力等接踵而来，都不同程度地考验着每个大学生，而且在很大程度上，这些压力并非完全来自学校、社会或家庭，而是大学生在不断自我加压。大学生想要顺利完成学业，提高自己各方面的能力，为将来走向社会打下良好的基础，就必须在大学期间克服种种困难，不懈努力，用自己良好的意志品质战胜各种困难和诱惑,排除各种干扰,使大学成为历练自己的人生舞台。

4. 人际关系和谐

心理健康的大学生乐于与他人交往,虽然在学习生活中也会与周围人产生矛盾或摩擦,但能够积极寻求解决问题的方法,不会给自己的生活带来太大的负面影响。能够以尊重、信任、理解、宽容、友善的态度与人相处,能分享、接受、给予爱和友谊,有稳定的人际关系,拥有可信赖的朋友,社会支持系统强而有力。心理不健康的大学生不善于与他人相处,人际关系经常处于紧张状态,对别人充满敌意,离群索居,由于难以处理好人际关系而经常处于内心痛苦挣扎的状态。

5. 适应社会生活

心理健康的人能够对周围事物和环境做出客观的认识和评价,并能与现实环境保持良好的接触,使自己的思想行为与社会保持一致。心理健康的人对自己的能力有充分的信心,能妥善处理生活、学习、工作中的各种困难和挑战。相反,心理不健康的人,往往缺少足够的勇气去接受现实的挑战,甚至有时会抱怨自己生不逢时或逃避现实。

6. 拥有完整和健康的人格

人格指的是个体较为稳定的心理特征的总和。人格完整就是指有健全统一的人格,即一个人的所想、所说、所做都是协调一致的,人格结构的各要素,包括气质、性格、能力、需要、兴趣、爱好、信念等是完整统一的,形成自我同一性,以积极进取的态度把自己的兴趣、需要、目标和行动统一起来。

作为心理健康的大学生,应该在气质、能力、性格和理想、信念、动机、兴趣等人格结构的各方面都保持平衡发展。人格完整主要表现为:一是整体的精神面貌能够完整、协调、和谐地展露出来;二是思考问题的方式合理,待人接物恰当且灵活,对外界刺激不会有偏激的情绪和行为反应;三是能够与社会相融合,也能融入班集体和团队中。

7. 心理年龄和生理年龄相适应

生理年龄亦称"生物年龄",是指一个人生理学上的年龄,表示个体组织结构和生理功能的实际衰老程度,常常指一个人的身体健康状况年龄。

心理年龄是按照记忆、理解、反应、对新鲜事物的敏感程度等因素计算获得的年龄。心理年龄可以认为是一个人为人处世成熟度的标准。人生阅历和人生悟性都直接影响心理年龄。心理年龄是一个动态变化的数值,面对不同的个体或身处不同的环境都会呈现不同的心理年龄。

在不同的年龄阶段,每个人都会表现出相应的心理与行为特征,进而形成不同年龄阶段的具有个体属性的心理行为模式。也就是说,大学生应该具有与其年龄、角色相应的心理行为特征。如果一个大学生的心理行为经常严重偏离自己的年龄特征,换句话说,如果一个大学生经常表现出与同伴或同龄人异常的心理行为,通常是心理不健康的表现。

(二)美国心理学家马斯洛的心理健康标准

1. 有充分的自我安全感

安全感是一种感觉、一种心理,是一方的表现所带给另一方的感觉,是由让人可以放心、可以舒心、可以依靠、可以相信的言谈举止等方面的表现带来的。安全感主要体现在以下两方面。

(1)精神层面。

当一个人在情感方面从对方身上得不到足够的安全感时,便会追求物质方面的安全感,来抵制精神/情感方面的安全感缺失。

(2)物质层面。

当一个人追求物质方面的享受的时候,如物质要求得不到充分满足,安全感相对下降,那么便会通过在精神方面追求新的替代者,来满足他在物质方面的安全感缺失。

2. 充分了解自己并对自己的能力做适当的估价

充分了解自己并对自己的能力做适当的估价,用心理学的术语讲也可以叫作有好的自我认知。如果一个人不能正确地认识自我,看不到自我的优点,觉得处处不如别人,就会产生自卑心理,丧失信心,做事畏缩不前。相反,如果一个人过高地估计自己,就会骄傲自大、盲目乐观,导致工作失误。因此,恰当地认知自己能够克服这些不切实际的想法,还能够全面地认识自己。

3. 生活的目标能切合实际

由于社会生产发展水平与物质生活条件有一定限度,如果生活目标定得太高,必然会产生挫折感,甚至产生习得性无助,不利于身心健康。

4. 不脱离现实环境

因为人的精神需要是多层次的,与外界接触,一方面可以丰富精神生活,另一方面可以及时调整自己的行为,以便更好地适应环境。

5. 能保持人格的完整与和谐

个性中的能力、兴趣、性格与气质等各种心理特征必须和谐而统一,方能得到最大的施展。

6. 具有从经验中学习的能力

现代社会知识更新很快,为了适应新的社会生活形势,就必须不断学习新的知识,使自己能更好地适应生活和工作,少走弯路,以取得更多的成功。

7. 能保持良好的人际关系

人是社会性动物,身处社会环境之中,就避免不了人与人之间的接触。在人际关系中,有正向积极的关系,也有负向消极的关系,而人际关系的协调与否,对人的心理健康有很大的影响。

8. 能适当宣泄和控制情绪

人有喜怒哀惧不同的情绪体验。不愉快的情绪必须释放,以求得心理上的平衡。但不能过分发泄,否则,既影响自己的生活,又加剧了人际矛盾,对身心健康没有益处。做到合理的情绪管理,也是心理健康的重要部分。

9. 能做有限度的个性发挥

人的才能和兴趣爱好应该充分发挥出来,但要把握好尺度,既不能妨碍他人利益,也不能损害团体利益,否则,会引起人际纠纷,徒增烦恼,无益于身心健康。

10. 在不违背社会规范的情况下,对个人基本要求做适当的满足

人出生就有着各种需要,由低到高分别是:生理上的需要、安全的需要、归属和爱的需要、尊重的需要、自我实现的需要。当然,满足需要不仅仅是不能违背社会道德规范,还必须符合法律,否则将受到良心的谴责、舆论的压力甚至法律的制裁,自然毫无心理健康可言。

(三)我国青年学生的心理健康标准

(1)能正常地进行学习、工作和生活,并保持在一定的能力水平上。
(2)能与他人保持良好的人际关系,与人为善,团结互助。
(3)情绪基本稳定,对事物反应敏捷,心境持久地保持轻松和愉快的状态。
(4)行为符合社会群体要求,与学生的角色身份相称。
(5)人格完整,能客观地评价个人及外界,意志坚强,言行一致。
(6)与大多数人的心理意向一致,热爱集体,有浓厚的社会交往欲望。
(7)有良好的适应能力及对紧急事件的应变能力。
(8)有一定的安全感、自信心和自主感,而不是逆反状态。
(9)心理符合其年龄,自居及定向能力强,个人理想与现实的可能性之间的距离是可望可即的。
(10)能适应快节奏的时代变化,学习效率高、质量好,精力充沛,自我感觉良好。

(四)成人心智成熟的具体表现

(1)意识到成熟是一个过程而非一种状态,并热衷于提升自己。
(2)有能力控制好自己的猜忌与嫉妒。
(3)能做到倾听和反思别人的观点。
(4)在日常生活中既能表现出耐心,也能体现出灵活性。
(5)能够接受无法改变的事实,能从错误中吸取教训而不是发牢骚。
(6)不被恐惧吓倒,能看到事物的积极方面。
(7)有能力区分理性决策与情感冲动的不同。
(8)懂得"机会只偏爱有准备的人"这一道理。
(9)有能力控制好自己的脾气与愤怒。
(10)不自私,能考虑到他人的感受。
(11)能区分"需要"与"想要"之间的不同。
(12)自信但不傲慢。
(13)能镇定自若地应对压力。
(14)独立自主又能对自己的行为负责。
(15)有能力克服恐惧感。
(16)能在"非此即彼"的极端思维中看到事物的其他方面。

(五)"心理健康连续谱"概念的建立

心理健康与不健康是一个连续谱,具有相对性。心理健康与不健康之间并没有绝对的分界线,而是一种连续过渡、不断变化的状态。

人的精神正常与不正常无明显界限,它是一个连续变化的过程。具体来说,如果将人的精神正常比作白色,精神不正常比作黑色,那么在白色与黑色之间存在一个巨大的缓冲区域——灰色区,世间大多数人都散落在这一灰色区域内。灰色区理论示意图如图1.1所示。

人的心理健康就像这个连续谱上的某一个点,而没有人是属于谱线的最左端的,因为

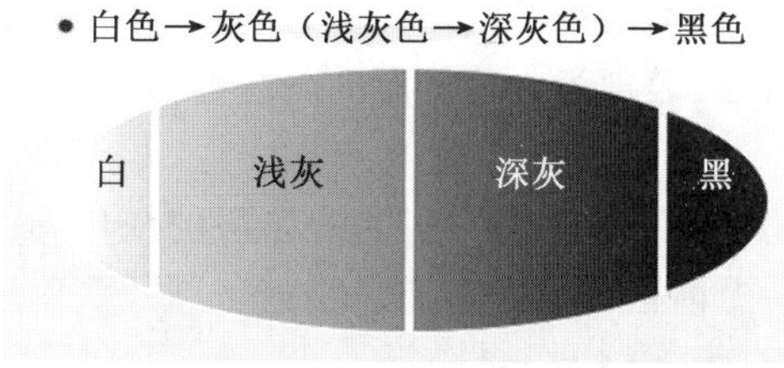

• 白色→灰色（浅灰色→深灰色）→黑色

白　浅灰　深灰　黑

图1.1　灰色区理论示意图

"没有完全心理健康的人"。但这并不是说我们就是不健康的,只是心理上的问题我们能够自己处理,而"自己处理不了"的问题可以分为:因某事件产生的情绪问题,轻度情绪问题(如抑郁发作),中度情绪问题,重度情绪问题。

前三种其实都可以寻求专业的心理帮助,如主动去和心理咨询师探讨自己的问题,但处于中度和重度的时候,要开始考虑是否需要药物治疗,这时就需要找精神科医生。一旦开始服药(须按医嘱),请注意不要私自停药。专业的心理咨询师都具备一定的心理疾病评估能力,当咨询师说需要找精神科医生的时候,请不要讳疾忌医。也可以向咨询师表达对精神科医生的看法,让咨询师帮忙识别自己的想法是否有偏差。

第二节　大学生心理发展特点及其影响因素

一、大学生心理发展特点

(一)心理发展的概念

心理发展,指个体从出生到死亡的有规律的心理变化。在个体的一生中,其心理过程和个性特点不断变化。但是,并不是所有的变化都可以叫作心理发展。例如,身体一时因疾病或疲劳而引起的心理上的偶然变化,就不能称之为心理发展,只有在个体身上发生的那种有规律的心理变化,才能称之为心理发展。

心理发展包含两种过程论:一种是"渐进论",即认为从婴儿到成人的心理发展是一个逐渐积累的连续量变过程。另一种是"阶段论",即认为个体的心理发展不是一个连续量变的过程,而是经历一系列有着质的不同的发展阶段的非连续过程。

个体的心理发展,同时包含着两种相反的心理变化过程,即前进上升的变化和衰退下降的变化。在不同的年龄阶段,可能两种心理变化过程中的某种变化占优势,如在成年期以前,前进上升的变化占优势,而到了老年,则衰退下降的变化占优势。

(二)学生心理发展的一般特征

1. 连续性与阶段性

连续性是指个体的心理发展是一个逐渐由低级向高级有序前进的过程,高级的心理是在低级的心理发展的基础上进行的,而且又萌发着下一阶段的新特征,表现出心理发展的连续性。

同时,心理发展又是一个逐渐由量变到质变的过程,当新质逐渐占据优势地位时,心理发展也就达到了一个新的阶段,表现为心理发展的阶段性。

2. 稳定性和可变性

心理发展具有一定的稳定性,诸如发展的阶段、阶段的变化等,大体遵循一定的规律,具有相对的稳定性;但同时,各个阶段的心理特点总是处于不断变化之中,可变性是绝对的。

3. 普遍性和差异性

个体的心理发展具有一定的普遍性和规律性,但各种心理机能发展的进程、达到的水平则因人而异。发展既有共同规律,又表现出个别差异,共性中包含着特殊性。

4. 发展的不平衡性

发展的不平衡性主要表现为发展的不同阶段、不同方面在发展进行的速度、到达某一水平的时间及最终达到的高度等方面都表现出多样化的发展模式。

即使对同一个体而言,不同心理的各组成成分的发展速度也有所不同,达到成熟水平的时间也不尽相同,发展所需的最佳时期与条件仍然不同。

从发展心理学的角度看,大学生的心理发展处于个体心理发展的青年期。这一时期是心理上逐步走向成熟但还没有真正成熟的时期。在大学阶段,大学生开始设计自己的未来,这是人生观、世界观开始形成的时期,个体真正开始成为独立的社会成员。知识的扩充、认知的发展和自我意识趋于成熟,使这一时期成为人生中最具活力、最有朝气、最富想象的时期。大学新生一般处在适应准备阶段,他们遇到的新问题最多,各方面会产生诸多的不适应。适应准备阶段之后,大学生的心理发展会进入稳定发展阶段。稳定发展阶段之后,大学生的心理发展会进入走向成熟阶段。处于这一阶段的大学生基本上能较好地处理自己遇到的困惑或问题,而在碰到自己难以解决的问题时,能选择正确的求助方式。

(三)学生心理发展的阶段

根据影响大学生心理发展的诸多因素和心理发展的主要矛盾,大学生的心理发展过程一般分为三个阶段,即心理适应阶段、全面发展阶段、职业定向阶段。

1. 心理适应阶段

这个阶段是在大学一年级,其主要特征是对环境的不适应和思想的不稳定。进入大学后,大学生们发现学习的任务、内容和方法发生了很大的变化。中学时代教师天天辅导、日日相随,大学里则需要有较强的自学能力和独立思考的能力,面对一张张陌生的面孔便产生了莫名其妙的孤独感和失落感。在高手云集的班级里,高中时学习优秀的自豪感与自尊心也变成了无奈和自卑。

2. 全面发展阶段

这一阶段是从大学二年级到三年级,其主要特征是具有积极追求精神上的丰富和多方面发展自己的能力。大学二、三年级是大学生活全面展开和深化的关键期,其心理特点主要表现在以下三个方面。

(1)思想活跃,兴趣广泛。

这一阶段的大学生既无一年级的心理不适应,也无毕业班学生的各种压力,因此,他们思想活跃,兴趣广泛,积极组织和参加各种社团活动,开展丰富多彩的课外活动,渴望从各个方面来充实和发展自己。

(2)求知欲增强,注重能力的培养。

通过一年的学习实践,大学生对自己的专业有了更多的了解,专业思想日趋稳定,开始按照本专业的特点掌握专门的知识与技能,塑造自己的个性,具有了大学生的学习风格。这一阶段大学生不仅刻苦学习专业知识,而且博览群书,积极参加社会调查、科学研究活动,有意识地培养自己的各种能力。但是,也有少数大学生胸无大志,得过且过,旷课缺席,虚度了美好的大学时光。

(3)人生观、世界观逐步形成并趋于稳定。

随着学校思政课教学的深入开展,大学生的思想素质进一步提高。他们能把自己的成长与社会的发展需要结合起来,关心国家大事,社会责任感增强。有些大学生政治上要求进步,主动向党组织靠拢。并且,他们向往科学,向往现代化。他们在人生的道路上勤于思考,善于探索,富有进取和开拓精神。

3. 职业定向阶段

这一阶段是在大学四年级,其主要特征是为职业选择和定向做最后的准备,对未来产生了美好的憧憬。大学四年级的大学生,心理发展已基本成熟。他们的思维、情感、意识等心理因素已接近成人。在职业选择与定向过程中,他们开始按照即将到来的职业生活模式来要求自己。在毕业设计和实习的过程中,他们发现了自身知识与能力的不足,开始冷静地分析自身素质和能力,希望通过大学生活的最后一年来丰富和完善自己。因此,不少大学生会更加勤奋地学习,把以前没学好的知识补上,把没做好的事情做好,力求按照未来的角色来完善自己。但是也有少数大学生,得过且过,不思进取。

大学生心理发展是有阶段性的,每个阶段有着不同的主要矛盾和心理特征。但发展阶段的划分是相对的,各个阶段之间互相渗透、互相影响。我们既应该注意不同阶段的主要矛盾,又要注意各阶段之间的衔接,做好过渡工作。

二、影响大学生心理健康的主要因素

遗传因素、社会环境因素、教育因素及人的内在需要和主观努力是影响个体心理发展的主要因素,也是影响大学生心理健康的主要因素。

遗传是个体心理发展的潜在基础和自然前提,遗传的个别差异为心理发展的个别差异提供了最初的可能性。尽管遗传的作用在心理方面不如生理方面那样明显,但对个体的智力、知觉、动作和性格特征等心理方面都具有较大的影响。

社会环境对心理的影响主要通过家庭、学校、工作群体、社会氛围(包括大众传媒、社会风气、国家大环境)等途径来实现。虽然社会环境是影响人的心理发展的重要因素,但是同遗传一样,社会环境不是个体心理发展的决定性因素。

教育把人的心理发展纳入一个有组织、有计划、有目的、积极主动的轨道上来,控制环境影响中的消极因素,利用环境影响中的积极因素促进人的心理发展。因此,在人的心理发展中,科学、有效的思想政治教育和心理健康教育是起主导作用的。

第三节　大学生常见心理困扰与应对措施

一、大学生常见的心理困扰

(一)对新环境适应不良

由于学习生活环境的改变,大学生往往容易出现矛盾和困扰心理,其中一部分大学生表现出对现实的失落。中学时由于对大学充满了憧憬,同学们也常常将考大学作为唯一的或最终目标来激励自己,但是在进入大学校园后,突然发现事实并非原来所想象的那样,进而怀念起中学时代的生活。由于异地求学,因南北差异等原因,一些大学生对地域环境(气候、生活习惯等)、人文环境(语言、饮食、着装等风土人情)等出现明显的不适应心理,产生极大的心理落差,甚至在入学初期,有一些大学生会出现失落、自卑和抗拒心理而提出休学或退学。一部分大学生因发现自己在高手如云的新集体里长期无法适应,还有一部分大学生由依赖父母转变为独立生活,心理上会产生一种孤独感,进而把自己封闭起来,整日独来独往,不与人沟通交流。

(二)对大学学习及专业的焦虑

经过激烈竞争后的准大学生们带着良好的感觉进入大学校园之后,突然发觉自己站在"山顶"的感觉没有了。在高手如云的集体内,昔日那种优越感已荡然无存,无形中在心理上产生了一种失落感。大学期间的主要任务是学习,许多大一学生已适应了以往的学习方式,在向自主式学习理念转变的过程中出现了诸多不适应,导致学习困难,甚至一些大学生在入学初期因不适应大学的教学方式而轻易给自己贴标签——认为自己脑子变笨了。现实中,学习上的困难与挫折对大学生的影响是最为显著的。由于大学学业与中学学业存在很大的不同,大学课程专业性强、难度大、要求高,学习压力和竞争也相应增大,并且因对自己所学专业了解有限,容易对自己的专业学习能力和就业前景产生极大的疑虑和不确定性,以上原因很容易导致大学生们产生紧张焦虑的情绪。

(三)对人际交往的困扰

以往新生入学后的调查问卷数据显示,大学生特别关注自己在校园生活中的人际互动情况,也很在意在人际交往中自己的表现和内心自我满意程度。现实中,大学时代的人际关系比中学时代更复杂。中学时期学生们居住得比较集中,从小学到中学,都有一些从小在一块儿的伙伴儿,班主任一任数年,天天见面。熟悉的面孔和相似的语言习俗,构成自己熟悉的生活环境。跨进大学,周围的人来自不同地区,语言习俗各不相同。同学间由原来的热热闹闹、亲密无间变得陌生,有想法也难以启齿。每个人的为人处世方式和个性特征不同,再加上青春期心理固有的封闭、羞怯、敏感和冲动,大学生不可避免地遇到各种困难,有人就会产生抑郁、焦虑等心理问题。

(四)对恋爱及婚姻的焦虑

步入大学后,许多大学生将恋爱交往提上日程,期待在大学期间遇到心仪的她(他)并轰轰烈烈地爱一场,部分大学生匆匆加入"恋爱族",甚至少数大学生准备爱情、学业双丰收,在上学期间就步入婚姻的殿堂。对爱或被爱缺乏正确的理解,往往导致他们饱受单恋、失恋和婚内失和之苦,但又难以自我调适,轻者陷入情感的旋涡难以自拔,重者则会痛不欲生,甚至导致精神失常等严重后果。

(五)对未来步入社会不确定性的迷茫

大学生心身发育极为迅速,已基本趋于成熟,但由于阅历较浅,社会经验不足,对人生和社会问题的看法往往飘忽不定,很容易受外界各种因素的干扰和影响。由于无法对现在的自己和未来进入社会的自己进行客观、整合性思考而出现的各种困惑、迷惘、不安、紧张明显增加,社会的变革给正在成长着的大学生带来的心理冲击比以往任何一个时代更强烈、更复杂。各种生理因素、心理因素、社会因素交织在一起,极易造成大学生心理发展失衡。

(六)对来自原生家庭的困扰

原生家庭是一个社会学概念,是指儿女还未成婚,仍与父母生活在一起的家庭。原生家庭是个体初次进行情感体验和表达的场所,个体在原生家庭中逐渐形成其独特的性格和三观,但原生家庭中有一些因素可能对个体产生不良影响,而且这种影响往往是长期发挥作用并且难以摆脱的,一些长期的不利影响往往导致个体的心理状况出现问题。对大学生来说,家庭所在地,父母的社会经济地位、受教育状况、婚姻状况,父母的人格特质、对子女的关爱与教养方式以及家庭氛围,这些因素都可能对大学生的心理健康产生影响。

(七)对深陷虚拟网络世界的措手不及

目前大学生中因网络成瘾而引发的心理障碍或社会适应障碍等案例正逐渐增多。一方面因交际困难,而在虚拟网络世界寻求交际的满足感,另一方面被网络所深深吸引,现代大学生对网络的依赖性越来越强,有的甚至染上网瘾,每天花费几个小时泡在网络上。研究表明,网络成瘾导致学生学习成绩下降,行为异常,心理错位。在极端情况下,有些网络成瘾者分不清虚拟和现实世界,使得人际关系和学习生活受到严重影响。

二、大学生心理困扰的原因分析

在动态校园生活中,导致大学生常见心理问题产生的原因多元、成因复杂,主要有社会因素、学校因素、家庭因素和自身因素。

(一)社会因素

大学生是社会上最活跃、最敏感的群体,他们常常最先敏锐地感觉到社会的变化和冲击。但由于他们正处在人格和观念的形成期,生理和心理正在迅速变化,因此社会环境对于生活在其中的青年学生有着很大的影响作用。大学生必须要根据从社会中所获得的信息不断地调节自己的心理,调节自己的行为,使之适应社会的要求。然而这种适应性反应有时会出现某种程度的失调,从而对大学生的心理造成不良影响,引起心理上的矛盾和冲突,带来情绪体验上的巨大变化,严重持久的心理平衡失调还会导致心理失常。

(二)学校因素

学校教育管理与环境对大学生心理的影响是深刻的;从学校教育来看,有的学校重知识传授,轻人格养成,在思想教育中缺乏对心理素质的培养和塑造;从学校管理来看,一些高校对大学生的生活管理较为松懈,个别大学生生活懒散,不求上进,追求低级趣味,轻则表现为心理变态,重则走向犯罪深渊;从学校环境来看,如果大学生学习过于紧张、竞争过于激烈,会导致情绪紧张,心理压力过大。

(三)家庭因素

家庭因素对大学生的心理健康有着重要的影响。家庭教养方式和观念的影响、父母的教养态度和教育方法是最早和最直接影响孩子的行为和心理的因素。家庭人际关系和氛围,家庭中父母之间、亲子之间关系,父母的人格特征、人生观、价值观等,都直接影响着孩子的人格特征和心理素质。如果父母对孩子不闻不问、忽冷忽热,孩子极有可能缺乏安全感,从而产生孤僻、自卑心理,不能感受到自己的价值;如果父母对孩子的管教过于严厉,甚至用暴力的手段来解决问题,那么孩子可能产生叛逆心理和恐惧心理;如果父母过分溺爱孩子,则孩子可能会变得自私自利,过度依赖父母,无法独立思考。

(四)自身因素

自身因素是影响、制约大学生心理健康的主要内因,主要表现在四个方面:①人格的缺陷;②价值观念动荡模糊;③不正确的认知方式;④心理发展中的内在矛盾。

三、预防和解决大学生心理困扰的主要途径

(一)面对全体大学生开展心理健康教育

高校应围绕着大学生的身心特点、生活环境、常见的重大发展事件及心理疾病开展工作,采用科学、有效、实用的心理学技术与方法,有目的、有计划地对大学生的心理施加影响。大学生良好心理素质的培养、各种心理问题的预防与减少无不得益于成功的心理健康教育。

根据大学生中出现的突出心理问题及不同年级学生的具体情况,高校不仅应开设大学生心理健康教育课程和专题讲座、开展心理健康状况测定和评估工作,还应开展多种多样心理咨询与辅导活动,组织大学生开展丰富多彩的课外实践活动。

(二)优化大学生成长的心理氛围

大学生的心理问题是由多种因素引发的,大学生心理问题的预防、消除或减轻需要社会、学校、家庭及学生本人的共同努力。良好的社会风气、和谐的家庭氛围,都可以大大减少大学生心理问题的应激源,有利于大学生社会支持系统的构建。

(三)对大学生进行有效的人际关系教育

建立良好的人际关系是消除抑郁、焦虑、孤独等消极情绪的重要手段。大学生要改变社交观念,扩大社交范围,形成立体的良好的人际关系;要多渠道交往,加强交往实践。

(四)建立以网络信息技术搭建平台为基础的心理健康推广教育

实现心理咨询的及时化和有效化使得大学生能够共享专业心理咨询平台。心理健康教育的主要目的不是进行知识的传授,而是为了更好地保证学生们的心理健康。利用慕课和翻转课堂,能够更好地丰富心理教育的形式,从而带动心理健康的全面发展。

第四节 大学生异常心理的识别与治疗

一、神经症

神经症(neurosis)是一组精神障碍的总称,主要表现为焦虑、烦恼、抑郁、恐惧、强迫、疑病症状或各种躯体不适感,患者深感痛苦且妨碍心理功能或社会功能,但没有任何可证实的器质性病理基础。病程大多持续迁延或呈发作症或呈发作性。病程不足三个月或仅有一次短暂发作者称为神经症性反应。

1. 神经衰弱

神经衰弱是一类以精神容易兴奋和脑力容易疲劳,伴有睡眠障碍和各种身体不适感为主要临床症状的神经症性障碍。

(1)症状。

①易兴奋。表现为感情的控制力降低,情绪易激动;感觉过敏,如感到头部的血管搏动、心脏跳动、怕光、怕声等。

②易疲劳和衰弱。表现为注意力不集中,记忆力明显减退,脑力和体力均易疲劳,学习不能持久,学习效率明显降低;精神萎靡不振,情感反应强烈但不持久。

③植物性神经紊乱。在心血管机能方面表现为心悸、心慌、心跳、皮肤潮热多汗或手脚发凉等。在呼吸机能方面表现为呼吸不舒畅、胸闷、气憋等;在胃肠机能方面表现为食欲不振、消化不良、腹胀、腹泻、便秘等;在泌尿生殖功能方面表现为尿频、月经失调、遗精、性功能障碍等。

④紧张性疼痛。表现为紧张性头痛、紧张性肌肉疼痛等。

⑤睡眠障碍。表现为入睡困难、睡眠比较浅、多梦、易惊醒、早醒等。

(2)病因。

①人格因素:性格偏于胆怯、敏感多疑、易激动、急躁、自制力差、心胸狭窄、主观、任性的人易发此病。

②精神因素:凡是能引起持续紧张心情和长期心理冲突的一些因素,如亲人死亡、学习负担过重、人际关系失和等,使神经活动强烈而持久地处于紧张状态,超过了神经系统张力所能忍受的限度,即易引发神经衰弱。另外,脑力劳动过程中的不良情绪状态,消极的劳动

态度,缺乏劳逸结合以及经常改变生活与睡眠规律,都可能引起大脑机能活动的过度紧张,也可导致神经衰弱。

(3)防治。

①合理安排生活。注意劳逸结合,有效进行休息和娱乐活动,适当参加体育锻炼,培养良好的生活习惯和规律。

②心理治疗。治疗关键在于揭示患者内心深处的心理冲突(病因),缓解其外在压力,消除紧张刺激。同时,消除患者的思想顾虑,端正其对疾病的不正确认识和错误态度,使其树立战胜疾病的信心,并积极配合治疗。

③药物治疗。必要时使用,主要有抗焦虑药、中药等。

④其他疗法。体育活动疗法,如气功、太极拳;物理疗法,如针灸、电刺激等。

【案例分享】

最近,大一学生小刘对学习感到格外吃力,学习过程中极易疲劳。往往只看了几十分钟的书,脑子就乱成一团麻,再也无法继续下去。学习中遇到一些很小的事情,也会分散很多的精力,注意力集中在他看来已经成为十分困难的事情。学习兴趣明显下降,人也经常感到疲惫,整天无精打采。每天晚上,躺在床上需两三个小时才能入睡,尽管用了许多催眠方法,均无济于事。同时还伴有心情沉重等症状。

分析 根据症状,小刘可能患上了神经衰弱。主要表现:精神萎靡、情感反应强烈但不持久,睡眠障碍、易兴奋和易疲劳等症状。

建议 接受心理治疗,必要时可进行药物治疗;合理安排生活、注意劳逸结合,积极参加体育锻炼,培养良好的生活习惯和规律。

2. 焦虑症

焦虑症是一种以焦虑反应为主要症状的神经症,患者在面对不良刺激或预感到会出现挫折情境时会进入一种复杂的、消极或不愉快的情绪状态。

(1)症状。

①焦虑情绪为主要症状。这种焦虑是无原因的,并非由实际威胁引起,不针对具体的人或事;紧张和焦虑程度与现实情况不符。表现为难以言说的紧张感,担心、着急、坐立不安、害怕惶恐,好像灾难即将降临似的。

②伴躯体症状:头晕、胸闷、心悸心慌、呼吸困难、尿频尿急、内分泌失常、运动性不安、睡眠障碍。

(2)临床表现。

①急性焦虑(惊恐发作)。患者常出现无明显原因的、突然发作的强烈紧张、极度恐惧、濒临死亡感,有如坠入万丈深渊,有的会死死抓住身边的人,有的会尖叫、呼救或逃离。同时伴有剧烈的心慌、心悸、气急、呼吸困难、胸闷胸痛、失控发抖、出大汗等。发作时间通常可持续数分钟。当一个人反复出现无预期的惊恐,并且开始持续担心再次发作的可能性时,惊恐障碍的诊断就成立了。

②慢性焦虑(广泛性焦虑或普遍性焦虑)。主要表现为长时间、经常感到无明显原因、无固定内容的恐惧和提心吊胆或精神紧张,总预感会发生什么不幸而处于警觉状态。伴躯体反应:坐卧不安、心惊肉跳、心慌、头痛、背痛、全身颤抖等,患者常因不明原因的惊恐感而意志消沉、忧虑不安、夜间入睡困难。

(3)病因。

①遗传因素。据研究,同卵双胞胎焦虑症的同病率为35%,高于其他神经症。另有研究认为,某些类型的孩子可能更易在后天生活中发展出易焦虑的人格特质,这种人格特质成为后来易感焦虑的基础。

②人格因素。焦虑症患者大多数都谨小慎微、胆小怕事、害怕困难、患得患失、遇事易紧张,对失败过分自责,摆脱不了失败的阴影。

③精神压力因素。当人们长期面临威胁,处于不利环境之中,或遭遇重大生活事件时,更易于产生焦虑症。值得注意的是,儿童时期的创伤性体验常会由于现实生活中某些事情的唤起作用而诱发焦虑症。

(4)防治。

①自我调节。轻度焦虑可通过自我调节来缓解,常用的方法有:树立信心、适当运动、充分睡眠、放松心情、调整目标。

②心理治疗。各种形式的放松疗法,如自我松弛训练、生物反馈技术、催眠疗法及脱敏疗法、音乐疗法、认知疗法等对焦虑症都有良好的效果。

对于急性焦虑发作,以抗焦虑药和抗抑郁药为主的药物治疗可以显著迅速地改善症状。但如果没有采用心理咨询和治疗从根本上调整患者的心理状态,焦虑症是很难彻底治愈的。

【案例分享】

小媛,大二女生。因已有三门功课不及格而终日惶恐不安。一想到考试,她就极度紧张,担心再不及格,导致看书时脑子一片空白。临近考试,由于无法学习,只好请求缓考。在假期里,她整日焦虑不安,夜间噩梦连绵,总是梦到自己被退学,白天神心不宁,坐立不安,头晕、耳鸣、胸闷、出汗、食欲不振,担心自己脑子失灵,不得已休学一年。后来到医院求治,被诊断为焦虑症。

建议 药物加心理治疗,多参加集体活动,解除精神压力;适当运动,根据个人兴趣和爱好,在感到焦虑紧张时多做一些简便易行的运动,可消除疲劳、减轻压力;充足睡眠,规律作息;调整个人学习和生活目标。

3. 恐惧症

恐惧症是对某些事物、特定情景或要从事的特定活动产生强烈的恐惧感。明知不存在真实的危险,却产生持续的异常强烈的恐惧反应或不安的内心体验,伴随植物神经功能失调(心跳加快、呼吸急促、头晕、心悸、出汗、颤抖、晕厥),产生回避行为。

(1)临床特征。

①某种外在(体外)的客体或情境引起强烈的恐惧。

②明知过分、不合理、没必要,却又无法控制。

③发作时往往伴有明显的焦虑不安及植物性神经症状,如出汗、心悸、面红或气短、气促、头晕甚至晕倒、战栗。

④因尽力回避所恐惧的客体或情境而影响正常生活或工作,回避行为越明显,说明病情越严重。

(2)病因。

童年经验:从发生角度看,恐惧是一种原始情绪。它是动物遭遇危险情境的一种警诫反应,具有适应意义。在人类生命期里,儿童时期发生恐惧体验的可能显然多一些。因此,对恐惧症原因的探索大多强调童年经验的作用,成人的恐惧症状是儿时恐惧经验在某种情景诱发下的再现。

人格因素:恐惧症患者的人格特点多为内向、羞怯、胆小、怕事、依赖性强、遇事易焦虑等。

(3)常见类型。

①社交恐惧症。社交恐惧症的基本特点是恐惧暴露在可能被他人评价的场合。主要表现为对社交场合和与人接触的持久的强烈恐惧和回避行为。社交恐惧情绪出现时,患者会出现一系列的心理、行为和生理方面的异常反应。心理方面出现焦虑不安、反应迟钝、暂时性遗忘,严重时会产生心力委顿和自我失控感;行为方面出现动作僵化变形,语言不流畅,甚至会出现口吃现象;生理方面出现脸红、心跳加快或心慌、心悸、气短、发抖、出汗、震颤、眩晕等。这些反应在大多数情况下会对患者的人际交往活动产生负面影响,患者会因恐惧而回避朋友、同学,不愿出门,不愿上学,几乎与社会隔绝,失去学习和生活的能力。

②广场恐惧症。广场恐惧症的主要表现为对公共场所产生恐惧,因而害怕到各种公共场所中去。患者担心在人群聚集的地方不易离开,害怕自己会晕倒或发生其他意外,而身边却没有亲人或朋友相助,幻想在公共场合下,自己会不能自控地表现出愚昧或过激行为,因而不敢轻易去车站、剧场、超市等人多、拥挤的场所。

③简单恐惧症。简单恐惧症是恐惧症中最常见的一种,也称物体恐惧症,是指患者面对特定对象或情境易产生恐惧。根据恐惧对象的不同,简单恐惧症又被分为三类:动物恐惧症,伤害或疾病恐惧症,非生物性恐惧症,如害怕登高、暴风、雷电、黑暗、幽闭等。

(4)防治。

对恐惧症的最主要的心理治疗方法是行为治疗,以脱敏疗法为主,针对患者的具体情况,也可进行心理分析或认知疗法。

【案例分享】

小徐,男性,31岁,未婚,某重点大学硕士毕业后来到一家公司工作,因业务娴熟,目前担任部门经理一职。因与人交往时紧张,不敢在公共场合讲话,这种情况已长达15年。小徐自述于16岁与一位女同学交谈时,同学无意中说起他的发型很难看,回家后反复照镜子,感到在女同学面前丢了脸,以后每看到这位女同学就想起这件事,并担心再次在同学面前丢人,不敢见这位同学,之后这种感觉进一步加重,看到同龄女性都有这种感觉,之后见到男性也有这种不适。在学校不敢和同学交往,不敢正视他们,每逢不得不和别人说话时,总是紧张得直冒汗,当感觉到对方的目光在注视着他时,更是手足无措,不知说什么好,害怕感严重时,常常伴有心慌、手抖和出汗。这种恐惧在女同学面前尤为严重。总是担心别人会看出他言行不合时宜,这种状况令小徐日益变得自卑,逐渐回避与别人的交往。

小徐于两年前因工作优秀被任命为公司的部门经理,每逢公司会议需要发言时,要喝二两白酒壮胆,否则就面红耳赤、全身发抖、心慌、大汗淋漓,脑子一片空白。因业务繁忙需要接触不同层次的人员,致使小徐每天都要饮酒,半年来逐渐需要喝一斤酒方能控制见人紧张害怕的情绪。小徐感到害怕,因为恐惧症状已经严重影响了工作,并因羞于与异性交往而至今单身。小徐为此前往心理专科医院就医。

建议 案例中小徐的症状以恐惧为主要临床特征,恐惧的对象主要为人际接触和社交场合,小徐与人交往时紧张、焦虑,在异性面前尤为严重。在焦虑时伴有心慌、手抖、面红、气促,甚至颤抖、大汗等植物神经系统的症状,并有回避性行为,小徐自己知道焦虑和紧张没有必要,但难以克制。这个病史迁延了15年,明显影响了小徐的生活质量和个人发展,给小徐本人带来痛苦。目前恐惧症的病因病理并不十分清楚。小徐的病史提示其个体的素质因素在发病中可能有某种作用,但小徐能主动就医并寻求专业帮助,这为病情的恢复起到了良好的作用。

社交恐惧症的治疗首推行为治疗法,其中系统脱敏疗法疗效最佳,系统脱敏疗法循序渐进,并且辅以肌肉松弛技术,使患者有更多的主观动机参与;另外还需要部分药物治疗,以减轻小徐的一些症状,并辅之以心理治疗或心理咨询为最佳方案。

4. 强迫症

强迫症是一种以反复出现的强迫观念和强迫动作为主要特征的神经症。其突出特点为自我强迫,表现在观念、行为上为被迫想自己不愿意想、做自己不愿意做的事儿,同时伴有焦虑情绪。

(1)症状表现。

①强迫观念。强迫怀疑,患者对已完成的事儿仍然放心不下。如门已锁,怀疑是否锁好。强迫联想,对所遇之事,总是立即想到接近、相似或对立的事物,如看到黑即想到白。强迫回忆,对往事、经历不能摆脱地反复回忆。强迫性穷思竭虑,对一些没有实际意义的想法,无休止地思索,如一加一为什么等于二;为什么人的眼、耳、鼻孔都成双,偏只长了一张嘴;永远有多远等。强迫性穷思竭虑是强迫症的核心症状,也是最多见的症状。

②强迫意向。患者常有与正常意愿相反的欲望和即将失控并要行动起来的冲动(多为可耻的、残忍的意向),如走在桥上就要往下跳的冲动,看到刀就出现要拿来砍人或砍自己的意向,等等。但从未实际发生过,只是不能控制这些意向的出现。

③强迫行为。强迫行为的发生是强迫观念的需要,产生该行动时可减轻患者的焦虑、恐惧,包括强迫计数、强迫洗涤、强迫性仪式动作等。

(2)病因。

①与早年生活经历有关,如父母过于严厉、吹毛求疵、追求完美,易导致儿童的强迫倾向。

②人格因素。强迫人格的特征可概括为不完善感、不安全感、不确定感。"三不"之中只要有一个非常突出,就是经典的强迫人格。这种人一般具有主观任性、急躁、好强、自制力差或胆小怕事、优柔寡断、遇事过于谨慎、缺乏自信心、墨守成规、生活习惯呆板、喜欢仔细思考问题等特点。

③心理社会因素。或是学习和生活环境的变化、责任的加重,或是处境困难、人际关系紧张,或是亲人的丧亡、突受惊吓、担心意外等容易引发强迫症状。

(3)治疗。

目前使用较多的为森田疗法、行为疗法和认知疗法。一般性的心理治疗措施,如说理、安慰、鼓励、注意转移等,以及不良人格特征的调整与改造,也能起一定的作用。必要时可给予抗焦虑药物。

【案例分享】

小王,男性,20岁,在校大学生。主要因为"怕脏、反复洗涤及重复动作8年,症状加重2年"入院治疗。8年前小王的一位关系较好的同学因病去世,他担心自己也会传染某种疾病而死,从此不敢接触一些脏的物体,不小心接触了一些脏东西时就反复洗手以消除不洁。小王当时认为这些行为是必要的,未加以克制。刚开始时只洗一次就可以了,后来开始按照一定的模式洗手,如果洗手过程中有人打扰了,或自认为洗得不够标准,就必须重新再洗,有时一次洗手就耗时两小时。小王认为洗干净了才能消除内心的不安。

两年前小王考入大学,随着学习压力的加大,其症状加重。逐渐出现了反复检查及重复动作的症状。路过"脏"东西时,小王时常会担心"刚才碰到了它们",于是要回去检查,以减轻这种焦虑。得到验证之后,小王才可安心。认为4这个数字不吉利,而6和8是吉利的数字,于是每次洗手要洗6遍、8遍或者是6或8的倍数才行。回去检查时走步也要走6或8的倍数,否则必须从头再来。如果遇到4时,必须再重复6次或8次或6和8的倍数,以抵消不吉利。小王在看见或听到"战争"两字时马上想起"和平"两字,看见或听到"危险"两字时马上想到"安全"两字,认为这样可以抵消不好的事发生。小王为此深感苦恼,他自己知道这样做是徒劳无益的,但每当担心出现时,只能以这种方式来降低焦虑。同时,他开始变得性格暴躁,稍有不顺心就大发脾气,家人阻止其反复行为时,他甚至出手打家人。他自己也十分苦恼,曾多次想一死了之。

建议 小王的症状属于强迫性思维并伴有反复洗手以消除不洁观念的强迫动作。药物治疗和心理治疗相结合,对强迫症可产生较好的效果。其中心理治疗的目的是使患者对自己个性特点和所患疾病有正确客观的认识,对现实状况有正确客观的判断,丢掉思想包袱以减轻不安全感;学习合理的应激处理方法,增强自信,以减轻其不确定感;不好高骛远,不过分精益求精,以减轻其不完美感。同时要教育其亲属和家人,对患者既不姑息迁就,也不矫枉过正,鼓励患者积极从事有益的文体活动,使其逐渐从强迫的境地中解脱出来。

行为治疗、认知行为疗法、精神分析治疗均可以用于治疗强迫症。其中认知行为疗法是对强迫症最有效的心理治疗方法。系统脱敏疗法可逐渐减少患者重复行为的次数和时间。森田疗法对强迫症治疗亦有效,患者对治疗思路领悟越深刻,远期疗效越好。

5. 抑郁性神经症

抑郁性神经症是以持久的心情抑郁为特点的神经症,它是最为常见的心理卫生问题。

(1)症状。

患者的言谈可反映其内心郁闷、孤寂和悲哀,感到处处不如意,似乎与世隔绝,丧失了对外界和人际关系的兴趣,闷闷不乐、愁容不展。其说话声调平淡,常发出叹息,甚至流泪哭泣,常伴有疲乏、头疼、背痛、四肢不定位的不适感等,有自杀念头。

(2)病因。

此病发病均与明显的或强烈或持续的心理因素有关,如生活中遭遇的损失、挫折引起的情感失调、自尊心受伤害等,并且常在遗传或有一定的人格特征(抑郁人格)的基础上发生。抑郁人格表现为情绪不稳、多愁善感、依赖性强、处世悲观、内心闭锁、心情忧郁等。

根据心理动力学理论,抑郁症被看作直接指向自我的敌意或愤怒,以替代外界现实。根据神经分子生物学研究,抑郁症患者的中枢神经系统中的5-羟色胺代谢出现障碍。

(3) 诊断。

以心境低落为主要特征且持续至少两周,在此期间,至少有下述症状中的四项:

①对日常生活丧失兴趣,无愉快感,精神疲惫。

②精力明显减退,无原因的持续疲乏感。

③对前途悲观失望,感到生活或生命没有意义。

④自我评价过低或自责,或有内疚感。

⑤无助感。

⑥思维连接困难或自觉思考能力明显下降。

⑦反复出现死亡念头或有自杀行为。

⑧失眠或早醒,睡眠障碍。

⑨躯体运动性改变,迟滞或激惹。

(4) 治疗。

原则上以心理治疗为主,并配合使用抗抑郁药。由于抑郁性神经症是由长期内心压抑和矛盾所引起的,故采用支持性或解释性心理咨询、认知疗法等具有重要意义。

【案例分享】

2015年4月下旬,某高校研二学生小强主动找到辅导员倾诉,他在北京一外企公司实习期间突然发觉自身技术能力差,难以融入团队日常讨论,难以胜任实习项目,故主动退出实习计划。回到学校一周内,小强依然苦闷,怀疑自己的能力和价值,出现自我否定、焦虑失眠、精神不振等异常表现。辅导员引导该生前往学校心理中心咨询,并加强关心关注。经过多次咨询疏导,小强的状态初步有所好转。

2015年6月下旬,小强再次到学校心理中心咨询,经过深度谈话,心理咨询师再次评估发现该生目前存在中重度抑郁状态并伴有自杀念头,建议该生尽快到专科医院就医,并立即启动学校危机干预流程。在室友陪伴下,小强顺利返家。先后在心理科多次就医,诊断为中重度抑郁症,开展近四个月的服药治疗及心理咨询。10月,在小强要求下,父母陪伴小强返回学校。在父母陪读的基础上小强学习、生活状态明显好转,主动向辅导员谈及过去数月的治疗,并重新梳理过往,心态理性而平和、感恩。

6. 躯体形式障碍

躯体形式障碍是一类以各种躯体症状为主要临床表现,不能证实有器质性损害或明确的病理生理机制存在,但有证据表明,或者至少有理由怀疑与心理因素密切相关的精神障碍。

(1) 症状。

这类患者常反复陈述躯体不适,四处求医,不断要求给予医学检查,即使检查结果正常也难以打消其顾虑,本障碍患者通常女性居多,为慢性波动性病程。

(2) 病因。

认知观点认为,此类患者伴有强烈情感因素的认知或知觉障碍。个体焦虑不安地将注意力过分集中在身体方面,机体功能就会失去它的自然性而出现偏差,如果个体将这种现象解释为生理疾患的表现,会使焦虑增强,增强的焦虑会进一步引发植物神经系统功能的紊乱,就产生了更严重的生理症状。这样就形成了一个恶性循环。研究认为,疑病症患者倾向于将微不足道的生理现象加以夸大或曲解,当作患严重躯体疾病的证据。此外,还有两个因素对疾病过程有明显影响:第一,应激性事件往往是一个促发因素,可由家庭矛盾、环境的变迁、生理状态的改变如躯体疾病后衰弱等引发。第二,此类患者在成长过程中经常在自己的家庭中目睹或亲历生病或伤痛后,家人对其抚养与照顾方式让他们看到了一个生病后的结果——得到其他人更多的照顾和关爱,可以减少或不履行其他相应的责任或承担相应的义务等,以上情况会导致此类患者将注意力过分集中在对自身身体方面的关注。

(3)临床主要表现。

①躯体化障碍。

②未分化躯体形式障碍。

③疑病症。

④持续性躯体形式疼痛障碍。

⑤躯体形式植物神经紊乱。

(4)治疗。

以心理治疗为主,药物治疗为辅,药物治疗仅仅适用于那些伴有焦虑和抑郁症状的患者。心理治疗的目的在于让患者了解所患疾病的性质,解除或减轻精神因素的影响,建立对生活事件及躯体病痛的正确态度。建立良好的治疗关系是心理治疗成败的关键。

森田疗法对此症有很好的治疗效果,"顺其自然,为所当为"的治疗原理不但可消除患者对病症的过分关注,学会与症状共存,从而减轻或消除症状,同时能帮助其重建社会功能。

【案例分享】

小赵是一名大二学生,从小性格内向、胆小羞怯、不爱说话,一家人感情融洽,但父母对她管教很严,从小要求她做一个懂事、守规矩的孩子,做任何事情都要做到最好。渐渐地,小赵就养成了做事按部就班、追求完美的习惯,遇到没做好的事情一定要重新来做,直到做到满意为止。

小赵从小性格内向,不太爱与人交往,朋友不是很多。高中毕业后,顺利考入某重点大学。她自幼身体弱,所以父母一直都很关心她的饮食。童年时曾经发生过这样的事情,有一次小赵没洗手就拿东西吃,被母亲严厉训斥,并告诫她,手上有成千上万的病菌,不洗手吃东西就会得病,并在母亲的监督下,每次把手洗干净才吃东西。

自从考上大学以后,父母都希望她能够出国读研,所以就一直催促小赵去考托福,可是小赵不愿到国外去,她觉得一个人在国外,无依无靠、举目无亲,而且新闻里总是报道国外有各种治安事件发生,自己感觉非常害怕。可是父母不同意她的看法,坚持要她试一试。很快就要大三了,考托福的事不能再往后推了,小赵心里很着急。

一天早上刚吃过早饭,小赵就觉得肚子疼,刚开始以为没什么,可是好几天过去了,还是会感觉到疼,就只好去医院检查。大夫说胃镜检查结果是有点胃黏膜充血,诊断为浅表性胃炎,开了些药。可是这些药并没有消除腹痛,小赵一下子觉得自己肯定是得了什么重病。父母知道了,就带着她去大医院检查,也没有查出来什么毛病。大夫说胃炎应该是上腹疼痛,可她说自己是下腹痛,而且位置很不固定,有时左边,有时右边,没个准地方。这一折腾就是一个学期,暑假期间小赵还做了一次全面的身体检查,各项体检指标和化验结果均正常,但她还是担心自己的身体会有什么毛病,很长时间睡不好觉,也吃不下饭,根本没法学习,就想着怎么才能赶快把病治好,有时半夜醒来就会胡思乱想,好像自己的病越来越重了,为此非常痛苦。

分析 本例中，小赵对自己的健康状况过分担心，只是因为腹痛就坚持认为自己是得了什么重病，反复就医，而且医院的各种检查结果和医生的合理解释均不能打消其疑虑。为此不能正常学习，睡不好觉，也吃不下饭，这种情况持续时间已有半年。从这些信息来看，小赵的情况可能是由于父母和自己在出国读书这件事上的矛盾所引起的内心冲突导致的，她的反复求医可能是对父母压力的一种"反抗策略"。

建议 对于躯体形式障碍，药物治疗常常无效。而心理治疗则需要有丰富临床经验的医生来实施。通常最有效的治疗是建立平稳、牢固和支持性的关系，以帮助其减轻症状。建议其与父母、同学多沟通，采用恰当的方式来处理分歧，缓解其内心冲突。

二、精神疾病

1. 精神分裂症

精神分裂症是一种最常见的重型精神病，一般认为，世界范围内，不管哪个国家或地区，患病率一般在 0.3%~0.7% 之间。国内 20 世纪 80 年代的精神病流调结果显示，我国精神分裂症的总患病率为 0.569%，在精神病院住院病人中本类病患者占一半以上；而在慢性精神病人疗养院里则可占患者总数的 70% 左右。发病年龄多在青壮年。2019 年中国精神卫生调查（CHMS）结果显示，我国精神分裂症及其他精神病性障碍的终生患病率为 7.46‰。精神分裂症及其他精神病性障碍的致残率较高，是我国重点防治的精神疾病。

（1）症状。

①思维障碍。表现为思维破裂、脱离现实，思维过程缺乏连贯性和逻辑性，联想散漫、中断，词义曲解和错用，言语支离破碎，缺乏联系。

②情感障碍。表现为情感淡漠、迟钝；情感反应与其内心活动及外界环境不协调；情绪发生剧烈变化，喜怒无常。

③幻觉和妄想。幻觉是指没有相应客观刺激作用于感官时出现的知觉体验。妄想是一种病理性信念，其特点是与现实不符、劝说无效和不能动摇，与病人的社会地位和文化水平也不相称。

④意志行动障碍。意志活动减退或缺乏，活动减少，终日陷入沉思，自觉性低，无主动性，受妄想、幻觉支配，不与周围人接触，退缩、孤僻、封闭自己；动机矛盾，犹豫不决，模棱两可；行为动作令人难以理解或行为冲动、动作刻板。

⑤缺乏自知力。患者对自己的病态表现出毫无自知力，他们不承认自己有病，往往拒绝就医。但一般无意识障碍及智能下降，而且体格检查一般也无特殊病变，神经系统检查也无异常病变。

（2）病因。

精神分裂症是最常见的重型精神病，其病因及发病机制至今尚未明确，大多数学者重视遗传、生物化学、心理、社会、家庭、恶劣环境、突发事件、重大灾难等多种因素的交互作用。

（3）治疗。

对精神分裂症的治疗一般以医药治疗为主，辅以心理治疗。具体治疗措施的实施则要视病情而定，必须根据病人病情发展不同时期的心理特点，有针对性地进行治疗。药物治疗对于精神分裂症是一项有关键意义的治疗措施。药物治疗使用起来简便易行，还可用于院外治疗,对于迅速控制精神症状、促进病情缓解、使病人易于接受其他治疗措施都是很有益处的。精神分裂症的药物治疗主要是服用抗精神病药物。

【案例分享】

小亮,男,某高校大三学生,虽然从小生活在城市里,但家庭条件并不是很好,父母均为小商贩,从小对他要求严格。父亲酗酒,心情不好时,还会对小亮拳脚相向。小亮从小性格内向、孤僻、多疑敏感。

大二的时候,有一次小亮的爸爸来学校看他,父子俩不知道为什么,说着说着就吵了起来,他爸爸还打了他一记耳光,被好多同学看到了。从那以后,小亮就觉得自己彻底在同学面前抬不起头了,变得很少和人说话,也不怎么去上课了。

最近,小亮总是听到脑子里有声音在响,但具体是什么声音,又听不清楚。并且,一打开收音机就能听到有人在骂他,关掉收音机,骂声就没了。他总是觉得有人想害自己,自己一出门,就有人跟踪他,像个影子一样,每天监视他。他自己很害怕,想把这个人找出来,但又不知道从何下手。他每天仿佛只是活在自己的世界中,有时白天蒙头大睡,有时好多天不洗脸,他的行为习惯变得与周围同学格格不入。同学有时和他开个玩笑,他就大发脾气,慢慢地也就没人愿意和他接触了。

分析 小亮的问题已经不属于一般心理问题了,那么究竟是什么问题呢?

他"总是听到脑子里有声音在响"。精神病学按照幻觉体验的来源,把幻觉分为真性幻觉和假性幻觉。其中,假性幻觉产生于患者主观空间(如脑内、牙齿里),感知的形象模糊、不生动、位置不精确,与客观事物不一样。小亮听到脑子里有声音在响就属于假性幻觉。此其一。

"一打开收音机就能听到有人在骂他,关掉收音机,骂声就没了"。这种与正常知觉同时出现、同时消失的幻听被称之为机能性幻听。机能性幻听多见于精神分裂症。此其二。

"总是觉得有人想害自己,自己一出门,就有人跟踪他,像个影子一样,每天监视他。他自己很害怕,想把这个人找出来"。我们先来看一个概念——妄想。妄想是一种病理性的歪曲信念,是病态的推理和判断,是精神病患者最常见的症状之一。其主要特点是:信念的内容与事实不符,没有客观现实基础,但患者坚信不疑;妄想内容均涉及患者本人,与个人的利害有关;妄想具有个人独特性。被害妄想是指患者坚信周围某人或某些团伙对他进行跟踪监视、打击、陷害,甚至在其食物和饮水中放毒等。受妄想的支配可有拒食、控告、逃跑或伤人、自伤等行为。多见于精神分裂症和偏执性精神病。再来对比小亮的行为,他觉得有人想害自己,并且想把这个人找出来,这说明他对"有人想害自己"这一信念是坚信不疑的。他的这一表现已经属于被害妄想。此其三。

"白天蒙头大睡,有时好多天不洗脸""大发脾气",这些睡眠状态、情感状态以及性格上的改变都是精神病患者的早期症状。此其四。

从以上四点,我们可以初步判定小亮可能患了精神分裂症。但是,许多精神科疾病都不是仅凭有症状就可以做出诊断的,要考虑本人的性格因素、早期经验,以及症状持续的时间、社会功能的损害程度等,诊断过程复杂。学校在遇到类似情况的时候,应该评估自己的能力范围,做出恰当、慎重的处理。

建议 由于学校咨询人员不是精神科的专业人士,不要求其能对此类病症做出明确的诊断,但有必要对此类心理疾病加以了解。当遇到有相似情况出现时,需慎重,不可惊慌,应注意观察,并及时上报。

2. 情感性精神病

情感性精神病是以情感障碍为主要临床特征的精神病,被称为躁狂抑郁性精神病或躁狂抑郁症,以显著而持久的心境高涨或低落为主要表现,伴有相应的思维和行为等方面的改变。临床特征为单相或双相发作。仅仅出现一种情感障碍,或高涨或低落,称之为单相;如情感的异常高涨或低落交替出现,则称之为双相。有反复发作的倾向,间歇期精神活动基本正常。德国精神病学家克雷培林以情绪高涨、思维奔逸、动作增多作为躁狂症的三大基本症状(即所谓"三高");以情绪低落、思维迟钝、动作迟缓作为抑郁症的三大基本症状(即所谓的"三低")。躁狂状态的"三高"和抑郁状态的"三低"相互转化、交错出现,甚至部分躁狂症状和部分抑郁症状在病人身上同时混合存在时,称为混合型。

第五节　心理咨询与心理治疗

一、心理咨询

(一)心理咨询的定义、特征、目标、类型与内容

1. 定义

"咨询"(counseling)是通过人际关系,运用心理学方法,帮助来访者自强自立的过程。心理咨询就是指心理咨询师运用心理学有关方面的理论、技能与方法,通过心理咨询师与来访者特殊的人际关系帮助来访者解决因素性产生的心理问题,给予心理上的支持及疏导,认识自我,增进身心健康,提高适应能力,促进个性发展与潜能发挥。

2. 特征

特征一,咨询体现着对来访者进行帮助的人际关系。咨询过程是建立在咨询者和来访者良好的人际关系基础之上的。

特征二,咨询是一系列心理活动的过程。

特征三,咨询是一个特殊的服务领域。

3. 目标

助人自助。

4. 类型

(1)适应性咨询。

适应性咨询主要是针对学生在各年龄阶段以及相应阶段的生活和学习中遇到的各种问题,结合他们的认知特点和行为特征,提供必要的指导,帮助其解决面临的现实生活问题,从而很好地完成各个时期的成长。其咨询的对象是"适应方面发生困难的正常人"。着重解决的问题是学生正常需要与现实状况之间的矛盾冲突。

(2)发展性咨询。

发展性咨询主要是指导学生确定正确的自我认知,特别是自我能力、素质方面的认知,帮助他们认识和开拓自身潜能,不断突破种种自我局限,实现全面、充分的发展。该咨询的

目标在于提高学生心理素质,健全人格,增强学生承受挫折并适应环境的能力。对象是"心理素质待完善的正常人"。强调发展的原则,着重引导学生在一个更新的层面认识自我、开拓潜能、突破自我认识的局限性。其主要内容是指导学生调节和控制情绪,改善精神状态,建立自我信心等。

(3)障碍性咨询。

障碍性咨询的目的是通过系统的心理治疗,克服心理障碍,恢复心理健康。

5. 内容

(1)主要是针对普通人在社会生活中遇到的各种心理问题或心理障碍进行指导,包括生活、工作、择业、学习、人际关系、恋爱、婚姻、家庭、子女教育等方面。

(2)通过心理咨询师的心理指导和训练解决心理问题,一般有心理保健常识指导、紧张焦虑情绪放松训练指导、人际关系能力提高训练指导、企事业员工心理训练指导等多种形式。

(3)对各种心理疾病的咨询,常见的有人格心理障碍的诊断与咨询、各种神经症的诊断与辅助治疗、生理疾病治疗与康复期进行的心理辅助治疗、精神障碍恢复期进行的心理辅助治疗及家庭护理指导、心理危机干预等。

(4)对人生自我认知、自我定位、自我发展以及对人生各阶段的探索等内容的专业探讨。

(二)心理咨询的原则

1. 心理咨询师的主要原则

(1)善行。

心理咨询师要以来访者的福祉为首要考虑因素,助人工作的目的是使来访者从中获益。心理咨询师践行善行原则,一方面要保障来访者的权利,努力使其得到适当的服务;一方面要避免伤害。咨询师在从事咨询工作中,要不断问自己一个问题:我这样做是为了谁?这样做真的会帮到来访者吗?例如在转介时,咨询师如果只倾向于将来访者转介给与自己有利益关系的机构或咨询师,那就是没有将来访者的利益放在首位,不能保证来访者得到适当的服务,增加了来访者受到伤害的可能性。

(2)责任。

心理咨询师在工作中应保持其服务的专业水准,认清自己专业的、伦理的及法律的责任,维护专业信誉,并承担相应的社会责任。心理咨询师要视不断探索、学习和成长为己任,对助人行为要从专业、伦理和法律上负责,要大力宣传心理健康知识,参与心理宣教和社会公益活动。在执业过程中,不能一本书用一辈子,要关注专业学术进展,有计划地参加继续教育培训。所使用的方法、技术和理论,一定要选择专业和学术认可的,保持工作的科学性。要将宣传大众、普及常识、公益助人纳入自己的工作之中。

(3)诚信。

心理咨询师在工作中应做到诚实守信,在临床实践、研究及发表、教学工作及宣传推广中保持真实性。咨询师要防止助人工作中各个环节出现使用虚假信息、夸大疗效、隐瞒自己专业局限等行为。在经营与宣传中,更不能"炒作"自己和机构,使用欺骗性的信息和营销手段。

(4)公正。

心理咨询师应公平、公正地对待自己的专业工作及来访者,采取谨慎的态度防止自己潜在的偏见、能力局限、技术的限制等所导致的不适当行为。每个人都有自己独特的价值观,每个专业人员都有自己的发展专长与不足,每个理论、技术与方法都不是放之四海皆准的真理。咨询师首先要澄清自己的价值观,认清自己的专长与不足,了解理论、技术和方法的使用限制。其次要在执业中对这些因素加以关注,在助人工作中要防止这些因素对来访者造成负性影响。

(5)尊重。

心理咨询师应尊重每位来访者,尊重来访者的隐私权、保密性和自我决定的权利。咨询师在助人工作中不能眼中只有"问题",要有"人"和"人性"。不能将自己置于拯救者、教育者等权威的高台之上,要为来访者的心灵世界保守秘密,绝不能代替来访者做决定或强迫来访者按咨询师的意图去改变。

2. 心理咨询师的工作原则

(1)保密原则。

心理咨询师应保守来访者的内心秘密,妥善保管个人信息、来往信件、资料等材料。

(2)理解支持的原则。

心理咨询师对来访者的语言、行动和情绪等要充分理解,不得以道德和个人价值的眼光评判对错,要帮助来访者分析原因并寻找出路。

(3)尊重平等原则。

心理咨询师需要充分尊重每一位来访者,咨询师对来访者的态度应是客观的、中立的,和来访者的关系应是平等的。

(4)中立原则。

心理咨询师在心理咨询过程中应保持客观、中立的立场,不以咨询人员自身的价值观评判来访者的心理和行为,更不可以对来访者进行批评或指责。

(5)非指导性原则。

心理咨询师的主要目的是帮助来访者分析问题所在,培养来访者积极的心态,使其树立自信心,让来访者的心理得到成长,自己找出解决问题的方法,可谓"助人自助"。

(6)"来者不拒、去者不追"的原则。

到心理咨询室求询的来访者必须出于完全自愿,这是确立咨访关系的先决条件。没有咨询愿望和要求的人,心理咨询师不要去主动找他并为其提供心理咨询,只有自己感到心理不适,为此而烦恼并愿意找心理咨询师诉说烦恼以寻求咨询的心理援助,才能够获得问题的解决。心理咨询室的大门向任何人都是永远敞开的。

(7)重大决定延期原则。

心理咨询期间,由于来访者情绪过于不稳和动摇,原则上应协助来访者认真思考,不要轻易做出诸如退休、调换工作、退学、转学、离婚等重大决定。在咨询结束后,来访者的情绪得以安定、心境得以平和之后做出的决定,后悔或反悔的概率较小。就此应在咨询开始时告知。

(8)时间限定原则。

心理咨询必须遵守一定的时间限制。通常每周一次,一个咨询时间段为50~60分钟,两次咨询之间的时间间隔一般为一周。原则上不能随意延长咨询时间或间隔。

二、心理治疗

(一)心理治疗的定义、目的

1. 心理治疗的定义

心理治疗是关于人格和行为的改变过程。心理治疗是在良好的治疗关系基础上,由经过专业训练的治疗者运用心理治疗的有关理论和技术,对患者进行帮助的过程,以消除或缓解患者的问题或障碍,促进其人格向健康、协调的方向发展。

2. 心理治疗的目的

通过治疗者与病人建立的关系,善用病人求愈的愿望和潜力,改善病人的心理与适应方式,以解除病人的症状与痛苦,并帮助病人,促进其人格的成熟。

(二)心理咨询与心理治疗的异同

1. 工作对象不同

心理咨询的工作对象主要是正常人,正在恢复或已复原的病人。心理治疗则主要是针对有心理障碍的人。

2. 工作内容不同

心理咨询所着重处理的是正常人所遇到的各种问题,主要有日常生活中人际关系问题、职业选择的问题,教育过程中的问题,恋爱婚姻家庭中的问题,等等。

心理治疗的适应范畴则主要为某些神经症、某些心理障碍、行为障碍、心身疾病、康复中的精神病人等。

3. 工作时间不同

心理咨询用时较短,一般咨询次数为一次至几次;心理治疗费时较长,治疗由几次到几十次不等,甚至次数更多,经年累月才可完成。

4. 工作领域不同

心理咨询在意识层次进行,更重视其教育性、支持性、指导性工作;心理治疗的某些学派,主要针对无意识领域来工作,并且其工作具有对峙性,重点在于重建病人的人格。心理咨询工作是更直接地针对某些有限的具体目标而进行;心理治疗的目的则比较模糊,其目标是使人产生改变和进步。

5. 所受专业训练不同

心理咨询多在非医疗环境中进行,而心理治疗多在医疗的情境中或在治疗者的私人诊所中进行;心理咨询学家与心理治疗家在美国心理学会中分属不同的组织,各自有自己的活动。

6. 服务对象称谓不同

在心理咨询中,咨询者称为咨询师(counselor),求助者被称作来访者或咨客(client)

在心理治疗的过程中,帮助者被称为治疗师(therapist),求助者被称为病人或患者(patient)。

三、大学生如何进行心理咨询或心理治疗

在校大学生应学会在所在学校大学生心理健康教育与咨询中心、专科医院和社会上的专业心理机构寻求恰当的心理帮助。

(一)接受咨询前需要了解的内容

1. 积极主动

心理咨询是一种"助人自助"的活动。心理咨询之所以会产生效果,主要是因为来访者为自己的改变进行了努力的投入,使自身的心理获得了成长、能力获得了提升。在咨询过程中,咨询师更多是与来访者一起就其所关注的问题进行深入分析,协助其确定目标和努力的方向,并提供一些建议和方法。

2. 自主决定

来访者可以根据心理中心的咨询安排自由地选择咨询师和咨询时间段,在咨询的过程中,还可以与咨询师讨论咨询的方式和方法,自由地表达自己的想法。有时,问题不见得通过一次咨询就能解决,可能需要持续一段时间才能产生效果。咨询效果有时候还取决于来访者与咨询师的匹配度,如果不匹配时,在征得来访者的同意后,咨询师会把来访者转介给其他咨询师或其他咨询治疗机构。

3. 信息保密

咨询师有对咨询时获得的来访者的信息进行保密的义务。为了更好地完成咨询,来访者的相关资料有可能被咨询师提交给上一级的督导老师进行专业讨论。但请放心,如果需要使用时,会尽可能地将来访者的个人信息进行编改,以确保个人隐私。但如果涉及伦理关系、法律诉讼、自伤或伤人等特殊情况时,将启动保密例外。

4. 免费咨询

通常,国内高校所有在籍学生均可免费咨询。

(二)咨询之前需要做的准备

1. 坦诚

来访者应坦诚地向咨询师表达自己的内心困惑,并及时与咨询师沟通咨询过程中产生的问题、感受,以便更好地达到咨询目标。

2. 自愿

是否开始和终止心理咨询都由来访者本人决定,来访者也有权根据个人情况与心理咨询师协商心理咨询方案并自主选择。如果来访者和咨询师认为彼此合适,建议在同一位咨询师那里接受咨询,以便于进行比较深入的谈话。

3. 尊重

来访者必须提前预约咨询时间,并严格遵守,因故不能按约来访时应提前告知。认真配合咨询师的工作,按时完成"作业",把个人的感悟与改变有效地反馈给咨询师。

4. 自主

心理咨询的理念是"助人自助",所以咨询的主角不是咨询师,而是来访者自己。不能过分依赖心理咨询师,不要期待咨询师为自己做主,给自己出主意、想办法,甚至做决定。事实上,只有自己才能真正解决自己的问题!

5. 坚持

有些心理问题不能期望1~2次的咨询就能解决,通常需要坚持一定的疗程才有显效。当咨询过程中出现心理抗拒或移情反应时更应坚持治疗,这正表明克服心理问题处于攻坚的关键时刻。

(三)了解一下咨询的过程

(1)电话(网上)预约,咨访双方商定咨询时间和地点。

(2)建立相互信赖、地位平等的关系。

(3)搜集信息,搞清问题的大致范围和可能性质,注重来访者的基本情况、社会文化背景、心理问题。

(4)诊断检查,明确咨询目标。

(5)商定咨询方案并实施。

(6)追踪反馈,巩固和发展咨询成效。

【拓展资料】

1. 国内心理健康及危机干预24小时免费热线电话如表1.1所示。

表1.1 国内心理健康及危机干预24小时免费热线电话

热线名称	电话号码
北京回龙观医院心理危机干预	800-810-1117
希望24热线——生命教育与危机干预中心	电话:400-161-9995 学生专线:400-161-9995 按1;抑郁专线:400-161-9995 按2;生命热线:400-161-9995 按3
深圳市精神卫生中心(康宁医院)	400-995-9959
中国心理危机与自杀干预中心	010-6271 5275
北京心理危机研究与干预中心	010-8295 1332
上海生命教育与危机干预中心	021-6438 3562
广州市心理危机研究与干预中心	020-8189 9120
南京自杀干预中心	1689 6123
杭州心理危机研究与干预中心	0571-8502 9595
四川省心理危机干预中心	028-8757 7510/8752 8604

第二章 大学生自我意识与人格发展

第一节 自我意识概述

【导入案例】

有一位画家把自己的画放在画廊展览,并请大家点评。第一天请人们把画得不好的地方圈出来,结果一天下来,几乎画的每一个角落都被圈出来了,因此画家觉得非常沮丧,去找自己的老师倾诉。老师对他说:"不要沮丧,明天你依然拿这幅画去展览并让大家圈出这幅画的精彩之处。"结果一天下来,同样画的每个角落都被圈出来了。俗话说"一千个读者就有一千个哈姆雷特",世人的眼光是很难统一的,不同的人对同一事物也会产生不同的看法。就像不同的人对我们有不同的看法和评价,有人喜欢我们,也有人不喜欢我们,这时常给我们带来困扰。因此最为关键的是我们能够正确地认识自己,这样才不会轻易地被他人左右。

在希腊古城德尔菲的阿波罗神殿上刻着苏格拉底的箴言:"人啊,认识你自己!"法国思想家蒙田也说:"世界上最重要的事情就是认识自我。"我国思想家老子也说道:"知人者智,自知者明。"由此可见,认识自己是千百年来人类一直探索的永恒话题。正确地认识自己,是人们穷其一生需要去完成的功课,也只有正确认识自己,才能更好地发展自己。

一、自我意识的概念

(一)自我意识的定义

自我意识(self-consciousness)也称自我,是意识的核心成分,是指个体对自己的关注,即主观我(主我)对客观我(宾我)的意识,是一个高级的心理活动过程,是个体对于自己以及自己与周围环境之间的关系的多方面、多层次的认识、体验和评价,是个体关于自我的思想、情感和态度的总和。

(二)自我意识的内涵

从自我意识的活动内容来看,自我意识的内涵包括生理自我、心理自我以及社会自我。

生理自我又称为"物质自我",即个体对自己的性别、年龄、身体、生理状态、外貌、健康状况等生理特征的认识和评价。例如"我体形有点偏胖""我是一个18岁的大一新生""我是一个身体健康的人"等。它使我们每个人把"自我"与"非我"区分开来,是与生俱来、不可改变的。大学生正处于青春期或成年早期,此时他们更加关注生理自我,因此很多大学生都会追求外在,例如买更多好看的衣服打扮自己,女生会通过化妆或发型使自己更具吸引力,男生会通过运动健身等来增加自己的吸引力。

心理自我又称为"精神自我",是个体对自己内在心理活动的感知,包括个体对自己的情感、性格、气质、兴趣、能力、动机、态度等的认知与评价。例如"我是一个活泼开朗的人""我喜欢打篮球""我是一个擅长交际的人,因此我有很多朋友""我是一个冲动的人"等。与生理自我相比,心理自我并不是与生俱来的,而是随着生理自我的成熟逐步发展起来的。例如,刚出生的时候我们并不了解自己的性别,随着生长发育慢慢能够区分自己是男生还是女生,然后随之发展出男生的兴趣和女生的兴趣,男孩子大多更喜欢打篮球,女孩子大多更喜欢跳舞等。心理自我并不如生理自我那么显而易见,因此需要大学生去不断地探索和发现。

社会自我是个体对自身与外界客观事物关系的认识、体验和愿望,是对自己在社会生活中所担任的各种社会角色的知觉,包括对各种角色关系、角色地位、角色技能和角色体验的认知和评价。例如"我是一名大学生""我是一位中国公民"等。大学生常通过语言和行动来表示社会自我,期望获得他人和社会积极的认可和肯定。社会自我是自我概念(self-concept)的重要组成部分,已有研究证明社会自我在青少年晚期变得非常突出,并占据着重要的位置。因此,大学生社会自我研究对促进大学生自我概念的健康发展有着重要的意义。

生理自我、心理自我和社会自我并不是完全分割的,而是相互影响、密切联系的。它们都包含了不同的自我认知、自我体验与自我控制,但由于比例和搭配不同,构成了不同个体之间的自我意识差异,也使每个人形成了对己、对人、对社会的不同看法和体验。

【课堂活动】

自画像

活动场地:教室。

活动时长:约50分钟。

活动材料:白纸、彩色画笔(如果没有,可以用黑色签字笔代替)等。

活动目标:通过非语言的形式帮助大学生进行自我探索和分析,加深班级成员之间的相互了解,达到正确认识自我和他人的目的。

活动程序:授课教师给每位同学发一张白纸,让各位同学画出自己。可以有标题,也可以没有标题。标题可以多种多样,例如"大学生活中的我""理想的我""认识我自己"等。可以用任何形式来代表心目中的自己,可以是形象的,也可以是抽象的,可以是人,也可以是物。总之,只要把最能代表自己的东西画出来。画完之后,举办"画展",让大家欣赏他人的画作,不加评论,但可以提问。然后请3~5名学生给班上同学讲解一下自己的自画像,最后再由老师做总结。

二、自我意识的结构

自我意识的结构是指自我意识所包含的成分,由于自我意识涉及个体对自己、他人、社会等多方面的认知,是一个多维度和多层次的高级心理活动过程,因此不同学者对此有不同的划分模式。

美国社会心理学家米德将自我意识分为主体我(I)和客体我(me),主体我代表每个人的自然特性,而客体我代表自我社会的一面。主体我先于客体我形成,客体我在主体我的基础上经过长时间才得以形成,自我意识的发展就是主体我与客体我不断对话的过程。

从存在方式上看,可以将自我意识结构分为现实自我、理想自我和投射自我。现实自我是指个体对自己目前的实际状况的看法,是个体对自己的现实观感。理想自我是指个体想要达到的完善的自我形象,是个体追求的目标。投射自我是指个体想象他人对自己的看法,是由想象他人对自己的评价产生的自我观感。

从形式上看,可以将自我意识结构分为自我认知、自我体验和自我调控,这也是最常见的划分方法。

(一)自我认知

自我认知是自我意识的认知成分,是主体自我对客体自我的评价,包括自我感觉、自我观察、自我影响、自我分析和自我评价等。例如"我是一个乐观的人",它涉及的是"我是一个什么样的人?""我为什么是这样的人?"

(二)自我体验

自我体验是自我意识的情感成分,是个体在认识自我的过程中产生的情感体验,即主体我对客体我所持有的一种态度,包括自信、自尊、自爱、自我效能感、成就感、自豪感、责任感等。例如"期末没考好,我感觉很难过,因为我平时学习不够努力",它主要解决的是"我能否接受自己?""自我是否对自己满意?""我能否悦纳自己?"等问题。

(三)自我调控

自我调控是自我意识的意志成分,是个体对自己心理活动和行为的调节与控制,即主体我对客体我的约束,有些学者称之为"自我控制"。自我调控包括自立、自主、自强、自律、自我监督、自我控制、自我教育等。例如"为了实现当宇航员的梦想,我现在就要好好学习,然后考上北京航空航天大学",它解决的是"我应该成为怎样的人?""我如何才能成为理想中的人?""我该如何改变自己?"等问题。

三、自我意识的作用

(一)自我意识是认识外界客观事物的条件

一个人如果不了解自己,也不能区分自身与周围事物,那么他也不可能认识外界的客观事物,因此自我意识是帮助我们认识世界,了解外界的基础。

(二)自我意识是人的自觉性、自控力的前提,对自我教育有推动作用

人只有认识自己,了解自己,才能清楚自己能做什么,应该做什么,才会自觉地采取行动。一个人只有在意识到自己的长处和不足时,才懂得如何扬长避短,取得自我教育的积极效果。

(三)自我意识是改造自身主观因素的途径

人在幼儿时期,由于没有形成稳定的自我意识,因此容易被环境或他人左右。等到长大形成稳定的自我意识之后,人们就会对事物产生自己的看法,并且不容易受到环境的影响,同时也能积极发挥自己的主观能动性,以尽可能地减少来自周围环境的影响。例如,小时候总是认为父母的话就是真理,上学后认为老师的话是真理,但是长大之后学会了自己分辨是非,也明白了即使是父母和老师,也会有犯错的时候,人们更多地根据自己已有的知识和经验来判断是非。

(四)自我意识影响人的道德判断和个性形成

每个人都在社会体系中扮演着一定的角色,都会受到社会规范的约束,个体将按照社会规范来约束自己的行为。因此只有发展出完整的自我意识的个体才具备道德判断的能力,并且自我意识也影响着个性的形成。

四、自我意识的形成与发展

自我意识并不是与生俱来的,而是个体在社会化过程中逐步形成和发展起来的。心理学家将自我意识发展分为四个阶段,即萌芽、形成、发展、完善。

(一)萌芽阶段——生理自我形成阶段(8个月~3岁)

新生儿是没有自我意识的,他们无法将自己与外界事物相区别。到了七八个月大的时候,婴儿初步萌发了自我意识。到了1岁左右,儿童开始能够把自己的动作与对象区别开来,能够意识到自己是动作的主体。1岁以后,儿童逐渐认识自己的身体,开始能够意识到自己身体的感觉,但还只是把自己当作客体来认识。到了2岁左右,儿童慢慢学会用"我"来代替自己。3岁左右,自我意识呈现新的发展,表现为:"我"使用频率显著增加;开始有自立意识,很多事情要"自己来";并且发展出羞耻感和占有欲,如做错事感到羞愧,看到喜欢的东西不愿与人分享等。此时,幼儿的自我意识是以自我为中心的,他们按照自己的想法去解释外部世界,并将自己的想法、情感投射到外部事物上。

(二)形成阶段——社会自我发展阶段(3~12岁)

3岁以后的儿童随着生理的快速成长,在与外界事物或他人的交往过程中建立起了联系和分化,从中获得了外界社会对自己的评价与认识,逐渐形成了对自我身体的意识,也能够正确区分"自我"与"他人"。幼儿期主要通过游戏和对父母的效仿认识社会自我;到了学龄期主要依靠学校教育,与同学间建立同伴关系逐渐形成自我意识,但主要是依据他人的观点去认识自我和评价自我。

(三)发展阶段——心理自我发展阶段(13~18岁)

在这一阶段,自我意识逐渐成熟,进入"心理自我"阶段。青少年在这一阶段表现出来的独立、理想、目标等都带有浓厚的个人色彩,在该阶段自我意识进入"主观化"时期,自我意识的发展步入一个崭新的阶段。

（四）完善阶段——自我同一性形成阶段（18岁以后）

青春期以后，个体的自我意识的主要发展任务是整合主体我与客体我、理想我与现实我，达到自我同一性。自我同一性的发展是一个长期的过程，它既是一个心理过程，也是一个社会化过程。早期已经形成的自我同一感对个体的自我同一性的发展具有重要的影响，它能够引导青少年构建通往成年期的道路。自我同一性的发展是非常复杂的，它伴随着个体的依恋、自我感知的发展以及婴儿期独立性的出现，并且在老年阶段伴随着对自己一生的评价和整合而到达终点。

【拓展阅读】

阿姆斯特丹的点红测验

阿姆斯特丹（1972）借用动物学家盖勒帕在黑猩猩研究中使用的点红测验（以测定黑猩猩是否知觉"自我"这个客体）来探讨婴儿自我意识的发展，从而使有关婴儿自我知觉的研究取得了突破性进展。实验开始，在婴儿毫无察觉的情况下，主试在其鼻子上涂一个无刺激红点，然后观察婴儿照镜子时的反应。研究者假设，如果婴儿在镜子里能立即发现自己鼻子上的红点，并用手去摸它或试图抹掉，表明婴儿已能区分自己的形象和加在自己形象上的东西，这种行为可作为自我知觉出现的标志。研究结果发现：1岁前的婴儿不能区分作为主体的自己和外部的客体，他们还没有自我意识。2岁左右的儿童才能抹掉不属于自己的"红点"，他们具备了自我意识。阿姆斯特丹总结研究结果得出，婴儿对自我形象的认识要经历三个发展阶段。

第一个阶段是游戏伙伴阶段：6~10个月。

此阶段婴儿对镜中自我的映像很感兴趣，但认不出是他自己。

第二个阶段是退缩阶段：13~20个月。

此时婴儿特别注意镜子里的映像与镜子外的东西的对应关系，对镜中映像的动作伴随自己的动作更是显得好奇，但似乎不愿与"他"交往。

第三个阶段是自我意识出现阶段：20~24个月。

这是婴儿在有无自我意识问题上的质的飞跃阶段，这时婴儿能明确意识到自己鼻子上的红点并立刻用手去摸。

五、自我意识的相关理论

（一）奥尔波特的三阶段理论

奥尔波特将自我意识的发展过程分为三个阶段，即从生理的自我，到社会的自我，再到心理的自我。

奥尔波特认为自我意识最原始的形态是生理自我。生理自我是个人对自身的认识，包括占有感、支配感与爱护感等。这些是能使个体体会到自己的存在是建立在自己的身躯之上的，这种认知并非是与生俱来的。

从3岁到青春期以前的十三四岁，是个体接受社会文化影响最深的时期，也可以称为

"客观化时期"。首先,幼儿园的游戏对个体实现社会的自我起着重大的作用。游戏的过程与社会化的过程是吻合的,儿童的游戏是成人社会生活的映射。儿童在游戏活动中扮演着某个社会角色,也学习了该社会角色的行为方式,揣摩该角色的心理状态,并且学会了各种社会角色之间的相互关系,产生某种情绪体验。其次,学校教育过程中的社会化也是建立儿童自我意识的重要阶段。学校与家庭不同,学校中的老师要面向全体学生,要关心班级中的每一个学生,不偏爱任何人,也不疏远任何人,并要求学生积极完成社会义务、担任社会责任,促进学生在学校学习文化知识并形成一定规范的道德行为,产生自我实现的需要和欲望。最后,学生对其学习的成就动机的发展,是形成自我意识最重要的特征,学生形成成就动机后,会鼓励自己做出努力,以获得自我满足,进而要求自己表现出符合社会要求的行为,以实现社会的自我,努力支配自己的行为,发展出稳定的社会自我。

从青春期到成年期的大约十年时间,个体的自我意识趋于成熟,这个阶段也是心理自我的发展阶段。从青春期开始,个体的生理、情绪、思维能力都发生了本质的变化,如想象力逐渐丰富、逻辑思维能力快速发展等,都会促使其自我意识趋向主观性,这也可称为"主观化时期"。所谓主观性,主要表现为以下几个方面:透过自我意识去认识外部世界;自我意识"主观化",表现为自我理想以及抽象思维的发展;个人逐渐脱离对成人的依赖,表现出主动性和独立性。

【课堂活动】

自我评价

活动场地:教室。

活动时长:30分钟。

活动材料:白纸、黑色签字笔或彩笔等。

活动目标:根据奥尔波特的三阶段理论,结合自身实际情况,从生理自我、心理自我与社会自我三个方面进行自我评价,帮助学生更全面地认识自我。

活动程序:教师先请1~2位学生来解释一下生理自我、心理自我与社会自我的概念,然后简单举例,再请学生从这三个角度来进行自我分析与评价。位置靠近的同学可以相互评价,再看看他人的评价与自我评价是否有差异。

(二)库利的镜中我理论

库利认为,人的行为很大程度上取决于对自我的认识,而这种认识主要是通过与他人的社会互动形成的,他人对自己的评价、态度等等,是反映自我的一面"镜子",个人通过这面"镜子"认识和把握自己。因此,人的自我是通过与他人的相互作用形成的,这种联系包括三个方面:关于他人如何"认识"自己的想象;关于别人如何"评价"自己的想象;自己对他人的这些"认识"或"评价"的情感。

(三)戈夫曼的前台后台理论

戈夫曼的前台后台理论(又称之为情境决定论)将人们的社会生活类比为戏剧,他认为人人都在不同的社会舞台上扮演着大量不同的角色,在每位或每群观众成员面前都显示着自己的略有不同的"变体形式"。人们在特定的环境中的行为举止可分为两大类:"前台的我"和"后台的我"。前台是让观众看到并从中获得特定意义的表演场合,在前台,人们呈现的是能被他人和社会所接受的形象。后台是相对于前台而言的,是为前台表演做准备、掩饰在前台不能表演的东西的场合,人们会把他人和社会不能或难以接受的形象隐匿在后台。在后台,人们可以放松、休息,以补偿在前台区域的紧张。"后台的我"是指可以随意暴露的最本真的自我,但却不为其他人所知。

(四)乔韩窗口理论

美国心理学家 Joe Luft 和 Harry Ingham 从自我概念的角度提出了自我认知的窗口理论,并根据:"自己知道-自己不知道"和"他人知道-他人不知道"这两个维度将自我分为四个部分:公开的我、盲目的我、隐藏的我和未知的我。

"公开的我"是指自己知道、别人也知道的信息。例如性别、外貌、姓名、部分经历和爱好等。公开的我具有相对性,有些事情对于某人来说是公开的信息,而对于另一些人可能会是隐秘的事情。公开的我是自我意识中最基本的信息,也是了解自我和评价自我的基本依据。

"盲目的我"是指自己不知道、别人却可能知道的盲点。即人们通常所说的"不识庐山真面目,只缘身在此山中""当局者迷旁观者清"。例如性格上的弱点或者坏的习惯、某些处事方式、别人对自己的一些感受等。

"隐藏的我"是指自己知道、别人却可能不知道的秘密。例如,自己的某些经历、希望、心愿、阴谋、秘密,以及好恶等。即使一个真诚的人也需要隐藏区,这样可以有自己的私密空间,避免外界的无关干扰,完全没有隐藏区的人是心智不成熟的。但如果隐藏自我太多,开放自我太少的话,也不利于建立正确的自我认知。

"未知的我"是指自己和别人都不知道的信息。例如某人身上隐藏的疾病和潜能等。未知区是尚待挖掘的黑洞,也许通过某些偶然或必然的机会,得到了较为深入的了解,自己对自我的认识也不断深入,人的某些潜能也会得到较好的发挥。所以对"未知的我"进行探索可以帮助人们更好地全面认识自我。

【拓展阅读】

动物是否也有自我意识呢?
——亚洲象的镜像自我认知测试

我们知道自我意识不是与生俱来的,婴儿在 20~24 个月的时候才形成自我意识,那么自我意识是人类独有的,还是其他动物也具有自我意识呢?

研究表明除了人类以外,全球还有 8 个物种也具备自我意识,它们分别是大猿、黑猩猩、倭黑猩猩、大猩猩、红毛猩猩、海豚、喜鹊、大象。其中前 5 种为灵长类动物,后 3 种为非灵长类动物。

Josh Plotnik 博士和他的同事采用镜像自我认知测试(类似于婴儿点红实验的范式)来测试亚洲象的自我意识。即在亚洲象面前立一块超大的镜子,观察亚洲象看到镜中自己的反应,结果发现亚洲象通过了"镜像实验",它在看到镜中自己的时候会发生一系列的行为变化,表明亚洲象也具有自我意识,这与其他科学家在其他物种中的发现相一致。

实验程序分为四阶段:第一阶段是社交行为,此时的动作带有社交性,大象看到镜中映像时,会把它当成陌生个体,有时会攻击这个映像,或者完全不感兴趣。这是理解自己镜像的至关重要的第一步。第二阶段是测试行为,在该阶段大象开始学会测试自己的镜像,即大象会通过一系列动作来测试"为什么这个镜中的动物跟我的动作一模一样？"在这个阶段，大象和其他动物一样，开始测试镜子本身和自己的镜像，它们移动象鼻、身体和鼻孔方向，或者在镜子视野中进进出出，大象会发现镜中映像就是它们自己的样子。第三阶段是自我引导的行为，在某个时间点，大象发现镜中映像就是自己，就开始用镜子研究自己以前看不到的身体部位，或是照镜子看看自己的脸，就像我们每天早上照镜子一样。如果你从来没见过自己的镜像，会有什么反应呢？你首先会查看什么？以往研究表明，黑猩猩会梳理皮毛，喜鹊会用鸟喙整理羽毛……但大象会做什么呢？该实验表明，大象非常喜欢看自己的口腔，还喜欢看象鼻如何移动，并且雄象非常喜欢摆弄自己的象牙。第四阶段，也是最后一个阶段，是标记测试（类似于点红测试），前3个阶段的测试都清楚地表明大象知道自己所看到的镜像就是它自己，但我们怎么用更具体的方式来检验呢？早在1970年，一名研究黑猩猩的专家Gordon Gallup博士采用标记测试发现了黑猩猩具有自我意识。这个测试是通过在动物身上做一个明显的标记，标记的位置只能通过镜像看到，如果这个动物接近自己的镜像，触摸镜中的标记，也就是镜中的自己，这可能意味着它们不太明白这是怎么一回事。但如果它们用镜子研究并有可能擦去身上的标记，就证明它们显然知道镜中的映像就是它们自己。

第二节　大学生自我意识的发展

【导入案例】

　　小红是某重点高校的大一新生，一直以来她都是老师和家长眼中品学兼优的好学生。初进大学时，小红对大学生活满怀期待，也给自己大学四年的生活做了一个较好的规划。由于初高中学习压力大，父母在生活上给了她无微不至的照顾，父母认为小红只要负责好好学习就行，其他事情不用操心。结果上了大学之后，因为没有父母的照顾，小红的生活状况变得糟糕起来。第一次去饭堂吃饭，看到丰富多样的菜式，小红竟然出现了选择困难症，因为平常在家都是妈妈精心准备一日三餐，她只要饭来张口就好，根本不需要考虑吃什么。因为害怕被其他同学看穿，所以室友每到饭点叫她一起吃饭的时候她都以各种理由推脱，然后自己一个人去饭堂吃饭，时间长了，室友们就不再叫她一起吃饭，有时候大家一起出去玩也不叫她，因此，小红感觉非常孤独。除此之外，小红也不会洗衣服，生活自理能力差，因为没有办法搞定生活上的琐事，经常躲在卫生间黯然落泪。由于从小到大一直是父母眼中的好孩子，她更不敢找父母倾诉，害怕破坏自己在父母心目中的形象。

　　由于长期承受着巨大的心理压力，就连自己曾经非常擅长的学习也出了问题。期末考试虽然没有挂科，但是每门成绩都不是很高，因此与奖学金失之交臂。她担心父母知道她现在的情况之后不会再像以前一样对待她，因此惶惶不可终日。她一方面想要证明自己离开父母的庇护也能过得很好，另一方面又苦于自理能力差，因此她每天都过得很焦虑。

　　她不敢找人倾诉，又觉得非常压抑，所以开始沉迷网络游戏，她在网络游戏中找到了存在感，就像找回了以前的自己一样，于是她经常以生病或其他理由逃课，然后躲在宿舍玩游戏。等到第二个学期期末考试的时候，十门功课，小红有八门功课不及格，需要补考。她这时才回过神来，追悔莫及。

第二章 大学生自我意识与人格发展

一、大学生自我意识的特点

(一)自我认识日趋成熟

与青春期学生相比,大学生自我认识的发展整体水平较高,自我认识更具自觉性和主动性。他们开始更多地将关注点放在自己身上,关心自己的成长,关心自己的优缺点,关心自己的现状和未来发展。他们经常思考一些涉及自我的问题,如"我是怎样一个人""我为什么是这样的人""我应该成为什么样的人"等。

大学生自我认识的广度和深度也有了较大的提高。在这个阶段,他们不仅关注自己的外表、行为举止等外在因素,而且更加关注自己的性格、能力等内在因素。他们明显地感觉到自己身上的历史使命,自觉地赋予自我以重要的地位和角色,并且关心自己对他人、对社会的影响力。

由于现在接触信息的渠道多种多样,大学生也易于接受新事物,因此他们自我认识的途径也越来越广。例如,大学生可以通过网络世界认识自我,在网络世界中,他们可以不受限制地获取知识,这为他们认识自我拓宽了渠道。此外,也可以通过心理咨询认识自我,在心理咨询师的引导下,更客观、深刻地进行自我剖析,完善自我认知。

大学生自我评价能力增强,但存在片面性。由于大学生对客观事物的理解和判断比较肤浅和片面,因此他们对自我的理解和判断往往也具有片面性,一叶障目的现象时有发生,只看到表象而忽略了本质。大学生的自我认识表现出不平衡性、多样性和不成熟性等特点,有时盲目自大,有时又陷入自卑情绪。

(二)自我体验丰富复杂

大学生的自我体验是丰富的但是波动性较大,并且呈现两极化的特点。大学生有时候会对自己的现状比较满意,肯定自己取得的成绩,例如学业上表现优秀、获得奖学金,此时大学生会有一种自豪感,为自己的努力感到骄傲。但有时候大学生也会陷入自我否定与不满的情绪中,例如由于缺乏实践经验,在找工作过程中屡屡碰壁,大学生就不禁怀疑自己的能力有问题,认为自己是一个失败的人。此外,大学生自我体验容易随着情绪的波动出现变化,例如情绪较好的时候就会有积极的自我体验,情绪不好的时候就容易出现消极的自我体验。

在大学生身上可以明显地发现自尊与自卑两种完全相反的自我体验。自尊是个体悦纳自己,对自我评价较高的一种体验;自卑则是个体对自己不满,对自己持否定态度的体验。当处于顺境时,他们常常会自我欣赏、自我肯定、自信心增强;当处于逆境时,他们就会自我讨厌、自我否定,甚至自暴自弃。

(三)自我控制能力显著提高

在大学阶段,大学生离开父母开始独立生活,因此他们的自我控制的自觉性、主动性和独立性增强,独立意识提高。这种独立意识促使他们对自己的控制方式逐步从外部控制转变为内部控制,从受家长、老师的监督学习转变为自我监督学习。在对自己的未来进行规划的时候,也由家长、老师帮助规划的被动情况转变为按照自己的想法去主动规划。

此外,大学生的自我控制的社会性更加明显。与青春期学生相比,大学生的行为逐渐表现出与社会规范和内心信念相符合的趋势,他们会根据社会的要求做出选择。例如进行职业规划的时候更多地以社会需求、父母期望等作为考虑的要点,而不是固执地以个人兴趣为决策要点。

虽然大学生自我控制的自觉性和独立性增强,但是也存在矛盾性。例如大学生一方面想要做一个成熟稳重的人,但由于自控能力还不够强,因此经常被情绪左右,容易感情用事。

二、大学生自我意识的发展

大学生的自我意识是如何发展的呢?在个体发展阶段,由于自我认知、自我体验和自我调控三者之间相互作用和相互影响,大学生自我意识会经历多次的分化、冲突和整合。通过不断循环,自我意识不断地产生一次又一次的质的飞跃,大学生的自我意识也不断地得到调整和完善。

(一)大学生自我意识的分化阶段

进入青春期以后,个体开始关注自己的内心世界和内心体验,于是自我意识分化为主体自我(I)和客体自我(me)。主体自我的含义是"我是谁""我能做什么""我该做什么";而客体自我的含义是"别人如何看待我""环境允许我做什么"等。对于一个具有健全自我意识的大学生而言,主体自我与客体自我应该是统一的。

但对于大学生而言,他们的主体自我和客体自我往往很难达成统一。大学生往往对自我有较高的评价,但缺乏社会经验,在社会实践过程中时常受挫,这导致了主体自我和客体自我的分化。自我意识经过分化后,个体开始认识和改造自己的主观世界,这种分化也标志着大学生自我意识开始走向成熟。

(二)大学生自我意识的冲突阶段

自我意识未分化之前,整个自我都是笼统的、一体化的,无所谓矛盾的产生。幼儿很少有激烈的内心冲突以及由此产生的纠结、烦恼等情绪体验。一旦自我意识发生分化,主体自我和客体自我就会发生矛盾斗争,这种矛盾突出表现为"理想我"和"现实我"之间的矛盾。"理想我"与主体自我相联系,反映的是个体希望自己成为什么样的人,具备什么样的品质,它作为个体努力奋斗的目标而存在。"现实我"与客体自我相联系,反映的是个体实际上是怎样的一个人,它作为个体的现实目标而存在。由于"理想我"与"现实我"不可能完全统一,因此它们之间的矛盾和冲突一直存在。大学生处于成年早期,此时是建立自我同一性的关键时期,由于自我意识的矛盾,个体常面临激烈的思想斗争和冲突,内心常伴随强烈的情绪体验。

(三)大学生自我意识的整合阶段

由于自我意识的矛盾冲突,大学生常处于不安或痛苦中,为了摆脱这种不安和痛苦,他们总是不断地进行自我意识调整。在自我意识调整的过程中,大学生需要寻找新的支点。

自我意识的复杂性和多维性使大学生不断调整自我,使"现实我"向"理想我"靠近,通过建立自我同一性,自我意识得到整合。

三、大学生常见的自我意识偏差与调适

总体而言,大学生自我意识发展水平较高,但尚未完全成熟,因此容易出现各种偏差,影响大学生建立正确的自我认知,同时也影响大学生的健康成长和长远发展。

(一)自负与自我拒绝

自负是指大学生过高地估计自己,以"天之骄子"自居,不切实际地高估自己的能力、长相、优点等,难以看到自己的缺点和短处,通过贬低他人抬高自己。在与人交往过程中,自以为是,无法接受别人的批评与意见等。现实生活中,有不少大学生存在自负心理,经常出现盲目乐观、骄傲自大的想法(例如找工作的时候不考虑自身情况,眼高手低或为了拿到心仪的录用信而简历造假等)。这类大学生看待问题的时候容易出现偏激,会由于目标过高但力不能及而在实际行动中遭受失败和挫折,从而引起不良心理反应。

自我拒绝是指不能接受自己原本的样子和状态,不喜欢自己,过度追求完美,不能容忍自己的缺点,自我否定、指责、抱怨和苛求自己。适当的自我拒绝有利于更好地发展自我意识,但是过度的自我拒绝则容易使人产生自暴自弃的想法。长期妄自菲薄会导致大学生习得性无助(对现实的无望和无可奈何的行为、心理状态),丧失生活的信心和勇气。

1. 自负的调适方法

(1)勇于接受批评。

自负的人往往难以接受别人的批评,总是以自我为中心,唯我独尊,认为自己总是对的,这也是自负者的致命弱点。接受批评并不是弱者的象征,对于他人的批评,需要"取其精华,去其糟粕",他人正确的观点有助于自负者改变固执己见。

(2)提高自我认知,承认自己的缺点。

俗话说"金无足赤,人无完人",每个人都有自己的优点和长处,世界上并不存在完美的人,所以要勇于正视自己的缺点。当意识到自己有缺点的时候,就不容易变成一个目中无人的自负者。

(3)平等待人。

生活是一面镜子,要想别人尊重自己,那么自己就要先学会尊重别人,换言之,我们怎么对待别人,别人就会怎么样对待我们。自负的人往往觉得别人要服从自己,自己就应高人一等。平等待人就是要自负者以平常心对待别人。

(4)拓展自己的认知边界。

自负的人存在极强的优越感往往是因为他们不懂得"一山更比一山高",当他们拓展了认知边界后就会明白原来世界上永远存在比自己更优秀的人,所以不要将自己囿于井底,而是要多去看看外面的世界,增长见识。

(5)不要以自我为中心。

自负的人凡事都只希望满足自己的欲望,要求人人为己,却置别人的需求于度外,不愿为别人做半点牺牲,不关心他人痛痒,表现为自私自利、损人利己。他们往往认为自己是宇

宙的中心,每个人都需要依赖自己,不懂得换位思考,这样就很容易导致其他人都不愿与其交往。

(6)要以发展的眼光去看待自己。

目前取得了成绩,不代表以后也能取得成绩,所以既要看到自己的过去,又要看到自己的现在和未来。过去也许取得过辉煌的成就,但是并不能代表永久的成功,自古以来,伤仲永的悲剧也时有发生,所以要居安思危。

2. 自我拒绝的调适方法

(1)列出自己已取得的成绩或者是让自己感到满意的地方。

这里所说的成绩不一定是丰功伟绩,也可以是很小的进步或收获。列出10项以上自己现在或过去在学习、生活中取得的能带来满足感的成绩。例如,这个学期的平均绩点排到专业前三,并且拿到了学业奖金;或者这个学期通过了大学英语四级考试等。对于所取得的每一项成绩都尽可能具体地描述,如果可能的话,最好将成果量化(例如在一个学期内读了几本好书、完成了几个目标、养成了几种好习惯等)。

(2)勇敢地表现自己。

要积极参与班级或社团的各类活动,将自己的能力展现出来,让别人看到自己的闪光点,从而达到自我肯定的目的。例如,在课堂上积极回答老师的问题,积极参与小组讨论,勇于挑战、突破自我。

(3)与过去的自己相比较,善于做自我总结。

通过对学习和生活的总结与比较,增强对自己的认识,列举出增强的能力,如自制力、学习能力、组织能力、创新能力等,记住要用事实加以说明。例如,与上学期相比,你的自制力变强了,之前经常熬夜打游戏、白天睡懒觉,现在你每天都能在十一点前睡觉,早上也都能早起了。

(4)对自己有正确的认知,恰当地描述自己。

例如你是一个目标远大、有理想有抱负的人,具有敏锐的洞察力,具有团队合作精神等,并用具体的事实加以佐证。

(5)对着镜子多做练习。

在镜子前保持立正姿势,大声说出你想要达到的目标或理想抱负,然后在镜子上写下表达愿望的关键词,接下来就是付诸实践,努力去实现目标。

(6)相信自己。

即使别人质疑你的时候,你也要相信自己。当你做了一件你认为有意义的事却被别人否定时,特别需要你自己对自己行为的合理性有一个清晰的认识和判断,这样你才不会轻易被他人的观点左右,你才不会在意别人怎么想、怎么看、怎么说,从而坚定不移地相信自己。

【心理小贴士】

增强自信心的方法

(1)走路的时候抬头挺胸。

(2)日常生活要面带微笑。

(3)练习当众发言,勇于表达自己的观点。

(4)正视别人。

(5)对着镜子练习咧嘴大笑。

(6)多进行积极的自我暗示(例如我很棒之类的)。

(7)走路步伐稳健有力(比平时走路速度提高25%,目光平视前方)。

(8)为人坦诚,不要不懂装懂。

(9)多进行肯定的表达。

(10)练习正确的归因。

(二)自尊与自卑

自尊是个人基于自我评价产生和形成的一种自重、自爱、自我尊重,并要求受到他人、集体和社会尊重的情感体验。自尊是一种积极的心理品质,有助于调动和激发人的内在潜能,是促使人奋发向上的直接动力。自尊发展分为三个阶段:依赖性自尊、独立性自尊和无条件自尊。依赖性自尊是指依赖他人肯定和表扬而产生的自尊,它主要建立在他人的评价之上,很少考虑自我的兴趣需求,例如在就业时,会倾向于选择高名望或高地位的工作,甚至在选择伴侣时,也会更多地考虑别人是否会喜欢或赞赏。独立性自尊是指不依靠他人看法,自我产生的自尊,它有自我的一套评判标准,自尊主要源于内在自我的需求。无条件自尊是指既不依赖于他人的看法与评价,也不来源于自我的评判而产生的自尊,它是我们追求的目标。自尊有强弱之分,过强则变为虚荣心,过弱则变为自卑。

自卑是指在与他人比较时,由于低估自己的能力而产生的负性情绪体验,也指由于感到自身有某些缺陷或不足而对自己产生的不满情绪。自卑容易使人对自我产生消极的评价,尤其是过度自卑会损害人们的身心健康,并且也容易阻碍人们不断超越自我,但是适度的自卑会促使人们不断努力、完善自我。

自尊心强的人也可能会出现消极的自我评价、对自我评价较低等现象,其主要原因如下:

(1)自尊心过强。

大学生普遍具有较强的自尊心。自尊心维持在合适的强度有利于激发上进心,使个体追求自我实现,但是过强的自尊心反而会成为大学生成长路上的绊脚石。过强的自尊心会演变为虚荣心,如果虚荣心得不到满足,可能就会出现无法接纳自我、自怨自艾、埋怨他人的结果,部分自尊心过强的大学生甚至可能会因此做出让自己后悔的事,最后可能导致自暴自弃。

(2)自我期望水平过高。

一般情况下大学生都承载了一个家庭的希望,因此大学生有时候会对自我有过高的要求,这样容易导致"理想我"与"现实我"之间产生剧烈的矛盾冲突,使大学生对现实产生不满情绪。虽然,将目标(即理想我)定得高一些可以激发大学生的上进心和求知欲,但是如果定脱离实际的过高的目标,则会导致大学生屡屡碰壁,从而产生习得性无助,从而丧失自信心,产生自我否定的倾向。

(3)适应能力差。

大学生入学之初,由于生活环境、学习方式的变化等,需要面对适应这一问题。例如,因大学阶段面临着比中学时期更为复杂的人际关系而产生不适应,再加上当前正处于心理断乳期而产生的心理闭锁导致交友困难。诸多不适应导致大学生强烈的挫折感,对于抗挫折能力差且自尊心强的学生而言,很容易感到痛苦、寂寞,容易对自身心生不满,从而产生自卑感。

(4) 认知障碍导致认知偏差。

大学生处于心理还不够成熟的阶段。大学生由于人生观和价值观还不健全,社会经验不足,因此在认识问题的角度和处理问题的方式上存在一些误区。他们容易对社会、对生活的认知,尤其是对自我的认知缺乏科学的态度,也很容易受周围环境和他人评价的影响,从而导致各种认知偏差。

大学生常见的认知偏差有以下三种:

(1) 以偏概全。

这是一种不合逻辑的认知偏差。以偏概全的一个方面是人们对其自身的不合理的评价。如当面对失败或是极坏的结果时,往往会认为自己"一无是处""一钱不值""是废物"等。以自己做的某一件事或某几件事的结果来评价自己整个人、评价自己作为人的价值,其结果常常会导致自责自罪、自卑自弃的心理及焦虑和抑郁情绪的产生。以偏概全的另一个方面是对他人的不合理评价,即别人稍有差错就认为他很坏、一无是处等,这会导致一味地责备他人,以致产生敌意和愤怒等情绪。例如班上有个别同学跟你关系不好,你就认为班上全部同学都不想跟你做朋友。

(2) 绝对化要求。

这是指人们以自己的意愿为出发点,对某一事物怀有认为其必定会发生或不会发生的信念,它通常与"必须""应该"这类字眼连在一起。比如"我必须获得全部同学的喜欢和欣赏""室友必须很好地对待我""找工作应该是很容易的"等等。怀有这样信念的人极易陷入情绪困扰中,因为客观事物的发生、发展都有其规律,是不以人的意志为转移的。

(3) 糟糕至极。

这是一种认为如果一件不好的事发生了,将是非常可怕、非常糟糕,甚至是一场灾难的想法。这将导致个体陷入极端不良的情绪体验,如陷入耻辱、自责自罪、焦虑、悲观、抑郁的恶性循环之中,难以自拔。当一个人讲什么事情都糟透了、糟极了的时候,对他来说往往意味着碰到的是最坏的事情,是一种灭顶之灾。心理学家艾利斯认为这是一种不合理的信念,因为对任何一件事情来说,都有可能发生比之更好的情形,没有任何一件事情可以定义为是百分之百糟透了的。当一个人沿着这种思路想下去,认为遇到了百分之百的糟糕的事或比百分之百还糟的事情时,他就是把自己引向了极端的不良情绪状态之中。例如"高考没考好,就认为自己的人生完蛋了""失恋了就觉得自己的世界崩塌了"等。

自卑的调试方法如下:

(1) 要善于接纳自我。

对于无法改变的事要无条件接纳,例如身高、长相等。有些人可能对自己的容貌不满意,为了改变容貌选择整容,最后可能给自己的身心带来更大的伤害;但是对于可以改变的弱点要积极改变,例如学习成绩不好,不是因为不够聪明,而是因为不够努力,所以要更加努力,将成绩提高。

(2) 懂得扬长避短。

学会看到自己的成长和进步,有时自卑是因为我们无法看到成长中的自己,如果在微小的行动中,带着觉醒的意识去认识自己,看到自己成长和进步,就会慢慢明白,信心来自成长,成长比成功更重要。

(3)学会短期目标和长期目标结合,为自己的生活创造意义与价值感。

人的伟大在于可以为自己的人生创造一个属于自己的积极意义体验。这就需要想清楚自己人生的长期目标是什么,该如何达成自己的长期目标,以及长期目标可以分为几个小阶段目标。

学会为自己的人生做好长期系统的规划,对自信有很大的提升。自信的人大都明白,自己到底想要过什么样的生活,大概需要经过多少努力才会实现,他们对自己的生活有明确的预期目标与掌控,并且能够接受生活的无常。许多人很自卑恰恰也是因为从未对自己生活有过系统的思考,不知道自己想要过什么样的人生。

【测一测】

自尊量表(Self-Esteem Scale,SES)测试

这个量表(如表2.1)是用来了解自己是怎样看待自己的。

请仔细阅读下面的句子,选择最符合您情况的选项。请注意,这里要回答的是您实际上认为您自己怎样,而不是回答您认为您应该怎样。答案无正确与错误或好与坏之分,请按照您的真实情况来描述您自己。请注意要保证每个问题都做了回答,且只选一个答案。

表2.1 自尊量表

条目	选项			
1.我感到我是一个有价值的人,至少与其他人在同一水平。	很不符合	不符合	符合	非常符合
2.我感到我有很多好的品质。	很不符合	不符合	符合	非常符合
3.归根结底,我倾向于觉得自己是一个失败者。	很不符合	不符合	符合	非常符合
4.我能像大多数人一样把事情做好。	很不符合	不符合	符合	非常符合
5.我感到自己值得自豪的地方不多。	很不符合	不符合	符合	非常符合
6.我对自己持有肯定的态度。	很不符合	不符合	符合	非常符合
7.总的来说,我对自己是满意的。	很不符合	不符合	符合	非常符合
8.我希望能为自己赢得更多尊重。	很不符合	不符合	符合	非常符合
9.我确实时常感到自己毫无用处。	很不符合	不符合	符合	非常符合
10.我时常认为自己一无是处。	很不符合	不符合	符合	非常符合

评分规则:对于1、2、4、6、7、8题(正向记分题),"很不符合"记1分、"不符合"记2分、"符合"记3分、"非常符合"记4分;对于3、5、9、10题(反向记分题),"很不符合"记4分、"不符合"记3分、"符合"记2分、"非常符合"记1分。总分范围是10~40分,分值越高,自尊程度越高。

【拓展阅读】

阿德勒——自卑与超越的一生

阿尔弗雷德·阿德勒(Alfred Adler)是奥地利著名的精神病学家、心理学家,个体心理学的创始人。阿德勒的一生是不断超越自卑,实现自我的一生。阿德勒于1870年出生于维也纳郊外的一个富商家庭。家里有三个孩子,他排行第二,阿德勒从小身体不好,还患有佝偻病,行动不便,也无法进行剧烈的体育运动。而哥哥和弟弟却是典型的"别人家的孩子",这使他经常感到自惭形秽,因此特别自卑。五岁那年他患了一场大病,这场大病几乎使他丢掉性命,在大病痊愈后,他决心长大后当一名医生,以此来克服儿童时期的苦恼和对死亡的

恐惧。

阿德勒五岁进入小学,刚开始他的成绩很差,以至于老师觉得他明显不具备从事其他工作的能力,因此建议他的父亲让他去做一名制鞋匠。幸好阿德勒的父亲拒绝了老师的建议,这也刺激了阿德勒的好胜心,促使他努力学习,最终成为一名优等生,并于1888年以优异的成绩考入维也纳大学的医学院,1895年获得医学博士学位。

在博士毕业后,一次偶然的机会,阿德勒对弗洛伊德所著的《梦的解析》颇有兴趣,1902年弗洛伊德邀请他帮助组建维也纳心理分析学会,随即他成了维也纳心理分析学会的主席和心理分析学刊的编辑。1907年,阿德勒发表《器官缺陷及其心理补偿的研究》,一时引起轰动,使他享誉盛名。后来由于他和弗洛伊德的观点存在分歧,阿德勒辞去了维也纳心理分析学会主席一职,退出了维也纳心理分析学会,与弗洛伊德分道扬镳。不久,阿德勒组建了"自由精神分析研究协会",1912年改名为"个体心理学会"。他致力于把自己的理论与儿童抚养和教育的实际相结合。1920年,他与他的学生一起在维也纳三十多所中学开办了儿童指导诊所,为他赢得了国际声誉。

阿德勒从一个自卑的人变成一个享有盛誉的心理学家、医学家,很多人会疑惑到底是什么成就了阿德勒。阿德勒的代表作之一《自卑与超越》为我们揭晓了答案。阿德勒认为自卑感是人们在追求更加优越地位和完美人生的过程中必然会出现的心理体验。阿德勒最初对自卑的理解主要局限于生理机制,他认为儿童的自卑感常常是生理上的缺陷引起的,带有依附、服从、软弱等特质。这种自卑任其发展下去儿童就会成为弱者。相反,如果其带有侵略性、自由、勇敢、充满活力的品质,发展下去儿童就有可能成功。由生理机制引起的自卑可能会导致个体从生理上进行补偿:一种情况是集中所有力量发展功能欠佳的器官机能;另一种情况是转而发展其他器官的机能进而以其他器官的优势技能来弥补缺陷器官的机能。

后来阿德勒发现每个人都有不同程度的自卑,而且没有人能长期忍受自卑之感。人们会采取某种行动,来解除自己的紧张状况。假如一个人已经打算放弃了,他仍会努力摆脱这种紧张感,只是他采取的方法不能使他有所进益。自卑在某种意义上是通往成功的道路,只有意识到自己的处境没有达到预期,并且有自我超越的动力,那人们就会更加努力,从而实现自我。

【课堂活动】

优点轰炸

活动场地:教室。

活动时长:60分钟。

活动材料:白纸、黑色签字笔或彩笔等。

活动目标:用欣赏的眼光去发现别人身上的闪光点;从长处中提升个人自尊、追求个人成长。

活动程序:教师先将班级同学分为6~8人小组,按照轮流的方式,每个小组成员先花2分钟时间说出自己的优点,然后剩下的组员再对他进行优点轰炸(注意说过的优点不要重复说),大约5分钟。每个小组选一名组长负责帮助教师控制进度和时长。所有成员优点轰炸结束后,参与者分享体验:

(1)被人称赞的感受如何?

(2)被优点轰炸的成员说下哪些优点是自己以前就知道的,哪些是未曾意识到的。

(3)在真诚地称赞别人的时候是什么感受?
(4)他们所说的优点符合你自己的情况吗?

最后教师总结发言。

活动要求:在说出自己优点的时候不要使用"假如""但是""可能"等字眼;在别人对自己进行优点轰炸的时候,只需要安静地聆听,不需要表示感激或者泼冷水;在对他人进行优点轰炸的时候,态度要真诚,要用心去发现别人的优点,不要毫无根据地吹捧,这样反而会使人感到难堪或不舒服。

(三)自我中心与从众

自我中心是指凡事都只希望他人满足自己的欲望,要求人人为己,却置别人的需求于度外,说话做事不考虑别人的感受。自我中心的人事事从自我出发,不能设身处地地进行客观的思考。他们往往以高高在上的姿态出现,盛气凌人,处理事情的时候总是以自己的观点为对错的指标,喜欢把自己的想法强加于人。因而他们的人际关系容易出现问题,很难得到别人的帮助。

而从众是与自我中心相反的。从众是指过度看重他人的想法和观点,在群体的影响或压力下,放弃自己的意见或违背自己的观点使自己的言论、行为保持与群体一致的现象,即通常所说的"随大流"。从众的人往往丧失自我,过度依赖于他人的想法和反应,缺乏主见和独立意识,经常人云亦云或遇到问题束手无策时就立马想着寻求帮助,而放弃自我努力和探索。

【拓展阅读】

阿希从众实验

阿希从众实验旨在研究从众现象的具体表现、产生及其原因。该实验以大学生为被试对象,每组7人,坐成一排,其中6人为事先安排好的实验合作者,只有一人为真实被试者。实验者每次向大家出示两张卡片,其中一张画有标准线段 X,另一张画有三条线段 A、B、C(如图2.1)。X 的长度明显地与 A、B、C 三条线段中的一条等长。实验者要求被试者判断 X 线段与 A、B、C 三条线段中哪一条等长。实验者指明的顺序总是把真实被试者安排在最后。第一至第六次测试大家都选择正确的答案,没有区别,第六至第十二次前六名被试者按事先要求故意选择同一个错误的答案,借此观察真实被试者的反应,看是否发生从众行为。

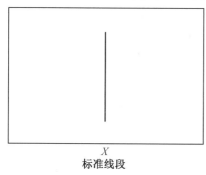
X
标准线段

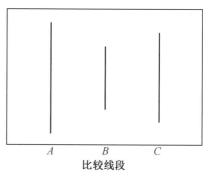
A　B　C
比较线段

图2.1　阿希从众实验采用的实验材料

实验结果很有趣,真实被试者的反应多种多样,有25%的真实被试者从头到尾都坚持着自己的判断,没有受到影响,而50%以上的真实被试者则在超过六次的实验中都听从了实验合作者的错误判断,甚至还有5%的真实被试者在每一场实验中都展示出了对错误判断的盲从。将从众行为出现的总次数除以被试数目再除以实验次数,得到的从众行为发生率约为33%,也就是三分之一。

实验结束后,阿希对那25%的坚持己见的真实被试者做出了分析,并对他们没有选择从众的原因做出了总结:

(1)他们从始至终的判断都基于自己的真实想法,而不是人云亦云。他们在前六次的真实实验中就没有选择跟风,所以在后面其他人故意说错的时候,他们依然习惯性地说出了自己的想法,只是这次他们的结果与多数人不同而已。

(2)在自己意见与大多数人不一致时,他们也会产生焦虑。只是他们能尽快摆脱焦虑情绪,也不会让焦虑左右自己的判断。

阿希对从众的真实被试者也做了访谈,归纳出从众的情况有三种:

(1)真实被试者确实把他人的反应作为参考框架,观察上就错了,发生了知觉歪曲。

(2)真实被试者意识到自己看到的与他人不同,但认为多数人总比自己正确些,发生了判断歪曲。

(3)真实被试者明知其他人都错了,却跟着做出了错误反应,发生了行为歪曲。

研究结果表明,影响从众行为的因素包括群体因素、个体因素和文化因素。其中群体因素包括群体一致性、群体规模、群体凝聚力、个体在群体中的地位、是否需要面对群体压力等;个体因素包括性别、年龄、个性特征、知识经验等。

【心理小贴士】

学会倾听,增强共情

自我中心的人往往将自己作为焦点,忽视他人,或者对别人的观点和想法充耳不闻。为了改变以自我为中心的现状,在日常生活中要学会倾听,这样才能更好地将注意力从自己身上转移到他人身上。

可以邀请身边的同学、老师、朋友或家人,让他们作为你的访谈对象,锻炼倾听的能力。可以对他们的近况进行详细的访谈,如"你假期过得怎么样?""假期去哪儿玩了?""你在旅途中遇到过哪些好玩的人和事?"等。

在访谈过程中,要认真地询问对方的近况,用心去倾听,不要对对方所说的话发表任何意见,或者是进行评价。可以简单地复述对方的话,以确认自己是否正确理解了对方的意思,可以采用如下方式,如"你的意思是说……""我的理解是……不知道对不对"等。

在访谈过程中,除了要认真倾听以外,还要适时表达共情。共情是指一种能设身处地体验他人处境,从而达到感受和理解他人情感的能力。共情不是同情,如室友对你说"我现在感觉很痛苦",共情是"我能理解你的痛苦",而同情是"你太惨了,我为你的痛苦感到难过"。一般而言,共情能力强的人不会以自我为中心。

四、影响大学生自我意识发展的因素

(一)生理因素

生理因素对自我意识的影响主要表现在以下两个方面:
(1)对生理自我的认知影响社会自我和心理自我的形成。
(2)生理的发展是自我意识发展的基础。对自己身体和生理状况的认识、体验与评价,称为生理自我。如对自己身高、体重、容貌、身材、性别等的认识,以及生理病痛、温饱饥饿、劳累疲惫等的感受。如果一个人不能接纳自己的生理自我,例如嫌弃自己个子矮、不好看、身材胖等,则会产生自我厌恶,导致自卑心理。

有关调查显示,约28%的女生不满意自己的长相,希望自己能够再漂亮一点。而男生常会因为身高问题而自卑。

(二)心理因素

影响大学生自我意识的心理因素主要包括人格特质、思维模式、归因方式等。

气质是人的人格物质之一,是个体心理活动稳定的动力特征,主要表现在心理活动的强度、速度、稳定性、灵活性和指向性上。作为人类行为的外在表现,气质直接影响个体的心理活动和行为。大学生要学会用客观的、全面的、辩证的观点来认识自我和评价自我,在学习和实践中不断发展和完善自我,努力培养良好的个性品质。

思维模式是人类认识世界的活动方式,是个体在特定环境中形成的认知客观世界的思维定式。思维模式不同,直接导致认识结果不同,从而影响行动的成败。大学生的思维模式会直接影响其理想和行为的确立,可以通过明确自我观念、克服思维障碍、优化思维模式来提高自我意识。

归因是指人们对他人或自己行为原因的推论过程。具体来说,就是观察者对他人的行为过程或自己的行为过程所进行的因果解释和推论。有研究表明部分大学生产生心理问题的主要原因是没有进行正确的归因。Arkin(1979)和Weiner(1985)的研究结果表明,个体对客观事物的归因认知评价与个体对未来目标的期望、某种情感体验的产生是紧密相连的,例如在个体取得成就后把成功的结果归因于自身内部原因时,会体验到自豪、自信等情感,从而提高自我价值感(如期末考试成绩好是因为自己平时学习努力);相反,当把失败的结果归因于内部原因时,则会体验到悲伤、挫折等情感(如没有追求到自己心仪的人,是因为自己本身不够优秀)。

(三)其他因素

自我意识作为意识的一部分,在形成和发展过程中受主、客观因素的共同影响。因此,影响大学生自我意识发展的因素是多种多样的,除了生理和心理因素外,社会环境、家庭环境、高校环境、他人以及角色扮演等均是影响大学生自我发展的重要因素。

社会环境因素包括社会风气和社会文化等因素。家庭环境因素包括家庭氛围和教养方式等因素。高校环境因素包括教学方式、管理制度、师生关系等因素。他人因素包括他人反馈的信息和他人的示范作用因素，俗话说"近朱者赤，近墨者黑""旁观者清，当局者迷"，我们可以通过周围的人去更好地了解自我。角色扮演指以上这些因素与个体对该角色行为的理解、相关角色对该角色的理解的一致性。如果两者一致，则促进自我意识的健康发展；如果不一致，那么会引起自我角色混乱，以及自我意识偏差。

五、大学生自我意识的发展途径

王雁（2002）在《普通心理学》一书中提到，个体自我意识的发展途径主要有以下六种：

（一）通过认识别人，把别人与自己加以对照来认识自己

人最初是以别人来反映自己的。个体往往把对他人的认识迁移到自己身上，像认识他人那样来"客观"地认识自己。例如，当看到别人对长者很有礼貌并受到大家称赞时，就对照反思自己的言行，从而认识到自己平时对长者的态度。经过多次对比，就会促进个体对自我的认识，形成相应的自我概念。

（二）通过分析别人对自己的评价来认识自己

一个人对自己的认识，在很大程度上受他人评价的影响。这就如同人对着镜子来认识自己的模样一样，儿童认识自己是把别人对自己的评价当作一面镜子，来不断认识自我，包括自己的优点和缺点。由于个体的活动范围比较大，经常从属于不同的团体，接触不同的人，每个团体、每个人对个体的评价就是一面镜子，这样就可以通过不同的镜子来照出多个自我，个体就能较全面地认识自己，从而促使自我意识不断发展。

（三）通过考察自己的言行和活动的成效来认识自己

自我意识是个体实践活动的反映。个体在实践活动中的表现和取得的成果也会成为一面镜子，这面镜子能反映出个体的体力、智能、情感、意志和品德等特性，从而使之成为自我认识、评价的对象。如一个学生，在学习上或一项竞赛中取得了好成绩，他会从中体验到一种自信，对自己和自己的能力就会有新的认识。

（四）通过自我监督与自我教育来完善自己

个体通过以上几方面的途径，在不断的反省中，发现"现实我"与"理想我"的差距，一方面通过自我监督来克制、约束自我，服从既定目标；另一方面通过自我教育，按社会要求对客体自我自觉实施教育，以实现"现实我"与"理想我"的积极统一。总之，自我监督着眼于"克制"，而自我教育着眼于"发展"，二者共同承担自我意识的不断完善。

（五）通过心理学量表来认识自我

心理学量表是指用科学心理学方法专门设计的测量量表，是用于量化测量心理特征的一种测评方法。心理学量表有很多种，例如用于测量智商的比奈智力量表，用于测量心理健康水平的SCL-90量表等。用于测量自我意识的量表主要有田纳西自我概念量表和罗森伯格的自尊量表。

【测一测】

当前自我意识小测试

请根据你当前的状况,如实地回答以下问题,仅需做否定与肯定的回答,不需要做过多的解释,回答没有正误之分。

(1) 你的情绪是否时常波动?
(2) 你与别人的友情能持久吗?
(3) 你购买廉价或打折商品,是否常超出自己的需要?
(4) 你守信用吗?
(5) 你是否轻率地结交异性朋友或定下约会?
(6) 你对自己购买的东西满意吗?
(7) 你是否轻率地对人或事下定论?
(8) 你所从事的学习/工作是否经常有疏漏和失误?
(9) 你是否有你已不再喜欢的老朋友?
(10) 你的生活习惯规律吗?
(11) 你是否凭着第一印象判断他人?
(12) 你能认真写信给他人吗?
(13) 你是否因做错事而感到不安?
(14) 你平时遵守交通规则吗?
(15) 你在阅读文件或看书的时候,经常忽略注释吗?

评分标准:其中第1、3、5、7、8、9、11、13题做否定回答计1分,肯定回答计0分。剩余各题肯定回答计1分,否定回答计0分。

得分范围是0~15分,如果测试得分在10分以上,说明你的自我意识较为成熟;得分为7~8分,说明你的自我意识还不够成熟;得分在5分以下,说明你的自我意识相对来说比较欠缺,亟待提高和发展。

(六)通过梦境和意象对话来认识自我

精神分析学派创始人弗洛伊德认为不同的梦境反映了不同的自我意识,我们可以利用梦境来了解潜意识、了解隐藏的自我,并通过这种方式来进行自我调节、自我管理与自我接纳,达到心理健康的目的。

意象对话是我国临床心理学者首创的一种心理咨询与心理治疗的方法。在潜意识状态中出现的意象往往代表了真实的自我。通过一项对话改变潜意识中的意象,就可以改变自我,使心理维持健康状态。

第三节 大学生的人格概述

【导入案例】

曾经有一位老学者,他昔日精心培养的三名得意门生前来探望他,这三名学生目前都发展得非常不错。一个在仕途上正扶摇直上,一呼百应;一个在商场中正叱咤风云,日进斗金;一个在学术界享有盛誉,著作等身,在自己的研究领域具有绝对的话语权。因此就有人问这位老学者,如何评价他的三位高徒,目前虽然大家都很成功,不分高低,但他觉得以后他们三人谁会是最成功的。老学者说:"现在还看不出来高下之分,人生的较量也不仅仅是能力的较量,较量有三个层次,其中最低层次的较量就是技巧的较量,第二个层次是智慧的较量,最高层次是人格的较量。"他认为目前三位高徒的较量仅仅是智慧层面的较量,而最高层次的人格较量还没开始。老学者的一番话充分显示了人格在个体成长、成才中的重要作用。

一、人格的概念

人格一词来源于古希腊语"persona",最初是指戏剧演员在演出时所戴的面具,后来演变为演员本人,指一个人所具有的特质,即"人格"。其中包含两层含义,一是指一个人在人生舞台上所表现出来的种种言行,人遵从社会文化习俗的要求而做出的反应,即人格的外在表现;二是指一个人由于某种原因不愿展现的人格成分,即面具背后的真实自我,这是人格的内在特征。

心理学上,人格(personality)是个体在遗传素质的基础上,通过与后天环境相互作用而形成的相对稳定和独特的心理行为模式。它是在长期的社会生活实践中发展起来的,包括气质、性格、能力、兴趣等方面,是指一个人在其生活实践中经常表现出来的较为稳定的个体心理特征的总和,也称个性,是一个人区别于他人的特征之一。一般来说,人格包括兴趣、爱好、气质、性格、能力、需要、理想、信念和价值观、世界观等内容,其中气质、性格、能力等内容相对而言受先天遗传因素影响较大,具有稳定性的特征;而兴趣、爱好、理想、信念、价值观等内容主要是在后天社会化过程中形成的,具有可塑性特征。因此,人格是稳定性和可塑性的统一。

二、人格的结构

弗洛伊德将人格结构分为本我、自我和超我。本我(id)是人最为原始的、属于满足本能冲动的欲望,如饥饿、生气等。本我为与生俱来的,亦为基础,自我及超我是以本我为基础而发展起来的。本我是由先天的本能、欲望所组成的能量系统,包括各种生理需要。本我具有很强的原始冲动力量,弗洛伊德称其为"力比多"。本我是无意识、非理性、非社会化和混乱无序的。本我只遵循一个原则——享乐原则,意为追求个体的生物性需求,如食物的饱足以及避免痛苦。弗洛伊德认为,享乐原则的影响最大化是在人的婴幼儿时期,也是本我思想表现最突出的时候。自我(ego)是从本我中逐渐分化出来的,位于人格结构的中间层。其作用主要是调节本我与超我之间的矛盾,它一方面调节着本我,一方面又受制于超我。它遵循现实原则,以合理的方式来满足本我的要求。这里,现实原则暂时中止了快乐原则。由此,个体学会区分心灵中的思想与围绕着个体的外在世界的思想。自我在自身和其环境中进行调节,扮演着执行者的角色。超我(superego)是道德化的自我,由社会规范、伦理道德、价值观念内化而来,其形成是社会化的结果。超我遵循道德原则,它有三个作用:一是抑制本我的冲动,二是对自我进行监控,三是追求完善的境界。超我以道德的形式运作,维持个体的道德感、回避禁忌。

从心理学角度而言,人格主要包括三部分,即性格、气质和能力。

第二章　大学生自我意识与人格发展

（一）性格

性格是一个人在对现实的稳定的态度，以及与这种态度相应的、习惯化了的行为方式中表现出来的人格特征。性格反映了人们对自己、对他人、对现实世界和对事物的态度，并体现在日常的行为举止中。性格不同于气质，它受社会历史文化的影响，有明显的社会道德评价的意义，直接反映了一个人的道德风貌。所以，气质更多地体现了人格的生物属性，性格则更多地体现了人格的社会属性，个体之间的人格差异的核心是性格的差异。心理学对于性格的类型从不同维度来看有不同的分类方式。

（1）根据知、情、意三者在性格中的表现程度，性格可划分为理智型、情绪型和意志型三种。

（2）根据人的心理活动倾向于外部还是内部，可以将性格分为外向型和内向型。

（3）根据个体独立性程度，可以将性格划分为独立型和顺从型。

（4）根据人的社会生活方式及由此而形成的价值观，把性格分为理论型、经济型、审美型、社会型、权力型等。

（5）根据人际关系，把性格划分为 A、B、C、D、E 五种类型。

A 型性格：情绪稳定、社会适应性良好，但智力和主观能动性一般、交际能力较弱。

B 型性格：情绪不稳定、外向、社会适应性较差、遇事易急躁、人际关系不融洽。

C 型性格：情绪稳定、内向、社会适应性良好，但在一般情况下表现被动。

D 型性格：外向、社会适应性良好或一般，人际关系较好，有组织能力。

E 型性格：情绪不稳定、内向、社会适应性较差或一般，善于独立思考，有钻研精神，人际交往情况一般。

【测一测】

埃里克森人格测验（内/外向维度）

请根据以下描述，选择符合你自身情况的选项，完成表2.2。答案没有对错之分，选择的时候无须过多思考，真实作答即可。

表2.2　埃里克森人格测试表

条目	选项	
1.你有许多不同的爱好吗？	是	否
2.你是个健谈的人吗？	是	否
3.你很活泼吗？	是	否
4.在一个热闹的晚会上你能放开自己玩得开心吗？	是	否
5.你喜欢结识新朋友吗？	是	否
6.你喜欢外出吗？	是	否
7.你有许多朋友吗？	是	否
8.你常主动结交朋友吗？	是	否
9.与别人在一起的时候，你通常是静悄悄的吗？	是	否
10.你能轻易地使一个平淡的聚会活跃起来吗？	是	否

条目	选项	
11.你喜欢讲笑话或好玩的故事给朋友们听吗?	是	否
12.你喜欢周围有很多刺激与兴奋吗?	是	否
13.别人觉得你活泼吗?	是	否
14.在社交场合你总是躲在后面吗?	是	否

计分方法:"是"计为1分,"否"计为0分,其中第9和第14项为反向计分题,即"是"计为0分,"否"计为1分。得分越高(得分>7)越倾向于外向;得分越低(得分<7)越倾向于内向。

(二)气质

气质是指个体表现在心理活动的强度、速度、灵活性与指向性等方面的稳定的心理特征。心理学上所说的气质与日常生活中所说的气质有着显著的区别。心理学上所说的气质可以理解为一个人的脾气、性情、秉性等;而平常生活中所说的气质则是指一个人的风格、气度或某种职业所具有的非凡特点。气质是与生俱来的,反映了人格的自然属性。婴儿一生下来就存在明显的气质差异。例如,有的婴儿生下来就哭声洪亮、活泼好动,对外界刺激反应迅速;有的则比较安静、对外界刺激反应较慢。这些特质也会在以后的学习、工作、生活中表现出来。气质与遗传因素密切相关,研究表明同卵双生子的气质差异要比异卵双生子的气质差异更小。

(1)气质的体液说。

公元前5世纪,古希腊的医生希波克拉底(Hippocratēs)最早提出气质学说——体液说。他认为人有四种体液:血液、黏液、黄胆汁和黑胆汁。他根据哪一种体液在人体中占优势,从而把气质分为四种:多血质、黏液质、胆汁质和抑郁质(如图2.2)。多血质的人体液混合物中血液占优势,黏液质的人体内黏液占优势,胆汁质的人体内黄胆汁占优势,抑郁质的人体内黑胆汁占优势。每一种气质类型都有其独特的气质特征。

多血质的人富有朝气,属于敏捷而好动的类型。这种类型的人易于适应环境的变化,在新的环境里不感到约束,性格开朗、热情、喜闻乐见,善于交际。在群体中精神愉快、朝气蓬勃,常能机智地摆脱窘境。在工作学习中富有精力且效率高,表现出机敏的工作能力,愿意从事合乎实际的工作,能对工作心驰神往,迅速地把握新事物,在有充分自制能力和纪律性的情况下,会表现出巨大的积极性。兴趣广泛,情感易变,如果工作不顺利,热情可能消失。不安于循规蹈矩的工作,有时轻诺寡信、见异思迁。适合从事与外界打交道、多变、富有刺激和挑战的工作,如管理、外交、驾驶员、律师、运动员、记者等,不太适合做过于细的、单调的工作。

黏液质的人安静沉稳、喜欢沉思、情绪不易外露,在生活中是一个坚持而稳健的辛勤工作者。这种类型的人行动缓慢而沉着,严格恪守既定的生活秩序和工作制度,不为所谓的动因而分心,一般不做无把握的事。黏液质的人态度持重,交际适度,情感上不易激动、不易发脾气,也不易流露情感,能自制,不常显露自己的才能。其不足是有时做事情不够灵活,不善于转移自己的注意力。惰性使其因循守旧,表现为固定性有余,而灵活性不足。适合稳定

第二章 大学生自我意识与人格发展

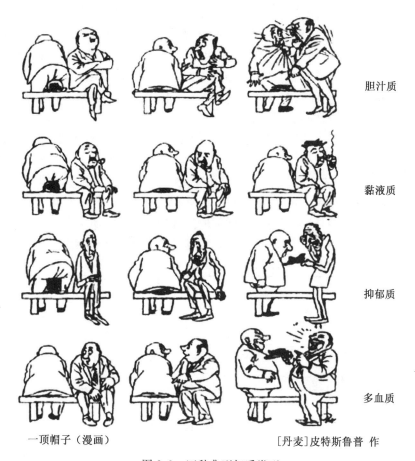

一顶帽子（漫画） ［丹麦］皮特斯鲁普 作

图 2.2 四种典型气质类型

的、按部就班、静态的工作,如会计、出纳员、保育员、播音员等。

胆汁质的人精力旺盛、争强好斗,属于兴奋而热烈的类型。这种类型的人在言语、面部表情和体态上都给人以热情直爽、善于交际的印象。有理想有抱负,反应迅速,行为果断,表里如一,不愿受人指挥而喜欢指挥别人。这种人一旦认准目标,就希望尽快实现,遇到困难也不折不挠,有魄力,敢负责,往往比较粗心,自制力较差,容易感情用事、刚愎自用,比较鲁莽,工作带有明显的周期性,能以极大的个人意志投身于事业,一旦筋疲力尽,情绪顿时转为沮丧而心灰意冷。适合从事与人打交道、工作内容和环境不断发生变化并且热闹的工作,如导游、推销员、节目主持人、演讲者、外事接待人员、演员、市场调查员等。不适合长期安坐、持久、耐心、细致的工作。

抑郁质的人总是给人多愁善感的感觉,沉静而羞涩、敏感,精神上难以承受或大或小的神经紧张。情绪体验的方式比较单一,但内心体验深刻,不易外露。喜欢独处,不善交际,兴趣爱好较少。他们性格孤僻,遇事三思而后行,怯弱、自卑、优柔寡断,外在行为非常迟缓刻板。适合安静细致的工作,如校对、排版、化验员等。

（2）气质的高级神经活动类型说。

气质的高级神经活动类型说是由巴甫洛夫(Pavlov)提出的。巴甫洛夫用条件反射方法研究动物高级神经活动时发现,大脑皮层神经活动的兴奋与抑制过程具有三个基本特征:

①神经过程的强度,即神经细胞和神经系统的兴奋与抑制的工作能力和耐力。兴奋与抑制能力强,其神经活动就是强型;兴奋与抑制能力弱,其神经活动就是弱型。

②神经过程的平衡性,即兴奋与抑制在强度方面的相对均势或优势。兴奋与抑制能力基本接近,就是平衡型;兴奋能力明显高于抑制能力,就是不平衡型。

③神经过程的灵活性,即兴奋与抑制过程相互转化的速度。抑制与兴奋转换迅速的,是灵活型;抑制与兴奋转换慢的,是不灵活型。

巴甫洛夫根据神经系统的这三个基本特性相互组合的特点,把高级神经活动系统划分为四种基本类型:强、不平衡型(兴奋型);强、平衡、不灵活型(安静型);强、平衡、灵活型(活泼型)和弱型(抑制型)。神经系统的一般类型就是气质的生理基础,气质是神经系统一般类型的心理表现。每一种高级神经活动类型都对应着一种气质类型(如表2.3)。神经活动的兴奋型对应的气质类型是胆汁质;神经活动的安静型对应的气质类型是黏液质;神经活动的活泼型对应的气质类型是多血质;神经活动的抑制型对应的气质类型是抑郁质。

表2.3 高级神经活动类型与气质类型的对应关系

神经活动类型	强度	平衡性	灵活性	行为特征	对应气质类型
兴奋型	强	不平衡	—	精力充沛、易冲动	胆汁质
活泼型	强	平衡	灵活	活泼好动、好交际	多血质
安静型	强	平衡	不灵活	情绪稳定、有节制	黏液质
抑制型	弱	—	—	多愁善感、反应慢	抑郁质

【测一测】

气质测验量表

请仔细阅读下列各个条目,并根据你的实际情况选择相应的选项,完成表2.4,请根据第一印象尽快作答,选择你认为的最符合你自己的情况。选项没有对错之分。

表2.4 气质测验量表

条目	选项				
1.做事力求稳妥,不做无把握的事。	很不符合	较不符合	一般	较符合	非常符合
2.遇到可气的事就怒不可遏,想把心里话全说出来才痛快。	很不符合	较不符合	一般	较符合	非常符合
3.宁肯一个人干事,不愿很多人在一起。	很不符合	较不符合	一般	较符合	非常符合
4.到一个新环境很快就能适应。	很不符合	较不符合	一般	较符合	非常符合
5.厌恶那些强烈的刺激,如尖叫、噪声、危险镜头等。	很不符合	较不符合	一般	较符合	非常符合
6.和人争吵时,总是先发制人,喜欢挑衅。	很不符合	较不符合	一般	较符合	非常符合
7.喜欢安静的环境。	很不符合	较不符合	一般	较符合	非常符合
8.善于和人交往。	很不符合	较不符合	一般	较符合	非常符合
9.羡慕那种善于克制自己感情的人。	很不符合	较不符合	一般	较符合	非常符合
10.生活有规律,很少违反作息制度。	很不符合	较不符合	一般	较符合	非常符合
11.在多数情况下情绪是乐观的。	很不符合	较不符合	一般	较符合	非常符合

第二章 大学生自我意识与人格发展

续表

条目	选项				
12. 碰到陌生人觉得很拘束。	很不符合	较不符合	一般	较符合	非常符合
13. 遇到令人气愤的事,能很好地自我克制。	很不符合	较不符合	一般	较符合	非常符合
14. 做事总是有旺盛的精力。	很不符合	较不符合	一般	较符合	非常符合
15. 遇到问题常常举棋不定,优柔寡断。	很不符合	较不符合	一般	较符合	非常符合
16. 在人群中从不觉得过分拘束。	很不符合	较不符合	一般	较符合	非常符合
17. 情绪高昂时,觉得干什么都有趣;情绪低落时,又觉得什么都没有意思。	很不符合	较不符合	一般	较符合	非常符合
18. 当注意力集中于一事物时,别的事很难使我分心。	很不符合	较不符合	一般	较符合	非常符合
19. 理解问题总比别人快。	很不符合	较不符合	一般	较符合	非常符合
20. 碰到危险情景,常有一种极度恐怖感。	很不符合	较不符合	一般	较符合	非常符合
21. 对学习、工作、事业怀有很高的热情。	很不符合	较不符合	一般	较符合	非常符合
22. 能够长时间做枯燥、单调的工作。	很不符合	较不符合	一般	较符合	非常符合
23. 符合兴趣的事情,干起来劲头十足,否则就不想干。	很不符合	较不符合	一般	较符合	非常符合
24. 一点小事就能引起情绪波动。	很不符合	较不符合	一般	较符合	非常符合
25. 讨厌做那种需要耐心、细致的工作。	很不符合	较不符合	一般	较符合	非常符合
26. 与人交往不卑不亢。	很不符合	较不符合	一般	较符合	非常符合
27. 喜欢参加热烈的活动。	很不符合	较不符合	一般	较符合	非常符合
28. 爱看感情细腻、描写人物内心活动的文学作品。	很不符合	较不符合	一般	较符合	非常符合
29. 工作、学习时间长了,常感到厌倦。	很不符合	较不符合	一般	较符合	非常符合
30. 不喜欢长时间谈论一个问题,愿意实际动手干。	很不符合	较不符合	一般	较符合	非常符合
31. 宁愿侃侃而谈,不愿窃窃私语。	很不符合	较不符合	一般	较符合	非常符合
32. 别人说我总是闷闷不乐。	很不符合	较不符合	一般	较符合	非常符合
33. 理解问题常比别人慢些。	很不符合	较不符合	一般	较符合	非常符合
34. 疲倦时只要短暂的休息就能精神抖擞,重新投入工作。	很不符合	较不符合	一般	较符合	非常符合
35. 心里有话宁愿自己想,不愿说出来。	很不符合	较不符合	一般	较符合	非常符合
36. 认准一个目标就希望尽快实现,不达目的,誓不罢休。	很不符合	较不符合	一般	较符合	非常符合
37. 学习、工作同样长时间,常比别人更疲倦。	很不符合	较不符合	一般	较符合	非常符合
38. 做事有些莽撞,常常不考虑后果。	很不符合	较不符合	一般	较符合	非常符合
39. 老师或师傅讲授新知识、新技术时,总希望他讲慢些,多重复几遍。	很不符合	较不符合	一般	较符合	非常符合

续表

条目	选项				
40.能够很快地忘记那些不愉快的事情。	很不符合	较不符合	一般	较符合	非常符合
41.做作业或完成一件工作总比别人花的时间多。	很不符合	较不符合	一般	较符合	非常符合
42.喜欢运动量大的剧烈体育活动,或参加各种文艺活动。	很不符合	较不符合	一般	较符合	非常符合
43.不能很快地把注意力从一件事转移到另一件事上去。	很不符合	较不符合	一般	较符合	非常符合
44.接受一个任务后,就希望把它迅速解决。	很不符合	较不符合	一般	较符合	非常符合
45.认为墨守成规比冒风险强些。	很不符合	较不符合	一般	较符合	非常符合
46.能够同时注意几件事物。	很不符合	较不符合	一般	较符合	非常符合
47.当我烦闷的时候,别人很难使我高兴起来。	很不符合	较不符合	一般	较符合	非常符合
48.爱看情节起伏跌宕、激动人心的小说。	很不符合	较不符合	一般	较符合	非常符合
49.对工作持认真严谨、始终一贯的态度。	很不符合	较不符合	一般	较符合	非常符合
50.和周围人们的关系总是相处不好。	很不符合	较不符合	一般	较符合	非常符合
51.喜欢复习学过的知识,重复做已经掌握的工作。	很不符合	较不符合	一般	较符合	非常符合
52.希望做变化大、花样多的工作。	很不符合	较不符合	一般	较符合	非常符合
53.小时候会背的诗歌,我似乎比别人记得清楚。	很不符合	较不符合	一般	较符合	非常符合
54.别人说我"出语伤人",可我并不觉得是这样。	很不符合	较不符合	一般	较符合	非常符合
55.在体育活动中,常因反应慢而落后。	很不符合	较不符合	一般	较符合	非常符合
56.反应敏捷,头脑机智。	很不符合	较不符合	一般	较符合	非常符合
57.喜欢有条理而不甚麻烦的工作。	很不符合	较不符合	一般	较符合	非常符合
58.兴奋的事常使我失眠。	很不符合	较不符合	一般	较符合	非常符合
59.老师讲新概念,常常听不懂,但弄懂以后就很难忘记。	很不符合	较不符合	一般	较符合	非常符合
60.假如工作枯燥无味,马上就会情绪低落。	很不符合	较不符合	一般	较符合	非常符合

计分方法:

(1)"非常符合"计2分,"较符合"计1分,"一般"计0分,"较不符合"计-1分,"很不符合"计-2分。

(2)计算每种气质类型的总分。

(3)将每种气质类型的总分取绝对值。

胆汁质:2、6、9、14、17、21、27、31、36、38、42、48、50、54、58题。

多血质:4、8、11、16、19、23、25、29、34、40、44、46、52、56、60题。

黏液质:1、7、10、13、18、22、26、30、33、39、43、45、49、55、57题。

抑郁质:3、5、12、15、20、24、28、32、35、37、41、47、51、53、59题。

(4)气质类型的确定:如果某种气质得分明显高出其他三种,均高出4分以上,则可定为该类气质。此外,如果该类气质得分超过20分,则为典型;如果该类得分在10~20分,则为一般型。

(5)如果某两种气质的得分接近(差异低于3分)而又明显地高于其他两种(高出4分以上),则可定为两种气质的混合型;如果三种气质的得分接近,但均高于第四种,则为三种气质的混合型。由此有15种气质类型,分别为:胆汁质、多血质、黏液质、抑郁质、胆汁质-多血质、胆汁质-抑郁质、胆汁质-黏液质、多血质-黏液质、多血质-抑郁质、黏液质-抑郁质、胆汁质-多血质-抑郁质、胆汁质-多血质-黏液质、胆汁质-黏液质-抑郁质、多血质-黏液质-抑郁质、胆汁质-多血质-黏液质-抑郁质。

(6)如果你是女生,总得分在0~10之间则非常内向;11~21之间则比较内向;22~31之间则介于内向与外向之间;32~45则比较外向;46~60之间则非常外向。如果你是男生,总得分在0~10之间则非常内向;11~25之间则比较内向;26~35之间则介于内向与外向之间;36~50则比较外向;51~60之间则非常外向。

(三)能力

能力是指个体顺利完成某种活动所必须具备的心理特征,它体现了人与人之间不同的活动效率及其潜在的可能性。能力是先天遗传因素和后天教育实践相结合的产物。

能力包括个体实际所表现出来的能力(实际能力)和尚未表现有待挖掘的潜能(潜在能力)。实际能力是指目前个体已经表现出来的或者已经达到熟练程度的能力。例如你目前已经能够熟练地独自驾驶汽车。潜在能力则是个体尚未表现出来但通过训练或学习可能具备的能力,例如你目前还不能流利地讲英语,但你计划大学毕业后去国外继续深造,因此你报了一个英语培训班,上了一年培训班之后你可以流利地进行英语对话与写作。很多优秀的运动员也是在一开始没有表现出他们的运动天赋,但是通过专业的训练之后,他们充分挖掘了自己的运动潜能,成为职业运动员。

三、人格的特征

(一)独特性

一个人的人格是在遗传、环境、教育等因素的交互作用下形成的。人在不同的遗传、生存及教育环境中形成了各自独特的心理特点。人与人没有完全一样的人格特点。所谓"人心不同,各如其面",这就是人格的独特性。但是,人格的独特性并不意味着人与人的个性毫无相同之处。在人格形成与发展中,既有生物因素的作用,也有社会因素的作用。人格作为一个人的整体特质,既包括每个人与其他人不同的心理特点,也包括人与人在心理、面貌上相同的方面,如每个民族、阶级和集团的人都有其共同的心理特点。人格是共同性与差别性的统一,是生物性与社会性的统一。

(二)统合性

人是极其复杂的,人的行为表现出多元性、多层次的特点。人格的组合千变万化,并非千篇一律。各种人格结构的组合千变万化,因而人格表现得五彩纷呈。人格是由多种成分构成的一个有机整体,具有内在统一的一致性,受自我意识的调控。人格统合性是心理健康的重要指标。当一个人的人格结构在各方面彼此和谐统一时,他的人格就是健康的。否则,可能会出现适应困难,甚至人格分裂。

(三)功能性

正如人们常说的"性格决定命运",人格决定一个人的生活方式,甚至决定一个人的命运,因而人格是人生成败的根源之一。当面对挫折与失败时,坚强者能发愤拼搏,懦弱者会一蹶不振,这就是人格功能的表现。当人格功能发挥正常时,表现为健康而有力,支配着人的生活;当人格功能失调时,就会表现出懦弱、无力、失控甚至变态。

(四)稳定性

人格具有稳定性。个体在行为中偶然表现出来的心理倾向和心理特征并不能表征他的人格。俗话说,"江山易改,禀性难移",这里的"秉性"就是指人格。当然,强调人格的稳定性并不意味着它在人的一生中是一成不变的,随着生理的成熟和环境的变化,人格也有可能会有或多或少的变化,这是人格可塑性的一面,正因为人格具有可塑性,才能培养和发展人格。人格是稳定性与可塑性的统一。

四、影响人格形成和发展的主要因素

人格的形成和发展受到多种因素影响,心理学界普遍认为,人格的发展是遗传和环境相互作用的结果,遗传为个体人格的发展提供了生理基础,而环境则将不同个体的人格区分开来。

(一)生物遗传因素

个体的生物遗传为人格发展提供了基础。大脑的神经系统和个体内部的各种神经递质给人格的形成和发展提供了必要的生理基础。心理学的相关研究表明,即使是在同样环境背景下成长的异卵双生子,由于具有不同的生物遗传基础,他们的人格也不一样。

遗传对人格的影响主要体现在人格对一些与生物相关度较高的特质上,例如智力和气质等。个体的智力受脑突触的影响,而脑突触的联结部分在很大程度上是由个体的生物遗传决定的;气质在很大程度上是由个体的大脑神经活动类型决定的,因此个体的生物遗传因素对气质有着较大的影响。遗传对人格产生影响的另一个方面是个体的身体外貌,这一生理因素在一定程度上影响着个体自我意识的建立,从而影响人格的发展。

(二)环境因素

个体的成长离不开环境,在与环境的相互作用过程中形成新的人格特征并不断发展原有的人格。影响人格发展的因素主要有家庭环境、学校和社会文化等。

(1)家庭环境因素。

个体一出生就置身于不同的家庭环境中,父母和家庭其他成员的言行举止都会对个体的人格形成和发展起着潜移默化的作用。子女说话的方式和神情等跟父母特别相像,为人处事方式也能看到父母的影子。家庭环境对个体人格形成和发展的影响主要表现在家庭结构、家庭教养方式、家庭子女数量、排行以及家庭氛围等几个方面。

不同家庭结构对个体人格的形成和发展起着很大的作用。在三世同堂、以父母和子女组成的三口之家或多口之家、单亲家庭或寄养家庭长大的孩子,他们的人格可能迥然。例如从小成长于三世同堂的家庭,在爷爷奶奶或外公外婆的庇佑之下,难免养成娇生惯养的性格,长大后就可能变得胆小懦弱,没有抗压能力,容易遇到挫折。

在不同家庭教养方式下成长起来的个体的人格特质也会存在一定的差异。研究结果表明,采用权威型教养方式的家庭,即对孩子过于严厉,不允许孩子犯错,甚至会对孩子进行体罚,小孩可能会形成消极被动的人格特质,甚至为了逃避惩罚选择撒谎;而在放纵型教养方式的家庭中成长的孩子,由于被父母溺爱,因此可能形成任性、以自我为中心、没有承受能力、独立性差等人格特质;采用民主型教养方式的家庭,其子女长大后更容易形成稳定的情绪、独立自主、积极乐观、善与人交往的人格特质等,因为他们从小所接受的都是自由成长的模式,父女给予了他们极大的自由度,既对他们要求严格,但也不会苛求他们,即使偶尔表现不好,也会得到宽容和鼓励。

阿德勒在《自卑与超越》一书中指出,在多子女家庭,排行中间的孩子更容易感到自卑,由此可见,家庭子女排行会影响人格的形成与发展。有研究表明,独生子女的自尊水平高、自信心强、性格较为活泼,但是他们的独立性较差,以自我为中心。对于三子女的家庭而言,一般排行老大的孩子会形成成熟稳重、负责任的人格特征;而排行第二的子女则容易形成自卑、胆小怯懦、沉默寡言的性格特征;对于排行最后的小孩由于受到父母较多的宠爱,所以容易形成活泼好动、自信心强的人格特征。

在不同家庭氛围中成长起来的个体的人格差异也非常大,尤其是父母之间的关系会深刻影响子女的人格形成和发展。一般而言,如果父母之间相敬如宾,彼此之间包容性较强,懂得相互欣赏与谦让,即使家庭成员之间偶尔有摩擦和矛盾,也能采取积极主动、坦诚沟通的方式去化解这些矛盾和冲突。孩子在这种宁静愉快、轻松和谐的家庭氛围中成长,长大后就容易形成友善、乐观、自信的人格特征,能够与他人建立良好的人际关系,与人相处融洽,并被人接纳。而另一些家庭中,父母经常争吵,彼此之间相互挖苦,一有矛盾和冲突就相互指责、推卸责任,孩子在这种紧张、缺乏安全感的家庭氛围中成长,长大后就容易形成自卑、多疑、忧虑的人格特质。他们很难与他人建立亲密关系,也很难信任他人。

(2)学校因素。

在学龄期以前,幼儿的大部分时间都是在家庭中度过的,所以家庭对幼儿人格的形成和发展有着重要的影响,家庭是个体的第一所学校。等到学龄期以后,学校就成为个体的主要活动场所,因此学校也从各个方面影响着个体人格的形成与发展。学校因素主要包括校园文化、教师、同伴等。

校园文化是学校在长期发展过程中积淀下来的环境氛围和精神传承,引导着学生的人格发展。校园文化制度制约和规范了学生的行为,同时学校丰富多彩的文化活动也为学生的人格发展提供了载体,促进其人格的发展。

教师对学生的人格发展起着领导和定向的作用。心理学家勒温(Kurt Lewin)将教师领导风格分为三种类型:专制型、民主型和放任型。不同领导风格的教师会对学生的人格形成和发展起到不同的作用。专制型教师的师生关系模式以命令、权威、疏远为主要行为特征,教师对学生采取专制的态度,并担负全部责任,剥夺学生的自主权,计划班级的学习活动,控制学生,对学生严加监视,要求学生无条件地服从命令,学生对教师敬而远之。在专制型教师的影响下,学生容易形成依赖性强、缺乏主见的人格特质;民主型教师的师生关系模式以开放、平等、互助为主要行为特征,教师以民主的方式管理学生,重视集体的作用,与学生共同计划、讨论,帮助学生设立学习目标,指导学生按照目标进行学习。在民主型教师的影响下,学生则容易形成自信、积极乐观、富有创造力的人格特质;而放任型教师的师生关系模式以无序、随意、放纵为主要行为特征,教师对学生采取放任自流的方式,不负任何实际责任,给予学生充分的自由,但也不给学生学习或生活上的任何指导,让学生自由发展。在放任型教师的影响下,学生容易形成懒散、缺乏责任感的人格特质。

同伴关系主要是指同龄人间或心理发展水平相当的个体间在交往过程中建立和发展起来的一种人际关系。学生活动的主要场所便是校园,个体与同龄人交往时形成的同伴关系也是其他关系无法取代的。和谐友好的同伴关系可以给予个体社会性支持和情绪支持,提升个体的自尊,拥有积极同伴关系的个体在成年期心理上会更为健康。同伴交往经验有利于自我概念的形成和人格的发展。这种观点可以追溯到19世纪末。James(1890)在关于成人的自我的论著中,特别强调了社会关系的重要性。他相信,我们具有被我们自己所关注、被我们的同类所赞赏的本能倾向。当自己没有受到适当的他人的关注时,可能会对自己的价值产生疑问。

然而,遭受同伴排挤的个体,则会产生较低的自尊。并且随着时间的推移,被排挤的经历会导致个体形成消极的社会认知,从而影响个体的人际交往。有过失败、被冷落、不被接纳的经历的个体,更容易关注负面的信息,对排斥等信息敏感,对拒绝等信息的抵抗能力差,对社会归属感有强烈的渴望。当他人以模糊不定的方式传达社交意图的时候,他们便会以自己认定的人际关系来解读他人的意图,并产生自我保护模式,将信息感知为敌对的。因为被排挤过,所以更加渴望再次被认可、被接纳,渴望建立新的人际关系,更加在意他人的行为举止,尤其是人际拒绝信息,并且难以摆脱这种注意偏向。

(3)社会文化因素。

人具有社会属性,因此决定了人不可能作为个体孤立地存在,而是社会中的一员。每个人都处在特定的社会文化背景中,文化对个体人格的影响持久而深远。

不同的社会文化背景会形成不同的行为模式,从而影响人格的形成和发展。例如,一般认为东方人比较含蓄内敛,而西方人比较热情开放。再比如我国南北方的文化差异也塑造了不同的人格特质,人们普遍认为北方人比较豪爽,而南方人相对委婉。

不同的文化背景也会形成不同的价值取向,这也会影响人格的形成和发展。例如,从小在集体主义文化背景下成长的孩子,长大后就会注重团队合作,追求和谐的人际关系,和家人保持较紧密的关系;而在个人主义文化背景下成长的孩子,长大后更强调自我价值,与家人关系界限明确,独立性更强。

(三)自我调控因素

心理学家荣格曾经指出:"影响人格发展的首要因素是个体的个性化程度,其次是环境。"哲学中也常讲外因通过内因而起作用。由此可见,在人格形成与发展的过程中,个体对自己人格的觉察、调控起着重要的作用。

大学生目前正处于认知快速发展的时期,自我认识更加深刻,自我评价日趋完善,自控能力显著提高。在学习和生活中,大学生通过正确地认识和评价自己,发现人格发展中存在的问题和亟待完善的部分,并且有意识地完善人格。在大学阶段,自我人格发展的自我调控能力影响着个体健全人格的塑造,自我觉察、自我调控能力越强的人,越容易塑造健全的人格。

【课堂活动】

探究你的人格是如何形成的

学习完影响人格形成的各种因素之后,请试着思考一下自己的人格是如何形成的。在你的生活中,有哪些因素对你的行为和想法产生了巨大的影响?是什么促使你成为现在的你?以上那些因素是如何作用于你,并使你成为与众不同的人?可先独立思考,再分小组讨论,时长约30分钟。

五、人格的主要理论

在众多人格理论中,最具代表性的是人格特质理论、类型理论、整合理论和层次理论。

(一)人格特质理论

人格特质理论(theory of trait)起源于20世纪40年代的美国,主要代表人物是美国心理学家奥尔波特和卡特尔。人格特质理论认为,特质是决定个体行为的基本特性,是人格的有效组成元素,也是测评人格常用的基本单位。

1. 奥尔波特的人格特质理论

奥尔波特于1937年首次提出了人格特质理论。他把人格特质分为两类:一类是共同特质(common traits),指在某一社会文化形态下,大多数人或一个群体所共有的、相同的特质。在研究人格的文化差异时,可以比较不同文化中的共同特质。例如,每个人都有趋利避害的特质,这是一种共同特质。另一类是个人特质(individual traits),是一个人相对稳定的思想和情绪方式,是其内部的和外部的可以测量的特质。奥尔波特还将个人特质细分为首要特质、中心特质和次要特质。

首要特质(cardinal traits)是一个人最典型、最有概括性的特质,它影响一个人的各方面行为。这种首要特质并非每个人都具有,它只有在少数人身上可以被观察到。因此,具有某一首要特质的人常被看作是典型人物。例如,多愁善感是林黛玉的首要特质;哈姆雷特的首要特质则是优柔寡断。这些具有代表性的,用一个特征就能把某人特点概括出来的人格特质就是首要特质。所以,首要特质是具有高度概括性的个人特质。

中心特质(central traits)是构成一个人独特性的几个重要的特质,在每个人身上一般具有5~10个,这些特质彼此独立而又相互联系。其概括性比首要特质低。如林黛玉的清高、率直、聪慧、孤僻、内向、抑郁、敏感等都属于她的中心特质。在描述某一个人时,你会用几个特征概括出这个人的一贯表现,如某人活泼、乐群、聪慧、易变、不踏实等等,这些特征往往就是此人的中心特质。中心特质虽然不是人格的支配者,也不如首要特质那样典型,但它们也是构成一个人行为倾向的重要因素。

次要特质(secondary traits)是一个人平时不太显现的人格特质,它们只在特殊情境下才会表现出来。这种特质是最不普遍的,概括性最差。如某一人在长辈面前表现得恭敬顺从,但在其他场合却并非如此。这种与特定场合相联系的个人特质就是次要特质。

【课堂活动】

　　活动项目:个人特质连连看。
　　活动时长:约50分钟。
　　活动材料:白纸、黑色签字笔。
　　活动目标:通过个人特质连连看帮助学生更清楚地区分首要特质、中心特质、次要特质。
　　活动程序:首先,在四大名著中各选取一个人物;然后请6~8位学生到讲台上来,每两人一组,一位负责说出这个人物的首要特质,让另一个同学猜;如果这个同学没有猜出来,则再说出这个人物的中心特质;如果还猜不出来,再说出这个人物的次要特质。最快猜出来的小组获胜。

2. 卡特尔的人格特质理论

卡特尔用因素分析法对人格特质进行了分析,提出了人格特质的结构网络模型。模型分为四层,即个别特质和共同特质,表面特质和根源特质,体质特质和环境特质,动力特质、能力特质和气质特质(如图2.3)。

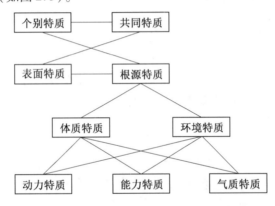

图2.3　卡特尔的特质结构网络

(1)个别特质和共同特质。

个别特质是一个人相对稳定的思想和情绪方式,是其内部的和外部的可以测量的特质。共同特质是指在某一社会文化形态下,大多数人或一个群体所共有的、相同的特质。在研究人格的文化差异时,可以比较不同文化中的共同特质。

(2)表面特质和根源特质。

表面特质(surface traits)指从外部行为能直接观察到的特质。从表面上看,它们好像是一些相似的特征或行为,实际上却出于不同的原因。例如同样都是"努力学习",但在这表面看上去相似的行为中,却可能存在着不同的原因。有些人是为了报答父母辛苦养育之恩,让父母为自己取得的成绩感到骄傲;有些人是为了实现自我价值,增强自信心;还有一些人是为了得到自己心仪对象的关注等。根源特质(source traits)是指那些相互联系并以相同原因为基础的行为特质。例如"焦虑"是害怕考试和体育比赛时双腿发抖的同一个原因。在这里,"焦虑"就是一种根源特质。表面特质和根源特质既可能是个别特质,也可能是共同特质,它们是人格层次中的最重要的一层。

1949年卡特尔用因素分析提出了16种相互独立的根源特质,从而编制了卡特尔16种人格因素调查表(Sixteen Personality Factor Questionaire,16PF)(如表2.5)。

表2.5 卡特尔提出的16种根源人格特质

编码	人格因素	低分者特征	高分者特征
A	乐群性	缄默孤独	乐群外向
B	聪慧性	迟钝、知识面窄	聪慧、富有才识
C	情绪稳定性	情绪激动	情绪稳定
E	恃强性	谦逊顺从	支配、攻击
F	兴奋性	严肃审慎	轻松兴奋
G	有恒性	权宜敷衍	有恒负责
H	敢为性	畏怯退缩	冒险敢为
I	敏感性	理智、着重实际	敏感、感情用事
L	怀疑性	信赖随和	怀疑刚愎
M	幻想性	现实、合乎常规	幻想、狂放不羁
N	世故性	坦白直率、天真	精明能干、世故
O	忧虑性	安详沉着、有自信心	忧虑抑郁、沮丧悲观
Q1	激进性	保守、服从传统	自由、批评激进
Q2	独立性	依赖、随群附众	自立、当机立断
Q3	自律性	自我矛盾、不守纪律	知己知彼、自律严谨
Q4	紧张性	心平气和	紧张、心神不定

卡特尔认为每个人身上都具备这16种特质,只是在不同人身上的表现程度有所差异。所以,他认为人格差异主要表现在量的差异,可以对人格进行量化研究。

(2)体质特质和环境特质。

根源特质又可区分为体质特质和环境特质两类。体质特质(constitutional traits)由先天的生物因素所决定,如兴奋性、情绪稳定性等。而环境特质(environmental-mold traits)则由后天的环境因素所决定,如焦虑、有恒性等。

(3)动力特质、能力特质和气质特质。

卡特尔特质网络结构模型的最下层是动力特质、能力特质和气质特质。它们同时受到遗传和环境两方面的影响。动力特质(dynamic traits)是指具有动力特征的特质,它使人趋向某一目标,包括生理趋力、态度和情操。能力特质(ability traits)是表现在知觉和运动方面的差异特质,包括流体智力(fluid intelligence)和晶体智力(crystallized intelligence)。气质特质(temperament traits)是决定一个人情绪反应的速度和强度的特质。

3. 现代的五因素模型

塔佩斯和克里斯塔(Tupes & Christal,1961)运用词汇学的方法对卡特尔的特质变量进行了再分析,发现了五个相对稳定的因素。之后许多研究者(Borgatta,1964;Smith,1967;Digman,1981;Goldberg,1980,1989)进一步验证了该模型。众多学者在人格究竟有多少个特质上逐步达成共识,形成了著名的五因素模型(Five-Factor Model,FFM),又称大五模型。高德伯格(Goldberg,1992)将其称之为人格心理学中的"一场静悄悄的革命"。这五个因

素是:

开放性(openness):具有想象、审美、情感丰富、求异、创造、智能等特质。
尽责性(conscientiousness):显示胜任、公正、条理、尽职、成就、自律、谨慎、克制等特点。
外倾性(extraversion):表现出热情、社交、果断、活跃、冒险、乐观等特质。
宜人性(agreeableness):具有信任、利他、直率、依从、谦虚、移情等特质。
神经质性(neuroticism):难以平衡焦虑、敌对、压抑、自我意识、冲动、脆弱等情绪的特质,即不具有保持情绪稳定的能力。

由这五个人格因素的首字母构成"OCEAN"一词,代表"人格的海洋"(John,1990)。1989年,麦克雷和科斯塔(McCrae & Costa)编制了"大五人格因素测定量表"(NEO-PI-R)(如表2.6)。

表2.6 大五人格因素测定量表

因素	高分者特征	低分者特征
开放性	好奇、兴趣广泛、有创造力、富于想象、反对保守	习俗化、讲实际、兴趣少、无艺术性、非分析性
尽责性	有条理、可靠、勤奋、自律、准时、细心、整洁、有抱负、有毅力	无目标、不可靠、懒散、粗心、意志弱、享乐
外倾性	好社交、活跃、健谈、乐群、乐观、好玩乐、关注他人	谨慎、内省、冷静、不活跃、乐于做事、好独处、寡言
宜人性	心肠软、脾气好、信任人、助人、宽宏大量、轻信、直率	苛刻、挑剔、粗鲁、多疑、不合作、易怒、好操纵人
神经质性	烦恼、紧张、情绪化、不安全、焦躁、忧虑	稳定、平静、放松、少情绪化、安全

人格的五因素模型在发展心理、健康心理、临床心理、工业心理、职业、管理等方面都显示了广泛的应用价值。如研究发现,外倾性、神经质性、宜人性与心理健康相关(Marshall,1994);外倾性和开放性是职业心理与工业心理的两个重要影响因素(Costa,1994);尽责性与人事选拔有密切关系(Schmit,1993)。约翰(John,1994)研究了大五人格与青少年心理发展的关系,发现高开放性和高尽责性的青少年具有优秀的学习成绩,而低尽责性和低宜人性的青少年有较多的违法行为。高外倾性、低宜人性、低尽责性的青少年,常发生与外界冲突的行为问题;高神经质性、低尽责性的青少年则经常具有由内心冲突引起的问题。如今,大五人格已经成为"人格心理学里通用的货币"(Funder,2001)。它是20世纪90年代以来最活跃的人格研究课题,也是目前对人的基本特质最理想的描述之一(Endler & Speer,1998)。

(二)人格类型理论

人格类型理论主要有三种:单一类型理论、对立类型理论和多元类型理论。

1. 单一类型理论

该理论认为,人格类型是依据一群人是否具有某一特殊人格特征来确定的。美国心理学家弗兰克·法利(Frank Farly,1986)提出的T型人格(T-type personality)就是单一类型理论的代表。

法利认为,T型人格是一种追求或创造激动人心的事件和刺激,追新逐异,喜欢冒险的人格类型,又称之为"刺激寻求者人格"(thrill-seeker personality)。依据冒险行为的积极与消极的性质,法利又将T型人格分为T+型和T-型。如果冒险行为是朝健康、积极、创造性和建设性的方向发展时,就是T+型人格;如果是破坏性和消极的刺激行为,则被视为T-型人格,如酗酒、吸毒等反社会行为。在T+型人格中,依据活动特点又可将其分为体格T+型,如极限运动员通过身体运动来实现追求新奇、不断刷新的动机。而从事科技创新的科学家或思想家则被称之为智力T+型,如爱因斯坦等在知识领域探索和创新的人。

2. 对立类型理论

该理论认为,人格类型包含了某一人格维度的两个相反的方向。

(1)A-B型人格。

A-B型人格理论是由福利曼和罗斯曼(Friedman & Rosenman,1974)提出来的。近年来,人们在研究人格和工作压力的关系的时候常使用这种人格类型理论。

A型人格(A-type personality)的主要特点是:敌意、竞争、性情急躁、缺乏耐性、富有上进心、有苦干精神、过分的时间紧迫感、外向、说话快、举止敏捷、社会适应性差。具有这种人格的人事业心特别重,易于取得事业成功,用一个词来形容就是锋芒毕露。

B型人格(B-type personality)的主要特点是:从容随和、很少表现出敌意和攻击性行为、缺乏时间紧迫感和竞争意识、对工作和生活的满足感强、比较享受生活、性情温和、举止稳当。具有这种人格的人没有太强的事业心,注重生活,比较随遇而安。日常生活中大多数人都是B型人格。

(2)内-外倾人格。

心理学家荣格首次提出"内-外倾人格",他认为人与人之间存在着个性差异,人的各种显著的特征综合起来,构成了不同的类型,其中典型的是内倾型和外倾型。荣格认为,当一个人的兴趣和关注点指向外部客体时,就是外倾人格(extroversion);而当一个人的兴趣和关注点都指向主体时,就是内倾人格(introversion)。在荣格看来,每个人都具有内倾和外倾这两种特质,但其中一种可能占优势,从而确定他是内倾型还是外倾型。外倾人格的特点是:注重外部世界、情感表露在外、热情奔放、当机立断、独立自主、善于交往、行动敏捷、有时轻率。内倾人格的特点是:善于自我剖析、做事谨慎、深思熟虑、疑虑困惑、交往面窄、有时适应困难。

荣格认为,人的心理活动有思维、感情、感觉和直觉这四种基本功能。两种心理倾向与四种基本功能相结合构成八种人格类型:

①内倾思维型。这类人不关心外部价值,以主观观念决定自己的思想,感情淡漠、好独断、偏执、易被人误解。

②外倾思维型。这类人尊重客观规律和伦理法则、不感情用事。

③内倾情感型。这类人情绪稳定、不露声色。

④外倾情感型。这类人对事物的评价往往感情用事,容易凭借主观判断来衡量外界事物的价值。

⑤内倾感觉型。这类人不能深刻地深入到事物的内部,在自己与事物之间常插入自己的感觉。

⑥外倾感觉型。这类人以具体事物为出发点。容易凭借感觉来估量生活的价值,遇事不假思索、随波逐流,但善于应付现实。

⑦内倾直觉型。这类人不关心外界事物,脱离实际,好幻想。

⑧外倾直觉型。这类人以主观态度探求各种现象,不接受过去的经验,只憧憬未来,容易悲观失望。

3. 多元类型理论

该理论认为,人格类型是由几种不同质的人格特性构成的。

(1) 气质类型学说。

气质类型学说源于古希腊医生希波克拉底的体液说,他认为人体内有四种液体:黏液、黄胆汁、黑胆汁、血液,这四种体液的配合比例不同,形成了四种不同类型的气质。他将气质类型分为四种:胆汁质、多血质、黏液质和抑郁质。巴甫洛夫用高级神经活动类型说解释气质的生理基础,他依据神经过程的基础特性将气质分为四种类型:兴奋型、活泼型、安静型和抑制型。

在现实生活中,单一气质的人并不多,绝大多数的人是四种气质相互混合、渗透、兼而有之的。

(2) 性格类型说。

德国心理学家斯普兰格(E. Spranger)认为,人以固有的气质为基础,同时也受文化的影响。他在《生活方式》一书中提出,社会生活有六个基本的领域(理论、经济、审美、社会、权力和宗教),人会对这六个基本领域中的某一领域产生特殊的兴趣和价值观。据此,他将人的性格分为六种类型(理论型、经济型、审美型、社会型、权力型和宗教型)。这种类型划分是一个理想模型,具体的个人通常主要倾向于一种类型兼有其他类型的特点。

①理论型。该类型的人以追求真理为目的,能冷静客观地观察事物,关心理论性问题,力图根据事物的体系来评价事物的价值,碰到实际问题时往往束手无策。他们对实用和功利缺乏兴趣。多数理论家和哲学家属于这种类型。

②经济型。该类型的人总是以经济的观点看待一切事物,以经济价值为上,根据功利主义来评价人和事物的价值和本质,以获取财产为生活目的。实业家大多属于这种类型。

③审美型。该类型的人以美为最高人生意义,不大关心实际生活,总是从美的角度来评价事物的价值。以自我完善和自我欣赏为生活目的。艺术家属于这种类型。

④社会型。该类型的人重视爱,有献身精神,有志于增进社会和他人的福利。努力为社会服务的慈善、卫生和教育工作者属于这种类型。

⑤权力型。该类型的人重视权力,并努力去获得权力,有强烈的支配和命令别人的欲望,不愿被人所支配。

⑥宗教型。该类型的人坚信宗教,有信仰,富有同情心,以慈悲为怀。爱人爱物为目的的神学家属于这种类型。

奥尔波特指出,每个人或多或少地具有这六种价值倾向,并不表示真有这六种价值类型的人存在。

(3) 阴阳五行说。

我国先秦至西汉间的医书《黄帝内经》按阴阳强弱,把人分为太阴、少阴、太阳、少阳、阴阳平和五种类型:

①太阴之人,多阴少阳,其人格特征是悲观失望、内省孤独、不合时尚、保守谨慎。

②少阴之人,其人格特征是冷淡沉静、节制稳健、戒备细心、深藏不露、善辨是非、嫉妒心

强、自制力强、耐受性高。

③太阳之人,多阳少阴,其人格特征是勇敢刚毅、坚持己见、激昂进取、傲慢暴躁。

④少阳之人,其人格特征是外露、乐观、机智、随和。

⑤阴阳平和,阴阳气和,其人格特征是态度从容、平静自如、尊严谦谨、适应性强、稳定而不乱。

在人格类型的划分上,阴阳五行说与性格类型说、气质类型说有许多相似之处。

(三)人格整合理论

人格整合理论是基于人格特质理论和人格类型理论的观点整合而成的,更全面地描述了人格结构。其代表人物是埃森克(Hans J. Eysenck,1967),他提出了人格四层次模型,将人格类型理论和人格特质理论有机结合起来(如图2.4)。

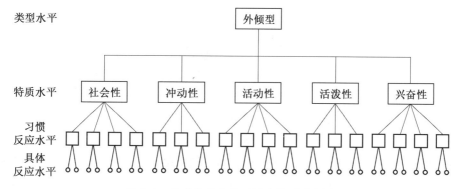

图 2.4 埃森克的人格四层次模型示意图

埃森克的人格四层次模型由下往上看分别是具体反应水平(也可称之为"特殊反应水平"或"误差因子")、习惯反应水平(也称之为"特殊因子")、特质水平(也称之为"群因子")和类型水平(也称之为"一般因子")。其中最下层的具体反应水平是日常观察到的反应,偶然性与随机性较大,属于误差因子;上一层的习惯反应水平是由反复进行的日常反应形成的,常与某一情境下的行为有关,属于特殊因子;再往上一层是特质水平,由习惯反应形成,具有较强的概括性,属于群因子;最上层是类型水平,由特质形成,影响范围最广,属一般因子。

在模型建立之初,埃森克认为一般因子有两个:内外倾(introversion-extraversion)和神经质(neuroticism)。其中神经质的表现为情绪稳定和不稳定,它可以与内外倾结合组成四个人格维度(如图2.5)。后来埃森克又提出第三个一般因子:精神质(psychoticism),它表现为孤独、冷酷、敌视、怪异等偏于负面的人格特征。

(四)人格层次理论

与前三种理论不同的是,人格层次理论强调人格具有一定的结构。各种人格特质并不是杂乱无章的,而是人格整体中的有机组成部分,人格层次理论更强调人格的整体性,其代表性的观点是弗洛伊德的人格结构理论。弗洛伊德认为人格结构分为本我、自我和超我。

(1)本我。

本我是指原始的自己,包含生存所需要的基本欲望、冲动和生命力。它按照快乐原则行

图 2.5 埃森克的人格维度图

事,不被社会道德和外在的行为规范所束缚。它的原则是获得快乐,避免痛苦。本我的目标是追求个体的舒适、生存及繁衍,本我都是无意识的。

(2) 自我。

自我介于本我和超我之间,代表理性和智慧。它在按照现实原则行事,充当仲裁者,监督本我的动静,适当满足本我的需求。自我的心理能量大部分消耗在对本我的控制和压制上,自我的大部分是有意识的。自我一方面要满足本我的欲望,另一方面又要受到超我的控制,当两者无法协调时,焦虑就会产生。随着年龄增长,自我在其行为中所起的作用越来越大。

(3) 超我。

超我代表良心、社会准则和自我理想,起着领导的作用。它按照至善原则行事,指导自我,限制本我。良心具有惩罚性功能,当一个人的行为违背良心时就会使他产生内疚和负罪感;社会准则起着规范行为的作用,如果一个人的行为违反社会准则,那么他就会受到谴责和惩罚;自我理想具有积极的功能,它代表着人类的道德标准和发展的方向。

弗洛伊德认为,本我、自我和超我是交互作用的,自我在超我的监督下,依据现实情况,只允许来自本我的冲动的有限表现。在一个健康的人格之中,这三种结构的作用必然是均衡、协调的。本我是求生存的必要原动力;超我在监督、控制主体时按社会道德标准行事;而自我对上按照超我的要求去做,对下吸引本我的动力,调整冲动和欲望,对外适应现实环境。如果这三种人格结构不能维持动态平衡,将会导致心理失常,出现神经官能症等。

第四节　大学生常见的异常人格及健全人格的塑造

【导入案例】

刘某是某大学的大一学生,刚入学的时候,由于同学之间彼此不太了解,也相互不太认识,由于他一开始表现比较活跃,给辅导员留下比较深刻的印象,因此他被辅导员暂定为班长。一学期下来，刘某由于经常以班长自居，以自我为中心，刚愎自用，经常与班上同学关系不和，闹出矛盾，因此辅导员撤换了他的班长职务，重新由班上的同学一起投票选了李某为新任班长。从此以后，刘某就一直疑神疑鬼，觉得自己被撤换掉班长职务，是由于班上同学都嫉妒他的才华，故意去辅导员那里说他的坏话，导致自己被排挤。刘某对于自己被撤换班长一事一直耿耿于怀、愤愤不平，认为自己得到了不公平的待遇。为此后来经常与同学、辅导员发生冲突，甚至还给校长信箱写信，要求恢复他的班长一职，扬言如果不恢复他的班长职务就要伺机报复之类的。

大家一开始都耐心劝导他，但他总是不听别人把话说完就急于申辩，将大家的好言相劝化作敌意。时间一长，大家就懒得搭理他了，他跟老师、同学之间的关系也越来越差，最后竟然萌生了退学的想法。

由此可见，健全的人格对于一个人的成长和发展极其重要。

一、健全人格概述

(一)健全人格的概念

健全的人格是个人在其生活经历中以其生活方式和生活风格逐步建立起来的一种自我意识，是人的世界观、心理素质、道德修养等方面的综合体现和重要标志。健全人格简单来讲就是人格的正常和谐的发展。心理学对于健全人格的相关特征有学术角度的定义，认为可以从五个维度来定义一个人的人格是否健全、心理是否健康——性格（内外倾）、人格品质（善恶）、责任感、情绪稳定性、思维开放性。

健全人格是一个相对的概念。它的反面是不健全人格。当一个人的人格发展出现了偏离或者障碍时，就需要对之加以纠正和解决。这个过程就是人格的健全过程。我们把一个人人格发展过程中出现的不平衡、不协调的情形称为人格不健全。反之，一个人人格发展平衡、和谐的正常状态，我们便称之为人格健全。健全人格的培养过程就是要促进人的个性特征的全面发展以达到人格发展的正常状态的过程。

(二)健全人格的标准

心理学家一致认为健全人格是个体发展的终极目标，因此有很多心理学者对健全人格的标准提出了自己的看法。

马斯洛将人的需求分为五个层次：由低到高分别是生理需要、安全需要、社交需要、尊重需要和自我实现需要。只有当低层次的需要得到满足时，才会出现高层次的需要，古人云"仓廪实而知礼节"就是这个道理。而具有健全人格的人是以上需求都得到满足的人，是自我实现的人。他据此提出了健全人格的标准：

(1)客观地知觉现实。
(2)全面接受他人和自己。
(3)自发、单纯、自然。
(4)有责任感和自我献身精神。
(5)有独处和独立的需要。

(6)有自主活动。

(7)不断更新的鉴赏力。

(8)有神秘的高峰体验。

(9)对他人有爱的情谊。

(10)人际关系融洽。

(11)有民主风范,尊重别人的意见。

(12)有手段和目的、善与恶之间的辨别力。

(13)有非敌意的幽默感。

(14)有创造性。

(15)自主、自信。

(16)对生活环境有改造的意愿和能力。

皮尔斯认为健全人格具有以下七个标准:

(1)立足于当前的存在。

(2)自我认同。

(3)坦率、开放。

(4)富有责任感。

(5)完全处在与自我和世界的联系状态中。

(6)有独立的价值观。

(7)不盲目追求幸福。

奥尔波特认为健全的人格应该是各种心理和行为技能都比较完善的,只有具备健全人格的人才能称之为成熟的人,一般具有以下特征:

(1)具有自我扩展的能力。

(2)拥有良好的人际关系。

(3)具有认同感和情绪上的安全感。

(4)具有现实性知觉。

(5)具有客观地知觉自己的能力。

(6)具有一致的人生观。

罗杰斯认为具有健全人格的人都是能充分发挥自我的人,具有以下五个基本特征:

(1)情感和态度的开放,没有任何防备。

(2)对人格经验都保持开放的态度。

(3)信任自己的感觉。

(4)自我与经验相协调。

(5)具有创造力。

弗兰克认为具有健全人格的人是能追求生活意义的人,是能够超越自我、使自我能全神贯注于追寻和实现生命意义与目的的人,具有以下六点基本特征:

(1)能自由地选择自己的生活态度和生活方式。

(2)能负责任地、全心全意地对待自己的生活。

(3)能有意识地控制自己的生活,不受外在力量左右。

(4)超越了对自我的关心,把生活目标指向未来。

(5)具备爱和被爱的能力。

(6)能为自己创造有意义的生活。

综合以上各位学者的观点,健全的人格是知情意行达到和谐统一的状态。

(三)大学生健全人格的基本特征

1. 正确的自我意识和悦纳自我的生活态度

综合以上各位心理学者的观点,不难发现,所有观点都无一例外地强调自我意识在健全人格中的作用。在埃里克森的人格发展八阶段理论中,他认为大学生正处于形成自我同一性的关键时期,自我同一性的形成以对自己有正确、全面、客观的自我意识为基础。只有具备正确的自我意识,大学生才有可能实现自我的和谐统一,建立起自我同一性,才能有针对性地提升和完善自己。

大学生正确的自我意识应该包含对自己各个方面的认识,包括对自己的外貌、气质、性格、能力、道德品质等各方面的认识。对自己的正确认识不仅包括对自己已经具备的良好品质的认识,还包括对自己所欠缺的、不足之处的认识,了解"现实我"和"理想我"的差异,能冷静地承担自己的不足之处给自己带来的失败和困惑,客观地分析事件的过程并从中汲取成长的经验和力量。

健全人格的另一个重要特征是积极悦纳自我。悦纳自我的前提是认识自己,正确地评价自己;并且懂得正视自己的不足,愉悦接纳不可改变的不足,努力完善可以改变的不足;喜欢自己,肯定自己,有愉快感和满足感。悦纳自我是心理健康的表现。当你快乐地接受了自己,你的整个心胸便会舒展和开阔。良好的自我悦纳可以有效缓解发展中的矛盾冲突,使个体得到健康发展。马斯洛的需要层次论认为:人有自尊的需要,这是仅次于自我实现需要的第二高层次的需要。自我悦纳即产生高自尊。

2. 和谐的人际关系

人格健全的大学生拥有和他人友好相处的能力。不管对方具有怎样的人格特点,都可以和对方和谐相处,能够欣赏对方的优点,接纳对方的缺点和不足,允许对方持有与自己不同的人生观、价值观和生活方式。一个具有健全人格的大学生可以自然、大方地与异性相处,能很好地处理与他人的关系,拥有爱和被爱的能力。

3. 良好的社会适应能力

对社会经验的接受程度反映了大学生扩展自我、发展自我的能力。具有健全人格的大学生除了要努力学习知识以外,还应更多地将知识和社会实践紧密结合,并在与社会互动的过程中进一步增强自我意识,使自己的思想、行为和观点紧跟时代的发展,与时俱进。

4. 乐观向上的生活态度

积极看待生活中的事件,拥有正能量是大学生探索世界的动力和源泉。乐观的大学生对自己的能力和生活充满信心,能充分认识到自己的价值,相信世界因为自己的存在而变得更美好。拥有正能量的大学生能独立地处理自己生活中的事件,在需要做出决断时能果断地做出自己的判断和选择并对此充满信心,对由此产生的结果也能欣然接受,即使最后的结果不如人所愿,但也能从中获得经验教训。

5. 良好的情绪调控能力

情绪是反映个体外部压力和内在能量的杠杆。人格健全的大学生能很好地协调二者之间的关系,处理好二者之间的平衡。当二者平衡被打破出现消极情绪时,能很快找到行之有效的方式调节情绪。

二、异常人格

大学生正处在人生观、价值观发展和形成的时期,在人格发展过程中受遗传、环境和自我调控等多方面因素的影响。当其中一些不良因素对个体产生影响时,便会在一定程度上影响人格的健康发展,从而产生一些人格缺陷或人格障碍,影响大学生健全人格的发展。

(一)人格缺陷

人格缺陷(personality defect)是相对人格障碍而言的,人格障碍是一种病态,而人格缺陷在正常人身上均有所体现,人格障碍的反面是人格健全。人格缺陷是人格的某些特征相对于正常而言的一种边缘状态或亚健康状态。大学生常见的人格缺陷有自卑、拖延、羞怯和急躁。

1. 自卑

自卑是大学生中较为常见的一种人格缺陷,由于进入大学之后,班上的同学或同宿舍的室友都来自五湖四海,有着不一样的家庭背景和成长环境。因此可能以前很优秀的学生发现跟其他同学比,自己根本算不上优秀,有一部分学生看到差距之后会更加努力,但有一些学生就会陷入自卑的泥潭,无法自拔。

长期的自卑,不但会影响大学生的心理健康,也会影响大学生日常的学习、生活和人际交往。甚至长期的自卑也会对身体健康产生一定的影响。

2. 拖延

拖延现象在大学生中普遍存在,主要表现在对一些可以完成的任务不断推迟而导致不能及时完成,但对部分大学生来说任务在截止日期前完成才有意义。例如经常将脏衣服放着不洗,直到没有换洗衣服才赶紧洗;或者是一个月前布置的作业,直到截止日期前一晚才熬夜赶工。

大学生之所以存在比较严重的拖延现象,主要是由于时间管理能力差,并且缺乏自控力,执行能力也较差。或者只是单纯的懒惰,不想做。还有少部分人是由于追求完美,总要等到构思非常完美之后采取行动,殊不知在构思过程中不知不觉已经到了截止日期。

3. 羞怯

羞怯是一个人心理上过度自我防御的结果,其产生常与个体的自我认知有关。羞怯的人常常过于关注自己,总觉得别人也随时关注自己,担心别人对自己有不好的评价,害怕被人嘲笑等。为了不给别人否定和嘲笑自己的机会,因此就把自己隐藏起来,不让别人注意到自己,不和不熟的人交往,以寻求心理上的安全感。

适度的羞怯是一种正常的心理现象,但过分的害羞不仅会使得个体丧失表现自己的机会,阻碍人际交往,而且长期如此会导致孤独、压力和抑郁等心理问题,影响正常的学习、工作和生活。

4. 急躁

急躁是大学生中常见的人格缺陷,主要表现有碰到不称心的事情马上激动不安;做事缺乏充分准备,没准备好就盲目行动,急于达到目的;缺乏耐心、细心、恒心。性情急躁之人说话办事快、竞争意识强、容易冲动、心情常常处于紧张状态。日常生活中有急躁特点的人为数不少,他们常常什么都想学,而且想短时间内学会,生怕比别人落后,急于求成,但实际效果常常达不到期望的目标,从而泄气、发怒,既影响自己的健康和效率,又妨碍人际关系。

(二) 人格障碍

人格障碍(personality disorder)是指明显偏离正常且根深蒂固的行为方式,具有适应不良的性质,其人格在内容上、质上或整个人格方面异常,由于这个原因,病人遭受痛苦,或使他人遭受痛苦,或给个人或社会带来不良影响。根据不同表现,人格障碍可分为以下几类:

1. 偏执型人格障碍

偏执型人格障碍又称为妄想型人格障碍,以猜疑和偏执为主要特点。主要表现为:敏感多疑;容易与他人发生争辩、对抗;常伴有病理性嫉妒观念;爱记仇,常感到委屈;自负或自我评价过高;固执己见、心胸狭隘。

2. 分裂型人格障碍

分裂型人格障碍以孤独、淡漠、几乎没有愉快体验为主要特点。主要表现为:孤独、被动、退缩;对人和事冷漠,缺乏情感体验;不修边幅、行为怪异;语言结构松散、不恰当,但并非受智力因素所限;爱幻想或有不切实际的奇异信念和感知体验。

3. 反社会型人格障碍

反社会型人格障碍以行为不符合社会规范、经常违法乱纪、对人冷酷无情为主要特点。这类人往往在童年或少年期就出现品行问题,如撒谎、抽烟、逃课、偷窃、斗殴等。主要表现为:易激惹、冲动并有攻击行为;缺少道德观念、无善恶是非判断、不懂吸取经验教训;极端自私与自我中心。反社会型人格的人与违法犯罪有密切关系。

4. 冲动型人格障碍

冲动型人格障碍以情感爆发并伴有明显的冲动行为为主要特征。主要表现为:情绪不稳定、易与他人发生争执和冲突,但经常事后后悔;人际关系强烈但时好时坏,没有关系持久的朋友;情绪爆发时对他人有攻击行为,也可能发生自杀和自伤行为;在日常生活和工作中表现冲动,缺乏目的性和计划性。

5. 表演型人格障碍或癔症型人格障碍

表演型人格障碍或癔症型人格障碍的人暗示性、依赖性强,以过分的感情用事和夸张言行吸引他人注意为主要特点。主要表现为:情感体验肤浅,情感反应强烈但易变,感情用事,喜怒哀乐皆形于色,表情丰富但矫揉造作,爱发脾气;爱表现自己,行为夸张、做作、任性、心胸狭窄;自我中心,当需要得不到满足时表达强烈的不满;易受暗示,容易受他人影响或诱惑;富于幻想,常自欺欺人,凭猜测或预感做出判断,言语不可靠;喜欢寻求刺激,过度参加社交活动,给人轻浮的感觉。

6. 强迫型人格障碍

强迫型人格障碍以过分的谨慎小心、严格要求与完美主义及内心缺乏安全感为主要特征。主要表现为:对任何事物都要求过高、过严,按部就班、拘泥细节;过分讲究卫生,甚至家人也感到劳累和疲惫;常有不安全感,做任何事唯恐出现疏忽或差错;主观、固执,对别人做事不放心;过分节俭,甚至吝啬;过度沉溺于职责义务与道德规范,缺乏工作后的满足感与愉快感,反而常感到悔恨和内疚,过于关注自己的缺陷和不足。

7. 焦虑型人格障碍

焦虑型人格障碍以一贯感到紧张、提心吊胆、不安全感及自卑为主要特征。主要表现为:总希望被别人喜欢和接纳;对拒绝和批评过分敏感;因习惯性地夸大日常处境中的潜在危险而回避某些活动。

8. 依赖型人格障碍

依赖型人格障碍以缺乏自信、不能独立活动为主要特征。主要表现为:自我感觉孤独无助和笨拙;总是把自己置于从属地位,一切听从他人决定,让别人为其承担责任;怕被人遗弃,独处时会感到极大的不适。

9. 情感型人格障碍

情感型人格障碍又称之为循环型人格障碍,是一种不受环境因素影响的某种突出的不良情绪状态在一生中占有优势的人格障碍。可以分为三个亚型:抑郁性人格障碍、情绪高涨性人格障碍和环性情绪人格障碍。主要表现为:心境的转换并非由外部因素引起;某种突出的不良情绪在一生中始终占主导地位,或者两种相反的不良情绪在一生中反复辗转出现,即主导心境在一生中始终是不正常的;难以对不良情绪进行自我调节,即终身都有情绪调节的障碍。

10. 边缘型人格障碍

边缘型人格障碍以高度冲动性、情绪不稳定、身份识别障碍为主要特征。主要表现为:难以控制情绪,时而体验到强烈的空虚感和不安全感,时而体验到与之相对立的兴奋感和全能感;强烈又极不稳定的人际关系模式;自我身份的识别障碍;害怕被抛弃和孤独;应激性的精神病性症状,如出现幻觉和错觉等。

三、大学生塑造健全人格的方法

人格的形成和发展受多种因素的影响,虽然以生物遗传作为前提,但环境因素和自我因素在其中起着决定性的作用。大学生正处于建立自我同一性的关键时期,这也是自我意识、自我调控飞速发展的时期。因此,在这期间,大学生需要增强自我意识,利用各种有效途径来塑造和完善自己的人格。

(一)了解自己的人格类型及其特点

1. 从不同角度了解自己的人格

正确的自我意识是塑造健全人格的基础,大学生需要从不同途径来增进对自我人格的了解。第一,可以利用各种人格测量工具来了解自己的人格类型与特点;第二,可以提高自我觉察能力,通过不同的事件来了解自己的人格;第三,可以以父母和周围的人为镜,从他人的角度来了解自己的人格。

2. 积极悦纳自我

了解到自己的人格类型及其特点之后,要明白"金无足赤,人无完人",既要看到自己人格中的闪光点,将其发扬光大,也要正视和接纳自己人格中不完美的部分。对于可以改变的人格缺陷(如自卑)应积极去改正,但对于不可改变的人格缺陷则要试着接纳,而不是自怨自艾或妄自菲薄。

3. 完善自己的人格

虽然不存在绝对的健全人格,但是大学生可以通过多种途径去有意识地提升自己的人格品质。可以培养广泛的兴趣爱好,例如与志同道合的人建立良好的友谊,发展和谐的人际关系;也可以从培养一个好习惯开始,例如每天阅读半小时或每天运动半小时,这些良好习惯不断积累就会对人格的形成与发展产生潜移默化的影响。

(二)学会自我教育

1. 学会自我反省

曾子说"吾日三省吾身",孔子也曾讲过"见贤思齐焉,见不贤而内自省也"。由此可见,从古至今,人们都强调自我反省的重要性。在自我反省的过程中,大学生可以更好地认识自己,既看到自己的不足之处,也看到自己的长处和优点,使自己时刻保持清醒的自我认知,既不自负,也不自卑。

2. 培养自我调控能力

自我调控是指通过主动按照自己的实际情况与社会要求,对自己的思想、道德、行为等提出具体的、可行的奋斗目标,并对自己的活动进行有意识、有目的的调控。大学生的自我调控能力表现为大学生的自觉性、自信心和主体意识,它能激发大学生的内在潜能,充分调动其主观能动性,使其自身的成长与社会要求相适应,从而获得最佳的成长环境。在自我调控的具体过程中,同学们应该从自己的实际情况出发,在学习、生活、实践等各方面,不断地管理自己,增强自我调控能力。

3. 保持良好的心态

"人生不如意之事十之八九",每个人都面临着各种各样的烦恼:学习上有时候感觉力不从心,工作上杂乱的琐事,身体上偶尔的不适,感情上的磕磕碰碰……面对麻烦,人们总是表现得惊慌失措,想急于将烦恼甩掉。但是,烦恼往往如影相随。烦恼与快乐像是孪生姐妹,总是结伴而行,只不过快乐到来时,你不会憎恶它而已。因此,我们需要把麻烦看作是生命中赖以表现自己韵律的一部分,以豁达、从容的心态处之。因此大学生需要学会调节自己的情绪,保持积极乐观的心态。即使是身处逆境,也敢于面对挑战,采取积极进取的态度去迎接困难。

(三)增强抗挫折能力

挫折是指人们在有目的的活动中遇到的阻碍人们达成目的的障碍。而抗挫折能力则是指个体遇到挫折时,能摆脱困扰而免于心理与行为失常的能力,简而言之,是个体经得起打击或经得起挫折的能力。大学生可以通过以下三种途径增强抗挫折能力。

1. 确定恰当的目标

当代大学生有时会好高骛远,设定一些与自己能力或与当前情境不相符合的目标,导致受挫,长此以往就会产生"习得性无助",从而破罐子破摔,放弃努力。因此,在制定目标之前,需要全面客观地评价自我,将自己的优缺点和社会的需求进行综合分析,以确定合适的目标,量力而行,提高自信心。需要注意的是,设立的目标也不要过低,这样可能容易造成空虚感或形成自负的人格。

2. 调整认知,改变归因方式

归因是指人们对他人或自己行为原因的推论过程。具体来说,就是观察者对他人的行为过程或自己的行为过程所进行的因果解释和推论。通常不同的归因方式会影响人们的行为结果。例如将考试成绩不好进行内部归因,认为是因为自己天资愚钝,所以每次都考不好,是自己的能力有问题,这样就容易丧失自信,导致习得性无助;相反进行外部归因,认为是因为自己这次粗心大意或者是题目太难,下次继续努力就行,这样就有助于增强自我效能感。

3. 以积极乐观的态度对待挫折

俗话说"困难像弹簧,你弱它就强",因此大学生需要用积极的态度去对待挫折。遇到挫折时,不要回避,而是要做好迎接挫折的准备,不逃避、不气馁,认真地分析当前的情境,想方设法去解决问题,即使失败了也要及时总结经验教训,以防下次被同样的挫折击败。

(四) 积极参与实践,培养良好习惯

实践是检验真理的唯一标准。因此大学生也需要在实践中去塑造自己的人格,在实践中完善自己的人格。大学生在校期间可以积极参与学校与社会的各类实践,加深对社会的认同与理解,真正增强自己的社会责任感。此外,社会是一个大舞台,每个人都需要在这个舞台上扮演一定的角色,只有参与到实践中,才能掌握每种角色的精髓,形成自己独特的人格。

塑造健全的人格需要以良好的习惯作为载体,心理学的研究表明,良好的习惯有助于改变人格的内在品质和结构。例如,你原本是一个自卑的人,但是通过有意识的训练,如平常对着镜子练习微笑、加快走路速度、走路时昂首挺胸等,你的自信心就得到了逐步提升,人格也得到了完善。

【课堂活动】

价值拍卖

活动场地:教室。

活动时长:约45分钟。

活动材料:足够的道具钱币、不同颜色的硬纸板、拍卖槌。

活动目标:激发学生思考自己的价值观点,使其学会抓住机遇,不轻言放弃;帮助学生体验和澄清自己的人生态度。

游戏规则:每个学生手中都有5 000元(道具钱币),它代表了你一生中的时间和精力。每个人可以根据自己对人生的理解竞拍以下东西。每样东西都有底价,每次出价都以500元为单位,价高者获得此物。有出价5 000元的,立即成交。

拍卖物品清单及底价:

1. 爱情　500　　　　　2. 友情　500
3. 美貌　500　　　　　4. 名望　500
5. 自由　500　　　　　6. 爱心　500
7. 快乐　500　　　　　8. 长命百岁　500
9. 美食　500　　　　　10. 豪宅名车　500
11. 健康　1 000　　　　12. 礼貌　1 000

13. 良心　1 000　　　　　14. 孝心　1 000

15. 诚信　1 000　　　　　16. 智慧　1 000

17. 金钱　1 000　　　　　18. 权力　1 000

19. 冒险精神　1 000　　　20. 名牌大学录取通知书　1 000

(备注:拍卖物品清单及价值可自定)

活动程序如下:

(1)将拍卖的东西事先写在硬纸板上(最好用不同颜色的硬纸板,如果没有,则用不同颜色的彩笔),以增加拍卖的趣味性,并方便拍卖的进行。

(2)教师按照游戏规则主持拍卖,直到所有的东西都拍卖完为止。

(3)讨论交流。你是否对你买到的东西感到后悔,为什么?在拍卖过程中,你的心情如何?有没有同学什么都没买?为什么没买?你是否后悔自己刚才争取的东西太少?拍卖到的东西都是你最需要的吗?钱是否一定会带来快乐?有没有一种东西比金钱更重要,或者能比金钱带来更大的满足感?你是否甘愿为了金钱、名望而放弃一切?除此之外,你认为有没有比上面所列的这些更值得追求的东西呢?

注意事项:拍卖过程中,要注意纪律不能太乱;注意提醒学生所购买的东西加起来付出的钱不能超过5 000元。

第三章 大学生职业生涯规划

第一节 职业生涯概述

【导入案例】

美国知名企业家比尔·拉福的父亲是洛克菲勒家族的高管,受父亲的影响,他从小就立志成为一名成功的商人。他的父亲也认为他机敏果断,于是鼓励他报考经济或商贸类大学,然而高中毕业后,他却来到麻省理工学院,学习最基础的机械制造专业。在4年大学生涯里,比尔还涉猎化工、建筑、电子等方面知识,毕业后,比尔并没有立即投身于商海,而是考入芝加哥学院攻读经济学的硕士学位,这期间比尔掌握了大量的经济学知识,明白了决定商业活动正确性的众多因素。

取得学位后,比尔又花3年时间进入私人学校学习法律知识,之后又进入一家法学院旁听法律课程,之后又进入政府部门工作5年,5年之后,他应聘到一家公司,开始熟悉商情和商务技巧,两年后,公司决定让他当高管,他却辞职了。辞职后他创建了拉福商贸公司,此时他已经35岁了。在此后25年里,比尔的公司从最初的25万美元的资产发展成了200亿美元(1994年),他成了美国商业圈的一个神话人物。

比尔·拉福之所以取得成功,是因为他很早以前便对自己的职业生涯进行了详细的规划。回顾比尔的职业生涯轨迹,我们不难看出,他在进行职业生涯规划时几乎考虑了所有必要的因素,并且脉络清晰,充分发挥了个人兴趣与素质能力。此外,他还着手于职业技能的培养和综合素质的提升。在他坚持不懈的努力下,最终实现梦想,他将自己的职业生涯规划变成了现实。由此可见,职业生涯规划对于我们来说是很重要的。

一、职业及职业生涯的概念

(一)职业的定义

关于职业的定义众说纷纭,仅从字面意思来看,"职业"一词由"职"和"业"两个字构成。"职"的意思包含社会职责、天职、权利与义务等,"业"包含所从事的职业、事情、独特性工作。因此有学者认为职业是指"对所从事的工作负责"。《辞海》对"职业"一词的定义是"人们所从事,赖以谋生的工作的性质、内容和方式"。

美国经济学家舒尔茨认为,职业是个体为了不断取得个人收入而连续从事的具有市场价值的特殊活动,是为同时实现社会联系和自我实现而进行的持续的活动方式。

日本就业问题专家保谷六郎认为,职业是有劳动能力的人为了生活所得而发挥个人能力,向社会做贡献的连续活动。他进一步指出职业具有5个特性:①经济性,即通过职业取得收入;②技术性,即可发挥个人才能和专长;③社会性,即承担社会分工,履行公民义务;④伦理性,即在符合社会规范的前提下,为社会提供有用的服务;⑤连续性,即从事的劳动相对稳定,是非中断性的。

我国学者认为职业是劳动者能够稳定从事的有偿工作。也有学者认为职业是可以从中获利的一种活动。

综上所述,职业是指利用专门的知识、技能参与社会分工,为社会创造物质财富和精神财富,并从中获得合理报酬,满足物质生活需求和精神生活需求的社会劳动。职业是人们生活方式、经济状况、文化水平、行为模式、思想情操的综合体现,也是一个人的权利、义务和职责,同时是一个人社会地位的一般性表征。

(二)职业的特征

1. 社会性

职业是社会控制的手段,拥有稳定职业的人能够促进社会的稳定和发展,反之,失业人口过多,社会不安定的因素就会增加,因此国家非常关注就业问题。职业是社会发展的动力,职业作为社会经济发展的产物,它体现的是劳动力与劳动资料之间的结合关系,其实也体现了劳动者之间的关系,劳动产品的交换体现的是不同职业之间的劳动交换关系。这种劳动过程中结成的人与人的关系无疑是社会性的,他们之间的劳动交换反映的是不同职业间的等价关系,反映了职业活动及其劳动成果的社会属性。此外,职业是一种可以创造出社会财富的活动,能够为社会发展进步提供物质基础。

2. 行业性

行业是根据生产工作单位所生产的物品或提供服务的人的不同而划分的。它按照企业、事业单位、机关团体和个体从业人员所从事的生产活动或其他社会经济活动性质的同一性进行分类。一种行业的职业内部,其劳动条件、工作对象、生产工具、操作内容相同或相近。由于环境的同一性,人们形成共同的行为模式,有共同的语言习惯和道德规范。职业的行业性可以给不同的职业群体打上相同的时代烙印。例如,提起教师,就会想到他们为人师表、学识渊博等。

3. 差异性

职业的差异性有两个含义:第一个含义是同一种职业在不同的行业和产业发展中,因为工作的具体内容、形式不同,职业的具体内容也不同;第二个含义是职业的活动内容、个体行为模式、职业社会心理的差异性等。一般而言,人类作为一个有机体,必然存在社会分工,现代社会存在成千上万种不同的职业,各类职业之间差异很大。例如,销售和程序员就是两个差异较大的职业,一个需要善于沟通,与不同的人打交道。另一个只需要静下心来写代码,与计算机为伴即可。随着社会分工的细化、技术的进步、社会的发展、经济结构的调整等,新的职业不断涌现,例如,现在非常火热的主播,包括带货主播、情感主播、美食主播等。职业的不断更替,导致新旧职业之间的差异越来越大。

4. 职位性

职位是一定的职权和相应的责任的几何体。职权和责任是职业的两个基本要素。职权相同,责任一致,就是同一职位。在职业分类中,每一种职业都含有职位的特征。从社会发展需要的角度来看,职位没有高低贵贱之分,但职位有层次高低之分。现实生活中由于对从事职业所具备的素质要求不同,以及人们对职业的看法或舆论对职业的评价不同,从而使职业产生了层次之分。例如,大学生在找工作的时候,很多父母会认为公务员、教师会比私企职员更好,因为在很多父母眼中,公务员、教师等职业是"铁饭碗",工作稳定性强于私企职员。这种职业的层次之分往往是由不同的职业所要求的素质、收入高低、工作难易程度、社会声望和地位等多种因素决定的。

5. 连续性

每个人职业生涯的理想状态是稳定性和螺旋上升性的有机统一,即具有明显的连续性。如果职业生涯出现断层,或者一个发展良好的职业道路突然转到其他方向,这对个人的职业发展而言有可能是一种"倒退"。人们将自己的智慧和精力奉献给所从事的职业,并通过职业将自己的人生价值展现出来。在求职的时候一般会比较看重职业的连续性,如果不停地跳槽,可能会给人留下"学艺不精"的消极印象。所以在此提醒大家,要注意在同一个或同类职业中不断提升自己的能力。

6. 规范性

职业的规范性包括职业内部的规范操作、职业道德的规范性。不同的职业在其劳动过程中都有一定的操作规范性,这是保证职业活动专业性的要求。当不同职业在对外展现其服务时,还存在一个伦理范畴的规范性,即职业道德。这两种规范性构成了职业规范的内涵与外延。无论哪种职业都要受到一定职业规范的约束,这些职业规范通常以法律、法规、组织章程、协议、合同等形式体现出来。

7. 规模性

首先,职业必须具备一定的规模,必须是许多个体的共同行为,达不到一定从业个体数量的劳动不能称之为职业。其次,从外部看,各行各业的从业个体都不是孤立存在的,他们之间都存在千丝万缕的联系,这些个体相互合作、齐心协力,共同承担某一社会责任。最后,从内部看,职业的不同岗位职责分明,目标一致,具有群体认同感,通过群体的努力共同完成职业要求,实现职业目标。

8. 时代性

职业的时代性特征主要包含两层含义:一是职业随着时代的变化而发展,新职业的产生必定会淘汰一些旧职业,并带来新的职业问题,改变社会属性。二是不同的时代,"好职业"的标准也不同,具体表现在社会个体的职业选择取向上。例如,我国职业取向经历了不同的浪潮,有"下海经商热""外企热""公务员热"等,反映了特定时期人们对某类职业的热衷程度。

(三)职业生涯的定义

生涯,英语是"career","生",即"活着";"涯",即"边界"。广义上理解,"生",自然是与一个人的生命相联系;"涯"则有边际的含义,即指人生经历、生活道路和职业、专业、事业。人的一生,包含少年、成年、老年3个阶段,成年阶段是最重要的时期。这一时期之所以重要,是因为这一阶段是人们从事职业生活的时期。"生""涯"组合在一起则是指个体从事某种活动或职业的整个过程。

职业生涯是指一个人从职业学习开始到职业劳动结束所经历的全部职业过程,以及与职业的态度、心理需求、人生价值观念等连续性的职业经历相关的历程。换句话说,是一个人一生所有与职业相连的行为与活动以及与其相关的态度、价值观、愿望等连续性经历的过程,也是一个人一生中职业、职位的变迁及职业目标的实现过程。简单来说,一个人职业发展的状态、过程及结果构成了个人的职业生涯。一个人对其职业发展有一定的控制力,他可以利用所遇到的机会,从自己的职业生涯中最大限度地获得成功与满足。进一步来说,职业生涯是由时间、范围和深度构成的一个复杂的概念。时间上包含着人生的不同职业阶段,范围是指人的一生所扮演的各种社会角色,深度上表现为对各种社会角色的投入和贡献。

关于职业生涯,不同学者也有一些不同的观点。比较具有代表性的观点来自于美国心理学家舒伯和霍尔。他们分别从广义和狭义两个角度提出了职业生涯的定义。舒伯认为,广义的职业生涯包括一个人一生多种职业和生活角色,即自青春期至退休,所有有酬劳或无酬劳的职位的综合,以及与工作相关的多种角色。霍尔认为,狭义的职业生涯是一个人终其一生与工作或职业有关的经验和活动,是一个人跨越时间的一系列工作经历的总和,也包含了雇用期。但是不难看出,两者都一致认为职业生涯是一个人一生职业经历的过程总和。

(四)职业生涯的特征

1. 独特性

独特性,即差异性。每个人的性格、气质、能力等都不同,每个人都是社会上独立的个体。职业生涯规划也是我们基于自身的条件而制定的,因此每个人的职业生涯都存在一定的差异。

2. 可行性

成功的职业生涯规划必须依据个人实际情况及其所处环境的现实来制定,在制定过程中要认真考虑个人素质、环境特点和时代特征等因素,所制订的规划必须具有可行性,而不是一些无法实现或不切实际的幻想。这样的职业生涯规划才有意义。

3. 阶段性

阶段性也可称为适时性,职业生涯规划是对未来的职业生涯目标和未来职业行动的预测。因此,各项活动的实施及完成时间,都应该有时间和顺序上的安排,以便作为检查行动的依据。并且我们在每个阶段,由于想法、心智成熟程度等因素,每个阶段的职业生涯规划也会有所不同。例如,小时候看过一部电视剧,发现警察受到大部分人的喜爱,所以立志长大后当一名警察,但在成长过程中,由于身体比较瘦弱,发现自己当不了警察,就改变了自己的志向,又立志当一名医生等。

4. 发展性

发展性也称之为持续性,职业生涯目标是人生追求的重要目标,职业生涯规划应贯穿人生发展的每个阶段,通过不断调整职业活动安排,最终实现职业生涯目标。职业生涯是一个动态的过程,不是一成不变的,包括从事何种职业、职业发展的阶段、职业转换或晋升等。

5. 社会性

每个人都生活在一定的社会环境中,所以个体在做职业生涯规划的时候,一定要考虑社会条件。时代在不断地发展变化,同时出现了很多新兴的职业,对从业者也提出了不同的要求,所以在我们设计自己的职业生涯规划时,一定要分析社会需求,将自己的职业生涯规划与社会需求紧密结合起来。

6. 互动性

个人的职业生涯是个人与他人、个人与环境、个人与社会互动的结果,不同程度地受到来自个人、家庭、社会、环境等多种因素的影响。职业生涯可以看作是多方面因素综合作用的结果。例如,你原本想当一名飞行员,但父母认为飞行员是一个很危险的职业,所以全家人都不支持你当飞行员,最后你可能妥协了,放弃当飞行员的职业生涯规划,而选择了其他父母支持的职业。

7. 多元性

职业生涯不仅仅是一个行为活动的过程,还需要强调其价值、态度等。要充分了解一个人的职业生涯必须从主观(内职业生涯)和客观(外职业生涯)两方面入手。内职业生涯是指从事一种职业所具备的知识、观念、经验、能力、心理素质、内心感受等因素的组合及其变化过程。内职业生涯是别人无法替代和窃取的人生财富。外职业生涯是指从事职业所涉及的工作单位、工作时间、工作地点、工作内容、工作职务与职称、工作环境、工资待遇等因素的组合及其变化过程。外职业生涯是依赖于内职业生涯的发展而发展的。

8. 灵活性

灵活性也称之为动态性,时代在迅速发展,各类职业更替非常迅速,规划未来的职业生涯目标与行动涉及很多不确定因素,因此,在做职业规划时要保留一定的弹性。随着外界环境和自身条件的变化,个人应及时调整自己的职业生涯规划方案,以提高其适应性。

二、职业生涯规划的概念

(一)职业生涯规划的定义

职业生涯规划(career planning)简称为"职业规划",也叫作"职业生涯设计",是指一个人在对自己职业生涯的主、客观条件进行测定、分析、总结的基础上,对自己的兴趣、爱好、能力、特点进行综合分析与权衡,结合时代特点,根据自己的职业倾向,确定最佳的职业奋斗目标,并为实现这一目标做出行之有效的规划。

职业规划是对职业生涯乃至人生进行持续的、系统的计划的过程。一个完整的职业生涯规划由职业定位、目标设定和通道设计3个要素构成。职业生涯规划的过程是针对个人职业选择的主观和客观因素进行分析和测定,确定个人的奋斗目标并努力实现这一目标的过程。换句话说,职业生涯规划要求个人根据自身的兴趣、特点,将自己定位在一个最能发挥自己长处的位置,选择最适合自己的事业。职业定位是决定职业生涯规划成败的关键一步,同时也是职业生涯规划的起点。

职业生涯规划应遵循以下原则:

(1)清晰性原则:考虑目标措施是否清晰明确?实现目标的步骤是否直截了当?

(2)变动性原则:目标或措施是否有弹性或缓冲性?是否能依据环境的变化而调整?

(3)一致性原则:主要目标与分目标是否一致?目标与措施是否一致?个人目标与组织发展目标是否一致?

(4)挑战性原则:目标与措施具有挑战性,还是仅保持其原来状况而已?

(5)激励性原则:目标是否符合自己的性格、兴趣和特长?是否能对自己产生内在激励作用?

(6)合作性原则:个人的目标与他人的目标是否具有合作性与协调性?

(7)全程原则:拟定职业生涯规划时必须考虑职业生涯发展的整个历程,做全程的考虑。

(8)具体原则:职业生涯规划各阶段的路线划分与安排必须具体可行。

(9)实际原则:实现职业生涯目标的途径有很多,在做规划时必须要考虑自己的特质、社会环境、组织环境以及其他相关的因素,选择确定可行的途径。

(10)可评量原则:职业生涯规划的设计应有明确的时间限制或标准,易于评量、检查,使自己随时掌握执行状况,并为职业生涯规划提供参考的依据。

(二)职业生涯规划的类型

1. 按周期长短分

职业生涯规划按照周期长短可分为短期规划、中期规划和长期规划。

短期规划为3年以内的规划,主要是确定目标,规划完成的任务。例如,我们在初一的时候经常给自己规划的短期目标是3年后考上重点高中,高一的短期目标就变成了3年后考上好大学。

中期目标规划的时间一般为3~5年,在近期目标的基础上设立中期目标。例如,如何规划大学四年的时间,大学四年后你想要找什么样的工作,然后从现在就开始准备。

长期目标规划的时间是5~10年,主要是设定长远的目标。例如,大学毕业后你打算未来5~10年在事业上达到一个什么样的高度。

2. 按性质分

职业生涯规划按照性质可分为外职业生涯规划和内职业生涯规划。

外职业生涯规划是指从事职业时关于工作单位、工作地点、工作内容、工作职务、工作环境、工资待遇等因素的组合及其变化的过程的规划。例如,你本身是一个不擅长社交的人,所以在做职业生涯规划的时候期望找一份不太需要社交的工作,那么像销售这种需要非常多社交的工作就不适合你,而程序员、作家等职业相对来说不太需要社交,会是更适合你的工作。

内职业生涯规划是指关于从事一项职业时所具备的知识、能力、观念、心理素质、气质等因素的组合及其变化的过程的规划。知识、能力等因素是需要通过自己努力来获得和掌握的。例如,你抗压能力强,计算机专业毕业并且非常喜欢也擅长写代码,那么你在做职业生涯规划的时候就可以考虑知名的互联网企业。反之,你虽然是计算机专业毕业,但只能处理一些常规的问题,并且平常也不能在压力过大的环境下工作,那么你在做职业生涯规划的时候就可以考虑一些对专业要求没那么高的职业,例如,商场的网络系统维护员。

3. 按程序分

职业生涯规划按照程序可分为传统型职业生涯规划和易变型职业生涯规划。

传统型职业生涯规划是指在个体的职业生涯规划中,其职业是持续稳定发展的。例如,一个人最初的职业生涯规划是做一名大学教师,一开始只是讲师,但随着其专业知识的增长和工作经验的提升及科研成果的累积,其职称可能会得到逐步晋升,从讲师晋升为副教授、教授等。

易变型职业生涯规划是指个体在做职业生涯规划的时候可能会因为兴趣、能力、价值观及工作环境的变化而变化,个体可能会在不同工作间转换。中国古代一直有"学而优则仕"的传统,因此,我们也经常看到在企业中出现一些原本不是管理层的人员,但由于在某方面有突出的贡献,最后提升为管理人员。

三、职业分类及了解职业信息的渠道

(一)职业的分类

职业的分类是指以工作性质同一性为基本原则,利用一定的科学手段,通过对全社会就业人员所从事的各类职业进行分析和研究,按照不同的职业性质和活动方式、技术要求及管理范围进行划分与归类的工作过程。

目前有超过 20 000 种职业,对于大多数人来说,每个人适合的职业不止一种。《职业名称词典》定义了 12 700 种不同的职业名称,并且有 17 000 个名称是相互参照的。近 50 年以来,《职业名称词典》是职业信息标准的基本参考资料。

由于采用了不同的标准,所以我国和国外对职业的分类存在差异。

1. 我国的职业分类

参照国际标准和方法,1986 年,我国国家统计局和国家标准局首次颁布了中华人民共和国国家标准《职业分类和代码》(GB 6565—86),并启动了编制国家统一职业分类标准的宏大工程。这次颁布的《职业分类与代码》将全国职业分为 8 个大类、63 个中类、303 个小类。1992 年,原国家劳动部会同国务院各行业部委组织编制了《中华人民共和国工种分类目录》,这个目录根据管理工作的需要,按照生产劳动的性质和工艺技术的特点,将当时我国近万个工种归并为分属 46 个大类的 4 700 多个工种,初步建立起行业齐全、层次分明、内容比较完整、结构比较合理的工种分类体系,为进一步做好职业分类工作奠定了坚实基础。

1995 年,我国国家职业分类大典和职业资格工作委员会组织社会各界上千名专家,经过 4 年的艰苦努力,于 1998 年 12 月编制完成了《中华人民共和国职业分类大典》,并于 1999 年 5 月正式颁布实施。

《中华人民共和国职业分类大典》是我国第一部对职业进行科学分类的权威性文献。《中华人民共和国职业分类大典》把我国职业划分为由大到小、由粗到细的 4 个层次:大类(8 个)、中类(66 个)、小类(413 个)、细类(1 838 个)。细类为最小类别,亦即职业。8 个大类如表 3.1。

表 3.1 职业分类目录

类别号	类别名称	类别编码	中类	小类	(细类)职业
第一大类	国家机关、党群组织、企业、事业单位负责人	1(GBM 0)	5	16	25+0
第二大类	专业技术人员	2(GBM 1/2)	14	115	379+21
第三大类	办事人员和有关人员	3(GBM 3)	4	12	45+1
第四大类	商业、服务业人员	4(GBM 4)	8	43	147+22
第五大类	农、林、牧、渔、水利生产人员	5(GBM 5)	6	30	121+8

续表

类别号	类别名称	类别编码	中类	小类	(细类)职业
第六大类	生产、运输设备操作人员和有关人员	6(GBM 6/7/8/9)	27	195	1 119+22
第七大类	军人	7(GBM X)	1	1	1+0
第八大类	不便分类的其他从业人员	8(GBM Y)	1	1	1+0

备注:1. 中类是大类的子类,是对大类的分解。
2. 小类是中类的子类,是对中类的分解。
3. 细类是本大典最基本的分类,即职业。

第一大类:国家机关、党群组织、企业、事业单位负责人,其中包括5个中类,16个小类,25个细类;

第二大类:专业技术人员,其中包括14个中类,115个小类,379个细类;

第三大类:办事人员和有关人员,其中包括4个中类,12个小类,45个细类;

第四大类:商业、服务业人员,其中包括8个中类,43个小类,147个细类;

第五大类:农、林、牧、渔、水利业生产人员,其中包括6个中类,30个小类,121个细类;

第六大类:生产、运输设备操作人员及有关人员,其中包括27个中类,195个小类,1 119个细类;

第七大类:军人,其中包括1个中类,1个小类,1个细类;

第八大类:不便分类的其他从业人员,其中包括1个中类,1个小类,1个细类。

从职业结构看,职业的分类有三个特点:

第一,技术型和技能型职业占主导。据统计这两种类型的职业占实际职业总量的60.88%,分布在"生产、运输设备操作人员及有关人员"这一大类,它们分属我国工业生产的各个主要领域。从这类职业的工作内容分析,其特点是以技术型和技能型操作为主。

第二,第三产业职业比重较小,仅占实际职业总量的8%左右。三大产业中的职业分类,以第二产业的职业比重最大。

第三,知识型与高新技术型职业较少。现有职业结构中,属于知识型与高新技术型的职业数量不超过总量的3%。

由于经济社会的不断发展,我国社会职业结构发生了很大的变化。为适应发展需求,2015年7月29日,国家职业分类大典修订会议审议通过并颁布了2015版《中华人民共和国职业分类大典》。从总体修订内容来看,2015版主要从职业分类体系、职业信息描述内容、职业信息描述项目、绿色职业标志四个方面进行了修改、调整和补充。

为保证各地劳动力市场使用的职业分类与代码的科学和规范,有利于劳动力市场信息联网,劳动和社会保障部在主持编纂《中华人民共和国职业分类大典》的同时,根据重新修订的职业分类国家标准《职业分类与代码》(GB/T6565—1999)和《中华人民共和国职业分类大典》,制定了《劳动力市场职业分类与代码(LB501—1999)》,并于2002年进行了修改。新标准《劳动力市场职业分类与代码(LB501—2002)》分为6个大类,56个中类,236个小类,17个细类。

2. 国外的职业分类

国外分别从劳动性质、层次,职业性向,职业的主要职责或从事的工作3个维度对职业进行分类。

根据劳动性质、层次进行分类,可以将职业分为白领和蓝领。白领主要包括专业型和技术型工作人员,农场以外的经理和行政管理人员、销售人员、办公室人员。蓝领工作人员包括手工艺及类似的工人、非运输性的技工、运输装置机械工人、农场以外的工人、服务型行业工人。随着行业的发展,又出现了介于白领和蓝领之间的"灰领",这类职业的人既能动脑又能动手,是具有较高的知识水平、较强的创新能力、熟练掌握新兴技能的人才。目前,灰领工作人员主要包括广告创意、会展策划、服装设计、软件开发工程师、室内设计师等。

根据职业性向分类,以霍兰德的职业兴趣理论为基础,可以将职业分为六大类:现实型(如厨师、木匠、修理工等)、企业型(如企业领导、法官、律师等)、社会型(如教师、公关人员等)、艺术型(如诗人、演员、导演等)、常规型(如会计、办公室人员等)和研究型(如科学家、医生等)。

根据职业的主要职责进行分类,可将职业分为八大类,分别是专家、技术人员及有关工作者,政府官员和企业经理,事务工作者和有关工作者,销售工作者,服务工作者,农业、牧业、林业工作者及渔民、猎人,生产和有关工作者、运输设备操作者和劳动者,不能按职业分类的劳动者。

【课堂活动】

你眼中的工作世界

活动场地:教室。

活动时长:约30分钟。

活动材料:白纸、彩色画笔(如果没有,可以用黑色签字笔代替)等。

活动目标:通过图画的形式来展现你所认识的工作世界,同时了解其他人对工作世界的认知,对比一下跟你自己的有何不同。

活动程序:

首先,让班级每个学生在一张白纸上画下他所了解到或者所认为的工作世界是怎样的,可以是具体的,也可以是抽象的,还可以配上文字说明。

然后,所有同学画完之后相互传阅,看看大家眼中的工作世界是否有共同点。

最后,教师通过"鱼牛"的小故事来总结。

【拓展阅读】

"鱼牛"的故事

在一个池塘里住着鱼和青蛙,他们俩是好朋友。有一次,青蛙对鱼说:"我们出去看看吧,听说外面的世界很精彩!"鱼听完拍手叫好,但立马叹气说:"我离开水就活不了了,要不你替我去看看外面的世界,然后回来告诉我外面的世界是什么样的。"说完青蛙就独自踏上了看世界之旅。几天之后,青蛙回到了池塘,兴奋地对鱼说:"外面的世界真的是太精彩了,有很多新奇有趣的东西!"鱼说:"你赶紧给我说说看都有些什么新奇的东西?"青蛙说:"比如说奶牛吧,它的身体很大,头上长着两只弯弯的犄角,吃青草为生,身上有黑白相间的斑块,长着四只粗壮的腿,还有大大的乳房用来产牛奶……"于是,鱼根据青蛙的描述就在脑海中加工了奶牛的形象(如图3.1)。从这个故事可以推论出我们对某件事物的认知是建立在原有知识和经验的基础之上,如何去检验我们对新事物的认识是否正确呢?那就需要实践,当鱼亲眼看过奶牛的形象之后,它就肯定不会构建出"鱼牛"的形象了。对于职业的了解也是如此。

图 3.1　鱼脑海中加工出来的奶牛的形象

(二)了解职业信息的渠道

职业信息是求职者尤其是高校毕业生进行职业规划时需掌握的必要信息。掌握充足的、高质量的职业信息有助于求职者得到更多的就业机会,尽早为自己的职业生涯做出合理的规划,也就拥有更大的择业空间和更多的就业机会。职业信息经过分类、筛选等加工处理后就变成求职者可利用的就业信息。在校大学生在做职业规划的时候也需要先了解职业信息,了解职业信息的方式多种多样,大学生要学会整合不同渠道的职业信息,取其精华去其糟粕,掌握就业的主动权。

职业信息的概念有广义和狭义之分。广义的职业信息就是与职业相关的所有信息。对于大学生的职业生涯规划而言,并不是所有信息都是有用的。因此,狭义的职业信息是指求职者未知的、经过加工处理后对求职者具有一定价值的就业资料和情报,包括职业资源、职业政策、职业新闻、职业测评等。综合职业信息的广义和狭义概念,职业信息可以定义为求职者(职业生涯规划者)在职业准备、职业评估、求职决策和职业发展过程中可利用的行业情报和职业信息。

职业信息具有时效性、可参考性、共享性、行业差异性以及不对称性等特点。前四个特点不难理解,但如何理解职业信息的不对称性呢? 职业信息的不对称性是指职业信息发布者(信息源)和求职者双方信息量的不对称。求职信息的发布者(用人单位、就业指导服务机构等)往往比求职者掌握更全面的职业信息,但由于主观或客观因素,发布者不能完全公开或及时发布。与此同时,信息在传播过程中可能出现的流失、扭曲甚至是失真也会导致求职者处于信息不对称的弱势一方。这就要求求职者(职业生涯规划者)充分发挥主观能动性、宽口径、多渠道地了解职业信息。那么我们可以从哪些渠道来了解职业信息呢?

了解职业信息的渠道有很多,如查阅文献、实践、访谈等,下面就一些主要的渠道加以详细阐述。

1. 直接的生活经验

个体的成长过程总是会打上直接生活经验的烙印。我国著名作家鲁迅弃医从文就是典型案例。从鲁迅改变自己的职业生涯规划不难看出,直接生活经验也能够帮助我们了解到一些职业信息。

2. 周围人的影响

俗话说"子承父业",就是指在职业生涯规划过程中容易受到周围人的影响。周围人不仅包括父母,也包括其他亲戚或者老师等。在日常生活中,职业有时候会呈现家族聚集性。因为个体经常与某类职业的人打交道,就会对这类职业有较深入的了解,所以在做职业选择的时候会更多地考虑从事这类职业。

3. 网络与社交媒体

处在信息时代的我们,很多时候都是通过网络和社交媒体来了解各种信息的,当然也包括职业信息。当代大学生大部分时间都是花在网络和社交媒体上,如何有效地利用网络和社交媒体去了解职业信息也是非常关键的。例如,可以通过一些比较知名的招聘平台去了解职业信息,或者通过每年发布的就业情况等去了解各种职业的就业情况和供需关系等。

4. 文献检索

文献检索(information retrieval)是指根据学习和工作的需要获取文献的过程。通过文献检索来了解职业信息的主要方式是行业文献检索,包括从国家统计局检索"国民经济行业分类"和在常用招聘网站检索"行业"。这两种检索方式都可以帮助大学生了解有哪些行业,尤其是招聘网站还会具体写出各个行业所对应的岗位及岗位需求。通过文献检索了解职业信息,包括了解行业信息、了解关心的单位/企业信息、了解职位/职业等。可以通过国家专职机构的行业分析报告来了解行业信息,例如,中国互联网信息中心发布的《中国互联网络发展状况统计报告》和国家新闻出版广电总局出版的《新闻出版产业分析报告》。此外也可以通过咨询公司或金融投资机构的行研报告来了解行业信息,例如,《麦肯锡季刊》和财经网。了解单位/企业信息最重要的是了解它的行业地位和发展前景,可以通过《财富》杂志每年发布的世界500强排行榜来了解各公司的规模效益。如果你毕业后打算进国企,希望有稳定的工作,那么你可以通过国务院国有资产监督委员会的央企名录查询单位/企业的性质(是国有企业还是民营企业)。不同行业的公司可能存在同样的职位,但是不同类型的公司职位权重可能是不同的。可以通过公司招聘主页、公众号、学校的就业指导中心、教育部大学生就业网、人才招聘网站等来了解职业/职位,弄清楚每个职业的工作内容、职责和工作要求等。

5. 访谈

如果想要深入了解某种职业,访谈法是首要推荐的方法。但是访谈不是漫无目的的聊天,而是目的性很强地了解信息的过程。所以为了提高访谈的效率,在访谈前要列出一个较为全面的提纲,这个访谈提纲可以包括以下内容:

(1)为什么选择这个工作?做了哪些准备?
(2)这个工作的主要职责是什么?
(3)这个工作要求的技能和资质是什么?
(4)你所在领域的职业发展空间是什么样的?
(5)对于这个工作,你最喜欢和最不喜欢的是什么?
(6)这个工作给你带来了什么样的生活方式?
(7)如果再重新选择一次职业,你的选择是什么?

访谈的时候有一点需要注意的是,我们经常喜欢找熟悉的人去访谈,但有时候受到多种因素的影响,熟悉的人提供给我们的信息并不一定真实或全面。因此斯坦福著名社会学家Mark Granovetter提出了弱关系的力量这一理论。他寻找了282名专业人士、技术人员和经理人员,随机选取100人做面对面访问,结果发现其中有54人是通过个人关系找到的工作。

16.7%的人经常能见到帮忙者;55.6%的人偶尔能见到,至少每年一次;27.7%的帮忙者则一年也见不到一次。因此我们在做访谈的时候不妨跳出舒适圈,试着找不太认识甚至是陌生人作为访谈对象,你可能会有意外的收获。

6. 社会实践

俗话说"实践出真知""实践是检验真理的唯一标准",由此可见实践在了解职业信息过程中也是非常重要的。某招聘网站曾经发布过一组数据,只有不到50%的在校大学生曾经参与过实习求职,近六成大学生以"零工作经历"加入毕业后的求职大军中。对于实习这件事,部分学生对其存在一定的误解,认为实习是大三大四才应该考虑的事情,大学生缺乏对实习的重要程度的认知和紧迫感。据统计数据显示,超过一半的实习生可以转正获得就业机会。实习经历在大学生求职以及职业生涯规划过程中起到了非常重要的作用。实习也可以提供第二次专业选择的机会,是低成本的试错。有时候我们也会发生"鱼牛"的故事,实习可以帮我们最直接地弄清楚某种职业是否与你想象中的一样。所以,实习要趁早,并且在还没有确定未来职业生涯的目标之前,要尽可能地尝试不同的职业。在校大学生应当在保证完成学业的前提下,提早开始实习,为以后的求职奠定基础。大学生可以根据自身情况,从公司在业界的地位、实习待遇、学习进度空间以及就业通道(是否有机会转正)等方面来考量实习,找到一份与自我职业生涯规划较吻合的实习工作。但不必过分计较个人得失,把自己局限于小格局中,反而会得不偿失。

不同渠道收集到的信息都有其优点和局限性。例如,通过用人单位校招渠道了解到的信息比较详细、针对性强,但不足之处在于信息比较单一。基于现有数据库,可以对各个职业的薪酬有所了解,也可以按照薪酬高低来检索职业,具有一定的参考价值,但它的缺点在于信息准确性有待商榷、组织方参差不齐,高校、研究所和公共部门较少使用这些平台,存在信息安全隐患,与求职目标不相关的单位也会通过电话联系,分散精力等。因此鼓励使用多种渠道收集信息,比较优劣,综合使用各种平台获取职业信息,取其精华去其糟粕,以便在职业生涯规划过程中掌握主动权。

四、职业生涯规划的内容与意义

(一)职业生涯规划的内容

职业生涯规划不仅仅是对职业的选择,也是对人生的一种规划。职业生涯规划的主要内容包括对职业规划的含义、意义的了解,正确的自我认知,个人能力的提升与锻炼,健康心理素质的培养,职业素养与职业目标、规划实践等。只有对这些内容有了全面的了解,才能更好地规划职业和未来。

(二)职业生涯规划的意义

大学生首先要意识到职业生涯规划的重要意义,才有可能通过制定行之有效的职业生涯规划,收获成功的事业。职业生涯规划对于大学生而言,具有以下意义:

1. 职业生涯规划可以挖掘自我潜能,提升个人实力

一份行之有效的职业生涯规划将会引导大学生正确地认识自身的个性特质、现有与潜

在的资源优势,帮助大学生重新对自己的价值进行定位并使其持续增值;引导大学生对自己的综合优势与劣势进行对比分析;使大学生树立明确的职业发展目标与职业理想;引导大学生评估个人目标与现实之间的差距;引导大学生前瞻与实际相结合的职业定位,搜索或发现新的或有潜力的职业机会;使大学生学会如何运用适合的方法采取可行的步骤与措施,不断增强其职业竞争力,实现自己的职业目标与理想。

2. 职业生涯规划可以增强发展的目的性与计划性,提高成功的概率

职业生涯发展要有计划、有目的,不可盲目地"撞大运",很多时候职业生涯受挫就是由于职业生涯规划没有做好。好的职业生涯规划是成功的开始,古语讲,凡事"预则立,不预则废"就是这个道理。有目的性和计划性的职业生涯规划更易成功!

3. 职业生涯规划可以提升应对竞争的能力

当今社会处在变革的时代,到处充满着激烈的竞争。物竞天择,适者生存。职业活动中的竞争非常突出,尤其是我国加入WTO后。要想在这场激烈的竞争中脱颖而出并立于不败之地,必须对自己的职业生涯做好规划。这样才能做到心中有数,不打无准备的"仗"。

而有些应届大学毕业生不是先坐下来做好自己的职业生涯规划,而是拿着简历与求职书到处乱跑,总想着撞到好运气找到好工作。结果浪费了大量的时间、精力与资金,到头来感叹招聘单位有眼无珠,不能"慧眼识英雄",叹息自己英雄无用武之地。

这部分大学毕业生并没有充分认识到职业生涯规划的意义与重要性,他们认为找到理想的工作,只需要满足学识、业绩、耐心、关系、口才等条件,认为职业生涯规划纯属纸上谈兵,简直是耽误时间。这其实是一种错误的理念,实际上未雨绸缪,先做好职业生涯规划,有了清晰的认识与明确的目标之后再把求职活动付诸实践,能够取得更好的效果,也更经济,更科学。

从人力资源的角度出发,企业用人单位非常看重新进员工的职业生涯规划是否透明,是否与公司的发展一致。只有少数求职者会写出自己未来的发展规划。这些规划,让人觉得求职者的求职意向是经过深思熟虑的,即使其职业生涯规划只有5年甚至更短的时间为此企业工作,此企业也愿意聘请这种目标明确、规划透明的人。例如,北京市某技术有限公司高级人力资源经理透露,该公司每年招聘应届毕业生100名左右,凡是职业生涯规划得早的人,现在大多数都已成为总监、副总监或高级经理。

因此,应该尽早开始培养、引导和训练大学生的职业生涯规划,以便为未来的职业发展打下坚实的基础。

职业生涯规划最终的目的决不仅仅是帮助个人按照自己的条件找到一份工作,达到和实现个人目标。更重要的是帮助个人真正了解自己,为自己预定事业大计,筹划未来,进一步详尽估量主观、客观条件和内外环境优势与限制,在"衡外情、量己力"的情形下,设计出符合自己特点的合理而又可行的职业生涯发展方向。

职业生涯规划的最终意义在于完成自我实现、自我超越,同时,有利于人才资源合理配置,促进社会和谐与进步。

【拓展阅读】

个人职业生涯的PPDF

PPDF的全称是Personal Performance Development File,译成中文是个人职业表现发展档案,也可译为个人职业生涯发展道路。

在发达国家,很多企业都将 PPDF 应用于公司的管理中。不少企业用这个方法将企业员工形成一种合力,形成了团队,为了单位的目标去努力,实现自我价值。为何 PPDF 能起到这个作用呢?主要是因为它将所有员工的个人发展同企业的发展紧紧地联系在一起。它为每个员工都设计了一条经过努力可以达到个人目标的道路,使每个员工明确只有公司发展了,他的个人目标才可以实现。这实际上是一种极其有效的人力资源开发方法,也正因为如此,许多企业纷纷效仿。

1. 设计 PPDF 的主要目的

PPDF 是对员工工作经历的一种连续性的参考。它的设计使员工和他的主管领导对该员工所取得的成就,以及员工将来想要做些什么有一个系统的了解。它既指出员工现时的目标,也指出员工将来的目标及可能达到的目标。它标示出,如果要达到这些目标,在某一阶段应具备什么样的能力、技术以及其他条件等。同时,它还帮助员工在实施行动时进行思考,看员工是否非常明确这些目标,以及应具备的能力和条件。

2. 怎样使用 PPDF

PPDF 是两本完整的手册。当员工希望达到某一目标时,它为员工提供了一个灵活的方案。当员工将 PPDF 所有项目都填好之后,自己保留一本,交给直接领导一本,员工需要清楚地告诉领导想要在什么时间以什么样的方式达到目标。直接领导也会与员工一起规划,分析其中的每一项目标,给员工指出哪些目标太近或者太容易实现,哪些目标可以往后靠一点;或者哪些目标近期可实现,但员工设计得太过长远,可以往近靠一靠。直接领导也可能会为员工的职业生涯规划提出一些建设性的意见,例如,需要在什么时候去参加何种培训提升哪种技能等。总之,无论如何,员工的直接领导会参与到员工的职业生涯规划中来。

3. PPDF 的主要内容

(1)个人情况。

个人情况包括个人简历、文化教育背景、学历情况、曾接受过的培训、工作经历、已取得的成果、以往工作表现、自我评价等。

(2)现在的行为。

现在的行为包括现在工作的情况、现在的目标计划,如果有了目标计划,目标的计划具体是什么?另外如何为自己的每一个目标设定具体的期限呢?

(3)未来的发展。

未来的发展包括职业目标,例如,计划 3~5 年内,准备在现在的单位做到什么位置等;目前胜任这份工作所需要的能力、知识、经验等;发展行动计划,即为了获得胜任这份工作所需要的能力、经验等,将采取什么行动,其中哪种行动是行之有效的;具体发展目标,为了实现每个阶段的职业生涯规划,打算做出哪些努力,越详细越好。

第二节 职业生涯规划的主要理论

一、金斯伯格的职业发展理论

美国著名的职业指导专家、职业生涯发展理论的先驱和典型代表人物金斯伯格提出的职业发展理论,研究的重点是从童年到青少年阶段的职业心理发展过程。他将职业生涯的发展分为幻想期、尝试期和现实期3个阶段。

(一)幻想期

处于11岁之前的儿童时期称为幻想期。儿童对大千世界,特别是对于他们所看到或接触到的各类职业工作者,充满了新奇、好玩的感觉。此时期职业需求的特点是,单纯凭自己的兴趣爱好,不考虑自身的条件、能力水平和社会需要与机遇,完全处于幻想之中。在这个时期,儿童有许多关于职业的幻想,并且他们在这个阶段通过游戏扮演来实现自己的幻想。但他们对职业的幻想也经常变化,前天看到老师站在讲台上很有权威,于是就想当老师;昨天看到电视上播放着救死扶伤的画面,看到那些医生护士得到大家的赞许,于是就想当医生;今天看到科学家做出了很多改变世界的贡献,于是又想要当科学家。这种幻想完全不受个人能力和现实环境的限制,他们认为想从事什么工作,以后就能从事什么工作。实际上,这种职业幻想只是儿童的一种模仿行为。

(二)尝试期

11~17岁,这是由少年向青年过渡的时期。此时起,人的心理和生理在迅速成长、发育和变化,有独立的意识,价值观念开始形成,知识和能力显著增长和增强,初步懂得社会生产和生活的经验。在职业需求上呈现出的特点是:有职业兴趣,但不仅限于此,能客观地审视自身各方面的条件和能力;开始注意职业角色的社会地位、社会意义,以及社会对该职业的需要。尝试期已经脱离了幻想期的盲目性和随意性,开始有意识地根据自身情况以及现有环境支持来进行职业的选择,并且懂得对职业目标进行调节。

(三)现实期

现实期即17岁以后的青年时期。即将步入社会劳动,能够客观地把自己的职业愿望或要求同自己的主观条件、能力,以及社会现实的职业需要紧密联系和协调起来,寻找适合于自己的职业角色。此时期所希求的职业不再模糊不清,已有具体的、现实的职业目标,表现出的最大特点是客观性、现实性,讲求实际。这一阶段也是正式对未来职业选择进行决策的阶段,例如,高考填报志愿就反映了自己对未来职业的意愿和向往。

由此可见,职业选择并非是个人的一时冲动,它是随着年龄的增长和社会阅历的增加,把自己的职业认知、职业愿景、主观理想、个人能力与社会现实相协调的产物。金斯伯格在其职业发展理论中指出,职业选择是一个发展的过程,它不是一个人某一时刻就能完成的"决定",而是基于个人选择观念所做出的,而这种观念要经过长期才能形成。职业选择过程中包含一连串的决定,每一个决定都和童年经历、家庭环境、个人特质等相关。同时,职业选择也是一个优化决策的过程。职业选择的实现,是个人意识与外界条件的折中、调适。个人最后的职业决策,是寻求个人所喜爱的职业与社会所提供的、个人能获得的机会之间的最佳结合。在职业选择过程中,影响职业选择的因素包含现实因素、教育因素、个人情感和人格因素、职业价值与个人价值观因素等。

二、萨柏的职业生涯发展阶段理论

美国的职业管理学家萨柏对于职业发展的分析,比金斯伯格的理论更为详细。总体来说,萨柏的职业生涯发展阶段理论是一种纵向职业指导理论,重点对个人的职业倾向和职业选择过程本身进行研究。其主要理论观点如下:

1. 个体之间存在差异

每个人都有不同的身体条件、智力、兴趣、能力和人格。而不同职业对从业者的素质要求也是不一样的,因此,人们在进行职业选择的时候要根据自己的特性选择合适的职业。

2. 职业选择是一个过程

人们选择职业和适应职业,是一个不断发展和变化的动态过程,贯穿人的一生。人们对于职业的偏爱、生活和工作环境,以及人们的自我概念,都会随时间和经验而改变,这使得职业的选择与调适成为一个连续的过程。

3. 职业发展过程与个体自我概念发展密切相关

职业发展的过程,从根本上说,是一种完成自我概念的过程。在这个过程中,青年时期是一个关键期。伴随着个体的探索和担任不同的职业角色,个体的自我概念也得到了发展。因此,萨柏的职业生涯发展阶段理论也被称为职业发展的自我概念理论。

4. 职业发展分为 5 个阶段

萨柏认为职业发展贯穿人的一生,它具有阶段性的特点,在不同阶段,人有不同的职业发展任务或目标,从而将职业发展分为 5 个阶段。

(1)成长阶段(0~14 岁)。

主要任务:认同并建立起自我概念,对职业好奇占主导地位,并逐步有意识地培养职业能力。

萨柏将这一阶段具体分为 3 个成长期。分别如下:

①幻想期(10 岁之前):儿童从外界感知到许多职业,对于自己觉得好玩和喜爱的职业充满幻想并进行模仿。

②兴趣期(11~12 岁):以兴趣为中心,理解、评价职业,开始做职业选择。

③能力期(13~14 岁):开始考虑自身条件与喜爱的职业是否符合,有意识地进行能力培养。

(2)探索阶段(15~24 岁)。

主要任务:通过学校学习进行自我考察、角色鉴定和职业探索,完成择业及初步就业,也可分为 3 个时期:

①实验期(15~17 岁):综合认识和考虑自己的兴趣、能力与职业社会价值、就业机会,开始进行择业尝试。

②过渡期(18~21岁):正式从事某一职业,或者进行专门的职业培训,明确某种职业倾向。

③尝试期(22~24岁):选定工作领域,开始从事某种职业,对职业发展目标的可行性进行实验。

(3)建立阶段(25~44岁)。

主要任务:选取一个合适的工作领域,并谋求发展。这一阶段是大多数人职业生涯周期的核心部分,分为2个时期:

①尝试期(25~30岁):个人在所选的职业中安顿下来。重点是寻求职业及生活上的稳定。

②稳定期(31~44岁):致力于实现职业目标,是一个富有创造性的时期。

职业中期可能会发现自己偏离职业目标或发现了新的目标,此时需重新评价自己的需求,处于转折期。

(4)维持阶段(45~64岁)。

主要任务:开发新的技能,维护已获得的成就和社会地位,维持家庭和工作两者间的和谐关系,寻找接替人选。

(5)衰退阶段(65岁及以上)。

主要任务:逐步退出职业和结束职业,开发社会角色,减少权利和责任,适应退休后的生活。

萨柏认为,职业发展的各阶段可以通过指导加以改善,例如,有些人进入衰退阶段后难以适应退休生活,目前有许多老年大学通过教授新的技能,帮助退休的老年人重新培养新的兴趣和技能,让他们获得价值感和满足感,从而更好地适应退休生活。

三、霍兰德的职业兴趣理论

约翰·霍兰德于1959年提出了具有广泛社会影响的人业互择理论,也称之为职业兴趣理论。他的主要观点如下:

(一)人格是职业选择的主要影响因素

该理论的核心观点是人们在选择职业的时候主要受到人格特质的影响。人格由兴趣、能力、气质、技能、价值观等多种成分组成。人格受到生物遗传、环境和教育等多因素的影响。霍兰德认为,职业选择是个体人格在工作世界中的表露和延伸,某一类型的职业通常会吸引与之匹配的人格气质的人。

(二)人岗匹配

一个人的能力、个性特征与他所从事工作的匹配程度直接影响他的工作成效。在同等条件下,人和环境的适配性或一致性将会增加个体的工作满意度、职业稳定性和职业成就感。个体对自己人格以及职业目标定位的认知程度决定了职业选择的聚焦范围,认知程度越高,焦点越明确。因此,为了实现职业成功和获得职业满足感,在做职业选择的时候要选择与自己人格特点相吻合的工作。

(三)6 种与职业相匹配的人格类型

霍兰德认为,人格无优劣之分。根据人格特质与职业选择倾向的关系,可以划分为 6 种与职业匹配的人格类型。当个体的人格特质与职业类型相匹配的时候,他便容易对这一类职业感兴趣;个体只有从事与自己人格类型相同或相近的职业,才能发挥所长,在工作中得心应手。这 6 种人格类型分别是社会型(social)、企业型(enterprising)、现实型(realistic)、常规型(conventional)、研究型(investigative)、艺术型(artistic)。他认为,绝大多数人都可以被归于 6 种类型中的一种。

社会型的人的主要特征是:喜欢与人交往、不断结交新的朋友、善言谈、愿意教导别人、关心社会问题、渴望发挥自己的社会作用。拥有这种人格的人渴望寻求广泛的人际关系,比较看重社会义务和社会道德。典型职业:喜欢与人打交道的工作,能够不断结交新的朋友,从事提供信息、启迪、帮助、培训、开发或治疗等事务,并具备相应能力。如:教育工作者(教师、教育行政人员),社会工作者(咨询人员、公关人员)。

企业型的人的主要特征是:追求权力、权威和物质财富,具有领导才能;喜欢竞争、敢冒风险、有野心、抱负;为人务实,习惯以利益得失、权利、地位、金钱等来衡量做事的价值,做事有较强的目的性。典型职业:喜欢要求具备经营、管理、劝服、监督和领导才能,以实现机构、政治、社会及经济目标的工作,并具备相应的能力。如项目经理、销售人员、营销管理人员、政府官员、企业领导、法官、律师等。

常规型的人的主要特征是:尊重权威和规章制度,喜欢按计划办事、细心、有条理,习惯接受他人的指挥和领导,自己不谋求领导职务。喜欢关注实际和细节情况,通常较为谨慎和保守,缺乏创造性,不喜欢冒险和竞争,富有自我牺牲精神。典型职业:喜欢要求注意细节、精确度、有系统、有条理,具有记录、归档、据特定要求或程序组织数据和文字信息的职业,并具备相应能力。如秘书、办公室人员、记事员、会计、行政助理、图书馆管理员、出纳员、打字员、投资分析员等。

现实型的人的主要特征是:愿意使用工具从事操作性工作,动手能力强,做事手脚灵活,动作协调;偏好于具体任务,不善言辞,做事保守,较为谦虚,缺乏社交能力,通常喜欢独立做事。典型职业:喜欢使用工具、机器,需要基本操作技能的工作,对要求具备机械方面才能、体力或从事与物件、机器、工具、运动器材、植物、动物相关的职业有兴趣,并具备相应能力。如技术性职业(计算机硬件人员、摄影师、制图员、机械装配工),技能性职业(木匠、厨师、技工、修理工、农民、一般劳动)。

研究型的人的主要特征是:思想家而非实干家,抽象思维能力强,求知欲强,肯动脑,善思考,不愿动手;喜欢独立的和富有创造性的工作;知识渊博,有学识才能,不善于领导他人;考虑问题理性,做事喜欢精确,喜欢逻辑分析和推理,不断探讨未知的领域。典型职业:喜欢智力的、抽象的、分析的、独立的定向任务,要求具备智力或分析才能,并将其用于观察、估测、衡量、形成理论、最终解决问题的工作,并具备相应的能力。如科学研究人员、教师、工程师、电脑编程人员、医生、系统分析员。

艺术型的人的主要特征是:有创造力,乐于创造新颖、与众不同的成果,渴望表现自己的个性,实现自身的价值;做事理想化,追求完美,不重实际;具有一定的艺术才能和个性;善于表达、怀旧、心态较为复杂。典型职业:喜欢的工作要求具备艺术修养、创造力、表达能力和直觉,并将其用于语言、行为、声音、颜色和形式的审美、思索和感受,并具备相应的能力。不善于事务性工作。如艺术方面(演员、导演、艺术设计师、雕刻家、建筑师、摄影家、广告制作人),音乐方面(歌唱家、作曲家、乐队指挥),文学方面(小说家、诗人、剧作家)。

【测一测】

霍兰德职业兴趣测试

请根据自己的实际情况对以下问题如实作答,不用花过多时间去揣摩答案,答案没有正误之分。回答"是"计1分,回答"否"计0分。回答完毕后请将分数填入得分汇总表(如表3.2)。

1. 我喜欢把一件事情做完后再做另一件事。
2. 在工作中我喜欢独自筹划,不愿受别人干涉。
3. 在集体讨论中,我往往保持沉默。
4. 我喜欢做戏剧、音乐、歌舞、新闻采访等方面的工作。
5. 每次写信我都一挥而就,不再重复。
6. 我经常不停地思考某一问题,直到想出正确的答案。
7. 对别人借我的和我借别人的东西,我都能记得很清楚。
8. 我喜欢抽象思维的工作,不喜欢动手的工作。
9. 我喜欢成为人们焦点。
10. 我喜欢不时地夸耀一下自己取得的成就。
11. 我曾经渴望有机会参加探险。
12. 当我一个人独处时,会感到更愉快。
13. 我喜欢在做事情前,对此事情做出细致的安排。
14. 我讨厌修理自行车、电器一类的工作。
15. 我喜欢参加各种各样的聚会。
16. 我愿意从事虽然工资少但是比较稳定的职业。
17. 音乐能使我陶醉。
18. 我办事很少思前想后。
19. 我喜欢经常请示上级。
20. 我喜欢需要运用智力的游戏。
21. 我很难做那种需要持续集中注意力的工作。
22. 我喜欢亲自动手制作一些东西,从中得到乐趣。
23. 我的动手能力很差。
24. 和不熟悉的人交谈对我来说毫无困难。
25. 和别人谈判时,我总是很容易放弃自己的观点。
26. 我很容易结识同性别朋友。
27. 对于社会问题,我通常持中庸的态度。
28. 当我开始做一件事情后,即使碰到再多的困难,我也要执着地做下去。
29. 我是一个沉静而不易动感情的人。
30. 当我工作时,我喜欢避免干扰。
31. 我的理想是当一名科学家。

32. 与言情小说相比,我更喜欢推理小说。
33. 有些人太霸道,有时明明知道他们是对的,也要和他们对着干。
34. 我爱幻想。
35. 我总是主动地向别人提出自己的建议。
36. 我喜欢使用榔头一类的工具。
37. 我乐于帮助别人解除痛苦。
38. 我更喜欢自己下了赌注的比赛或游戏。
39. 我喜欢按部就班地完成要做的工作。
40. 我希望能经常换不同的工作来做。
41. 我总留有充裕的时间去赴约会。
42. 我喜欢阅读自然科学方面的书籍和杂志。
43. 如果掌握一门手艺并能以此为生,我会感到非常满意。
44. 我曾渴望当一名汽车司机。
45. 听别人谈"家中被盗"一类的事,很难引起我的同情。
46. 如果待遇相同,我宁愿当商品推销员,而不愿当图书管理员。
47. 我讨厌跟各类机械打交道。
48. 我小时候经常把玩具拆开,把里面看个究竟。
49. 当接受新任务后,我喜欢以自己独特的方法去完成它。
50. 我有文艺方面的天赋。
51. 我喜欢把一切安排得整整齐齐、井井有条。
52. 我喜欢做一名教师。
53. 和一群人在一起的时候,我总想不出恰当的话来说。
54. 看情感影片时,我常禁不住眼圈红润。
55. 我讨厌学数学。
56. 在实验室里独自做实验会令我寂寞难耐。
57. 对于急躁、爱发脾气的人,我仍能以礼相待。
58. 遇到难解答的问题时,我常常放弃。
59. 大家公认我是一名勤劳踏实的、愿为大家服务的人。
60. 我喜欢在人事部门工作。

表3.2 得分汇总表

人格类型	对应的题号及得分	合计得分
现实型(R)	2,13,22,36,43,14,23,44,47,48	
研究型(I)	6,8,20,30,31,42,21,55,56,58	
艺术型(A)	4,9,10,17,33,34,49,50,54,32	
社会型(S)	26,37,52,59,1,12,15,27,45,53	
企业型(E)	11,24,28,35,38,46,60,3,16,25	
常规型(C)	7,19,29,39,41,51,57,5,18,40	
得分最高的前3类		
得分最低的后3类		

计分说明：测试完毕后，计算出得分最高的3种类型，并按分数高低依次排列，此排列为你的霍兰德兴趣编码，然后找出与你的性格匹配度较高的职业（如表3.3）。对照的方法如下：首先根据你的职业兴趣代号，在下表中找出相应的职业，例如你的职业兴趣代号是RIA，那么牙科技术人员、陶工等是适合你兴趣的职业。然后寻找与你职业兴趣代号相近的职业，如你的职业兴趣代号是RIA，那么，其他由这3个字母组合成的编号（如IRA、IAR、ARI等）对应的职业，也比较适合你的兴趣。

表3.3　测试结果与职业匹配对照表

代号	职业
RIA	牙科技术员、陶工、建筑设计员、模型工、细木工、制作链条人员
RIS	厨师、林务员、跳水员、潜水员、染色员、电器修理员、眼镜制作员、电工、纺织机器装配工、服务员、装玻璃工人、发电厂工人、焊接工
RIE	建筑和桥梁工程员、环境工程员、航空工程员、公路工程员、电力工程员、信号工程员、电话工程员、一般机械工程员、自动工程员、矿业工程员、海洋工程员、交通工程技术人员、制图员、家政经济人员、计量员、农民、农场工人、农业机械操作、清洁工、无线电修理员、汽车修理员、手表修理员、管工、线路装配工、工具仓库管理员
RIC	船上工作人员、接待员、杂志保管员、牙医助手、制帽工、磨坊工、石匠、机器制造员、机车（火车头）制造员、农业机器装配员、汽车装配工、缝纫机装配工、钟表装配和检验员、电动器具装配员、鞋匠、锁匠、货物检验员、电梯机修工、托儿所所长、钢琴调音员、装配工、印刷工、建筑钢铁工作员、卡车司机
RAI	手工雕刻、玻璃雕刻、制作模型人员、家具木工、制作皮革品、手工绣花、手工钩针纺织、排字工作员、印刷工作员、图画雕刻员、装订工
RSE	消防员、交通巡警、警察、门卫、理发师、房间清洁工、屠夫、锻工、开凿工人、管道安装工、出租汽车驾驶员、货物搬运工、送报员、勘探员、娱乐场所的服务员、起卸机操作工、灭害虫者、电梯操作工、厨房助手
RSI	纺织工、编织工、农业学校教师、某些职业课程教师（诸如艺术、商业、技术、工艺课程）、雨衣上胶工
REC	抄水表员、保姆、实验室动物饲养员、动物管理员
REI	轮船船长、航海领航员、大副、试管实验员
RES	旅馆服务员、家畜饲养员、渔民、渔网修补工、水手长、收割机操作工、搬运行李工人、公园服务员、救生员、登山导游、火车工程技术员、建筑工作员、铺轨工人
RCI	测量员、勘测员、仪表操作者、农业工程技术员、化学工程技师、民用工程技师、石油工程技师、资料室管理员、探矿工、煅烧工、烧窑工、矿工、保养工、磨床工、取样工、样品检验员、纺纱工、炮手、漂洗工、电焊工、锯木工、刨床工、制帽工、手工缝纫工、油漆工、染色工、按摩工、木匠、农民建筑工作、电影放映员、勘测员助手
RCS	公共汽车驾驶员、一等水手、游泳池服务员、裁缝、建筑工作、石匠、烟囱修建工、混凝土工、电话修理工、爆炸手、邮递员、矿工、裱糊工人、纺纱工
RCE	打井工、吊车驾驶员、农场工人、邮件分类员、铲车司机、拖拉机司机

第三章 大学生职业生涯规划

续表

IAS	普通经济学家、农场经济学家、财政经济学家、国际贸易经济学家、实验心理学家、工程心理学家、心理学家、哲学家、内科医生、数学家
IAR	人类学家、天文学家、化学家、物理学家、医学病理、动物标本剥制者、化石修复者、艺术品管理者
ISE	营养学家、饮食顾问、火灾检查员、邮政服务检查员
ISC	侦察员、电视播音室修理员、电视修理服务员、验尸室人员、编目录者、医学实验技师、调查研究者
ISR	水生生物学者、昆虫学者、微生物学家、配镜师、矫正视力者、细菌学家、牙科医生、骨科医生
ISA	实验心理学家、普通心理学家、发展心理学家、教育心理学家、社会心理学家、临床心理学家、目标学家、皮肤病学家、精神病学家、妇产科医师、眼科医生、五官科医生、医学实验室技术专家、民航医务人员、护士
IES	细菌学家、生理学家、化学专家、地质专家、地理物理学专家、纺织技术专家、医院药剂师、工业药剂师、药房营业员
IEC	档案保管员、保险统计员
ICR	质量检验技术员、地质学技师、工程师、法官、图书馆技术辅导员、计算机操作员、医院听诊员、家禽检查员
IRA	地理学家、地质学家、声学物理学家、矿物学家、古生物学家、石油学家、地震学家、原子和分子物理学家、电学和磁学物理学家、气象学家、设计审核员、人口统计学家、数学统计学家、外科医生、城市规划家、气象员
IRS	流体物理学家、物理海洋学家、等离子体物理学家、农业科学家、动物学家、食品科学家、园艺学家、植物学家、细菌学家、解剖学家、动物病理学家、作物病理学家、药学家、生物化学家、生物物理学家、细胞生物学家、临床化学家、遗传学家、分子生物学家、质量控制工程师、地理学家、兽医、放射性治疗技师
IRE	化验员、化学工程师、纺织工程师、食品技师、渔业技术专家、材料和测试工程师、电气工程师、土木工程师、航空工程师、行政官员、冶金专家、原子核工程师、陶瓷工程师、地质工程师、电力工程师、口腔科医生、牙科医生
IRC	飞机领航员、飞行员、物理实验室技师、文献检查员、农业技术专家、动植物技术专家、生物技师、油管检查员、工商业规划者、矿藏安全检查员、纺织品检验员、照相机修理者、工程技术员、程序员、工具设计者、仪器维修工
CRI	簿记员、会计、记时员、铸造机操作工、打字员、按键操作工、复印机操作工
CRS	仓库保管员、档案管理员、缝纫工、讲述员、收款人
CRE	标价员、实验室工作者、广告管理员、自动打字机操作员、电动机装配工、缝纫机操作工
CIS	记账员、顾客服务员、报刊发行员、土地测量员、保险公司职员、会计师、估价员、邮政检查员、外贸检查员

续表

代码	职业
CIE	打字员、统计员、支票记录员、订货员、校对员、办公室工作人员
CIR	校对员、工程职员、海底电报员、检修计划员、发报员
CSE	接待员、通讯员、电话接线员、卖票员、旅馆服务员、私人职员、商学教师、旅游办事员
CSR	运货代理商、铁路职员、交通检查员、办公室通信员、簿记员、出纳员、银行财务职员
CSA	秘书、图书管理员、办公室办事员
CER	邮递员、数据处理员、办公室办事员
CEI	推销员、经济分析家
CES	银行会计、记账员、法人秘书、速记员、法院报告人
ECI	银行行长、审计员、信用管理员、地产管理员、商业管理员
ECS	信用办事员、保险人员、各类进货员、海关服务经理、售货员、购买员、会计
ERI	建筑物管理员、工业工程师、农场管理员、护士长、农业经营管理人员
ERS	仓库管理员、房屋管理员、货栈监督管理员
ERC	邮政局长、渔船船长、机械操作领班、木工领班、瓦工领班、驾驶员领班
EIR	科学、技术和有关周期出版物的管理员
EIC	专利代理人、鉴定人、运输服务检查员、安全检查员、废品收购人员
EIS	警官、侦察员、交通检验员、安全咨询员、合同管理者、商人
EAS	法官、律师、公证人
EAR	展览室管理员、舞台管理员、播音员、驯兽员
ESC	理发师、裁判员、政府行政管理员、财政管理员、工程管理员、职业病防治人员、售货员、商业经理、办公室主任、人事负责人、调度员
ESR	家具售货员、书店售货员、公共汽车的驾驶员、日用品售货员、护士长、自然科学和工程的行政领导
ESI	博物馆管理员、图书馆管理员、古迹管理员、饮食业经理、地区安全服务管理员、技术服务咨询者、超级市场管理员、零售商品店店员、批发商、出租汽车服务站调度
ESA	博物馆馆长、报刊管理员、音乐器材售货员、广告商售画营业员、导游、（轮船或班机上的）事务长、飞机上的服务员、船员、法官、律师
ASE	戏剧导演、舞蹈教师、广告撰稿人、报刊或专栏作者、记者、演员、英语翻译
ASI	音乐教师、乐器教师、美术教师、管弦乐指挥、合唱队指挥、歌星、演奏家、哲学家、作家、广告经理、时装模特
AER	新闻摄影师、电视摄影师、艺术指导、录音指导、丑角演员、魔术师、木偶戏演员、骑士、跳水员
AEI	音乐指挥、舞台指导、电影导演
AES	流行歌手、舞蹈演员、电影导演、广播节目主持人、舞蹈教师、口技表演者、喜剧演员、模特
AIS	画家、剧作家、编辑、评论家、时装艺术大师、新闻摄影师、男演员、文学作者
AIE	花匠、皮衣设计师、工业产品设计师、剪影艺术家、复制雕刻品大师

续表

AIR	建筑师、画家、摄影师、绘图员、环境美化工、雕刻家、包装设计师、陶器设计师、绣花工、漫画家
SEC	社会活动家、退伍军人服务官员、工商会事务代表、教育咨询者、宿舍管理员、旅馆经理、饮食服务管理员
SER	体育教练、游泳指导
SEI	大学校长、学院院长、医院行政管理员、历史学家、家政经济学家、职业学校教师、资料员
SEA	娱乐活动管理员、国外服务办事员、社会服务助理、一般咨询者
SCE	部长助理、福利机构职员、生产协调人、环境卫生管理人员、戏院经理、餐馆经理、售票员
SRI	外科医师助手、医院服务员
SRE	体育教师、职业病治疗者、体育教练、专业运动员、房管员、儿童家庭教师、警察、引座员、传达员、保姆
SRC	护理员、护理助理、医院勤杂工、理发师、学校儿童服务人员
SIA	社会学家、心理咨询者、学校心理学家、政治科学家、大学或学院的系主任、大学或学院的教育学教师、大学农业教师、大学工程和建筑课程的教师、大学法律教师、大学数学教师、医学教师、物理教师、社会科学教师、生命科学教师、研究生助教、成人教育教师
SIE	营养学家、饮食学家、海关检查员、安全检查员、税务稽查员、校长
SIC	描图员、兽医助手、诊所助理、体检检查员、监督缓刑犯的工作者、娱乐指导者、咨询人员、社会科学教师
SIR	理疗员、救护队工作人员、手足病医生、职业病治疗助手

四、克朗伯兹的职业决策社会学习理论

社会学习理论最早由班杜拉所创立,主要强调个人学习经验对人格形成和行为方式的影响。而克朗伯兹对其加以消化吸收,应用到生涯辅导中。社会学习理论强调,生涯辅导不仅仅是将个人特质与工作相匹配,其重点在于个人应通过参与各种不同性质的活动,获得多种多样的学习经验,这些所学到的技能都有可能在未来的工作中派上用场,并能拓展个人的兴趣,培养个人适当的自我信念和世界观。因此,生涯教育应当融合于普通教育之中。该理论从社会学习的角度来解释职业生涯选择的行为,弥补了其他职业辅导理论在这方面的不足,具有重要的指导意义。他提出,个人的社会成熟度在很大程度上依赖于对他人行为的学习和模仿,并由此决定他们的职业导向。影响职业决策的4种因素如下:

(1)遗传因素。

遗传因素包括种族、性别、外表特征、智力、动作协调能力等。个人由于遗传的一些特质,在某种程度上决定了个人的职业表现或影响到个人所获得的经验。

(2)环境因素。

通常在个人控制之外,来自于人类活动(如社会、文化、政治、经济、家庭、教育等)或自然力量(如自然资源的分布或自然灾害等)对职业决策的影响。

(3)学习经验。

克朗伯兹认为,每个人有独特的学习经验,这对于个人的生涯抉择具有重要的影响。他提出了以下两种类型的学习经验:

①工具式学习经验。个人为了得到好的结果,在特定的环境中采取一定的行为,其后果对个人会有重要的影响作用。克朗伯兹认为,生涯规划和职业所需的技能,可以通过工具式学习经验而获得。

②联结式学习经验。个人通过观察真实和虚构的模型,对人、事之间的比较来学习对外部刺激做出反应。某些环境刺激会引起个人情绪上积极或消极的反应。如果原来属于中性的刺激与使个人产生积极或消极情绪反应的刺激同时出现,这种伴随在一起的联结关系就会使中性的刺激也具有积极或消极的情绪作用。

(4)工作取向技能。

工作取向技能包括解决问题的能力、工作习惯、心理状态、情绪反应和认知的历程等。

克朗伯兹认为,在个人发展的历程中,上述4种因素相互作用形成了个人对自我和世界的推论。一般所谓的个人兴趣、价值观等实际上都是学习的结果。个人学习经验的不足或不当,可能会导致形成错误的推论、单一的比较标准、夸大式的灾难情绪等种种问题,从而有碍于生涯的正常发展。因此,克朗伯兹特别强调丰富而适当的学习经验的重要。

此外,克朗伯兹提出了建立职业决策的7个步骤:

(1)界定问题:认识自我并搞清楚自己的需求,认真分析自己的长处与不足,并在此基础上,指定明确的目标和实现目标的时间节点。

(2)拟订行动计划:在明确自身需求的基础上,思考并拟订可行的行动计划。

(3)找到可能的选择:搜集资料,列出可能实现目标的各种行动方案,拟定达成目标的方法和途径。

(4)理清价值取向:整理并弄清楚个人的选择标准,将自己的实际需要作为衡量行动方案的依据。

(5)评估各种可能的选择:根据选择标准和评估标准,逐一对备选方案进行评估,找出可能的结果。

(6)系统地删除:有理有据地删除不合适的方案,挑选出最佳方案。

(7)付诸行动:着手执行选定的行动方案,并根据实际情况进行调整。

克朗伯兹也对个体在进行职业决策的时候可能会遇到的困难进行了归类,共分为5种类型:

(1)人们在辨认已有或可解决的问题上存在问题。

(2)人们不努力做决策或想办法解决问题。

(3)由于错误的原因,人们可能会将潜在或满意的选择方案排除。

(4)由于错误的原因,人们可能会选择比较差的方案,而不选最优方案。

(5)在感到没有能力达到目标时,可能会使人饱受焦虑和痛苦。

在进行职业决策的时候,需要重视上述可能会遇到的困难,但要克服畏难情绪,勇于面对,通过自身努力,积极寻求解决方法,从而做出最适合自身条件的职业决策。

五、个人建构理论

生涯建构系统的理论依据主要来自于个人建构理论。该理论是由美国临床心理学家乔治·亚历山大·凯利于1955年提出的，最开始作为一种心理治疗方法在临床心理学得到广泛应用。凯利将个人在其生活中经由对环境中人、事、物的认识、期望、评价、思维所形成的观念称为个人建构(personal construct)，每个人的生活经验不同，个人建构自然也因人而异，因此个人建构就代表他的人格特征。近年来，经过生涯规划咨询师们的努力，个人建构理论在生涯规划咨询这一领域也有了广泛的应用。

在个人建构理论中，"每一个人都是科学家"的主要核心概念就是建构，建构是人用来解释世界的方式。一个科学家在其假设的理论世界中，不断地收集数据、验证模式、修改参数，正如同一个人在他所预期发生的事件中不断修改建构、重新建构。当事件准确发生时，预期得到证实，建构就得到巩固；若未得到证实，建构就会发生对应的改变。建构系统不断修正、一再建构的过程，就是经验。事实上，个人建构理论已经被广泛应用于临床心理学、教育心理学、职业生涯规划等多个领域。

建构的形式就像一个模型或框架，建立在一个人的意识形态上，用来观察和解释世界。建构与建构之间以包含和被包含的关系连成系统，一个人的行为在这个系统的框架指导下展开。管辖建构将其他的建构包含在它的范围内；从属建构则是被包含在管辖建构内的建构。例如"好-坏"就是一个管辖建构，它包含了"聪明-愚笨"、"善良-凶狠"等从属建构。

"好-坏"是一种两极化的概念，这种两极化的概念就是组成建构的最基本形式。凯利强调概念建构的两极化，是为了说明意义的形成源于对立的概念。例如"热"之所以有意义，是因为有"冷"；同理，"上"对于"下"、"前"对于"后"、"胖"对于"瘦"、"明"对于"亮"，均是因为两极化的对立而赋予彼此意义。正是由于建构的这种特性，才使得事件在个人的经验当中变得有意义、有秩序、能预测。

每个个体在做职业生涯规划时都有一套不同于他人的生涯建构系统，当这套系统失去决断生涯选择的功能时，就成了生涯咨询的焦点。想要深入了解一个人的建构系统，就有必要了解他的认知复杂程度。认知复杂程度是指个人建构系统中分化的程度，也就是说一个人在做判断时不同考虑层的相对数目，这是凯利的个人建构理论发展出来的一个操作概念。

六、认知信息加工理论

1991年，盖瑞、詹姆斯和罗伯特合著了《生涯发展与服务：一种认知的方法》一书，该书阐述了一种思考职业生涯规划发展的新方法，即认知信息加工理论(cognitive information processing theory)，该理论提出了认知信息加工的金字塔模型(如图3.2)。

该模型的中间层，即决策技能领域，在职业生涯规划过程中扮演了重要的角色，该理论指出做出良好的决策包含5个步骤(如图3.3)：

(1)沟通(communication)：确认需求，个人开始意识到问题的存在。

(2)分析(analysis)：考虑各种可能性，对所有的信息进行分析。

(3)综合(synthesis)：形成选项，个人形成可能的解决方法并寻求实际的解决方法。

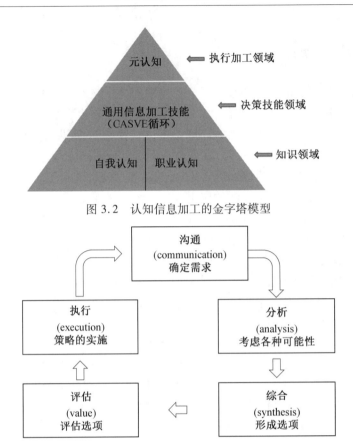

图 3.2 认知信息加工的金字塔模型

图 3.3 CASVE 循环

(4)评估(value):评估各选项的优劣,选出最优方案并做出适应性调整。

(5)执行(execution):依照选择的方案做出行动。

认知信息加工的金字塔模型顶端是执行加工领域,元认知主要负责对自身状态进行察觉、监督和调控。通过这个过程,可以思考个体处于 CASVE 循环中的哪一个步骤,是否需要更多关于自我或职业的信息,是否已经完成了决策的过程,该做哪些调整以及准备何时执行选择方案。位于金字塔最底层的是知识领域,该领域包括自我认知和职业认知。自我认知包括对自己价值观、兴趣和技能的了解,职业认知包括对特定的职业、学校专业及其组织方式的了解。

在认知信息加工的金字塔中,知识领域相当于计算机的数据文件,需要存储。决策技能领域相当于计算机的应用软件,对所存储的信息进行加工处理。执行加工领域相当于计算机的工作控制功能,操纵计算机按指令执行程序,对其下的两个领域进行监控和调节。从这个模型可以看出,任何一个环节出问题,都会影响职业生涯规划的准确性。

认知信息加工理论关注的重点是如何决策,通过模型展示了职业生涯规划的过程,帮助人们提升生涯发展的决策质量。

【拓展阅读】

舒伯的生涯彩虹图(life-career rainbow)理论

为了综合阐述生涯发展阶段与角色彼此间的相互影响,舒伯创造性地描绘出一个多重角色生涯发展的综合图形——"生涯彩虹图"(如图3.4),形象地展现了生涯发展的时空关系,更好地诠释了生涯的定义。在生涯彩虹图中,纵向层面代表的是纵观上下的生活空间,是由一组职位和角色所组成的。分成子女、学生、休闲者、公民、工作者、持家者六个不同的角色,他们相互影响交织出个人独特的生涯类型。各种角色之间是相互作用的,一个角色的成功,特别是早期角色的成功,将会为其他角色提供良好的基础;反之,某一个角色的失败,也可能导致另一个角色的失败。舒伯进一步指出,为了某一角色的成功付出太大的代价,也有可能导致其他角色的失败。横向层面代表的是横跨一生的生活广度,分别为成长阶段(约相当于儿童期)、探索阶段(约相当于青春期)、建立阶段(约相当于成人前期)、维持阶段(约相当于中年期)以及退出阶段(约相当于老年期)。舒伯特别强调各个时期的年龄划分有相当大的弹性,应依据个体的不同情况而定。

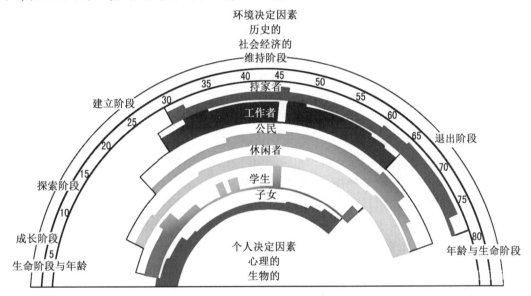

图3.4　舒伯的生涯彩虹图

他认为在个人发展历程中,随年龄的增长而扮演不同的角色,图的外圈为主要发展阶段,内圈阴暗部分的范围长短不一,表示在该年龄阶段各种角色的分量;在同一年龄阶段可能同时扮演数种角色,因此彼此会有所重叠,但其所占比例分量则有所不同。

我们从生涯彩虹图可以看到,每个人的生涯发展都会受到环境和个人两方面因素的影响,由此可见,虽然生涯发展模式大体一致,但也存在较大的个体差异。例如,对于持家者这一角色而言,一般认为进入婚姻后就在生涯中自动增加了这一角色,但人与人结婚年龄存在较大差异,例如,有些人一到法定年龄就步入婚姻,有些人一直到中年才步入婚姻,所以彩虹理论只是提供一个生涯发展趋势的参考。

从图中我们还可以了解到大学阶段处于生涯的探索阶段,在这个阶段个体主要扮演着子女、学生、休闲者和公民的角色,每个角色所占比重会有所差异,因此我们需要注意分配好每个角色的时间,以达到平衡发展。

第三节 大学生职业生涯规划的特点及步骤

【导入案例】

小丽是某重点大学2016级的学生,连续四年获得全校最高奖学金,并且多次获得国家优秀奖学金和各类竞赛的大奖,并且在大四的时候被保送到北京大学继续攻读硕博研究生。那么小丽是如何取得令人瞩目的成绩的呢?原来她所在的这所高校特别重视理论探索和实践创新相结合,鼓励学生尽早对自己的职业生涯进行规划。小丽在大一的"大学生职业生涯规划"课程中学到了不少知识,在该课程老师的指导下,很快地确立了大学四年的目标。相比有些同学的好高骛远,小丽更懂得根据自身情况设定合理的目标,并且将这个目标拆分成一个个阶段性的小目标,安排在各个学期有计划地去完成。大学四年以来,她认真学习专业知识,从不迟到早退,课堂上总是全神贯注,全身心投入;课堂外,她刻苦攻关,积极参与各类竞赛,提高自己的综合素质,并且积极参与各类志愿活动,服务社会;生活上,她总是乐于助人,认真倾听他人的意见,虚心请教。正因为如此,她连续四年的绩点达到4分以上,综合素质测评也排在专业第一名。回顾自己四年的大学生活,小丽颇有感触地说:"合理的职业生涯规划成了我行动的指南针,为我指明了方向,虽然过程中遇到过挫折,但只要不忘初心,坚持努力,总会到达目的地!"

小丽之所以能够取得成功,是因为她懂得如何制定一份合理的职业生涯规划,并且将职业生涯规划目标细化为一个个的阶段性目标,脚踏实地地去实现自己的目标。但有很多大学生不像小丽这样能够顺利地实现自己的目标,因为他们在制定职业生涯规划的时候存在一些误区,那么有哪些误区会影响大学生实现自己的职业生涯规划目标呢?这就需要了解大学生职业生涯规划的特点。

一、大学生职业生涯规划的特点

大学生正处于成年早期阶段,心智发育还没完全成熟,因此在做职业生涯规划的时候也有其独特的特点。

(一)缺乏职业生涯规划意识

部分大学生进入大学之后,对学习有所放松,更多时间花在娱乐上,普遍缺乏职业生涯规划意识,因此很多大学生最后的职业发展都是"随大流"或"不得已而为之"。甚至有不少学生认为职业生涯规划是毕业生才需要面临的问题。由于缺乏职业生涯规划意识,所以有些毕业生就面临着"毕业即失业"的困境。由于职业是一个双向选择的过程,个体所拥有的正好是用人单位需要的,这样才能达成共识,顺利找到理想的职业。由于缺乏职业生涯规划意识,部分大学生缺乏实践经验,也不具备心仪职业所要求的能力,对社会环境和职业环境知之甚少,职业意识淡薄,但又眼高手低,认为大学生一定能够找到好工作,最后发现好工作不是那么好找。

(二)职业目标不明确

受互联网的影响,大学生每天接触大量信息,所以有时候会造成大学生对什么都感兴趣的假象。由于想要的太多,所以经常会确立很多个目标,但人的精力又是有限的,部分大学生不懂得取舍,导致最后碌碌无为,一个目标也没实现。

(三)混淆找工作与职业生涯规划

部分大学生认为职业生涯规划就是找工作,但其实找工作只是职业生涯规划的一部分。职业生涯规划也可以称之为人生规划,是个体选择成为一个什么样的人,过什么样的生活的过程。所以大学生要以更长远的目光来进行职业生涯规划。

(四)自我认知不足

俗话说"人贵有自知之明",但了解自己并非易事。大学生随着年龄的增长和社会经验的增加,自我意识和自我认识能力也不断得到提升。由于心智还没有完全成熟,自我认知还不够全面。部分学生存在自卑或者自大等人格缺陷,不能正确、客观地评价自己,这也严重影响了个人的职业生涯规划。

(五)顾此失彼,不够全面

部分大学生在做职业生涯规划的时候,缺乏全局意识,也不会主动去寻求专业的指导,再加上掌握职业信息不够全面,也不能做到统筹规划,常常从自己的角度去看问题,导致顾此失彼。

二、大学生职业生涯规划的步骤

职业生涯规划并不是随性而为的,一个完整的职业生涯规划需要遵循职业生涯设计的流程进行科学、合理的设计和修正,主要包括5个步骤:自我评估、环境分析、目标确定、计划实施、反馈修正。

(一)自我评估

俗话说"知己知彼,百战不殆"。自我评估是个人职业生涯规划的第一步。一个好的开始,等于成功了一半,正确地做好自我评估,是做好整个职业生涯规划的关键。只有通过自我评估,正确、深刻地认识和了解自己,才能对未来的职业生涯做出最佳抉择。自我评估要求对自己进行全方位的分析,通过对自己的分析,充分认识、了解自己,只有对自己进行全面而客观的了解之后,才能准确地评估自己的优势和不足,在进行职业生涯规划的时候才能扬长避短,确定最佳发展路线,确定最适合自身情况的职业生涯目标。因此,自我评估是职业生涯规划的第一步,也是最重要的一步,是一个成功的职业生涯规划的基础和前提条件。

自我评估包括兴趣、性格、能力、特长、学识水平、思维模式、价值观、情商以及潜能等。自我评估不能想当然,一定要客观,尽量收集他人对自己的评估做参考,结合自己的评估最终完成自我评估。

在做自我评估的时候,我们要重点评估自己的能力、兴趣、性格和价值观。能力、兴趣和性格都是人格的重要组成部分,能力是取得事业成功的基础,兴趣是从职业中获得乐趣的前提,而性格是人们对现实的态度和行为方式中表现出来的稳定的心理特征的总和,体现个人独特的风格。这也是影响职业成功的关键因素之一。价值观是人们在选择职业时给予回报的偏好,也就是在选择这份职业的时候最注重什么样的价值取向。例如,有些人注重的是奉献,所以在设计职业生涯规划的时候更多地选择可以奉献的职业,而不是看重职业所带来的收入,这类人可能会倾向于选择教师、医生、社会工作者等职业。

(二)环境分析

"近朱者赤,近墨者黑。"这句话说明了环境对人的影响非常大。而对于即将步入职场的大学生来说,肯定要受职业环境的影响。职业环境分析是指对自己职业生涯发展产生影响的内在环境和外在环境进行系统的评估和分析。职业环境分析通常包括组织发展战略分析、人力资源需求分析、晋升发展机会分析等,只有很好地了解和掌握职业环境对职业生涯规划的作用与影响,才能够较为有效地进行职业目标的规划,才能更好地在职业生涯规划中规避误区。所以,职业生涯规划必须对未来的职业环境进行分析。根据自己的习惯、能力来选择相应的环境,制定在各种职业环境中的规划,最终达到自己的目的。除了职业环境以外,职业生涯规划还受到社会环境、政治环境、经济环境与组织环境的影响。

社会环境和经济环境对个人的职业生涯规划有深远的影响。政治环境也会影响个人职业生涯规划,在做职业生涯规划的时候不能跳出现有的政治环境。组织环境对个人职业生涯规划的影响主要体现在文化和制度上,如果组织文化提倡个人进取,并且在制度上保证公平的晋升机会,那么个体在做职业生涯规划的时候可能会考虑更长远的发展。

每个人都身处各种环境之中,并且不同职业所处的环境也不同,每个人的职业发展都离不开现有的环境。环境为个体提供了活动的空间、上升的渠道、发展的条件、成功的机遇等。当前,我国发生了翻天覆地的变化,经济实现了跨越式的发展,人民生活水平日益提高,高新技术飞速发展,互联网时代在带来前所未有的机遇的同时也带来了前所未有的挑战,这些都给大学生的职业生涯规划与发展带来了不同程度的影响。在日新月异的今天,要想取得成功,熟悉和把握环境中的各类因素尤为关键,能够利用或创造环境来适应职业发展,是获得成功的制胜法宝。

综上所述,在设计职业生涯规划时,必须充分分析环境中的各种因素,例如,所处环境的特点、环境的发展变化、个人与环境的关系、环境中的有利因素和风险等。只有对环境中的各种因素有了全面、客观的了解之后,才能做到趋利避害、因势利导、扬长避短,使职业生涯规划合乎时宜,使自己适应环境,实现自己的职业目标。

(三)目标确定

为什么制定个人的职业生涯规划?其实就是要实现自己的职业生涯目标,最终实现自己的理想,所以目标确定是职业生涯规划的核心。

确定自己的职业目标需要在正确评估自己、了解环境的基础上,对自己进行职业定位。职业定位就是根据自己的主、客观条件将自己的能力或潜能与目标职业形成最佳匹配。在进行职业定位的过程中,需要注意几个问题:首先,根据客观因素,确定个人与社会、组织的关系;其次,比较各个职业在职业环境、职业要求、职业性质、发展前景等因素与自身条件的匹配程度,选择与自身匹配度高的职业,这能够帮助个体在最短的时间内胜任这份工作,并且可以最大限度地发挥个人优势;再次,在进行职业定位的时候必须把握重点,着眼于事物的主要方面,不要舍本逐末,吹毛求疵;最后,需要用发展的眼光看待自己的职业,要因时而变,与时俱进,及时对自己的职业生涯规划做出合理的调整。

通常对于一个宏大的目标人们总是无从下手,不如将一个大的职业生涯目标分解为阶段性的目标,通过对宏大目标的分解,使职业生涯目标更贴近生活现实,更有利于根据环境和自身条件的变化做出及时的调整。并且也可以在达成一个个小目标或短期目标的过程中逐步向最终目标靠近,这也增强了自我效能感,有助于实现中长期目标。

在校大学生可以将职业生涯目标分解为一个个学期目标,这样更有利于学生了解具体的任务,细化工作,明确努力的方向。目标在短期内实现,也能提升自我认同感。在不断地完成学期目标的过程中提升自己的综合能力,为实现人生理想奠定基础。所以,设定学期目标,不仅可以简化职业生涯目标,拉近长远的职业生涯目标与自身的距离,而且使职业生涯目标更符合实际、贴近生活,更容易稳步推进其实现。

【拓展阅读】

制定目标的 SMART 方法

S:specific,目标是具体的、明确的。

M:measure,目标是可量化的,能够度量的。

A:achievable and challenge,可实现的但具有一定的挑战性。

R:rewarding,目标具有一定意义,是有价值的。

T:time-bounded,有明确时间限制。

例如,你给自己制定了一个新目标,要在新学期提高成绩。请问这个目标符合 SMART 方法吗?显然,这个目标不是明确、具体的,那如何将它改为具体、明确的目标呢?提高成绩是一个笼统的概念,可以将其具体化为:以 550 分以上通过英语六级考试,每门课的平均分在 90 分以上,每个月完成 10 万字的阅读量等。目标具体化以后,就会发现目标变得可量化了,是可实现的,并且具有一定的难度,也有明确的时间限制——需要在这个学期内完成,同时这个目标也是有意义的。大家不妨利用 SMART 方法来给自己制定一个学期目标吧!

(四)计划实施

明确目标之后,要怎么做才能实现这个目标?于是需要想出一系列的行动方案,行动方案要具体(越具体越好)、可行、容易评估。行动方案应包括职业生涯发展路线、教育培训安排、时间计划等方面的内容。例如,为了达成职业目标,在工作方面,打算采取什么措施提高工作效率?在专业素质方面,打算学习哪些知识、掌握哪些技能,提高哪些业务能力?这些都要有明确且具体的计划。

"千里之行始于足下。"对于在校大学生而言,应该根据阶段性目标制定一份科学、合理的学期行动方案,以便使各个学期的职业生涯目标都能按照计划顺利进行。制订学期计划需要遵循实事求是的原则,找出理想与现实之间的差距,想方设法缩小差距,并按照计划严格执行。如果自己难以坚持,可以请老师或同学帮忙监督。在执行计划过程中遇到困难是正常的,可以适当对自己的计划做出灵活的调整,并适当地向有经验的人寻求帮助。

(五)反馈修正

世界上唯一不变的事情是,所有的事情都在变。变幻莫测的世界会打乱原本制订的计划,使计划发生偏差。因此,要不停地总结、反思并对设定的目标和行动方案做出修正或调整。

人生充满了不确定性,有些时候计划赶不上变化,所以一个人的职业生涯规划从最初的自我评估到环境分析、确定目标和实施计划,都会遇到一些变化。有些变化是可预测的,有些变化是难以预测的。所以,在制定职业生涯规划的时候,由于受限于自身认知层次、思维模式、社会制度等因素,最初制定的职业生涯规划可能是模糊或不确定的,甚至是错误的,但随着实践的积累以及自身水平的提升,不断地在实践过程中总结经验、重新定位,根据实际情况对自己的职业生涯规划及时做出合理的、科学的、有效的调整。

【拓展阅读】

职业生涯规划法

伍德曾经整理出7种常用的职业生涯规划方法,分别如下:

(1)自然发生法:是一种最常见的情形,即大部分学生在填报高考志愿的时候,并没有仔细考虑自己的兴趣和未来职业规划,只是找到与自己分数相符合的学校和专业,大学毕业后也就按部就班地找一份专业对口的工作。

(2)目前趋势法:跟随当前的社会需求和市场趋势,盲目地投入新兴的热门行业,例如,当前的主播热潮,只要有一部手机就能当主播。

(3)最少努力法:选择最容易的专业或技术,但期望得到最好的结果。例如,找工作的时候大家想要找一份薪酬高、工作内容少、离家近的稳定工作,但又不想在工作中投入太多时间、精力等。

(4)拜金主义法:在进行职业规划的时候选择金钱回报最高的工作。

(5)刻板印象法:以性别、年龄、社会地位等刻板印象来进行职业生涯规划。例如,女性很少选择当警察,男性很少选择当护士等。所以很多人在进行职业生涯规划的时候也会受到各种刻板印象的影响。

(6)橱窗游走法:各种工作都尝试一遍,然后选择自己感兴趣或能够胜任的工作,这也是现在很多人频繁跳槽的一个重要原因。因为一开始没有一个明确的职业目标,所以不断地换工作,在实践过程中逐步确定自己的目标,这是一种试误的方法,在校期间由于时间较充足可以尝试,但正式步入职场后不推荐使用该方法。

(7)假手他人法:自己懒得做决定,听从有经验或有权威的人的意见,这也是很多人在职业生涯规划过程中常用的模式。

以上7种常见的职业生涯规划方法,通常被归纳为知识导向(knowledge-oriented)、匹配导向(match-oriented)和人群导向(people-oriented),它们也是最为便捷和常用的职业生涯规划方法。它们有其独特的优点,也有明显的不足之处。优点在于省时省力,短时间内能够取得较高的效率;缺点是无法根据个人的实际情况进行个性化规划,并且不适合做长远的规划。

三、大学生职业生涯规划的原则

大学生进行职业生涯规划因人而异,但是有几点原则是必须坚持的。

(一)清晰性原则

职业生涯规划的前提条件是要清楚自己想要什么,所以清晰性原则是职业生涯规划的首要原则,即具有明确的目标,并且要保证这些目标是可实现的,达到目标的方法是可行的。可以从"择己所爱、择己所长、择己所利"三个方面来明确自己的职业生涯规划。

择己所爱是指在做职业生涯规划时以兴趣为导向,选择自己喜欢的职业,这就涉及"干一行爱一行,还是爱一行干一行",虽然兴趣可以培养,但选自己感兴趣的事,做起来会更加投入,也更容易取得成功。

择己所长就是选择与自己能力相匹配的职业,人岗匹配既能最大限度地发挥个体的优势,同时也有利于资源的合理配置。任何职业都对从业者有一定的要求,选择自己擅长的职业会带来更高的自我效能感。

择己所利则是指选择与自己期望相一致的职业。由于职业不仅是实现自我的载体和工具,对于大部分人而言,职业也是谋生的重要手段。所以大学生在进行职业生涯规划的时候会综合考虑收入、社会地位、成就感等,选择收益最大化的职业。

(二)激励性原则

心理学中有一个概念是"强化",强化又分为正强化和负强化,正强化是给予一个好的刺激,增加这种行为;而负强化是撤走某一刺激,增加这种行为。激励则是一种正强化,可以促使学生做出更多有助于实现职业生涯目标的行为。所以制定的职业生涯目标要具有一定的挑战性,这样才能激发学生的潜能去实现目标,并形成一种良性循环。

(三)现实性原则

职业生涯规划是对未来的美好愿景,如果脱离实际情况谈规划就是一种空想。大学生在进行职业生涯规划时,应该紧跟社会需求,并把握好自己每一阶段的优缺点,设计好自己的职业生涯规划。社会的需求在不断演化,新职业取代旧职业,对求职者的要求也在不断变化。所以在设计职业规划的时候要立足当前需要,再结合自身实际情况,准确预测未来职业发展方向,使自己的职业生涯规划顺应时代需求。

四、大学生的职业生涯规划发展路线

大学生在设计职业生涯规划时,要把握大学阶段的规律,合理地规划自己的职业生涯。大学生可以按照年级将职业生涯规划发展路线分为四个阶段,分别是探索期、定向期、冲刺期和分化期。

大一是职业生涯规划的探索期。这个阶段的主要任务是初步了解职业的相关信息,特别是自己未来想要从事的职业。了解胜任自己的理想职业所需要具备的能力,从而有意识地提升自己的相应能力。可以通过与师兄师姐交流获得本专业相关的职业信息,了解本专业就业情况。此外,大一阶段的学习任务相对轻松,可以利用空闲时间多去探索自己的职业取向和目标,尽可能多地去做一些尝试。例如,对自己现在所学专业不满意但又不能转专业,可以考虑辅修自己感兴趣的专业。

大二为定向期,这个阶段需要考虑清楚自己大学毕业后是继续深造还是直接就业,并且了解各自所需要具备的素质,通过学生社团或社会实践来提升自己的综合素质。如果选择毕业后寻找与自己专业对口的工作,可以利用课余时间从事与自己未来职业或本专业相关的工作,提高自己能力的同时,也要注意提升自己的抗压能力以及自我心理调适的能力。还要了解本专业相关的一些职业资格证书考试,尽早取得相关的职业资格证书。

大三为冲刺期,因为临近毕业,并且也已经确定了自己的职业生涯目标,这个时候就需要朝着自己的目标冲刺。如果打算直接就业,就必须将时间和精力花在提高求职技能、搜集心仪单位或职位的相关信息上;如果打算继续深造,要弄清楚自己是留在国内深造还是出国深造,弄清楚各自的要求和条件,并认真地准备。

大四为分化期,这个时候需要对前三年的职业生涯规划进行检验,有些同学由于之前没有职业生涯规划意识,所以可能到了大四还徘徊在工作还是深造的选择中,最后没有办法,只能选择从众或者选择相对容易的一个。这个阶段也要对前三年的职业生涯规划做一个总结。首先,检验自己已经确定的目标是否明确,准备是否充分;其次,开始实战演练,积极参与各类招聘并总结经验;最后,实现自己的目标或者根据实际情况及时调整目标。

【课堂活动】

我的未来之路

活动场地:教室。

活动时长:约 45 分钟。

活动材料:白纸、彩色画笔(如果没有,可以用黑色签字笔代替)等。

活动目标:通过本次活动,帮助学生规划自己的职业生涯目标。让学生意识到设立职业生涯目标的重要性;使学生对自己未来的生活有初步的规划和目标;改变学生现有的某些阻碍目标实现的行为和习惯,为实现目标打好基础。

活动分为两个部分,一是野外探险,二是绘制"我的未来之路"。

1. 野外探险

(1)先跟学生讲一个野外探险的故事。

曾有人做过实验,组织 3 组人,让他们分别沿着 10 千米以外的 3 个村子步行。

第一组人不知道村庄的名字,也不知道路程有多远,只告诉他们跟着向导走就行。刚走了两三千米就有人叫苦,走了一半时,有人开始发怒了,他们开始抱怨为什么要走这么远,何时才能走到目的地?有的人甚至坐在路边不愿意继续走下去了,越往后走情绪越低落。

第二组人知道村庄的名字和路段,但路边没有里程碑和路标,他们只能凭经验估计需要多长时间。走到一半的时候,大多数人就想知道自己到底走了多远,有经验的人说:"大概走了一半的路程。"于是大家又簇拥着往前走,当走到全程的 3/4 时,大家情绪低落了,觉得疲惫不堪,而路程似乎还很长,当有人说:"快到了!"大家又振作起来加快了前进的步伐。

第三组人不仅知道村子的名字和路程,而且公路上每一千米就有一块里程碑,大家边走边看里程碑,每缩短一千米大家便有一小阵的快乐。行程中大家用歌声和欢声笑语来消除疲劳,情绪一直很高涨,所以很快就到达了目的地。

(2)让学生分组讨论:同一段路,你认为各组为什么会产生不同的结果?现在你觉得自己在职业生涯规划过程中属于哪一组?你想进入哪一组?

(3)教师总结:从同学的发言中,可以感受到大家对于目标与成功的关系有了自己的理解,大家也明白确立目标的重要性。那么,现在大家要做的就是给自己的未来做一个规划,下面请大家拿出纸和笔,我们一起来描绘"我的未来之路"。

2.我的未来之路

(1)先让每个学生在白纸顶端的中央位置写上"某某的未来之路"。

(2)在白纸的中央从左到右画一条直线,长度由自己决定,并且在直线的右端画上箭头,代表人生的方向。这条线的左端代表目前的状态,在此处写下自己的学习、兴趣、规划等。

(3)以每10年作为一个阶段,请学生描绘出自己每10年的状况(可以包括自己的工作、生活、人际关系等,尽可能详细一些)。

(4)将以上所需要完成的任务按照其重要性标记1、2、3,作为自己职业生涯规划最重要的3个目标。

(5)请各位同学分享自己的未来之路,看看大家的职业生涯规划有何不同。

(6)对你最重要的3个目标是否都能按照你的职业生涯规划实现呢?既然这3个目标对你如此重要,你能否让它们早点实现呢?

(7)小组讨论:过去的生活、现在的生活、未来的生活,它们之间是怎样的一种关系?又是如何影响你的职业生涯规划的?

第四节　大学生如何做好职业生涯规划

【导入案例】

晓苏是某高校大二学生,专科,师范专业,由于大专是三年制,所以她马上面临择业的问题。她对自我的评价是学习能力强,工作认真,勤奋,爱看书,喜欢旅行。晓苏在同学和老师眼中都是"好学生",学习优秀,在校期间很少遇到挫折,因此她自觉脆弱而敏感。近段时间面临毕业,晓苏有时想着家庭经济情况不太好,想毕业后赶紧找份工作,帮助家里减轻负担。但有时候又觉得自己学习能力强,成绩好,应该专升本,继续深造。所以思来想去,摇摆不定,一直焦虑不安。

晓苏之所以想毕业后立马去工作,是因为她本身是师范生,并且也喜欢教育工作,希望在工作岗位上将自己在大学期间学到的知识应用到实践中去,积累工作经验,为未来发展打下基础。另一个重要原因是想要通过工作增加家庭收入,减轻父母的经济压力,毕竟父母年纪大了,不忍心他们继续操劳。同时,英语一直是她的短板,担心过不了学位英语考试,对专升本没有信心,这也是她想工作的原因之一。

可是晓苏想要通过专升本继续深造的理由也很充分,首先,现在大学生已经非常多了,专科文凭有点不够用,想要事业有成,学历还得再继续提升;其次,她想考去更好的本科,拓展自己的视野,增加自己的就业筹码,以后就业机会也会更多。

她在纠结中很快就迎来了毕业季,有些同学考了公务员,有些同学选择了专升本,还有些同学成了一名教师,而她还没下定决心,在犹豫不决中错过了找工作的黄金期,也错过了当年的专升本考试,她为此后悔不已。

晓苏之所以会面临这种困境,主要是因为她没有做好职业生涯规划,导致错失了很多机会。由此可见,做好职业生涯规划是大学生在大学期间的必修课,那么大学生该如何做好职业生涯规划呢?

大学生做好职业生涯规划要弄清楚四个问题:我是谁?我想做什么?我能做什么?我要怎么做?

一、我是谁——正确认知自己

前面我们也谈到建立正确的自我认知是进行职业生涯规划的前提条件,那么该如何正确认知自己呢?可以通过以下途径来认知自己:

(1)与他人比较法。
(2)自我分析法。
(3)通过别人对自己的态度和评价。
(4)通过参加实践活动。
(5)通过内省。

我们重点介绍下自我分析法,这也是使用较为广泛的方法。自我分析方法包括:乔韩窗口理论、归零思考法、SWOT分析法和心理测验法。

(一)乔韩窗口理论

美国心理学家 Joe Luft 和 Harry Ingham 从自我概念的角度提出了自我认知的窗口理论,并根据:"自己知道-自己不知道"和"他人知道-他人不知道"这两个维度,将自我分为四个部分:公开的我、盲目的我、隐秘的我和未知的我。

公开的我是指自己知道、别人也知道的信息。盲目的我是指自己不知道、别人却可能知道的盲点。隐藏的我是指自己知道、别人却可能不知道的秘密。未知的我是指自己和别人都不知道的信息。大学生可以通过拓展公开的我、认识盲目的我、适度开放隐藏的我和探索未知的我来进行自我探索,增进自我认知。

(二)归零思考法

归零思考又称为5W分析法,即从5个方面进行思考:

(1)Who am I?(我是谁?):面对自己,真实地写出每一个想到的答案,并按重要性排序,比如自己的专业、家庭情况、年龄、性别、性格、动手能力、思考能力等。

(2)What will I do?(我想做什么?):可以从小时候回忆,将自己喜欢做的事情写下来。

(3)What can I do?(我会做什么?):可以把自己有能力做的,还有通过潜能开发能够做的事写下来。

(4)What does the situation allow me to do?(环境支持或允许我做什么?):将自己所处的家庭、单位、学校、社会关系等各种环境因素考虑进去。

(5) What is the plan of my career and life?（我的职业与生活规划是什么？）：首先对前4个问题进行分析汇总，然后对自己的职业和生活分别做出短期、中期和长期规划。

（三）SWOT 分析法

SWOT 分析法又称为态势分析法，四个英文字母分别代表：优势（strength）、劣势（weakness）、机会（opportunity）、威胁（threat）。利用该方法评估自己的优点和缺点，找出所面临的机会和威胁；发挥优势，克服劣势，利用机会，避免威胁。优势即学了什么、做过什么、最成功的是什么、忍耐力如何等；劣势即性格弱点、经验或经历中欠缺什么、最失败的是什么等；机遇即就业形式、各种职业发展空间、社会最急需的职业等；威胁（挑战）即专业不对口、同专业竞争、薪酬过低等。

【案例分享】

孙某，1990年出生，2012年本科毕业后进入某超市生鲜部，2013年进入某肉厂担任生产组长，2015年进入某保险公司担任区域督导，因表现突出，2018年被某保险公司提拔为华中区总经理。3年内，华中区分公司已成为全国前列分支公司。在此情况下，另一家保险公司邀请孙某前往省会城市担任其总经理，负责新市场开发。虽然这家公司给出了远高于孙某目前收入的薪水，但孙某并没马上做出决定。我们来采用SWOT法帮他进行详细的分析。

S：优势（strength）：保险行业经验丰富；大公司出身，项目管理经验优秀；有足够可动用的人脉。

W：劣势（weakness）：目前公司所在市场过小，早晚会遇到发展瓶颈；借助公司平台发展，缺乏小项目操作经验；学历限制，在后期升职时可能会有障碍。

O：机会（opportunity）：保险行业未来的发展前景广阔；新公司提供的岗位有更高权限，发展空间更大；去新公司可以进入省会总公司发展。

T：威胁（threat）：新市场开发难度大，自己过往的经验不一定适用于该市；空降为新公司经理，在人员管理上可能会有一定障碍；去往外地，家庭和工作较难平衡。

经过一番考虑，孙某认为目前的情况下，自己不具备跳槽的条件，尤其是现有的环境下，自己还有发展空间，于是拒绝了邀请。有人看到这里可能会疑惑：这不是一个很好的发展机会吗？而且通过SWOT分析法分析后也表示孙某可以跳槽，他为什么会拒绝呢？在这里，需要注意的是，SWOT分析法并不是一种告诉我们怎么做才对的方法，而是一种科学分析法，让我们全面地思考问题，在经过分析之后，做出的决定一定是深思熟虑不让自己后悔的，但并不一定是最优的。对于孙某来说，他认为自己当下更关注的是家庭，所以放弃了新的发展空间，又或者他接受了新职位，这两者之间并无对错，只是我们通过SWOT分析法分析后，对问题的认识更加全面深入了。

通过孙某的案例，我们发现，SWOT分析法实际上是一种对内部和外部事物双层思考的办法，优势、劣势指的是内部情况，机遇、威胁指的是外部环境。在做完SWOT分析后，如果还不知道该如何决定，可以再把SWOT进行整理，进而分类整理出SO、WO、ST、WT 4种策略组合。值得注意的是，这种策略组合是理想化的情况，实际操作中只会更加复杂，经常会多策略同时使用，自己要注意自己的侧重点。

(四)心理测验法

人格测试、智力测试、能力测验和职业倾向测试都可以帮助大学生更好地认识自己,大学生在做职业生涯规划的时候可以根据自己的实际情况按需选择合适的心理测验。

二、我想做什么——确立职业生涯目标

要想到达终点,得先明确目的地在哪儿。因此在设计职业生涯规划的时候需要弄清楚自己想做什么,即确定目标。

首先,要明确自己的兴趣。在确立职业生涯目标的时候,兴趣是重要的影响因素,也是动力。只有真诚地喜欢自己所从事的工作,才会全心地投入并且从中获得乐趣。虽然现在就业难是大部分大学毕业生面临的问题,但是提早做好职业生涯规划,全身心为自己喜欢的职业而奋斗,想要兼顾兴趣和职业也不是完全不可能的。

其次,要分析自己的优势和不足之处,扬长避短。"金无足赤,人无完人",每个人都有自己的优缺点,在确定职业生涯目标的时候也绕不开这个问题,所以分析自己的优势,同时了解自己的缺点,在确立目标的时候尽量做到扬长避短。

最后,分析社会发展状况,与时俱进。社会一直在发展变化,各种职业数不胜数。所以在做职业生涯规划的时候,需要根据当前社会的经济发展形势,选择有前景的职业目标,以便获得长远的发展。

三、我能做什么——可行性

(一)我的能力允许我做什么

认知信息加工理论认为,能力和技能是一个人进行职业生涯规划的重要影响因素。能力只是天生的或未经开发的可用于学习发展的能力,技能是经过后天学习和练习而形成的能力。每种职业都对个人能力和技能有一定的要求,所以要弄清楚自己有什么能力,自己的能力是否跟目标职业所需要的能力相一致。如果不一致,是否可以通过后天的训练而改变?如果无法改变,那么就要改变自己的职业生涯目标。

(二)外部环境允许我做什么

影响大学生职业生涯规划的外部环境包括社会环境、行业环境和职业环境。社会环境包括经济环境、人口环境、科技环境、政治环境、法律环境和社会文化环境,只有适应环境的发展,才能取得成功。行业环境主要包括影响行业生存发展的外在环境、行业的发展现状、优势与问题及其发展前景,其中最为重要的是行业发展前景。职业环境即某职业在社会大环境中的发展状况、技术含量、社会地位、未来发展趋势等。进行职业环境分析的要求是,通过职业环境分析弄清职业环境对职业发展的要求、影响及作用,对各种影响因素加以衡量、评估并做出反应。

只有对外部环境有一个全面且深入的了解,才能制定出符合时宜、切实可行的职业生涯

规划。

四、我要怎么做——付诸实践

(一)学会时间管理

时间管理能力是大学生应该重点培养的一种能力,高效灵活的时间管理有助于大学生提高学习效率、合理安排时间,为实现职业生涯目标提供保障。常见的时间管理方法有明确方向和计划,少做无用功或分散注意力;保持计划的灵活性;分清楚事情的轻重缓急,做事有技巧;每天给自己一个不被干扰的时间,高效处理紧急且重要的事情;减轻拖延症和网络依赖等。

(二)提升职业素养

职业素养是人类在社会活动中需要遵守的行为规范。个体行为的总和构成了自身的职业素养,职业素养是内涵,个体行为是外在表象。职业素养包含以下四个方面:职业道德、职业思想(意识)、职业行为习惯和职业技能。前三项是职业素养最根基的部分。而职业技能是支撑职业人生的表象内容。

在衡量一个人的时候,企业通常将二者的比例以6.5:3.5进行划分。

前三项属世界观、价值观、人生观范畴的产物。从出生到退休或至死亡逐步形成,逐渐完善。而后一项则是通过学习、培训比较容易获得的。例如,计算机、英语、建筑等属职业技能范畴的技能,可以通过三年左右的时间掌握入门技术,在实践运用中日渐成熟而成为专家。可企业更认同的是,如果一个人基本的职业素养不够,比如说忠诚度不够,那么技能越高的人,隐含的危险越大。

五、做好职业决策

有人说,"选择比努力更重要",所以将职业生涯规划付诸实践的时候决策也就显得尤为重要。职业决策需要结合自己的气质、性格、特长、兴趣和能力。做好职业决策要有明确的职业目标;根据自己的实际情况规划职业生涯,并使其具有可执行性;对于职业生涯中遇到的问题,要正确对待,不要逃避;职业生涯中有什么困扰或疑惑,可先听听亲朋好友的建议,或求助职业生涯顾问;对于已经做了的决定,特别是重要事项的决定,不要游离不定,要坚定自己的决定,积极的行动有助于问题的解决;善于系统、长远分析但不要只做利弊分析,在生涯发展中没有统一有效的程序,所以要琢磨的是在职业中如何发挥优势,从长远看是否能促进优势发挥,让学生更加自信的都是好的决定。

第四章　大学生学习心理

【导入案例】
　　小青是一名大二的学生,她以非常优异的成绩考入大学。来到大学半年后,小青却对自己的学习能力失去了信心。原来,小青从小到大学习都非常好,大家都夸赞她聪明,小青自己也感觉学习毫不费力,在别人利用课下时间努力补习的时候,小青却在悠闲地看课外书,成绩一直比较稳定。原本小青高考第一志愿是另外一所录取分数更高的大学,结果高考发挥不是太理想,来到了现在的大学。本以为一切都会非常顺利,一个学期结束后考试成绩下来,小青发现自己学习排名已经非常靠后,甚至有一门功课挂科,这让她无比焦虑。放寒假后,小青努力补习,希望能够迎头赶上。没想到新学期开始后,小青发现自己仍然对很多知识一知半解,需要请教其他同学,有的同学看起来没怎么复习,但对知识的理解非常好,这让小青开始怀疑自己的学习能力。为了能够追上大家的学习进度,小青开始补习到很晚,周末也用来学习,一个学期下来虽然取得了一些进步,但离自己的预期却很远。小青在进入大学之前,信心满满要保研,但按照现在的成绩,小青似乎已经对保研丧失了信心,她开始变得焦虑不安。看着周围的同学一边忙课业一边忙社团活动,一切都有条不紊,小青非常气馁,感觉自己是一个彻头彻尾的失败者。

　　可能很多同学都经历着和小青同学一样的困扰,在学习的过程中遇到很多困难和挫折。大学生完成了基础教育任务,步入自主学习阶段,大学是个体由校园步入社会的准备阶段,更是关键阶段。本章将从大学生的实际出发,阐述大学生的学习特点及可能遇到的问题,并为大学生提升学习能力支招。

第一节　大学生学习特点及影响因素

一、学习理论概述

(一)树立现代学习观

　　心理学的研究中,学习的内涵非常广泛,广义的学习指人与动物在生活过程中获得个体行为经验的过程,比如动物获取食物技能的学习、儿童学习使用碗筷的过程都属于广义层面的学习。狭义的学习则指学生学习的过程,准确地讲就是指学生在教师的指导下,按照一定的教学计划学习科学文化知识、发展智能、思想品德与行为发生改变的过程。一般情况下我们所说的学习更多是指科学文化知识的学习。

　　联合国国际21世纪教育委员会对于"学什么"提出了更概括的阐述:学会求知,学会做事,学会共处,学会做人。这些是支持现代人在信息社会有效地工作、学习和生活,并有效地应对各种危机的最基本的内容。其中学会求知,并不单纯是指记住尽可能多的知识,而是要掌握学习知识的手段,即学会学习。

首先,学习不是某个阶段的主要活动,而是贯穿一生的活动,要树立终身学习的理念。"玉不琢,不成器;人不学,不知义。"学习不仅是每个人必经的发展过程,而且是每个人生存的必要手段,更是成功职业生涯的基本条件。虽然今天学习的知识到了明天可能就会过时,但是如果停止学习,人类就会停滞不前。其次,学习活动是集实践性、体验性和建构性于一体的活动。因此,大学生的学习活动不应该拘泥于书本,而是要走出课堂,在各种实践中学习,并在学习中体验知识从哪里来,又将到哪里去。最后,大学生要建构自己的知识体系,形成自己的思考问题的方式,成为一个会学习、有能力学习的新时代大学生。

(二)学习理论

1. 试误说

美国实证主义心理学家桑代克用迷笼实验来研究学习的规律,提出了著名的联结学说。

桑代克的"猫的迷笼实验"的实验对象是一只可以自由活动的饿猫。他把猫放入笼子(如图4.1),然后在笼子外面放上猫可以看见的鱼、肉等食物。笼子中有一个特殊的装置,猫只要一踩到笼中的踏板,就可以打开笼子的门闩出来吃到食物。一开始被放进去以后,猫在笼子里上蹿下跳,无意中触动了机关,于是它就非常自然地出来吃到了食物。桑代克记录下猫逃出笼子所花费的时间,然后把它放进去,进行再一次尝试。桑代克认真地记下猫每一次从笼子里逃出来所花费的时间,他发现随着实验次数的增多,猫从笼子里逃出来所花费的时间在不断减少。到最后,猫几乎是一被放进笼子就去启动机关,即猫学会了开门闩这个动作。

图 4.1 桑代克在猫的迷笼实验中使用的迷笼

资料来源:https://baike.baidu.com/item/%E6%A1%91%E4%BB%A3%E5%85%8B/1762751?fr=aladdin

通过这个实验,桑代克认为所谓的学习就是动物(包括人)通过不断尝试形成刺激-反应联结,从而不断减少错误的过程。他把自己的观点称为试误说。桑代克根据自己的实验研究得出了三条主要的学习定律。

(1)准备律。

在进入某种学习活动之前,如果学习者做好了与相应的学习活动相关的预备性反应

(包括生理的和心理的),就能比较自如地掌握学习的内容。

(2)练习律。

对于学习者已形成的某种联结,在实践中正确地重复这种反应会有效地增强这种联结。因此,重视练习中的重复是很有必要的。另外,桑代克也非常重视练习中的反馈,他认为简单机械地重复不会促进学习的进步,告诉学习者练习正确或错误的反馈信息有利于学习者在学习中不断更正自己的学习内容。

(3)效果律。

学习者在学习过程中所得到的各种正面或负面的反馈意见会加强或减弱学习者在头脑中已经形成的某种联结。效果律是最重要的学习定律。桑代克认为学习者学习某种知识以后,即在一定的结果和反应之间建立了联结,如果学习者遇到一种使他心情愉悦的刺激或事件,那么这种联结就会增强,反之则会减弱。他指出,教师应尽量使学生获得感到满意的学习结果,这一点尤为重要。

2.经典条件反射学习理论

经典条件反射学习理论是俄国生理学家、诺贝尔奖获得者巴普洛夫在一系列动物实验的基础上得出来的。

条件反射形成的实验中,巴甫洛夫用狗作为实验对象。实验前,他将狗固定在架子上,在它的脸颊上做了个手术,安插上导管,并用试管来收集狗的唾液。实验时,先使用一个与食物无关的中性刺激作用几秒钟,如呈现铃声或灯光几秒钟,然后给狗一个无条件刺激,即喂狗食物,并使两者共同作用一定的时间,这样多次结合后,中性刺激(铃声)单独作用,狗也能分泌唾液。这时,条件反射就形成了。在这一过程中,本来与分泌唾液无关的铃声或灯光成了喂食的信号,即成为条件刺激,起到了和无条件刺激物(食物)一样的效果,使狗分泌唾液。图4.2为巴甫洛夫的条件反射学习实验装置。

图4.2 巴普洛夫的条件反射学习实验装置

资料来源:https://baike.sogou.com/historylemma? lId=268264

经典条件反射的建立需要一定的条件:首先,条件反射的建立要以无条件反射为基础;其次,条件刺激(铃声)必须与无条件刺激(食物)在时间上多次结合,这种结合次数越多,形成的条件反射越稳固;最后,实验动物必须是健康的,而且实验时要排除强烈的额外刺激的干扰。图4.3为条件反射形成示意图。

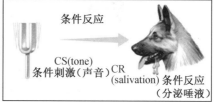

图 4.3 条件反射形成示意图

资料来源:心理学空间网 https://weibo.com/psychspace

巴甫洛夫认为:"所有的学习都是联系的形成,而联系的形成就是思想、思维、知识。"他所说的联系就是指暂时神经联系。他说:"显然,我们的一切培育、学习和训练,一切可能的习惯都是很长系列的条件反射。"巴甫洛夫利用条件反射的方法对人和动物的高级神经活动做了许多推测,发现了人和动物学习的最基本的机制。其中最重要的就是消退律、泛化律和分化律。

(1)消退律。

如果条件刺激出现多次而没有无条件刺激的强化,则已经建立的条件反射将逐渐减弱甚至消失。但条件反射的消退带有暂时性,在某种情况下,条件反射没消失多久就自行恢复了;而在另一种情况下,为了要达到恢复的目的,就必须再次使用条件反射和无条件反射结合或别的办法,不同的条件反射又会有不同的消退速度。

(2)泛化律和分化律。

条件反射一旦确立,其他类似最初条件的刺激也可以引起条件反射,称为泛化。两个条件刺激的相似程度越高,反应强度就越大。在实际学习过程中,为了避免有机体所形成的条件反射的泛化,需要在条件反射建立过程中或建立后进行分化活动,分别向有机体呈现条件刺激和与之类似的无关刺激,对条件刺激给予强化,对无关刺激不予强化,这样就可以使有机体对条件刺激与相似的无关刺激产生分化,对前者做出反应,对后者不予反应。

3. 操作性条件反射学习理论

美国心理学家斯金纳是操作性条件作用理论的创始人。他认为,学习行为可以分为两种:一种是经典条件作用所代表的应答性学习,比如学生听到上课铃声后迅速安静地坐好的学习过程;另一种则是操作性条件反射作用所代表的操作性条件学习,比如学生的书写、讨论、演讲等自发性的学习过程。

斯金纳通过对动物学习的实验研究来探讨操作性行为的学习过程。他将饥饿的白鼠置于箱中,白鼠在箱中自由活动,偶然踩到杠杆,一粒食丸就落入食盘。白鼠经过几次尝试,会不断按压杠杆,直到吃饱为止。此时可以说白鼠学会了按压杠杆以取得食物,而在此过程中,强化起着关键性的作用(如图4.4)。

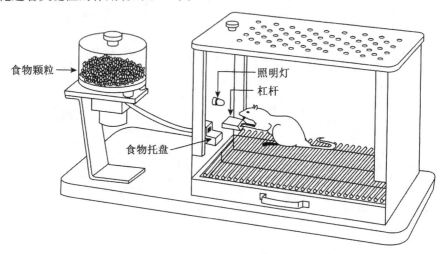

图4.4 操作性条件反射示意图

资料来源:http://www.taoshiye.net/info/1970.html

斯金纳认为,强化物是指使反应发生的概率增加或维持某种反应水平的任何刺激,而强化则是利用强化物使某一操作反应的概率增加的过程。可以说,食丸的落下强化了白鼠按压杠杆的行为。

斯金纳按照强化的性质将其分为正强化和负强化。如果呈现某一后继刺激物,有机体的操作性反应概率增加,那么该刺激所产生的作用称为正强化;如果撤某一刺激物,有机体的操作性反应概率增加,那么该刺激所产生的作用称为负强化。比如,在白鼠按压杠杆获取食物的实验中,食丸就可以作为正强化物;白鼠按压杠杆可以减少被电击,电击则可以作为负强化物。斯金纳认为,正强化和负强化都是人类学习中经常使用的方法。比如给予微笑、赞扬、奖品以及举办学生喜欢的活动等,都可以对教师希望学生学会的某种行为或本领进行正强化,而收回批评、停止打骂、取消学生不感兴趣的活动等都是在对上述行为进行负强化。惩罚与负强化是两个不同的概念,前者导致反应概率降低,后者导致反应概率提升。

4. 认知学习理论

(1)布鲁纳的发现学习理论。

布鲁纳认为学生的知识学习主要是通过类别化的信息加工活动,积极主动地形成认知结构或知识的类目编码系统的过程。学习的结果是形成认知结构,认知结构即反映事物间稳定联系的内部认知系统,是用来感知和概括新事物的一般方式,它是在过去经验的基础上形成的,并在学习过程中不断变动。因此,学习是一个主动形成和发展认知结构的过程。学生学习的核心内容,即教学的最终目标,是理解各门学科的基本结构。布鲁纳认为应该采用发现式的学习,这是指学生独立获得知识的方式,即学生通过独立阅读书籍和文献资料,独立思考而获得对于自己来说是新知识的过程。布鲁纳认为,发现学习的方式有利于学生知觉思维、批判性思维、创造性思维的发挥,有利于使外在动机转化为内在动机,提高学习的积极性,有利于发现最优方法和策略,有利于信息的保持和检索。

(2)托尔曼的认知地图理论。

托尔曼认为外在的强化并不是学习产生的必要因素,不强化也会产生学习。托尔曼以小白鼠学习方位的迷宫实验证明了自己的理论。迷宫有1个起点、1个食物箱和3条长度不等的从起点到达食物箱的途径。其中,途径1最短,途径2次之,途径3最长(如图4.5)。经过一系列的实验后,小白鼠学会了选择最短的那条途径。然后,托尔曼在最短的途径1的中途设立了阻塞点B,小白鼠只能通过最长的途径3才能取得食物。按照行为主义的理论,当小白鼠发觉途径1不通时,应绕回来再尝试途径2,但实际上小白鼠却立即选择了最长的途径3。小白鼠能顿悟阻塞点将途径1与途径2同时关闭起来了。这说明小白鼠是根据对情境的"认知地图"来行动,而不是根据盲目的习惯,也不是依据途径的次序而形成的机械的奔走习惯来行动的。

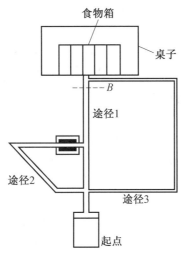

图4.5 托尔曼的三路迷津示意图

资料来源:http://www.guayunfan.com/lilun/657557.html

根据这一实验及许多类似的实验,托尔曼认为:

①学习是有目的的行为,而不是盲目的。因为有机体在达到目的的过程中,会碰到各种各样的情境和条件,只有对这些情境和条件因素进行认知,才能学会达到目的的手段,并利用掌握的手段去达到学习的目的。

②托尔曼用"符号"来代表有机体对环境的认知,并且认为,学习者在达到目的的过程中,学习的是能够达到目的的符号及其所代表的意义,形成了一定的"认知地图",这才是学习的实质。

③在外部刺激(S)和行为反应(R)之间存在中介变量(O)。他主张将行为主义S-R公式改为S-O-R公式,O代表机体的内部变化。

5. 人本主义学习理论

人本主义心理学是20世纪五六十年代兴起的一种心理学思潮,其主要代表人物是马斯洛和罗杰斯。人本主义心理学家认为,人的成长源于个体自我实现的需要。自我实现的需要是人格形成、发展与成熟的驱动力。所谓自我实现的需要,马斯洛认为它是"人对自我发挥和实现的欲望",也就是一种使它的潜力得以实现的倾向。通俗地说,自我实现的需要就是"一个人能够成为什么,他就必须成为什么,他必须忠于自己的本性"。正是由于人有自我实现的需要,有机体的潜能才得以实现、保持和增强。

罗杰斯则把学习分为两类:一类是无意义的学习,另一类是有意义的学习。无意义的学习是与学生的生活经验无关、无用的学习。学生要记住那些对自己毫无意义的内容,是一项很困难的任务。因为它们没有生气、枯燥乏味、无关紧要,是一种"在颈部以上"发生的学习。这类学习只涉及心智,不涉及感情或个人意义,因而很快就会忘记。罗杰斯提出,学校的教育和教学对学生来说应该是有意义的学习。有意义的学习是指一种使个体的行为、态度、个性以及在未来选择行动方针时发生重大变化的学习。有意义的学习是在真实情境下的学习。真实情境由于与学习者发生切身关系,会在学习兴趣和动机方面对学习过程产生较大的影响,可能促成较为有效的学习。真实情境学习也是一种体验性的学习。学习者在真实情景中去感受、去做、去行动,所学的东西对他有切实的个人意义,具有生存和发展作用,他的智力活动和情感活动交织在一起,全部身心都投入学习之中。因此,它是高效率的,是不容易忘记的。

人本主义心理学家认为,人人都有学习的潜能。人生来就对世界充满了好奇心,总是怀着一种渴望发展和学习的心理。而教师的主要任务就是激发学生的学习意识,降低学生的学习困难和痛苦,唤醒学生的潜在能力。

【拓展阅读】

罗森塔尔效应

罗森塔尔效应,亦称"皮格马利翁效应""人际期望效应",是一种社会心理效应,指的是教师对学生的殷切希望能戏剧性地收到预期效果的现象,由美国心理学家罗森塔尔和雅各布森于1968年通过实验发现。

1968年的一天,美国心理学家罗森塔尔和雅各布森来到一所小学,准备进行7项实验。他们从一至六年级各选了3个班,对这18个班的学生进行了"未来发展趋势测验"。之后,罗森塔尔以赞许的口吻将一份"最有发展前途者"的名单交给了校长和相关老师,并叮嘱他们务必要保密,以免影响实验的正确性。其实,罗森塔尔撒了一个"权威性谎言",因为名单上的学生是随便挑选出来的。8个月后,罗森塔尔和助手们对那18个班级的学生进行复试,结果奇迹出现了:凡是上了名单的学生,个个成绩有了较大的进步,且性格活泼开朗,自信心强,求知欲旺盛,更乐于和别人打交道。

实验者认为,教师因收到实验者的暗示,不仅对名单上的学生抱有更高期望,而且有意无意地通过态度、表情、体谅和给予更多提问、辅导、赞许等行为方式,将隐含的期望传递给这些学生,学生则给老师以积极的反馈;这种反馈又激起老师更大的教育热情,维持其原有期望,并对这些学生给予更多关照。如此循环往复,以致这些学生的智力、学业成绩以及社会行为朝着教师期望的方向靠拢,使期望成为现实。

二、大学生的学习特点

1. 学习的自主性增强

到了大学,很多学生都会有类似的感受:教室很大,上课的同学很多,下课后却很难再见到老师。没有人组织复习,要自己找教室上自习。学习什么、学多长时间由自己决定……这让一部分学生感到非常迷茫,学习动机也从"非常强烈"到"有点起伏",急需实现从"要我学"到"我要学"的改变。

2. 学习内容的多元化

大学里的课程纷繁复杂。既有基础课,又有专业课,还有各类内容丰富的选修课。既涉及自然科学,又涉及人文科学。在大学,仅学习课堂上的知识还不够,如何更好地与人打交道,培养自己的实践能力,样样都需要学习。也就是说,作为大学生,学习的范围不能仅局限于书本知识,创新能力的培养、情感态度的调节与控制、社会能力的开发等都是学习的内容。

3. 学习方向的专业化

大学阶段是学生由"求学型"向"成才型""创造型"过渡的关键时期,是步入社会之前系统、集中、全面学习的最后阶段。因此,与中学阶段的基础教育不同,大学学习具有较高层次的职业定性。学生在入学之初就进入不同的专业任务学习中,随着年级的增长,专业化差异性也更为突出。

4. 学习方法的多样化

大学学习由课外学习与校外学习相结合。实践中的操作学习,以网络学习、校外实习、创业实践等为载体。在学习方法的选择中很关键的一点就是要结合自己的特点选择适合自己的学习方法,这样才能取得事半功倍的效果。

5. 学习的探索性和创新性

探索性是指大学生在学习过程中对书本结论之外的新观点、新理论进行深入钻研和探究。大学生的学习和中学生相比,最大的一个不同之处在于学习内容不再局限于基础知识。很多课程除了基本原理、知识外,还涉及本学科发展的前沿领域和本学科最新的研究成果和资料。这就要求大学生不仅要掌握所学的知识,还要通过查阅相关的资料来验证、理解和充实所学内容,探索学科发展的新领域。大学学习带有初步研究的性质,需要大学生掌握科学的研究方法,培养独立思考、探索创新的能力。

6. 运用的实践性

大学生从"求学期"到"工作期",其中最主要的环节就是社会实践。大学生的社会实践活动包括实验、专业实习、社会调查、企业参观、社会咨询服务、短期务工等,大学生通过参加社会实践,在社会实践中检验知识、丰富知识、应用知识、深化知识、发展知识。

三、影响大学生学习的智力因素与非智力因素

(一)影响大学生学习的智力因素

1. 观察力对学习的影响

观察力(ability to observe)是大学生学习的基本智力条件。达尔文曾经说过:"我既没有突出的理解力,也没有过人的机智,只是在觉察那些稍纵即逝的事物并对其进行精细观察的能力上,我可能在众人之上。"观察是个体获得知识感性材料和积累经验的基本途径和方法,也是决定大学生创造力的关键条件。

2. 注意力对学习的影响

根据引起和维持注意的目的明确与否和意志努力的程度不同,注意可分为无意注意、有意注意和有意后注意三种形式。大学的学习内容丰富多彩,无意注意也是必要的,例如大学生在图书馆随意浏览各学科的书籍和杂志,无意注意增加了大学生知识的广博性。在大学专业课程的学习中自觉的有意注意是必需的,尤其是对于那些抽象枯燥的理论学习必须全神贯注才能保证学习的效果。所谓有意后注意是指一种更高级的注意形态。例如在教师的启发下,某些知识和问题引起了大学生的较大兴趣,随后,大学生不需要特别的提醒就能集中注意力于这些知识的学习。

3. 记忆力对学习的影响

记忆是人脑对经历过的事物的识记、保持、再现或再认。记忆联结着人的心理活动的过去和现在,是人们学习、工作和生活的基本机能。离开了记忆,个体就什么也学不会,任何经验都无法形成,人的行为就变得只能由本能来决定。可以说,没有记忆和学习,就没有人类文明的一切。所以,大学生要将提高自己瞬时记忆、短时记忆和长时记忆的能力,挖掘自己的记忆潜能,将记忆足够的知识作为一个重要的心理素质的训练任务。

4. 思维能力对学习的影响

心理学意义上的思维专指逻辑思维。思维能力是智能结构的核心,是接受知识和创造知识的关键要素。发展心理学认为,青年期的思维能力已经发展到个体思维发展的高峰期,并日趋达到成熟。青年思维发展的最高水平一般是形式运算思维,或向"后形式运算思维"或辩证逻辑思维阶段发展。同一个班级的同学学习成绩可能差不多,但思维能力却可以相差甚远,因为前者主要取决于记忆能力,而后者却决定了创新潜力。

【课堂活动】

了解你的智力类型

每个人都有自己擅长的学习模式,关键是要发现自己的优势所在。表4.1是智力类型与学习风格匹配表,请对照表中的内容,看看自己属于哪种智力类型,适合哪些学习风格。

第四章 大学生学习心理

表4.1 智力类型与学习风格匹配表

智力类型	优势特点
语言词汇型	喜欢阅读和写作,有很好的听觉能力;记忆力好;擅长倾听和表达;喜欢和别人讨论学习到的知识
逻辑数学型	喜欢数学;喜欢研究图形和它们之间的关系;认为用逻辑推理来解决问题很有条理;分类知识,利用抽象思维找到一般规律的方式学习效果最好
视觉空间型	喜欢形象思维;视觉空间感强;在学习过程中,如果有图片和形象的内容存在,学习效果会更好
音乐旋律型	喜欢音乐;对声音、节奏敏感;利用优美的音乐旋律学习效果更好
肢体运动型	喜欢运动;擅长精细操作;身体协调性好;有身体参与其中的效果更好
自我交流型	喜欢独处,能意识到自己的优缺点;有独立、创造性的思维,喜欢反思;独立学习要比与大家一起学习的效果好
人际交流型	喜欢结交朋友,与人交流,参与社会活动,通过叙述、分享和参与合作的形式学习效果更好

思考并讨论以下问题:

1. 你的智力类型是什么?判断的依据是什么?
2. 你目前的学习风格是否有可以调整的地方?如果有,你准备从哪里开始?

(二)影响大学生学习的非智力因素

非智力因素是指智力以外的对学习活动起着启动、导向、维持和强化作用的个性心理,非智力因素主要包括对学习和事业的理想、信念、抱负、意志力、学习的动机与兴趣、个性等。

1. 学习动机对学习的影响

学习动机(motivation to learn)就是推动学生进行学习活动的心理内驱力。学习动机不仅决定学习的方向,还直接影响学习进程的稳定性和持久性。一个有着强烈学习动机的大学生在学习过程中会表现出坚强的意志和认真的学习态度。

学习动机分为内部动机和外部动机。内部动机强的学生努力学习仅仅是因为他们对学习活动本身感兴趣,或能够获得乐趣。例如一些学生选修电影类的课程,即使不能得到高分也愿意学习,这就是内部动机的驱动力。外部动机强的学生努力学习是想在考试中获得好成绩、得到奖励或逃避惩罚。自我决定理论认为,具有高外部动机的个体常常感到压力或焦虑;具有高内部动机的个体能在学习中感受到更多快乐和幸福,并能够享受学习过程。

【拓展阅读】

耶克斯-多德森定律

心理学家耶克斯(Yerkes)和多德森(Dodson)的研究表明,各种活动都存在着一个最佳的动机水平,动机不足或动机过强都会使学习和工作的效率下降。一般而言,中等程度的动机最利于学习效率的提高;而学习动机太强、急于求成,反而会产生焦虑紧张,干扰记忆和思维活动的顺利进行,使学习效率降低。研究还发现,在比较容易的任务中,学习和工作的效率随动机的提高而上升;在难度较大的任务中,较低的动机水平有助于任务的完成。可见,动机强度与任务完成效率之间的关系并不是线性的,而是呈现为一条倒U形曲线,称为耶克斯-多德森定律(The Yerkes-Dodson Law)。

2. 兴趣对学习的影响

孔子说"知之者不如好之者,好之者不如乐之者",意指个体快乐地学习才是最理想的。与大学生学习相关的兴趣主要集中在对专业、学科、课程的兴趣和对职业的兴趣。兴趣对学习具有多方面的功能,如具有启动学习的激发功能、学习内容和方向的导向功能、推动个体勤学苦练的动力功能和促进大脑潜能的开发功能。

3. 情绪和情感对学习的影响

积极的情绪情感促进学习的效率和效果,例如学生对专业的认同度、对教师的敬仰与崇拜、课堂气氛的感染都可以提高大学生的学习兴趣和效率。愉快的、积极的情绪可以提高学生的活力,使学生学习积极性高涨。情绪对维持稳定的注意力起着重要的作用,情绪稳定的学生的注意力相对比较集中;而抑郁等消极的情绪则会降低人的活力,使人对学习毫无兴致,注意力不能集中。一般来说,适当的紧张会引发人的应激反应,对于促进学习和考试前的准备是必要的,但过度的紧张反而可能引起正常思维活动的混乱和精神的疲惫。

4. 意志对学习心理的影响

有人曾对大学生的学习做了这样的描述:大学生差别最小的是智力,差别最大的是毅力。可见,意志力在大学生的学习中起着重要的差异化作用。意志品质既有积极的、良好的,如自觉性、果断性、坚韧性、自制性等,也有消极的、不良的,如依赖性、冲动性、执拗性、无自制力等。积极的意志品质可以促进大学生的自觉学习。

5. 性格对学习的影响

性格是个体相对稳定的心理特征,根据艾森克学说,性格可以分为外向稳定、外向不稳定、内向稳定和内向不稳定四种基本类型,观察表明,不同性格类型的学习能力、专业兴趣和择业倾向存在着一定的差异。外向稳定的性格和内向稳定的性格有助于保持学习态度和情绪的稳定,而外向不稳定的性格和内向不稳定的性格则常使学习状况情绪化,导致学习成绩波动较大。

第二节 大学生常见学习心理问题及调试

【导入案例】

王某,男,19岁,某高校大二学生,班长。他学习能力强,学习不吃力,但总感觉学习提不起精神。目前,他所选的各门课程都不用上课,只需要临近考试花上两三天就可以考出较好的成绩,剩下的时间没事干,只能找朋友、同学聊天,现在他对聊天也不感兴趣了,觉得生活寡淡无趣。

思考:王某出现了什么心理问题?是什么原因让他感觉学习很没劲?

大学里,有相当数量的大学生存在不同程度的学习心理问题。因此,认识大学生学习中的各种心理困扰并适时进行调试,对大学生来说至关重要。

一、学习动机问题

(一)学习动机不足和动机过强的表现

学习动机不足是指学习没有内在的驱动力量,没有明确的学习方向,被动学习甚至不想学习。学习动机不足的主要表现有:逃避学习,不愿上课;注意力涣散,易受干扰;有厌倦、冷漠的情绪;缺乏适宜的学习方法等。当一个学生缺乏学习动力时,相对于广大学生紧张而有节奏的学习生活,他如同一个局外人,与学习群体不相融,如不及时矫治就不可能坚持学习,不可能完成学习任务。

学习动机过强的原因主要是个体学业期望过高,自尊心强,对自己的学习能力缺乏准确的估计,因而造成学业自我效能感下降,心理压力大,渴望学业成功却又担心学业失败,受表面的学业动机驱使,渴望外在的奖励和肯定,特别是由学业优秀带来的心理满足。

(二)心理调适

1. **学习正确归因**

学习动机的强弱在很大程度上受自我认识和自我评价的影响。自我认识和自我评价主要来源于个人的生活经验。一个有较多成功经验的人一般有较高的自我评价,而一个遭受挫折的人自我评价一般偏低。但是,自我评价往往还与个体的归因风格有关。假如一次考试失败,建议大学生不要这样想:"唉,题目太难了!看来我天生没有这门课的学习细胞啊!"这些想法就是在对自己考试的失败进行归因,在贬低甚至否定自己的价值。要知道,失败是成功之母,坚持到底就是胜利。大学生既要努力地培养自己可贵的自尊心与自信心,肯定自己的努力,也要寻找学习态度或者学习方法的改进方法,要呵护自己内在的学习动机。

2. **培养学习兴趣**

兴趣是最好的老师。在学习过程中,有许多本来不感兴趣但又必须学习的活动,大学生对它们能否产生兴趣呢?试试看:在学习前,请面带微笑,搓着双手,哼唱着歌,充满信心地想象这门课程是非常有趣的。告诉自己从今天开始要好好学习这门课程,在这门课程中,一定能获得无穷的乐趣!或许这样的实验一次效果不明显,但这样坚持十几次、几十次,就会改善心境,使自己处于从容、轻松、满怀兴趣的状态中。

3. **关注学习过程**

再把着眼点转到关注学习过程上,必然会有全新的体验。在这个过程中,要把握两个原则:一是关注学习过程中的努力;二是关注学习过程中的成功体验。当把精力放在关注自身的努力时,就不会在乎别人怎么评价自己,不会被一时的失败打倒。为了实现目标,要敢于尝试,敢于探索,这时的学习动机是持久的、内在的。

【测一测】

测测你的学习动力

你的学习积极性怎么样?请仔细阅读每一道题,根据你的实际情况,在赞同的句子前面画上"√"。

(   )1. 读书就觉得疲劳与厌烦,极少主动学习。
(   )2. 除了老师指定的作业外,不想再多看书。
(   )3. 如果别人不督促的话,极少主动学习。
(   )4. 看书时,需要很长时间才能进入状态。
(   )5. 在学习中遇到不懂的地方,根本不想弄懂它。
(   )6. 心里常想:自己不用花太多的时间,成绩也会超过别人。
(   )7. 迫切希望在短时间内大幅度提高自己的学习成绩。
(   )8. 为了及时完成某项作业宁愿废寝忘食、通宵达旦。
(   )9. 为了学好功课,放弃了许多感兴趣的活动,如体育锻炼、看电影或郊游。
(   )10. 常为短时间内成绩没能提高而烦恼不已。
(   )11. 课本上的基础知识没什么好学的,只有看高深的理论、读大部头作品才带劲。
(   )12. 花在课本读物上的时间要比花在教科书上的时间多得多。
(   )13. 把自己的时间平均分配在各科上。
(   )14. 觉得读书没意思,想去找个工作。
(   )15. 平时只在喜欢的科目上狠下功夫,对不喜欢的科目则放任自流。
(   )16. 给自己定下的学习目标,多数因做不到而不得不放弃。
(   )17. 总是为同时实现好几个学习目标而忙得焦头烂额。
(   )18. 几乎毫不费力就实现了自己的学习目标。
(   )19. 为了实现一个大目标,不再给自己制定循序渐进的小目标。
(   )20. 为了应对每天的学习任务,已经感到力不从心了。

【结果分析】

画"√"得1分,未画"√"不得分,将各题得分相加得出总分。如果总分在14分以上,说明你存在学习动力严重不足的问题,需要调整。如果总分为6~10分,说明你的学习动机存在问题,必要时需要调整。

上述如题可分成4组,分别测查学习的4个方面的困扰:1~5题测试你的学习动机是不是太弱;6~10题测试你的学习动机是不是太强;11~15题测试你是否缺乏学习兴趣;16~20题测试你在学习目标上是否存在困扰。如果你对某组中3道以上的题回答"√",则说明你在相应的学习方面有一定程度的困扰。

二、学习疲劳问题

学习疲劳是指学习者在连续学习之后出现的一种学习效率降低、生理和精神不济的异常现象。

(一)学习疲劳的表现

学习疲劳的常见表现是:学习时注意力不易集中,探索知识的兴趣减弱,思维反应速度滞缓,情绪烦躁,学习效率下降。依据学习疲劳的程度可以将其分为暂时性学习疲劳和慢性学习疲劳两类。前者通过短暂的休息和睡眠可以迅速消除,而后者则是一种日积月累所形成的亚健康状况,需要较长的时间才能恢复。学习疲劳往往是一个由轻到重、由浅入深的积累发展过程。在初始阶段往往是先感到生理上的不适,然后再转化为心理上的各种障碍,通常可以分为三个阶段:第一阶段为早期疲劳,表现为原来的学习兴奋过程转向抑制,出现学习精力下降,注意力不易集中,听课走神或发呆,短时记忆能力下降,学习效率降低。第二阶段为显著疲劳,表现为学习兴奋和抑制的过程全部减弱,大脑皮质的保护性抑制加深和扩散,哈欠连天,睡意阵阵袭来,思维缓慢,反应迟钝,学习失误率增高,学习速度明显减慢。第三阶段为过度疲劳,表现为大脑皮质进入高度抑制状态,心理功能下降,思维出现停滞,精神萎靡不振,出现头晕、头痛、嗜睡等躯体症状。

(二)学习疲劳的调适

1. 学会科学用脑的方法

如何使大脑获得真正的休息与放松?消除脑力疲劳也是一门学问,并非憨吃憨睡就能使大脑真正放松,也并非体力上的疯玩疯闹就能消除脑力的疲劳。一定时间的脑力劳动后最好采用适当活动的方式休息,如散步等不太剧烈的活动,切忌进行过分剧烈的体育活动,这样不但不能消除脑力疲劳,反而又加上了体力疲劳。

2. 创设良好的学习环境

良好的学习环境包括自然环境和人文环境。优雅整洁的课室、户外清新的空气,适宜的温度、湿度和光线使人身心舒畅,学习效率增高,不易疲劳。图书馆、自学室安静的自学气氛,在室外或宿舍里同学之间对学习问题的讨论气氛都有助于激发学习的欲望。

3. 动静结合,掌握消除疲劳的方法

当保持坐姿太久,出现精力分散、昏昏欲睡的现象时,可暂时放下书本,走到室外进行适当运动。例如伸伸腿、弯弯腰、甩甩手臂、转转脖子,或做几个俯卧撑,还可以做深呼吸等放松训练。

(三)保持充足的睡眠

睡眠是保证学习精力的必要条件,酣睡醒来,头脑清醒,精神振奋,疲劳尽除。一般来说,大学生每天应做到按时睡觉,按时起床,保证睡眠时间在 8 小时左右,但个体间也可存在着一些差异。有的同学学习至深夜已头晕目眩,还想继续攻读,甚至用冷水洗脸、冲头等办法勉强维持大脑的兴奋性,这样不仅学习效果不好,长此以往,还很容易导致神经衰弱和脑功能失调。

(四)保证大脑营养的供应

充足的碳水化合物、蛋白质、脂肪、钙、铁、磷、锌、维生素及一些微量元素是保证大脑功能正常的物质基础。因此,一日三餐既要吃饱,又要吃好,合理搭配,营养全面。有的大学生不吃早餐,这是很不好的习惯。因为大脑只能通过血糖(葡萄糖)获取能量,早饭吃饱吃好,对维持正常的血糖水平是很必要的,否则容易导致上午的学习疲劳。

三、考试焦虑问题

(一) 考试焦虑的表现

考试本来的意义是对学生的学习效果和知识掌握程度进行检验。考试引起适度的焦虑有助于调动学生的心理能量和生理能量,使学生全力以赴、全神贯注地进行考试,使自己的学识得以正常发挥甚至超常发挥,这对学生的身心健康和抗应激能力无疑有积极的作用。但凡事都有一个度,如果把考试看得太重,无限夸大考试的意义,把考场看作决定自己命运的战场,认为"胜败在此一举",急于获得成功,结果导致高焦虑,不仅会危害自己的认知过程,使自己的才智不能正常发挥,考不出应有的成绩,还会损害身心健康。

考试焦虑一般表现为过度考试焦虑与考试怯场。过度考试焦虑是对考试过于紧张,担心自己考试失败有损自尊而高度忧虑的一种负面情绪。过度考试焦虑表现为考前紧张恐惧、心烦意乱、喜怒无常、无精打采;胃肠不适、莫名的腹泻、多汗、尿频、头痛、失眠;记忆力减退、注意力不易集中、思维迟钝、学习效率下降等。考试怯场是过度考试焦虑在应考时的反应,是学生在考试中因情绪激动、过度焦虑、恐慌而造成思维和操作困难的一种心理现象。考试怯场的主要表现有:心跳加快、呼吸急促、满脸通红、出汗、头晕、烦躁、恶心、软弱无力、思维迟钝,甚至晕倒等。

考试过程中,焦虑水平适度的大学生注意力集中、思维活跃、反应敏捷,能将平时积累的知识快速地从大脑记忆库中调出来。但过度的焦虑容易分散和阻断注意过程,使学生的注意力不能集中于学习和应试,无法正常发挥原有的水平。导致过度考试焦虑的原因非常复杂,比如,对知识掌握得不扎实、把分数看得太重、对以往的考试失败心有余悸、自尊心过强又缺乏自信、担心因为考试失败而损害自己的形象和前途、担心自己对考试准备不充分、身体健康欠佳等。

【课堂活动】

考试的经历

从小我们就经历了无数次大大小小的考试。请你仔细地回忆一下,在你过往的经历中有没有难忘的经历?如果有,请回忆当时的过程,并讨论:

☞考试前发生了什么,你当时有什么想法,采取了哪些行动?
☞考试中发生了什么,你当时有什么想法,采取了哪些行动?
☞考试后发生了什么,你当时有什么想法,采取了哪些行动?

(二) 考试焦虑的调适

1. 对考试应有正确的认识

考试只是衡量学习效果的手段之一,考试成绩不能全面反映一个人的学习能力和知识水平,更不能决定一个人的前途和命运,所以不必把考试看得过重。

2. 认真制订学习与复习计划

平时勤奋学习,及时掌握所学知识,对各科的学习"不欠账"。考试前认真总结复习,熟悉考试要求,做到"心中有数",考试就不会出现异常现象。另外,对考试成绩的期望要从自己的实际出发,不可过高,否则会给自己造成心理压力,容易出现过度焦虑。

3. 注意身体健康及营养

考前虽然应认真复习,但不可搞"疲劳战术",要注意劳逸结合,保证充足的睡眠,并且要加强营养以提供足够的能量和热量。这样就可以保证在考试中有充沛的精力、清醒的头脑、健康的身体和良好的情绪状态。

4. 学会自我暗示与放松

如果考试时,由于过度紧张、焦虑,以致思维混乱或感到大脑一片空白,手脚发颤,头昏脑涨,应立即停止答卷,轻闭双眼,全身放松,做几次深呼吸;反复地自我暗示:不要着急、我很放松;适当地舒展身体。待情绪平稳时,再开始审题答题。

5. 寻求专业人员帮助

考前若感到难以克服考试焦虑或曾出现过几次"怯场"现象,应主动寻求心理咨询帮助。心理咨询师会通过放松训练、自信训练和系统脱敏等方法来帮助学生摆脱考试紧张。

【课堂活动】

放 松 训 练

尽量让自己舒适地坐在椅子上,如果感觉后背靠在椅子上会更舒适的话,就挺起腰板靠在椅子上,尽量伸直你的颈部,使上身成一条直线,尽量将双脚舒适地置于地板上,如果双脚交叉令你感觉不舒服,就把脚伸展开,把手放在腿上,或怎么舒服怎么放。如果感觉舒适了,就闭上眼睛,无论你的注意力在哪里,你的思绪在哪里,将其带入你的呼吸中,深吸一口气,然后慢慢地、轻轻地、温柔地呼出,再深吸一口气,然后慢慢地、轻轻地、安静地呼出,重复几次。如果你心神不宁,就简单地、轻轻地将思绪带入呼吸,并进行练习,在继续呼吸的过程中,将你的注意力、思绪转移到身体上,你的双脚、双腿、手腕、腹腔、胸腔、后背、颈部、头部,对整个身体进行扫描,找到一处相对于其他区域更加绷紧的区域,不管是你身体的什么部位,都将注意力转移到那里,观察这种紧绷的感觉,接受它。继续深呼吸,同时体会身体的放松感觉,接纳每一次呼吸。你的感觉没有对与错的分别,继续跟着呼吸走,每次呼吸都带来一次思绪的平复,再次深吸一口气,慢慢地、轻轻地呼出,在下一次呼气时慢慢睁开眼睛。

资料来源:https://www.psy525.cn/special/20271-145630.html

四、注意力不集中问题

(一)注意力不集中的表现

心理学研究表明,学生在学习中的个别差异并不完全由个体的天赋不同导致,更主要的是因为他们在学习时注意力集中的程度不同。可见,人适度集中注意力是保证自身高效率学习的必要条件。注意是心理活动对一定对象的指向和集中。注意分为无意注意和有意注意。无意注意指事先没有预定的目标,无须做意志努力的注意;有意注意是一种主动、自觉、有目的、需要意识做出一定努力的注意。注意力不集中或注意力分散,是指在需要注意稳定的情况下受到干扰,使注意离开了需要注意的对象。大学生注意力不集中,实际上是无意注意增加,而有意注意减弱的结果。无意注意增加意味着注意力保持时间短,外界稍有一点刺激就分心,使主观上无法把注意力集中在学习上。有意注意减弱意味着注意力分散且不能持久,不能将注意力集中于一定的对象上,对已开始的学习活动常半途而废,难以坚持始终。学习时注意力不集中是导致学习效率下降的重要原因之一。

(二)注意力不集中的调适

1. 明确目标

学习时应时刻坚持明确的学习目标,即为自己学习设定一个具体的、明确的、能很快实现的目标。例如,今天课堂要掌握哪些知识,这次考试要取得什么样的成绩,打算怎样安排复习等。只要自己心中有目标,就会为之产生意志力,克服分心。

2. 转移调节

学习过程本身是艰苦的,知识又是十分抽象和枯燥的,对这些内容的学习往往容易分散注意力。因此,在学习过程中,应当把感兴趣或不感兴趣的内容穿插开来学。当感到厌烦或疲劳时,可暂时放弃当前的学习内容,把感兴趣的学科内容作为坚持学习、集中注意力的转移调节对象。

3. 锻炼意志

注意力说到底是一个人意志的一种体现。学习中的挫折往往是集中注意力的劲敌。因此,大学生在日常生活中要注意培养集中注意力学习的良好行为习惯,培养克服困难及挫折的毅力,逐步增强自我控制的能力,培养自律性人格,增强集中注意力的自觉性。

4. 劳逸结合

大学生要保持身心健康、精神愉快、精力充沛,注意充分休息,做到劳逸结合,防止因过度疲劳而导致注意力不集中;同时,应适当参加文体活动,这样一方面使自己得以充分休息,另一方面也使过剩的精力得以宣泄,从而保持个体体内能量平衡。学习要有劳有逸、有张有弛,这样才能保证把注意力集中在学习上。

【课堂活动】

注意力训练

首先在空中描绘一个点,此时让心中唯存有此点,并凝想此点。

慢慢将此点延伸为一条直线,继续凝想此直线,并将凝想的时间拉长。

之后描绘出较复杂的星形或涡形,并凝想该图形一段时间,继续将图形复杂化,并保持凝想,同时拉长凝想的时间。

每天练习5次以上,练习一段时间后,可以提升自己集中注意力的能力。

五、目标缺失问题

进入大学意味着一段新生活、新历程的开始,但是相当一部分学生没有意识到放下高考的目标后,在大学里学习又是为了什么。有人可能会说继续好好学习,拿奖学金,或是争取考研、保研,以后能找到好工作。但是大学里学习的难度与广度增加,学习的内容不仅局限于专业学习,还有各种社会能力的学习,加上大学里宽松自由的氛围和各种新鲜的刺激,如果没有一个明确的目标,非常容易迷失其中。尽管内心有努力学习的愿望,但是不能成为有效的学习推动力量。

(一)目标制定的原则

1. 目标要具体

例如,把今天的学习目标定为"复习第一章的内容""背诵50个单词"。这种具体的目标具有较强的可操作性,更容易实现。

2. 目标要可以测量

目标设定得越明确,就越容易测量,如"背诵50个单词"的目标就是可以测量的。

3. 目标要具有可达性

每个人的学习能力和学习动机水平不同,要结合自身实际情况来设定可以实现的目标。通常情况下,具有一定挑战性的中等难度的目标是比较合适的。

4. 目标要有期限

目标的设定要有一定的期限,这样才能在有限的时间内尽快完成设定的目标。

5. 近期目标要与远期目标相结合

在学习中,学习者不仅要设定长期的目标,对自己的未来发展有较为清晰的认识,同时也要有近期的具体目标,使自己能够脚踏实地地完成每天的学习任务。如果只有远期目标,没有具体的行动方案,个体最终会觉得自己的目标遥不可及,从而丧失学习的动机。

(二)目标制定的步骤

(1)了解自己的内心愿望、兴趣所在。

(2)参与实践活动,如参与社团活动、课题项目,到所向往的单位实习,与学长、朋友交谈,了解与体验自己所追求的目标是否真是自己想要的。

(3)对照自身条件与客观环境,查找需要努力的方向。

(4)最后将目标做长期和短期的划分,使自己能在现有条件下,一步步地迈向自己的理想目标。

目标的设定是一个持续的过程,目标也不是永恒不变的,而是可以随时调整的。如果目标已经实现或者偏离了现实生活,就要对目标进行修订。还有一些同学担心自己设定的目标如果无法实现,反而会给自己带来更大的挫败感,其实大可不必有此担心,因为即使没有完全实现目标,也离目标更近了一步,你会比没有目标时更加努力,这就是设定目标的作用。

【经典故事】

"一厘米先生"布勃卡

布勃卡是世界著名跳高运动员,他曾35次刷新撑竿跳世界纪录。他一次又一次地创造世界纪录,而且几乎每次都只是将成绩提高1厘米,因此他被称为"一厘米先生"。当他成功地越过6.25米时,他感慨地说,如果自己当初就把训练目标定为6.25米,没准会被这个目标吓倒,甚至连原来能跳过的高度也跳不过去了。

小目标成就大事业,大学生也为自己设定一个学习的小目标,从今天开始努力学习吧!

六、专业不满意问题

(一)专业不满意及其原因

很多大学生对自己所学的专业并不满意。该现象往往出现在那些高考第一志愿未被录取,而被调剂到其他专业的学生中;有些同学是高考填报志愿时,迫于周围亲朋好友的压力和建议,选择了一个很热门但自己不感兴趣的专业;还有些同学是对专业本身了解不多,深入学习后发现和自己想象中的差距较大,逐渐对专业学习失去兴趣等。

(二)专业不满意的调适

除了千方百计激发自己的学习兴趣外,也可以选择一些具体的行动策略来改变自己的现状。

1. 转专业

这是很多学生刚进校门时的一种想法,很多学校也有这方面的相关规定,但是前提条件是本人在本专业的排名必须靠前,对要转入的专业也必须有所了解。这虽然有一定的难度,但是通过努力还是有希望实现的。

2. 辅修第二专业

很多学校都有辅修第二专业课程的机会,可以了解一下自己可不可以辅修一个第二专业,以弥补自己对本专业的不满意。

3. 跨专业考研

如果在本科阶段没有机会接触自己感兴趣的专业,可以利用考研的机会,重新选择自己感兴趣的专业继续深造。

4. 在变化中取胜

当原有的路走不通时,不妨换一条路,所谓"条条大路通罗马",换一条路,同样能够到达终点。

5. 尝试改变态度

人生会面临许多自己意想不到的东西,专业学习也是如此,当无法改变客观环境时,应尝试改变自己的心态,从心理上不要给自己太多消极的心理暗示,尝试换个角度来看待现状。

第三节　学会学习

【导入案例】

小美最近因为学习的事情犯了愁。小美从小到大一直是一个乖乖女,从小学到高中学习成绩虽然不算最好的,但也非常靠前。来到大学后,小美发现老师除了布置一些作业外,不会再督促自己或安排其他任务了。做完作业的小美发现,还有很多课余时间,却不知道如何利用这些时间来自主学习。身边的很多同学好像都有了自己的想法,有的学习英语为出国留学做准备,有的学习游泳,有的学习打乒乓球……自己什么想法都没有,无从下手。

第四章　大学生学习心理

进入大学的新生们,已经学习了十几年,如果说不会学习,听起来有些荒谬,但确实在很多同学身上都存在这个问题。他们长久以来习惯了被动学习,在大学这个给予充分自由的空间里,反而不知道如何学习了,不知道要学什么、如何学。本节我们将一起来寻找答案。

一、树立终身学习观

面对一个瞬息万变的社会,一个人原有的知识结构随时都可能面临新的知识的挑战。想要跟上时代发展的步伐,必须学会用发展的眼光看问题,把学习当作一辈子的事,不能一劳永逸、故步自封。学习知识一方面是为自己的学习、工作奠定坚实的基础,另一方面是要培养自己的终身学习能力。

个体应培养强烈的学习责任感,要认识到学习不仅是一项个人权利,更是一份个人责任。终身学习依赖的是个人的主动性和自觉性,需要个体对自己的学习行为负责,能够独立地按照自己的意愿学习。同时,学习不仅仅是为了提升个人素质,获得一个好的工作岗位,还应该意识到自己肩负着建设国家的重任,要胸怀大志,培养一种社会责任感,只有"活到老,学到老",才能成为博学之士和有用之才。

个体要保持学习的热情和持续学习的动力,一个很重要的途径就是学以致用。也就是说,学习不能仅停留在认知的层面,还要勇于实践,学会做事。要做成事、做好事,就要在学习中注意能力的培养。能力是一种综合性的素质,包括专业技能,也包括与人沟通的能力、与人共事的能力、管理和解决冲突的能力等。人只有在具体的需求中,才会知道哪些知识、能力是有用的,哪些知识、能力是自己所缺乏的,才会促使自己不断学习。在学习、实践的过程中,创新能力的培养也是极为重要的。创新能力的培养需要大学生充分发挥自己的想象力和创造力。正如爱因斯坦所说,想象力比知识更重要,因为知识是有限的,而想象力概括着世界上的一切,是知识进化的源泉。所以,学习时要善于思考,从多方面、多角度、多领域获得知识,并重新组合,创造新的知识。

【拓展阅读】

某市委曾做过一项调查,对"终身学习"这一概念,83.9%的在职青年表示认同,表明这一理念已深入青年心中。

根据此项调查,在职青年每天工作之外用于学习的平均时间是1.5小时。在问及"工作后,在学校里学的什么东西对您最有帮助"时,学习方法和思维方法的选择率最高,达34.4%;其次是实用技能,如外语、计算机等,占22.2%;再次是专业理论知识,占15.4%。

有关在职青年阅读情况的调查也获得了较喜人的结果。数据显示:专业经典著作,16.1%的青年经常阅读,54.2%表示读一点;人文社科类读物,17.8%的人经常阅读,52.7%读一点;专业期刊,25.3%的青年经常阅读,读一点的占49.1%;文学类读物,经常阅读的青年占34.9%,读一点的占47.6%;百科知识类,经常读的占25.5%,读一点的占57.9%。大部分单位亦对在职青年的"充电"给予支持。

在有关"单位对职工学习培训态度"的调查中,选择"大力支持,划出经费鼓励员工参加学习培训"的高达36.3%,"即使经费较难保证,但是时间上基本保证"的占30.6%,"一般情况,不反对,也不提倡"的占25.5%,"坚决反对,从经费和时间上都不会保证"的仅0.8%。

在学习过程中,青年虽然学习愿望强烈,但也会受到各种因素的阻碍,当问到"觉得工作以后学习最大的困难是什么"时,选择工作太忙的占 35.6%,选择学习费用太大的占 9.8%,觉得精力不能集中的占 40.6%,而选择缺乏兴趣的仅占 4.3%。

资料来源:http://zqb.cyol.com/content/2005-01/24/content_1021673.htm

二、了解学习规律

(一)掌握大脑活动规律

人的大脑分为左、右两个半球,大脑左半球的主要功能是语言、数学、逻辑分析等抽象思维,在阅读、写作、数学计算方面起决定性作用;大脑右半球具有高度的图形感知能力,在音乐、美术、空间和形状的识别、短暂的视觉记忆方面起决定性作用。一般人左脑功能发挥较多,而右脑功能利用较少,降低了学习效率,阻碍了创造力的发挥。因此,我们应该遵循大脑的活动规律,科学用脑。

大脑皮层功能定位学说告诉我们,要使大脑皮层各个区域交替工作,以防止某一区域的大脑细胞过于疲劳。大脑皮层在做某一工作时,相应的脑细胞就处于兴奋状态,其他部分的脑细胞则处于抑制状态,在大脑皮层上形成兴奋区和抑制区,使二者随着工作性质的改变交替地活动,从而达到所从事的工作交互促进的功效。因此,不同性质的学习内容互相轮换、动静结合,可以使大脑皮层保持较长时间的工作能力。比如学习高等数学后听听音乐,看看报纸、小说,或者记忆外语单词后,看看电视或画册,都可使大脑左、右两半球工作起来效率更高。

大学生在学习时应根据大脑的活动规律选择最佳学习时间。人的大脑活动有波浪式的运动规律,如大脑的功能性在一昼夜之间也呈现出波浪式的变化。科学家发现,17%的人早晨大脑的能动性较高;33%的人大脑能动性的高潮时间则是在夜间。于是,前一种人被称为"百灵鸟"型,后一种则被称为"猫头鹰"型。其余50%称为"混合型",没有明显的能动性的高涨特点。"百灵鸟"型和"猫头鹰"型的人,均属于兴奋性较高的人。掌握自己大脑活动的规律,把最重要、最需要脑力的学习内容安排在这一时间来完成,有利于提高学习效率。

人类的身体往往遵循着固定的周期规律,因此其可以决定一个人的智能和体能何时处于最佳状态。下面列出了多数人的周期性,试结合下面内容思考你的活动高潮期。

☞ 上午9点至中午12点:心智表现的巅峰期,适于做复杂的思考、决定。

☞ 中午12点至下午1点:思考力降低。此时,一顿高蛋白、低脂、低热量的午餐有助于提升你的精神。

☞ 下午1点至2点:午后身体最适宜活动,不妨做做伸展操、体操。

☞ 下午3点至5点:对多数人而言,这是读书、学习或上课的好时机。

☞ 下午4点左右:对多数人而言,这是以双手做事的适当时间,如做手工艺、打字或学弹钢琴。

☞ 下午5点左右:感觉最敏锐,可以听莫扎特的音乐,闻玫瑰花香或尝尝鱼子酱。

☞ 下午6点至晚上10点:身体处于运动高峰,反应时间和协调性达到最高水平。

☞ 晚上11点至凌晨4点:睡眠时间。当夜幕低垂时,多数人可以安然入睡。

☞凌晨4点至早上6点:心智作用最迟缓,最好别开车。
☞早上7点至8点:性荷尔蒙通常达到巅峰。

大学生应该掌握自己的大脑活动特点,并遵循自己的生物节律,这样才能更好地完成学习任务。

(二)提高记忆力

记忆是通过识记、保持、再现(再认、回忆)等方式,在人们的头脑中积累和保存个体经验的心理过程。记忆可以将人们感知过的事物、体验过的情绪或从事过的活动保存在人们的头脑中,并在一定条件下被回忆起来。记忆与学习密不可分,人们学习的过程实际上就是获得经验和积累经验的过程,而在这个过程中,记忆作为保存这些经验的重要手段之一,对学习起着十分重要的作用。可以说,记忆过程中的识记、保持与再现,实际上就是学习的不同阶段或不同方面。作为以学习前人的间接知识为主的大学生,更应了解一下有关记忆的知识,学习使用科学的记忆方法,以达到牢固掌握所学知识的目的,为进一步应用这些知识打下良好的基础。

1.遗忘的规律

了解记忆力规律对提升学习效率是一件至关重要的事。遗忘就是对于曾经记忆过的东西不能再认起来,也不能回忆起来,或者是形成错误的再认和错误的回忆。最早对遗忘进行研究的心理学家是艾宾浩斯。他通过实验研究遗忘,并将实验的结果绘制成曲线,即艾宾浩斯遗忘曲线(如图4.6)。

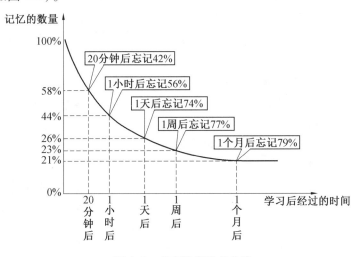

图4.6 艾宾浩斯遗忘曲线

资料来源:http://baijiahao.baidu.com/s?id=1667628215194264715&wfr=spider&for=pc

艾宾浩斯遗忘曲线是指遗忘在学习之后立即开始,而且遗忘的进程并不是均匀的。最初遗忘速度很快,以后逐渐缓慢。他认为"保持和遗忘是时间的函数",他用无意义音节(由若干音节字母组成、能够读出,但无内容意义即不是词的音节)作为记忆材料,用节省法计算保持和遗忘的数量。这条曲线告诉人们学习中的遗忘是有规律的,遗忘的进程很快,并且先快后慢。观察曲线会发现,习得的知识在一天后,如不抓紧复习,就只剩下原来的25%。随着时间的推移,遗忘的速度减慢,遗忘的数量也会减少。

有人做过一个实验,两组学生学习一段课文,甲组在学习后不复习,一天后记忆率36%,一周后只剩13%。乙组按艾宾浩斯记忆规律复习,一天后保持记忆率98%,一周后保持86%,乙组的记忆率明显高于甲组。

遗忘不仅受时间因素的影响,还受许多其他因素的影响,这些因素主要有:

(1)记忆的目的和任务。

记忆目的越明确,任务越具体,记忆的效果就越好。

(2)学习材料的性质和编排序列。

一般来说,学习有意义的材料要比学习无意义的材料遗忘速度慢得多,并且对材料理解得越透彻,记忆的速度就越快。但是当学习材料量比较大时,学生对学习材料前后的内容易记,对中间的内容易忘,这叫序位效应。关于中间的内容容易遗忘,有研究者提出可能是产生了前摄抑制和倒摄抑制。前摄抑制就是先学习的材料对后续学习材料的识记发生的干扰现象;倒摄抑制即后学习的材料对先前学习材料的识记发生干扰的现象。

(3)学习程度。

凡对学习材料未能达到准确背诵的,称为低度学习;如能达到且仍继续学习一段时间,称为过度学习。低度学习的材料容易遗忘,过度学习的材料则记忆效果较好。但过度学习会出现"报酬递减率"的现象,即每增加一次背诵,在保持中所节省的时间就越来越少。因此,在追求学习效果时还是要综合精力、时间等方面的要素,否则就会造成浪费。

2. 提高记忆效果的策略

根据遗忘的规律,可以采用以下策略来提高记忆的效果。

(1)学习之后立即进行复习,加强记忆,并且以后还要再复习几次,但复习的时间间隔可以逐渐增加。比如在学习的第一天后进行第一次复习,三天后再复习一次,再下一次的复习则可安排在一周之后。

(2)进行适当的过度学习,以加强对所识记材料的记忆。

(3)根据学习材料的性质安排适量的学习时间,同时要使前后两段时间中学习的材料尽量不一样,以避免它们之间的相互干扰。

(4)对学习始终保持浓厚的兴趣,也可以提高记忆的效果,避免过多遗忘。

(5)利用外部记忆手段,如记笔记、编提纲等,保持记忆的内容。

(6)利用联想帮助记忆。时间或空间接近的事物、事物间相反或相似的特征以及因果关系都能引起人的联想。同时,个人的思维定式与兴趣也影响联想,从而影响回忆的方向与效果。

(7)采用双重提取帮助回忆,借助表象和词语的双重线索,提高回忆的完整性与准确性。

(8)学会排除干扰。经常有这样一种现象,话在嘴边却说不出来,这就是回忆过程中发生的提取困难。在考场上常常会出现这种情况,让人非常焦急,却又束手无策。克服这种现象的简便方法是当时停止回忆,过一段时间再进行回忆。同时,还要注意用脑卫生,这对增强记忆力也是有益的。

学无定法,除以上这些策略,你还运用过哪些策略来提高自己的记忆效率呢?

第四章　大学生学习心理

【测一测】

测测你的学习方式

下列各题请做"是"与"否"的回答。

(1)考试时,你一看完题目就马上答卷吗?
(2)你觉得出声朗读比不出声读书更容易记住吗?
(3)在做计算题时,你是边分析题意边做的吗?
(4)听到声音,在你眼前就会浮现出形象的场面吗?
(5)在接连不断解题时,你是否精神涣散、注意力不集中?
(6)学习时,你一看图解和表格就能轻易记住吗?
(7)你是否因为自己害羞而认为自己不好?
(8)你是否认为看课本和参考书比听人讲解更容易理解?
(9)你是否从事情的结果上来判断事情的好坏?
(10)你看过课本上的插图和表格之后,它们会清楚地浮现在你的眼前吗?
(11)你是否不注意生活细节,举止随便?
(12)现在你对你的英语听力很满意吗?
(13)你是否先判断问题的对错,再着手解决?
(14)你在记歌词时是否认为听比看文字更容易记住?
(15)你是否总是把失败放在心上?
(16)你是否感到会读的汉字或英语单词比不会读的更容易记住?

【结果分析】

评分与解释:

第2、3、4、7、12、13、14、15、16题选"是"记0分,选"否"记2分;其他题目选"是"记1分,选"否"记0分。将题号为奇数的题目得分相加,再将题号为偶数的题目得分相加。其中奇数题测的是认知型学习方式的类型,偶数题测的是记忆型学习方式的类型。

你的奇数题得分:

0~3分:表明你的认知型学习方式为思考型,解决学习中的问题倾向于深思熟虑,不草率用事。

4~8分:表明你的认知型学习方式为中间型,介于思考型与冲动型之间。

9~12分:表明你的认知型学习方式为冲动型,反应敏捷、迅速,但往往考虑不周,错误较多。

你的偶数题得分:

0~4分:表明你的记忆型学习方式为听觉型,你的听觉记忆占优势,听过的东西比看过的东西容易记住。

5~8分:表明你的记忆型学习方式为中间型,介于听觉型与视觉型之间。

9~13分:表明你的记忆型学习方式为视觉型,你的视觉记忆较听觉记忆好,看过的东西比听过的东西更容易记住。

(三)学习的"高原现象"

大部分人初到高原,都有或轻或重的高原反应,高原反应是人到达一定海拔高度后,身体为适应海拔高度而产生的自然生理反应,一般避免或减轻高原反应的最好方法是保持良好的心态。很多人在学习的过程中,都会遇到平台期,就像登上高原,会出现呼吸困难的高原反应一样:学生在学习过程中常会有这样一个阶段,即学习成绩到一定程度时,继续提高的速度减慢,有的人甚至发生停滞不前或倒退的现象(如图4.7)。在总复习的初期,每一位同学都很有信心,学习效果也较明显,但过了一个阶段,即在经历了一段时间的复习之后,成绩就再难有较大提高,甚至忽高忽低,沉浮不定;有的同学的复习效果逐步减退,甚至停滞不前,头脑昏昏沉沉,什么事都不想干,看不进去书也记不住内容,性情易急躁烦闷。这就是心理学上所说的"高原现象"。

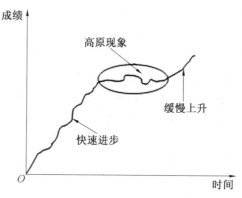

图 4.7　学习的"高原现象"

资料来源:https://www.tanmizhi.com/html/7464.html

很多学生遇到这种情况既纳闷又着急,因不明白这个原理,努力了一段时间后,见效果不好,就放弃了努力。有些同学还会出现沮丧、懊恼、心烦意乱等消极情绪,以为再学也没用,因而失去信心,对某一个学科产生厌恶的情绪,终止学习,或敷衍学习,结果影响自己的进步和成长。只有了解"高原现象"产生的原因,掌握克服的方法,才能及时消除负面影响。

1. "高原现象"出现的原因

(1)学习先易后难,产生学习疲劳。

随着学习的深入,所学学科也就越来越难,而难的知识是难以理解和掌握的,甚至有的知识当时根本理解不了。这时学习的速度就要慢下来。紧张的学习容易导致生理、心理的疲劳。特别是遇到比较重要的考试,比如四六级考试、考研等,学习的强度逐渐加大,不少考生夜以继日,争分夺秒,以牺牲休息时间来应对,同时为赶时间而缺乏体育锻炼,导致身体机能减弱。有些学生还要承受来自父母、学校及社会的压力,这些都会导致考生的生理疲劳与心理疲劳。当这种疲劳积累到一定程度时就会产生"高原现象"。

(2)学习热情,学习劲头难以持久。

学习某一学科的时间较长,学习热情可能会有所降低,甚至会产生厌倦情绪,学习劲头也会下降,这也会导致学习进度缓慢或下降,"高原现象"就自然出现了。

(3)学习方法不得当。

很多学生在学习某一学科的开始阶段带着新奇感和兴趣,靠死记硬背,多看多写多练,进步很快。但随着所学知识的增多,难度的加深,仅靠原来死记硬背、勤学苦练的方法难以应付,学习速度也就慢慢降了下来。这种情况一方面是由于学生的智力和能力的发展与所学知识的数量、难度之间的关系不适应。也就是说,学生在获得知识的同时,智力和能力并没有得到同步的发展。另一方面是因为学习方法不对。随着知识量的不断增加,很多学生学习方法和学习能力的发展却很慢,没有在不同的阶段接受相应的学习方法的培训,有的学生甚至仍使用小学时的学习方法,被动地跟着老师的安排,抱着一种机械的苦学加死学的方法,整天为做题而做题。这就使得学生本来已经掌握的知识点和能力点不断被重复,甚至越做题心中越无数。其结果,必然是一方面做着大量的无效劳动,另一方面自己的弱点却又难以得到弥补,最终导致进步缓慢或停滞不前。

(4)浅尝辄止,停滞不前。

还有一些学生在学到知识的一点"皮毛"以后,就以为学得差不多了,达到了学问的最高境界,因而自满自足起来,不像以前那样全力以赴,有的学生甚至"浅尝辄止",不再努力。这会导致新知识无法学到手,已学会的知识也会渐渐遗忘,这就不是速度慢的问题,而是真的停滞,甚至后退。

2. 如何克服"高原现象"

(1)正确认识"高原现象"。

高原现象是学习过程中从一个阶段到另一个阶段的低谷期,如同在长跑中会出现极点一样,这时只要再坚持一下,激励自己,增强信心,这种现象就会消失。大学生应注意培养自己的心理品质,如增强意志力和耐挫能力等,保持平和的心态,相信自己。

(2)打牢基础。

有的同学原来基础欠佳,有许多知识点没有弄清楚,有缺、漏、差的情况,在总复习中如不能及时补上,则日积月累,就无法取得进步。所以要抓紧时机,不要使问题成堆,如有"欠佳"则要有计划地清理。

(3)坚持到底。

很多同学在遇到挫折后容易灰心,选择放弃。高原现象是几乎每个人都会遇到的,这时候就考察每个人应对挫折的方式,只要坚持正确的学习动机,不气馁,不放弃,保持锲而不舍的学习精神,就可以跨越高原阶段,迈向新的目标。

(4)调整方法。

如果发现自己遭遇了高原现象,就要分析和思考一下自己的学习方法是否适应更高层次的学习要求。一般来说,好的学习方法是要与时俱进的,根据实际情况及时改进学习方法,培养全新的思维模式和学习思路,适应新知识的要求。

(5)保持敏锐的心理觉察,及时放松自我。

例如,参加体育活动、听音乐、看电视等,均有利于缓解心理紧张。

【课堂活动】

学习方法检阅卡如表4.2所示。

表4.2 学习方法检阅卡

我的方法	是否有效	好方法	坏方法	反思

时间:30~45分钟。

步骤:老师请每个同学填写"检阅卡",邀请同学们上台分享自己的学习方法,台下的同学根据是否适合自己的原则,把它归为好方法或坏方法。分享结束后,以小组为单位,鼓励同学们发表自己的见解,并针对某些学习方法提出改进的意见,将自己以后将如何改进学习方法的反思填写到最后一栏。

三、掌握学习技巧

经过大学之前多年的学习经历,每个同学都积累了属于自己的学习方法,这里为同学们阐述的几类学习技巧是普遍技巧,同学们要结合自己的实际情况来参考使用。

(一)良好的能量管理

时常会听到有学生抱怨自己常常会感到疲劳、压力过大甚至已经精疲力竭,这说明他的能量管理做得不好。大学生可以从两个方面来调整能量管理策略。一方面,从量上来增加潜在能量水平,比如适量运动、充足睡眠、健康合理饮食、及时饮水、少食多餐等;另一方面,可以从质上来调动能量的使用,这里推荐一种循环式作息计划。不同于线性的计划,它是先集中小部分时间做大部分工作。这种计划安排能让学生做到张弛有度,而不是死气沉沉。比如,可以一周抽出一天时间用来休息,将7天的工作放在6天里完成,一开始很难,但是放松一天能防止精疲力竭。又比如,在一天里,将一天的工作放在早上集中完成,这样到了晚上就有几个小时的空闲时间可供支配。也可以设定90分钟,集中精力完成某项学习任务,一旦90分钟结束,就停止工作,这样也可以使你的注意力在这段时间中更加集中。

(二)正确记笔记

在大学里,很多老师讲授课程都使用PPT,但PPT上面呈现的只是内容纲要,并不是全部内容,面对多媒体教学,学生要学会正确地记笔记,充分利用笔记帮助自己对学习材料进行组织、联系、再加工、整合和迁移。当然,这里的笔记不只是指记录在笔记本上,也可以记录在电子设备上。

1. 准确记录

实验研究证明,对知识的第一印象很难改变,所以记笔记时资料一定要正确,板书要认真,下课后尽快翻阅和整理笔记,将不确定的地方及时做好标记,这是记笔记的基础。

2. 详略得当

对讲课内容越不熟悉,笔记越要记得详细清楚,如果讲课内容很难从教材中找到出处,更要做好详细的记录。

3. 层次分明

笔记内容要有条理、分层次,分段分条,不要全部都混在一起,否则课后复习时就需要花费更多时间来消化理解。

4. 多留空白

要为每页笔记的上、下、左、右预留出充分的空白,以便随时加上自己的理解和疑问。

5. 提高速度

笔记一般都是边听边记的,所以需要一定的速度,用自己速度相对较快的方式来做笔记,可以充分利用缩写、符号,也可以辅助拍照等技术,以此提高听课效率,但一定要及时总结和整理。

(三)理解监控策略

理解监控是一种循环检测过程,以确保能理解正在阅读的材料,它是一种高级的学习策略,要求个体具有高度发展的元认知能力。有研究证实,低成就者和一些缺乏自我监控的个体很少进行自我检测,且常常在他们遇到尚不理解的问题时采取行动。下面讨论两种重要的理解监控策略——总结和自我提问。

总结是指对口头或书面信息的中心思想做简明扼要的阐述。它是一项非常有效的理解监控策略,但学会它必须经过专门训练且要耗费大量时间。有研究证实,学生经过一段时间训练后,逐渐变得善于总结,即确定并剔除不重要的信息,得出对内容结构的一般描述,得出每一段的主题句。尽管这类训练要耗费大量时间,但结果表明确实可以促进学生理解能力的提升。

自我提问是另一种自我监控的方法。如在阅读中,学生有规律地停顿下来,询问自己一些有关阅读材料的问题。精致性提问是一种比较有效的自我提问方式,它是一种获得推论、明确关系、引用样例或确定所学材料隐含意义的加工过程。下面是一些有效的精致性提问的例子:这一观点的其他例子还有哪些?这一主题同前一主题有何相似与不同之处?当前材料是什么主题的一部分?通过精致性自我提问,新信息能和长时记忆中已有信息建立联系,从而促进理解与学习。

(四)科学阅读

在大学期间,每门课程的教师都会给同学们推荐几本参考书。同时,大学教师在课堂上的讲授方式有时也是点到为止。因此,大学的学习更需要学生有自学能力。如何培养自学能力呢?最常用并获得大众认可的方法之一是 PQ4R 法。PQ4R 法的名称是由 6 个英文单词的首字母组成的,代表着学习任意一章内容应遵循的 6 个步骤。

(1)预习(preview,P)。

在开始自学某章内容时,最好的做法不是马上就读,而是先花几分钟大略看一遍,注意一下各节标题、大写的或黑体的术语,形成一个总体的认识。同时,也要考虑这一章讨论的是什么问题,材料是怎样组织的,以及它与前几章有什么联系等。

(2)提问(question,Q)。

在阅读每一节之前,停下来先问问自己它都包含什么内容,以及应当抽取哪些信息。例如,某章有一节的标题是"人格",你可以提出这样一些问题:"什么是人格?""人格对我们有什么影响?"

(3)阅读(read,R)。

阅读课文,并试着回答自己前面提出的问题。

(4)复述(rehearsal,R)。

在阅读课文时,试图予以理解,默读并想出一些例子,把教材和已有的知识联系起来。

(5)回忆(recall,R)。

学完一段时间后,试着回忆其中的要点,回答之前自己提出的问题。对不能回忆的部分,再阅读一遍。

(6)复习(review,R)。

学完一章后,复习所有内容,找出各节内和各节间的联系,目的是考察作者是如何组织材料的。一旦掌握了篇章的组织结构,单个的事实就容易记住了。学完所有内容以后适当休息、放松。研究表明,采用这种方法不仅可以更好地记忆材料,而且会节省大量时间。

(五)善用思维工具

很多工具都可以用来帮助学生理清思路,从而使得思考的过程更加顺畅。下面介绍两种工具,希望同学们能够学以致用,对自己的学习有所帮助。

1. 思维导图

思维导图是一种图像式思维以及利用图像式思考来表达思维的工具,通常由一个中央关键词或想法,以辐射线连接所有的代表字词、想法、任务或其他关联项目的形式构成,用途很多(如图4.8)。现在市面上有很多有关制作思维导图的APP,界面有所不同,但操作都很简单,你可以选择一款适合自己的熟练掌握。当然,如果有一定绘画基础的话,你也可以选择手绘,使你的思维导图带上更多的个人标记。

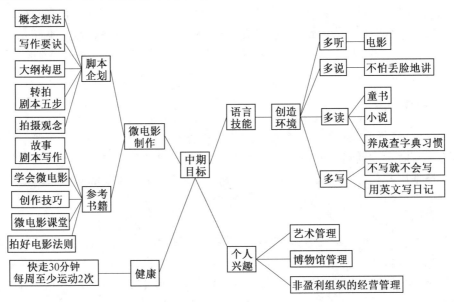

图4.8 思维导图示例

资料来源:http://www.edrawsoft.cn/life-goal-mindmap/? clicktime=1582111136

2. 康奈尔笔记

康奈尔笔记也叫5R笔记,这一工具几乎适用于一切讲授或阅读课,特别是对于听课笔记,5R笔记应是最佳之选(如图4.9)。这种工具是记与学、思考与运用相结合的有效方法,具体包括以下步骤:

(1) 记录(record)。

在听讲或阅读过程中,在主栏(将笔记本的一页分为左小右大两部分,左侧为副栏,右侧为主栏)内尽量多地记录有意义的论据、概念等讲课内容。

(2) 简化(reduce)。

下课以后,尽可能及早将这些论据、概念简明扼要地概括在副栏和回忆栏上。

(3) 背诵(recite)。

把主栏遮住,只用回忆栏中的摘记提示,尽量完满地叙述课堂上讲过的内容。

(4) 思考(reflect)。

将自己的听课随感、意见、经验体会之类的内容,与讲课内容区分开,写在卡片或笔记本的某一单独部分,加上标题和索引,编制成提纲、摘要,分成类目,并随时归档。

(5) 复习(review)。

每周花10分钟左右时间,快速复习笔记,主要是先看回忆栏,回忆不起来时适当看一下主栏。

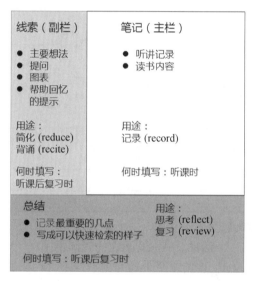

图4.9 康奈尔笔记示例

资料来源:https://www.sohu.com/a/315841851_649537? sec=wd

四、学会管理时间

进入大学以后,时间相对宽松自由。本节所讲的时间并不只是用在学习上的时间,时间管理是大学生生活的时间管理,包含了学习时间的管理。时间管理是一门重要的人生课程,通俗地讲,时间管理就是提高时间的利用效率,它反映一个人对待时间的态度和价值观念,是一个人在运用时间方式上所表现出来的心理和行为特征。那么,如何来科学管理自己的时间呢?

(一) 了解自己的时间

时间管理的前提是了解自己的时间分布。心理学实验表明,人对时间的估计是很不可靠的。如果把一个人关在黑暗房间里,他很快就会丧失对时间的感觉。即使有灯光,被关在黑暗房间的人也无法估计时间的长短,有时估计得过长,有时估计得过短。可以通过做时间日志来记录自己的实际时间分配,也可以通过下面这种方式来记录自己花在每个地方的时间。

【课堂活动】

活动1——记录你的时间"流水账"

请填写你的时间"流水账"(如表4.3)。

表4.3 时间"流水账"

事情	每天花费的时间	每周花费的时间	备注
睡眠(包括午睡)			
吃饭(一日三餐)			
个人卫生(洗漱、洗澡等)			
上课			
自习和做作业			
上网			
阅读其他书籍			
运动锻炼			
娱乐			
社团或社会活动			
朋友聚会、聊天等			
打电话、发短信等			
其他			
总计	24小时	168小时	

做完时间"流水账"后,你发现了什么?

活动2——画画你的时间饼图

☞请在白纸上画一个大圆,在圆圈线上均匀地标注出24个点,代表一天的24小时,根据活动1中的时间"流水账",每格代表1小时。

☞请在白纸上另外画一个大圆,按照同样的标准,画出你个人期望的时间安排。

☞最后,两张饼图比较一下,看看你需要做哪些改变?

(二)编制合理的时间计划表

写出你的渴望、目标及梦想,每天至少大声念两遍,有助于将这些目标融入潜意识。确立了目标后,依此制订计划。有人认为制订计划是"多此一举",是"浪费时间",然而"磨刀不误砍柴工",合理的计划不但不会浪费时间,反而有助于节省大量的时间。

制订的计划应具体、细致;计划要有完成某项任务的最后期限(这样可使人集中精力去做某事);制订的计划要留有余地,留出机动时间以应对突发事件;可以公开自己制订的计划以展示自己的决心,不留后路,也可以得到更多的帮助;最后,对制订的计划要有适时的检查和评估,使计划按时保质完成,以保证各阶段目标和整体目标的最终实现。

编制一份可行的待办计划表并身体力行;每晚在熄灯前制订好第二天的工作计划。编制的计划表应简单明了,并且要定期检查计划表,最好是早上起床后第一件事就查看计划表。要注意的是,应当在计划项目旁边标注上日期与时间,同时不要忘记编制长期计划表。

(三)进行时间规划

时间是最公平的,所有人每天都只有24小时,一分不多、一秒不少。时间不可重来、不可储蓄、不可延伸、不可替代,但却可以规划。对时间的不同规划方式造就了不同的人生。人与人之间的差异,其中一个原因就是对时间的处理方式。

时间管理理论强调每一天的行动、每一个时段的行动都要与未来的目标很接近,所以它强调的是一种方向,以原则为中心,配合个人的使命感,始终把个人精力的焦点放在重要的事务上。时间管理理论按照事情的重要性和紧急性分为四个象限,如图4.10所示。

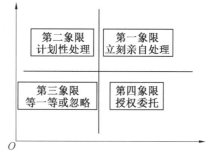

图4.10 时间管理四象限图

第一象限:重要而紧迫的事情,通常是需要立刻、亲自处理的重要问题,或在限定时间内必须完成的任务。在现实生活中,如果过分注重第一象限的活动,那么这个象限的范围就会变得越来越大,最终占据全部的时间和精力。这就像冲浪一样,来了一个大浪,把你从冲浪板上打到水里,好不容易重新爬上去,下一个大浪又来了,于是你又重重摔了下去。

第二象限:不紧迫却重要的事情,如采用预防性措施、建立关系、明确新的发展机会、制订计划和休闲。第二象限的工作需要计划性处理。第二象限的活动是高效能个人管理的核心,因为这个范围内的活动虽然不紧迫,但却十分重要。这些活动包括建立人际关系、撰写个人发展目标、拟订长期规划、进行体育锻炼、采取预防危机措施、从事准备工作等。

第三象限:紧迫但不重要的事情,如接待访客、某些电话、某些信件、会议、社会活动等。有些人把大部分时间花在紧迫但并不重要的事情上,却自以为在致力于第一象限的活动。他们整天忙于应付一些自认为十分重要的紧急事件,殊不知紧迫之事往往只是对别人很重要,对自己却不一定重要。因此,对于这一象限的工作可以视情况等一等或忽略。

第四象限:不紧迫也不重要的事情,如琐碎而忙碌的工作、某些邮件、消磨时间的活动、令人愉快的活动。有些人每天都在应付各种各样的问题,因此只能借助第四象限的活动来逃避现实,稍微放松一下自己。

高效能的人总是避免陷入第三和第四象限的活动,他们通常花费更多的时间在第二象限来减少第一象限活动的数量。而另一些人把90%的时间花在第一象限,10%的时间花在第四象限,用在第二、第三象限的时间少之又少,这就是将大部分时间和精力都花在处理危机上的人所过的生活。而有人计划将所有的时间都用在第三象限和第四象限上,可以说他们过的是一种不负责任的生活。所以杜拉克说:"世界上最糟糕的事情就是把不必要做的事情做得很完美。"

人们通常能认识到第二象限事情的重要性,知道应该认真对待,但却很少有充足的时间加以落实,原因就在于这些都不是手头上最紧迫的事情。正因为不紧迫,所以一般人总是不去做。而事实上,只要能够认识到第二象限活动的重要性,并且能够积极主动地去做这些事,问题和危机就开始大大地减少,不再难以应对。因为尽量做到了防患于未然,争取从根源上解决问题,采取预防性措施以防止危机的发生。用时间管理的术语来解释,这就是所谓的帕累托法则:20%的行动能够取得80%的成果。

【经典故事】

生命中的"大石头"

在课堂上,教授拿出一个广口瓶,将一堆鸽子蛋大小的石头一块一块地放进去,直到装不下为止,然后问大家:"瓶子装满了吗?"大家回答:"满了。"教授又拿出一小桶黄豆大小的小石子,一边往瓶子里面装,一边摇晃瓶子,小石子都从大石头的缝隙掉下去了。教授又问:"瓶子装满了吗?"这次大家提高了警惕,有的说:"瓶子可能没有满吧?"教授这时又拿出一小桶细沙子,又是边倒边摇晃瓶子,细沙全流进大石头和小石头之间的缝隙中去了。教授又问:"瓶子满了吗?"这次大家齐声回答:"没有满。"教授笑着说:"很好。"说着又拿出一小瓶水倒进瓶子里,直到水从瓶口溢出为止。教授又问大家:"这个实验说明了什么?"多数人回答:"说明不管你的计划安排得多么满,只要再努一把力就可以多塞些东西。"教授说:"你们的回答不是完全没有道理,但不是我要说明的。这个实验告诉我们,如果不先把大石头放进瓶子里,瓶子的空间被其他小东西占满以后,就算你再努力,也放不进大石头了!不管什么时候,请记住,一定首先放进'大石头',就是说一定要先做好最重要的工作。"在大学里,有些同学每天看起来都很忙碌,但这些都是同样重要的吗?你生命中的"大石头"是什么呢?

(四)找出隐藏的时间

时间效率专家阿列斯·伯雷说:"一天的时间就像大旅行箱一样,只要知道装东西的方法,就可以装两箱之多的物品。开始不要把东西扔到箱子的正中间,而是不留缝隙地往四个角和箱子的边缘填充,最后再向旅行箱的中间填。如果毫不浪费地使用了四个角的时间,你就可以把一天当作两天用了。"这是一个非常好的建议,因为如果一天能利用30分钟的零散时间,那么一年下来累计就可达22天,还是很可观的。那么,这些可能被找出来的"隐藏"时间在哪里呢?

1. 过渡时间

如早上可边洗脸边听广播,或到处放一些报纸杂志,可随手拿来翻阅。

2. 旅途时间

旅途时间可以收听广播或背外语单词,也可以打腹稿,反省昨天或计划明天。著名的未来学家赫尔曼卡斯特别喜欢在旅途中看书,无论走到哪里,都与书为伴。

3. 等待的时间

办事、约见、排队时等待的间隙也可以利用,如听广播、看报纸、读书、算账、做计划、整理皮包或备忘录,思考一些问题,观察一下周围有什么有趣的事,做几次深呼吸或伸展一下身体等简单的放松练习。

4. 睡眠时间

一般成人睡6~8个小时就够了。不妨试着每晚少睡半小时,再坚持一段时间来适应这种新情况。如能适应,精力不减,那么在一年之内,就等于节省出了一星期。另外,午休最好不要超过45分钟,小憩15~30分钟,可以让人精神倍增。早上醒来之后不要赖在床上,否则会失去许多宝贵的时间。这样每天可省出20~50分钟。

5. 多出来的每一分钟

抓住每天多出来的时间去实现所确立的特别重要的人生目标。如想学好一门外语,不妨见缝插针地背几个单词。高效率的人善于利用零散时间,见缝插针,效率颇高。生活中往往会有一些零散时间,如能充分地加以利用,可以最大限度地提高工作效率。著名的成功学家拿破仑·希尔11岁时就养成了身上随时带一本书的习惯。这样,即使遇上交通阻塞,也不会浪费时间。有了自己的事业后,他也时常用汽车上的录音机。他的汽车上总有几十盒录音带,一边开车一边听。车上还有一个电话和一个微型录音机,开车回家的路上他还能接电话,或口授信件,或把一个忽然闪现的主意用录音机录下来,以免忘了。可见,对时间有深厚情感的人是真正懂得如何节约时间的。他们在任何时候都有所准备,以便充分利用时间,取得辉煌的成就,拥有充实的人生。正如亨利·福特说的:"大多数人是在别人浪费掉的时间里取得成就的。"爱因斯坦有句名言:"人的差异在于业余时间。"这句名言告诉我们,业余时间是可以自由支配的时间,如果能充分利用可以自由支配的时间,那么就能得到很多。

6. 注意休息

充分利用时间并不意味着要马不停蹄,适时的休息会使工作和学习更加有成效。在长时间的学习和工作中,打一会儿瞌睡能使人精神振奋,活动一下身体能使人充满活力,深呼吸也可以起到休息的作用。如果压力过大,也可以考虑给自己放几天假。

【课堂活动】

设计我的学习方案

1.请先设计一套作息方案。制作一个作息时间表,要求做到舒缓有致、张弛有度,以保证良好的精力和效率。

2.请再设计一套自己的学习方案。原则上它应具备这些特点:

☞学习内容符合现有的水平;

☞学习方式符合认知特征;

☞巧妙运用生物节律;

☞调配好各科学习的时间与间隔;

☞在学习时保持自信和愉快。

【思考题】

1.你如何认识大学的学习?对你而言,你将学什么?如何学?

2.结合生活实际,分析你的学习困扰。通过本章学习,你找到了什么样的方法来解决你的学习困扰?

3.你的学习目标是什么?如何制订一份切实可行的学习计划?

4.学习带给你的意义是什么?

【拓展阅读】

1.俞国良,戴斌荣.心理学基础[M].北京:北京师范大学出版社,2015.

2.周家华,王金凤.大学生心理健康教育[M].北京:清华大学出版社,2010.

3.李烨.假如太阳愿意:学子、学习与生命[M].北京:高等教育出版社,2008.

4.GERALD COREY.心理学与个人成长[M].胡佩诚,译.北京:中国轻工业出版社,2007.

第五章 情绪与压力管理

第一节 认识情绪

【导入案例】

　　11岁的小女孩莱莉一家原本居住在明尼苏达州,因为父亲工作调动,莱莉举家搬迁至旧金山开启崭新的生活。即使她那么喜欢曾经熟悉的地方,也不得不跟随家人迁居。和所有人一样,莱莉虽是个懵懂的小女孩,但也有各种各样的情绪,并被这些情绪所左右。这些情绪分别是快乐、悲伤、厌恶、恐惧、愤怒,它们是居住在莱莉大脑控制中心的五个小小人。生活中,它们帮助莱莉,在遇到问题时可以给她提供建议。当面对旧金山的新生活时,莱莉感到了前所未有的不适感,情感控制中心的小小人们也开始动荡起来。悲伤、厌恶、恐惧、愤怒的情绪开始不能自持,乱了分寸,莱莉也因此陷入了恐慌、失望、沮丧的泥淖之中。幸好,还有"快乐"这个情绪的小小人始终保持清醒的状态,它以乐观积极的态度帮助莱莉勇敢直面陌生环境,融入人群,处理莱莉在家庭和学校之间滋生的各种情感矛盾。

　　这就是电影《头脑特工队》讲述的有趣故事。从这部影片可以了解到,情绪有时候会失去控制,甚至会无法感受到情绪。但是大学生要学会接纳每一种情绪,并能够适时地转化情绪。

一、情绪的概念

　　情绪是人对客观事物的态度体验,是人的需要是否获得满足的反映。"人非草木,孰能无情",人在认识世界和改造世界时,并不是无动于衷的。人们对周围的事物往往会抱有不同的态度。有一些现象可能使人愉快,也有一些现象会使人感到悲哀、愤怒,甚至产生恐惧。愉快、悲哀、愤怒、恐惧等都是常见的情绪体验。

　　大学生是一个特殊的群体,他们思维活跃、热情奔放,但情绪容易波动,易受挫折,有的时候对事物的复杂性认识不足,容易偏激。特别是大学生的竞争压力日益增大,在这种背景下,有些大学生遇到一些不愉快的事情或情感方面的困扰,情绪就陷入低谷,不能自拔,甚至出现一些极端的行为。大学生应该学会为自己负责。每个人都有责任、有义务去爱自己,让自己的生活多一些快乐,少一些烦恼。因此,在日常学习和生活中,大学生要有意识地管理好自己的情绪。

【拓展阅读】

从生理变化了解情绪

　　(1)呼吸系统。

　　在不同的情绪状态下,呼吸的频率、深浅、节奏等都会发生变化。例如,人在愉快时,吸气长、呼气短;恐惧时,吸气短,呼气长;突然受惊时,呼吸会暂时中断;狂喜或突然陷入悲痛时,呼吸会发生痉挛。

(2) 循环系统。

心率、血压、血管容积、血糖等会随情绪发生变化。例如,当人恐惧或暴怒时,心跳会加快,血压上升,血糖增加。

(3) 消化系统。

平静、愉快的情绪通常会增加胃肠蠕动,促进胃液、唾液、胆汁的分泌;愤怒、惊恐、紧张的情绪会抑制消化腺分泌,唾液会停止分泌,因而人会感到口渴;悲哀、抑郁的情绪会使人食欲减退。

(4) 皮肤电阻。

皮肤电阻的变化与不同情绪状态下皮肤血管的容积的变化以及汗腺分泌有关。人在紧张时,皮肤血管收缩,汗腺分泌加强,皮肤电阻下降。

(5) 脑电波。

情绪引起中枢神经的变化,从而引起脑电波的变化。例如,强烈情绪会使 α 波消失,脑电波频率上升、振幅降低。常人在清醒、安静、闭目时,脑电波呈现 α 波,8~14 次/秒;在紧张、焦虑时,脑电波呈现 β 波,14~30 次/秒。

(6) 内外分泌腺。

外分泌腺的变化表现为人在悲伤、感动、过分喜悦时往往会流眼泪;在焦急或恐惧时会冒汗;当人产生嗔怒、恐惧、焦虑或激动时,会抑制唾液腺、消化腺的分泌,因而感到口渴、食欲减退或消化不良;当产生愉快情绪时,可以促进唾液腺、胃液以及胆汁的分泌。

内分泌腺的变化表现为考试或比赛前夕,学生或运动员的情绪比较紧张,常常促使肾上腺的分泌,从而引起血糖升高、呼吸加深、交感神经加强的活动,调动体能应激。所以,一定的紧张状态可以帮助机体应对环境的挑战。

从外部行为辨别情绪

情绪的外部行为包括面部表情、身段表情和言语表情。

(1) 面部表情。

面部表情是最敏感的情绪发生器和显示器,是表达情绪反应的最重要的部位。

眼睛是心灵的窗户,面部表情中最能传达情感的是眼睛。轻松愉快的情绪使人愿意进行目光接触;眉目传情、双眼含情脉脉等都是情绪的具体表现;眼珠的转动、眼泪等,在不同的情境中会有不同的含义。眉毛也具有丰富的表达能力,高兴时,会眉开眼笑;郁闷时,会眉头紧锁;生气时,会柳眉倒竖;疑惑时,会皱眉眯眼,等等。

嘴的表情也很丰富。例如,高兴时的微笑,嘴角向上扬;下决心时会咬嘴唇;张大嘴表示惊讶、怀疑;噘嘴表示生气;抿嘴表示轻蔑等。

脸部肌肉的细微活动同样可以反映一个人的情绪变化。脸红,可能是因为羞怯,也可能是因为激动、愤怒;脸色苍白,预示着害怕、生气或绝望;笑容就更不同了,有微笑、大笑、冷笑、假笑、又哭又笑,等等。

人的面部表情,虽然受社会文化背景的影响存在社会学习和文化规范的痕迹,但在世界各种文化中都有极其相似的地方。

(2) 身段表情。

身段表情是指体态和动作,它们在信息交流中起着同样重要的作用,特别是手势与身体姿势可以表达紧张、惊奇、苦恼、愤怒、焦虑与快乐等各种情绪。身段表情的识别应侧重于双手、双脚乃至于整个行为举止的识别,如捶胸顿足是愤怒情绪的表现。

在识别口头说的和心里想的是否一致时,躯体动作比面部表情更有参考价值。原因是面部表情更多地受人的主观意识的控制,而躯体部位受意识的控制相对较少。尤其是远离大脑的腿部和脚部,更能流露出试图掩盖的真相。有的人为掩饰内心的焦躁不安,语调可能很平静,面部也镇定自若,但是他的躯体动作却可能露了马脚,表现为无意识地摆弄手,或者频繁地变换腿的动作,或者微微抖腿,以此减轻或消除紧张与压力。

(3) 言语表情。

言语表情是指一个人说话时语音的高、低、强、弱,语调的轻、重、缓、急,它们往往表示着不同的情绪色彩,可以使人就说话人的情绪做出相当准确的识别,而听话人的感受也会随之发生变化。言语表情的识别应侧重于说话者语气的腔调,尖锐、短促、声音嘶哑都是一种情绪表现。通常来说,大声代表自信,高声代表愤怒,快速的语气代表紧张或性急,颤抖的语音代表害怕或激动,低得几乎听不见的声音代表自卑或沮丧,而低沉、缓慢的声音代表坚定与冷静。

心理学认为,情绪是一种由客观事物与人的需求相互作用而产生的包含主观体验、生理唤醒和外显表情的整合性心理过程。情绪包含三个紧密联系、不可分割的子成分。

(一)主观体验

情绪的主观体验是个体对不同情绪状态的自我感受与体验,包括情绪体验的性质、强度、紧张度和复杂度等。

根据情绪对人心理活动的效能产生的不同影响,可以区分出两种不同性质的情绪体验:正向的情绪和负向的情绪。凡是符合人需要的刺激,引起人肯定的评价所产生的情绪体验就是正向的情绪,如喜爱、快乐、满足、自豪等;凡是不符合人的需要,阻碍人的需要得到满足的刺激,引起人否定的评价所产生的情绪就是负向的情绪,如厌恶、烦躁、愤恨、痛苦等。

情绪体验有强弱之分。情绪体验的强度不仅与刺激本身的强度有关,而且主要取决于个人如何认识、评价刺激对自己的意义。因此,每一种情绪体验在强弱上会有不同程度的表现。例如,高兴可以表现为愉快、喜悦、狂喜等。

情绪体验有紧张与轻松之分。紧张表现为神经系统的兴奋性增强,对目标高度关注,精神上有压迫感,还掺杂了一些不安、担心和恐惧。它通常与活动的紧要程度相关,往往在人们面临重大、困难而紧迫的任务时发生。轻松则与此相反,或者恰好是在上述任务完成之后所产生的情绪,表现为紧张被解除,精神上没有压迫感,内心感到无所牵挂、安定、平和等。

在日常生活中,人们较少体验单一的情绪,往往是几种情绪混合在一起发生。情绪体验的复杂程度取决于快乐、悲伤、恐惧、愤怒等几种原始情绪的组合情况。

(二)生理唤醒

情绪的生理唤醒包括在情绪活动中产生的所有生理变化。任何情绪都有其生理基础,并发生在一定的生理唤起水平上。神经系统某些部位的激活为情绪的发生和活动提供能量;网状结构的下行纤维又把信息输送回来,协调着脑的被激活水平和情绪状态。与此同时,有机体的内脏器官也会产生一系列的生理变化,并突出地表现在呼吸系统、循环系统、消化系统、内分泌系统以及新陈代谢过程的自然节律等活动的改变上。这些生理变化不仅支持和维持着情绪,而且影响着情绪的强度和持续时间。此外,其变化的梯度还提示着各种具体情绪之间的性质差异。正因为如此,研究者可以通过直接测定由体温、心率、脑电波、肌肉收缩和皮肤传导等身体信号显示的生理状况来确定一个人的情绪。

【拓展阅读】

"吊桥效应"系列实验

实验一:实验中,研究者找到一位漂亮的女性作为研究助手,由她到一些男大学生中做一个调查。调查的内容并不复杂,首先,让这些男生完成一个简单的问卷,然后,根据一张图片编一个小故事。实验的特别之处在于,参加实验的大学生被分为三组,调查发生在三个不同的地点:一是一个安静的公园;二是一座坚固而低矮的石桥上;三是一座危险的吊桥。这位漂亮的女助手在对所有的大学生进行完简短的调查后,把自己的名字和电话号码都告诉了每一个参加实验的大学生。如果他们想进一步了解实验,则可以给她打电话。研究者所要探讨的问题是:大学生们会编出什么样的故事?谁会在实验后给漂亮的女助手打电话?

参加实验的大学生编撰的故事千差万别,给女助手打电话的人也是各不相同。实验结果最有趣的发现是:与其他两组相比,在危险的吊桥上参加实验的大学生给女助手打电话的人数最多,而他们所编撰的故事中,也更多富有情爱的色彩。

实验二:卡皮诺拉吊桥全长450英尺(1英尺约合0.3米),宽5英尺。从100多年前起,吊桥便以两条粗麻绳及香板木悬挂在高230英尺的卡坡拉诺河河谷上。悬空的吊桥来回摆动,既动人心魄,又令人心生惧意。研究小组让一位漂亮的年轻女士站在桥中央,等待着18到35岁的没有女性同伴的男性过桥,并告诉那些过桥男性,她希望他能够参与正在进行的一项调查,她向他提出几个问题,并给他留下了电话。

然后,同样的实验在另一座横跨了一条小溪但只有10英尺高的普通小桥上进行了一次。同一位漂亮女士向过桥的男士出示了同样的调查问卷。

结果走过卡皮诺拉吊桥的男性认为这位女士更漂亮,大概有一半的男性后来给她打过电话。而那个稳固的小桥上经过的16位不知名的男性受试者中,只有两位给她打过电话。

实验三:在实验中,让一组人跑步10分钟,跑完之后立刻观赏女大学生自我表现的视频录像,结果,跑步时间较长的男大学生能更强烈地感受到女大学生的魅力。运动后的人更加易被照片上的帅哥、美女所吸引。这说明,如果一个人在与别人会面时精神处于非常激动的状态,那就会大幅增加其获得浪漫感觉的机会。也表明,惊慌、激动和爱慕之间存在着紧密的联系。

实验分析:

当人居于危险的情境中时,会不由自主地心跳加速、呼吸急促,感觉到恐惧,这是不以人们的意志为转移的。那些在危桥上的参与者们更容易产生生理激动,他们会对自己的生理表现寻求一个合适的解释。对于自己心跳和呼吸的异常表现,在吊桥上的男生可以产生两种都看似合理的解释,一是因为调查者的无穷魅力让自己意乱情迷,二是因为吊桥的危险让自己心头撞鹿。两种解释似乎都有道理,都可以接受,而真正的原因却是难以确认的。在这样模糊的情境下,一些大学生对自己的生理唤醒进行了错误归因,即本来是危险的环境致使他们心跳过速,但是他们却错误地理解为是调查者的魅力所致。而正是这样的原因,导致那些处于危险情境中的男大学生们,与其他环境中的人相比较,对调查者产生了更多的兴趣,更多地拨通了漂亮女调查员的电话。

(三)外显表情

情绪的外显表情(如图5.1)是指表征具体情绪的面部表情和身体姿势。在情绪活动中,人的面部、四肢和躯干的动作、姿态会发生明显的模式性变化,如目瞪口呆、捶胸顿足、咬牙切齿和手舞足蹈等。这些变化因可被他人直接观察到,往往成为情绪活动的表面特征,所以人们也把它们统称为表情。表情是人类祖先在生存适应过程中残留下来的遗迹,是与特定生存活动有关的身体变化。因此,人的表情具有跨文化的先天性质和模式化的对应结构。表情在情绪活动中具有独特的作用,它既是传递具体情绪体验的鲜明标记,也是情绪体验的重要发生机制。表情(主要是面部表情)的反馈是情绪体验的激活器,即表情活动对大脑的信息反馈,是构成情绪体验的物质基础。同时,表情,尤其是面部表情,是人际交流的重要手段,起着传递信号和沟通信息的作用,对个体的生存和发展起到重要作用。

图5.1 生活中常见的外显表情

主观体验、生理唤醒和外显表情这三种成分的共同活动构成完整的情绪过程。任何单一的成分都不足以构成情绪,只有当三种成分整合时,情绪才能产生。同时,在情绪活动中,这三种成分以反馈的方式相互影响或循环往复地相互作用;彼此间相互加强或减弱,相互补充或改变。

【课堂活动】

学生之间相互交流下列问题。

(1)我的情绪经常充满着快乐( )悲伤( )焦虑( )烦恼( )其他( )。

(2)出现这种情绪的原因是什么?例如,生病、烦躁不安等。

(3)这种情绪持续多长时间?

(4)这种情绪给我带来了哪些影响?

(5)我常用来表达情绪的方式是:说出来( )用动作表现( )藏在心里( )用表情表达( )其他( ),比如摔桌子、瞪眼睛、不说话等。

(6)这种情绪表达的方式有什么利弊?

二、情绪的功能

想象一下,如果人类没有情绪体验,那么生活会是什么样子?好的事情发生时没有喜悦和快乐,不好的事情发生时没有失望、悔恨和抑郁。显然,如果人类缺乏感知和表达情绪的能力,生活就会沉闷乏味。除此之外,情绪在日常生活中还有一些重要的功能。

(一)适应功能

婴儿在出生时,由于脑的发育尚未成熟,还不具有独立行动和觅食等维持生存的基本能力,主要通过情绪信息的传递得到成人的哺育。成人正是通过婴儿的情绪反应观察婴儿的需要,并及时满足婴儿的需求。这就说明,情绪和情感是有机体生存、发展和适应环境的重要手段。随着人类生活的丰富和发展,更多的具有适应意义的表情动作活动有了新的社会性功能,成为一种用于表达思想和感情的社交手段。

(二)动机功能

情绪是动机系统的一个基本成分,能够激发和维持个体的行为,并影响行为效率。快乐、热爱、自信等积极情绪会提高人们的活动能力;而恐惧、痛苦、自卑等消极情绪会降低人们活动的积极性。

(三)信号功能

情绪的信号功能是指在人际交往中,人们除了借助语言进行交流,还通过情绪流露来传递自己的思想和意图。情绪的这种功能大多是通过表情来实现的。表情具有信号传递的功能,属于非语言交流。人们可以凭借一定的表情传递情绪信息和思想愿望。在社会交往的许多场合,人们之间的思想、愿望、态度、观点,仅靠语言无法充分表达,这时表情就起到了信息交流的作用。从信息交流的发生来看,表情的交流比语言的交流要早得多。婴儿与成人相互交流的唯一手段就是情绪,情绪的适应功能也正是通过信号交流的作用来实现的。

(四)健康功能

我国古代医书《黄帝内经》中写道:"怒伤肝,喜伤心,思伤脾,忧伤肺,恐伤肾。"情绪会直接影响人的身体健康。现代医学研究也发现,紧张、悲哀、抑郁等不良情绪,会激活体内的有害物质,击溃有机体的防御系统而致病。情绪也是探查一个人心理健康的窗口,情绪健康是心理健康的最重要的评价标准之一。情绪健康者对现实持有积极的态度,热爱生活,乐观开朗,学习和工作效率高;而消极不良情绪的持续作用则会使人的心理活动失去平衡,出现喜怒无常、焦虑、抑郁,导致理智和自制力降低,甚至出现心理疾病。

【拓展阅读】

美国生理学家艾尔马将人在不同情绪状态下呼出的气体收集在玻璃试管中,冷却后变成水。他发现:在心平气和的状态下呼出的气体冷却成水后,水是澄清透明的;在悲伤状态下呼出的气体冷却成水后,水中有白色沉淀;在愤怒、生气状态下呼出的气体冷却成水后,将其注射到大白鼠身上,几分钟后大白鼠死亡。人在生气时的生理反应非常剧烈,同时会分泌出许多有毒性的物质。如果消极情绪长期存在,生理变化不能复原时,情绪压力就会损害健康。不良情绪长期存在并发展会转化为心理障碍和心理疾病,所以人应形成主动调适情绪的意识。

三、情绪产生的主要理论

(一)詹姆斯-兰格理论

美国心理学家詹姆斯和丹麦生理学家兰格分别提出了内容相同的一种情绪理论。他们强调情绪的产生是植物性神经活动的产物,即情绪刺激引起身体的生理反应,而生理反应进一步导致情绪体验的产生。后人称它为情绪的外周理论。

詹姆斯根据情绪发生时引起的植物性神经系统的活动和由此产生的一系列机体变化提出,情绪就是对身体变化的知觉。当一个情绪刺激物作用于人们的感官时,立刻会引起身体上的某种变化,激起神经冲动传至中枢神经系统而产生情绪。在詹姆斯看来,是先有机体的生理变化,而后才有情绪。所以悲伤由哭泣引起,恐惧由战栗引起。

兰格认为,情绪是内脏活动的结果。他特别强调情绪与血管变化的关系。兰格以饮酒和药物为例来说明情绪变化的原因。酒和某些药物都是引起情绪变化的因素,它们之所以能够引起情绪变化,是因为饮酒、用药都能引起血管的活动,而血管的活动是受植物性神经系统控制的。植物性神经系统支配作用加强,血管舒张,结果就产生了愉快的情绪;植物性神经系统活动减弱,血管收缩或器官痉挛,结果就产生了恐怖。因此,情绪决定于血管受神经支配的状态、血管容积的改变以及对它的意识。

詹姆斯-兰格理论看到了情绪与机体变化的直接关系,强调了植物性神经系统在情绪产生中的作用,这有其合理的一面。但这个理论片面强调植物性神经系统的作用,而忽视了中枢神经系统的调节、控制作用,因而引起了很多争议。美国生理学家坎农(Cannon,1927)首先反对詹姆斯-兰格理论,并提出了自己的理论。

(二)坎农的丘脑学说

坎农认为情绪的中枢不在外周神经系统,而在中枢神经系统的丘脑,并且强调大脑对丘脑抑制的解除,使植物性神经活跃起来,加强身体生理的反应,而产生情绪。外界刺激引起感觉器官的神经冲动传至丘脑,再由丘脑同时向大脑和植物性神经系统发出神经冲动,从而在大脑产生情绪的主观体验,而由植物性神经系统产生个体的生理变化。

某人遇到一只熊,由视觉感官引起的冲动(刺激)经内导神经传至丘脑处,在此更换神经元后,同时发出两种冲动:一是经体干神经系统和植物神经系统达到骨骼肌和内脏,引起生理应激状态;二是传至大脑,使某人意识到熊的出现。此时,某人的大脑中可能出现两种意识活动:一种认为熊是驯养动物,并不可怕,因此大脑将神经冲动传至丘脑,并转而控制植物神经系统的活动,使活动状态受到压抑;另一种认为熊是可怕的,大脑解除对丘脑的抑制,使植物神经系统活跃起来,加强身体的应激生理反应,并采取逃跑的行动,产生了恐惧,随着逃跑的生理变化的加剧,恐惧的情绪也会加强。

(三)阿诺德的评定-兴奋学说

美国心理学家阿诺德(Arnold)在20世纪50年代提出了情绪的评定-兴奋学说。这种理论认为,刺激情景并不直接决定情绪的性质,从刺激出现到情绪的产生,要经过对刺激的估量和评价,情绪产生的基本过程是刺激情景—评估—情绪。同一刺激情景,由于对它的评估不同,就会产生不同的情绪反应。

评估的结果可能认为对个体"有利""有害"或"无关"。如果是"有利",就会引起肯定的情绪体验,并企图接近刺激物;如果是"有害",就会引起否定的情绪体验,并企图躲避刺激物;如果是"无关",人们就予以忽视。

阿诺德认为,情绪的产生是大脑皮层和皮下组织协同活动的结果,大脑皮层的兴奋是情绪行为最重要的条件。她提出情绪产生的理论模式是:作为引起情绪的外界刺激作用于感受器,产生神经冲动,通过内导神经上传至丘脑,在更换神经元后,再传送到大脑皮层,在大脑皮层上刺激情景得到评估,形成一种特殊的态度(如恐惧及逃避、愤怒及攻击等)。这种态度通过外导神经将皮层的冲动传至丘脑的交感神经,将兴奋发送到血管和内脏,所产生的变化使其获得感觉。

阿诺德旨在构建情绪的完整理论,包括情绪的诱发、情绪体验与情绪行为、调节情绪的神经生理机制等,是现象学、认知和生理学的混合产物。随着认知心理学的发展,评价理论有很大的演变,并分为两大支派:一支是以沙赫特为代表的认知-激活理论,更多地研究生理激活变量和认知的关系;另一支是以拉扎勒斯为代表的"纯"认知理论,更多地从环境、行为和认识的交互影响方面阐述认知对情绪的影响。

(四)沙赫特的认知-激活理论

沙赫特的情绪理论认为,情绪的产生有两个不可缺少的因素:一是个体必须体验到高度的生理唤醒;二是个体必须对这种生理唤醒的认知进行解释。当个体体验到生理唤醒的时候,会向周围的环境寻求解释,个体对生理唤醒的认知理解决定了最后的情绪体验。

沙赫特和辛格的肾上腺素实验证实了认知-激活理论。他们将大学生分为三组,各组都自愿接受同一种药物注射(肾上腺素,但被试者不知),注射时,主试者向三组被试者解释的药物效应各不相同。对甲组告之药物将使其心悸、手抖和脸部发热(这正是肾上腺素的反应);对乙组告之药物将使其感到身上轻度发痒,手脚有点发麻;对丙组则不给予任何说明。药物注射后,让三组被试者分别进入两种预先安排的情境:愉快情境和惹人发怒的情境(强行要求被试者回答一些烦琐的问题,并吹毛求疵,横加指责)。按照这种设计得到六种不同结果。最终发现乙组和丙组的大多数被试者在愉快的情境中表示出愉快的情绪,在发怒的情境中表示出愤怒,而甲组不受情境的影响。虽然外界环境相同,内部生理效应相同,但是情绪体验并不相同。由此说明,外界环境不能决定情绪反应,内部生理机制也不能决定情绪反应,而个体对生理效应的认知性解释对情绪体验起决定性作用,即当现实事件与建立的内部模式一致时,也就是与过去经验相一致时,活动平稳进行,人不会出现明显的情绪反应。如甲组被试者,他们遇到的生理效应与经验一致,因此没有明显的情绪反应。当现实事件与已建立的内部模式不一致时,也就是与经验不吻合时,已有的经验就会被打破,因此产生情绪反应。如乙组和丙组,他们遇到的生理效应在他们的已有经验中不存在,或者说不符合他们已有的经验,已有的经验必须被打破,并重新建立第二种经验,从而产生了情绪体验。由此可以说明,情绪体验并不是由生理唤醒决定的,而是受到生理唤醒和对情境的认知解释的共同影响。沙赫特的理论产生了很大的影响,确认了情绪理论中认知因素的地位。该理论虽然没有说明唤醒对情绪状态的作用方式,也没有说明唤醒和认知是如何整合的,但是对后来认知理论的发展具有重大的启示意义。

情绪状态是认知过程(期望)、生理状态和环境因素在大脑皮层中整合的结果。环境中的刺激因素通过感受器向大脑皮层输入外界信息;生理因素通过内部器官、骨骼肌的活动,向大脑输入生理状态变化的信息;认知过程是对过去经验的回忆和对当前情境的评估。来自这三方面的信息经过大脑皮层的整合作用,才产生了某种情绪体验。

将上述理论转化为一个工作系统,就成为情绪唤醒模型。这个工作系统包括三个亚系统。

第一个亚系统:对来自环境的输入信息的知觉分析。

第二个亚系统:在长期的生活经验中建立起来的对外部影响的内部模式,包括过去、现在和对将来的期望。

第三个亚系统:显示情境的知觉分析与基于过去经验的认知加工间的比较系统,称为认知比较器,它带有庞大的生化系统和神经系统的激活结构,并与效应器相联系。

这个情绪唤醒模型的核心部分是认知,通过认知比较器把当前的现实刺激与储存在记忆中的过去的经验进行比较,当知觉分析和认知加工间出现不匹配时,认知比较器就产生信息,动员一系列的生化和神经机制,释放化学物质,改变脑中的神经激活状态,使身体适应当前情境的要求,这时情绪就被唤醒了。

(五)拉扎勒斯的情绪理论

拉扎勒斯是情绪理论的另一位杰出代表和集大成者,他建立了迄今为止最著名的认知理论框架,形成了一个十分有影响的学派。他将情绪定义为一种"反应综合征",他认为不能把情绪归结为单纯的生理激活、内驱力或动机等某一种单一变量。他指出,导致放弃情绪概念的某些建议,既非产生于情绪生理记录仪器不够灵敏,也并非由于人们的内省缺乏准确性,而是由于范畴的错误,情绪不能归属为一个事物,而应归属为一个综合征,像一种病是一个症候群一样。同时,他强调,人与所处的具体环境对本人的利害性质,决定他的具体情绪;同一种环境对不同的人产生不同的结果,是因为它对不同人具有不同的意义,而这种意义是通过不同人的认知评价来解释的。拉扎勒斯在此提出了他全部理论的主题:情绪是对意义的反应,这个反应是通过认知评价决定和完成的。

拉扎勒斯继承并发展了阿诺德的评价观点,并将阿诺德的利害评价扩展为一个更加复杂的概念化评价过程。"好的或有利的"评价可以从概念上分为多种类型的益处,而"坏的或有害的"评价则可以分为多种不同形式的不利或威胁。评价的结果是产生了不同类型的情绪。

拉扎勒斯认为,有机体经常搜索环境中他们所需要的线索和需要逃避的危险,对每一个刺激与自身的利害关系进行评估,如发生的事情与自己的幸福是否有关系,该事件与自己的目标是否一致,该事件与自己的自尊有多大程度的相关等。这种评估是不断进行的、多回合的,分为初评价和再评价。初评价有三种类型,当刺激被评价为与自己无关时,评价过程立刻结束;当刺激被评价为对自己有益处时,这种评价表征为愉快、舒畅、兴奋、安宁等情绪;当刺激被评价为有害或使人受伤、紧张时,会产生失落、威胁或挑战的感觉。严重的紧张性评价表征为应激。再评价是初评价的继续,它经常发生在对威胁或挑战的评价中。包括对所选择的应付策略的评价,以及对应付后果的评价。情绪唤醒是通过对情境的再评价并在所产生的活动冲动中得到的,其中包括应付策略、变式活动和生理变化。三者构成一种有组织的情绪反应综合征。

应付是拉扎勒斯的另一个重要概念。个体存在寻找特定刺激并对其做出反应的倾向。刺激不断发生变化,个体也不断地应对它们,个体的认知和情绪反应也随之发生改变。拉扎勒斯将应对过程分为两种类型:第一种类型是对威胁或伤害采取直接行动,情绪是促成这种行动的重要组成部分。人们徘徊在成功和失败之间,这表明人们的认知和情绪也处于波动中。第二种类型涉及再评价,是没有任何直接行动卷入的认知过程。在现实或者不现实的层面上,人们可以进行从积极到消极的再评价。所有信息都会被评价和再评价,因此人们的情绪生活中就出现了复杂的扭曲和转向。

拉扎勒斯的理论与阿诺德的理论一脉相承,并且将评价过程发展为一个更加复杂的体系。评价不只是"好的"或"坏的",而是一种"关系意义"。评价负责将个人与环境或事件整合为一种关系意义。当关系意义影响到个人的欲望或动机时,情绪会内附一种先天的行为倾向,应付过程可能与行为倾向一致,或者冲突,甚至会支配控制。为了强调动机在情绪中的作用,拉扎勒斯将这一理论称为情绪的认知-动机理论。

第二节　大学生的情绪调节

【导入案例】

小戴是某高校的大三女生,她觉得自己很怪,想法和别人的总是不一样。小戴交了一些朋友,但她觉得他们都对自己很虚伪,她讨厌他们,所以不接触他们,久而久之,她也就没有什么朋友了。她很孤独,感觉自己如同行尸走肉一般。她很爱哭,一哭起来眼泪就控制不住。她容易激动,激动时什么事都做得出来,总是想着死亡。她不怕死亡,只是怕心里那种疼痛、折磨的感觉。她觉得始终没有人理解自己,男朋友好像对自己也不在乎,总是说自己这个不好、那个不行,有时还说自己不像个正常人。小戴很希望身边的人能宠爱和保护自己,可是他们总在伤害她,包括自己的家人。她再也不想相信任何人,她一点安全感也没有。小戴也尽力为身边的人做事,但他们似乎觉得是理所应当的。小戴怎么也开心不起来,她想离开这里,去一个没有人认识自己的地方。她内心很痛苦,感觉自己不属于这个世界。

一、大学生情绪的特点

大学生作为一个特殊的群体,其社会地位、知识素养、年龄特征、身心状况等因素决定了他们的情绪表现具有复杂而显著的特点。大学生的情绪通常表现为以下几个方面。

(一)丰富性与复杂性

从生理发展阶段来看,大学生正处于青春期,这一时期生理基本成熟,但心理尚未完全成熟,处于心理断乳期,容易受到外界的干扰。从自我意识的发展来看,大学阶段是个体自我意识发展的高峰阶段,各种社会的高层次需要不断出现而且强度不断加强。这表现为情绪活动的对象和内容增多,大学生自我体验增多,自我尊重需要更加强烈,自卑、自负情绪明显。从社会交往方面来看,大学生的交际范围逐渐扩大,与同学、朋友以及老师之间的交往更加频繁交错。大学生谈恋爱的现象普遍存在,而恋爱活动往往伴随深刻的情绪体验,这种特殊的体验对大学生的情绪、人格发展有重要的影响。在情绪体验的内容方面,大学生的情绪丰富多彩,道德观、羞耻感、罪恶感、集体感、爱国感、利他主义、理智感等高级情感活动逐渐衍生。可以说,大学生情绪极其丰富又极其复杂。

【小组交流】

你现在的心情如何?是欢乐、烦恼、生气、担心、害怕、难过、失望、平静无常?还是你根本不懂自己的心情?你可能看到阳光普照而心情愉快,也可能因为细雨绵绵而心情低落;谈恋爱的你,心花怒放,失恋的你却又垂头丧气……我们拥有许多不同的情绪,而它们似乎也为我们的生活增添了许多色彩。然而,有情绪好不好呢?一个成功的人应不应该流露出情绪……其实真正的问题并不在于情绪本身,而在于情绪的表达方式,如果能以适当的方式在适当的情境表达适度的情绪,就是健康的情绪管理之道。

(二)波动性与两极性

大学生的情感是暴风雨式的,大学时期是人生中感情体验最强烈的时期。大学时期是人生面临多种选择的时期,学习、交友等重要事情基本都在这一时期完成。社会、家庭、生活、学校,周围环境的一切事件都会对大学生的情绪产生影响。尽管大学生的认识水平有了一定的提高,对自己的情绪已经有了一定的控制力,情绪日趋稳定,但和成年人相比,大学生相对敏感,情绪带有明显的波动性,一句善意的话语、一个感人的故事、一位思念的人物,都可以让大学生的情绪发生巨大变化。

同时,由于大学生正处于情绪表现的"动荡"时期,自我认知、职业生涯发展以及心理发展还未成熟,他们的情绪起伏比较大,往往带有明显的两极化特征:时而得意忘形,时而垂头丧气。情绪的反应摇摆不定、跌宕起伏。对大学生的一项调查研究结果显示,大约有70%的中国大学生都正在体验像波动曲线一样、忽高忽低、忽愉快忽忧愁的情绪。

(三)冲动性与爆发性

由于知识水平和认知能力的提高,大学生对自己的情绪能够有所控制,但是由于他们兴趣广泛,对外界事物较为敏感,在许多情况下,大学生的情绪极易被激发甚至引爆,常带有鲜明的冲动性。对于符合自己信念、观点和理想的事件或行为,大学生往往容易迅速产生热烈的情绪;而对于不符合自己信念、观点和理想的事件或行为,则容易迅速出现全盘否定的情绪。

大学生情绪的冲动性与爆发性是相连发生的。大学生的自制力不强,一旦出现某种外部强烈的刺激,情绪便会突然爆发,加之冲动力量的驱使,极易产生破坏性行为和不良后果。

(四)阶段性与层次性

大学阶段由于不同年级的培养目标和培养重点不同,教育方式和课程设置有所区别,各个年级出现的问题不同,情绪、情感体验也不同,呈现出阶段性与层次性的特点。大学新生所面临的是环境适应、学习方式的改变、熟悉新的交往对象、了解并确立新的目标等问题。新生的自豪感和自卑感混杂,放松感和压力感并存,新鲜感和恋旧感交替,情绪波动较大。二、三年级学生一般对学校生活已经适应,情感比较稳定,其独立性、主动性得以发展。到第四年临近毕业时,大学生面临毕业论文以及择业等多方面重大问题,逐渐脱离了大学集体生活,有了家庭、工作单位等新的想法与打算。因此,从进入学校到毕业,大学生的情感波动性逐渐减弱,稳定性日趋增强。

不过,即使同年级的学生,由于社会、家庭以及自身要求、期望的不同,能力、心理素质的差别,也会体现出不同的情绪状态,表现出层次区别。

(五)外显性与内隐性

大学生对外界刺激的反应迅速而敏感,喜、怒、哀、乐常形于色,与成年人相比,较外露和直接;但与中小学生相比,大学生会隐藏或抑制自己的真实情感,表现出内隐、含蓄的特点。一般而言,大学生的很多情绪是一眼就能看出的,但由于自制力的逐渐增强,以及思维的独立性和自尊心的发展,他们情绪的外在表现和内心体验并不总是一致的。例如,对恋爱、择业等具体问题,他们往往深藏不露,具有很大的内隐性。另外,随着大学生社会化的逐渐完成和心理逐渐成熟,他们能够根据特有条件、规范或目标表达自己的情绪,使自己的外部表情与内部体验不一致,具有一定的掩饰性。

【拓展阅读】

关于情绪能力的"软糖实验"

实验人员把一组4岁的儿童分别领入空荡荡的大房间,只在一张桌子上放着非常显眼的东西:软糖。这些孩子进入这个房间之前,实验人员告诉过他们,允许他们在走出房间之前吃掉这颗软糖,但如果他们能坚持在走出房间之前不吃这颗糖,就会有奖励,能再得到一块软糖。结果当然是两种情况都有。专家们把坚持下来得到第二块糖的孩子归为一组,没有坚持下来只吃一块糖的孩子归为另一组,并对这两组孩子进行了14年的追踪研究。结果发现,那些向往未来而能克制眼前诱惑的孩子,在学业、品质、行为、操守方面,与另一组相比有着显著优越的表现。这说明,决定人生成功的因素并非只有传统智商理论所认定的那些东西,非智力因素特别是情绪智力对个人的成功有着极为重要的影响。

人的自控能力大小与人生成功与否有着密切的关系。心理学家经过长期研究认为:人与人之间的智商并没有明显的差别,人的成功与否,与各自的情商有密切关系。情商的要素之一就是人的自控能力,从某种意义上讲,情商表现的是人们通过控制自己的情绪来提高生活品质的能力,即如何激活自己的潜能,如何克制自己的情绪冲动,如何使自己始终对未来充满希望,等等。

二、大学生情绪健康的标准

通常认为,健康的情绪应达到以下几个标准。

(一)情生有因,表达恰当

情绪是个体对外界事物的主观体验,因此情绪的产生必然有一定的原因。例如,悲伤、哀痛总是伴随不愉快或不幸的事情而产生。一定的事物引起相应的情绪是情绪健康的标志之一。如果一个人无缘无故地高兴或伤心,或者获得奖励反而难过,遇到挫折反而高兴,则有可能是情绪不健康的表现。

【拓展阅读】

有一个男孩脾气很坏,于是他的父亲就给了他一袋钉子,并且告诉他,当他想发脾气的时候,就钉一根钉子在后院的围篱上。第一天,这个男孩钉下了40根钉子。慢慢地,男孩可以控制他的情绪,不再乱发脾气,所以每天钉下的钉子也跟着减少了,他发现控制自己的脾气比钉下那些钉子容易一些。终于,父亲告诉他,从现在开始,每当他能控制自己的脾气的时候,就拔出一根钉子。一天天过去了,最后男孩告诉他的父亲,他终于把所有的钉子都拔出来了。于是,父亲牵着他的手来到后院,告诉他:"孩子,你做得很好。但看看那些围篱上的坑坑洞洞,这些围篱将永远不能恢复从前的样子了。你生气时所说的话就像这些钉子一样,会留下很难弥补的疤痕!"从此,男孩终于懂得管理情绪的重要性了。

(二)反应适度,自我控制

情绪反应持续的时间应适当,不能无休无止,也不能过分强烈或者过于冷漠。刺激强度越大,情绪反应就越强烈;反之,情绪反应也就越微弱。如果微弱的刺激引起强烈的情绪反应,则是情绪不健康的表现。同时,情绪健康的人还应能通过自我调节摆脱消极情绪,做情绪的主人。

(三)情绪稳定,积极乐观

一般来说,情绪反应在事件发生开始时表现较为强烈,伴随时间的推移而逐渐减弱,并趋于稳定。例如,劫后余生的人们最初会产生非常强烈的惊恐、焦虑、紧张等情绪,随着时间的推移,这些情绪会逐渐减弱并趋于正常。此外,情绪健康的人多以愉快的心境为主,积极情绪多于消极情绪,面对生活信心百倍,精力充沛。

【测一测】

本测试的目的是考察个人情绪特点,共有30个项目,每个项目都有3个可供选择的答案。答案没有对错之分,请根据自己的实际情况进行选择。

(1)如果让你选择,你更愿意:
A:同许多人一起工作并亲密接触。(3分)
B:和一些人一起工作。(2分)
C:独自工作。(1分)

(2)当为娱乐而读书时,你喜欢:
A:读史书、秘闻、传记类图书。(1分)
B:读历史小说、社会问题小说。(2分)
C:读幻想小说、荒诞小说。(3分)

(3)你对恐怖影片的反应如何?

A:不能忍受。(1分)

B:害怕。(3分)

C:很喜欢。(2分)

(4)以下哪种情况符合你?

A:很少关心他人的事情。(1分)

B:关心熟人的生活。(2分)

C:爱听新闻,关心别人的生活细节。(3分)

(5)去外地时,你会:

A:为亲戚们的平安感到高兴。(1分)

B:陶醉于自然风光。(3分)

C:希望去更多的地方。(2分)

(6)你看电影时会哭或想哭吗?

A:经常。(3分)

B:有时。(2分)

C:从不。(1分)

(7)遇见朋友时,你经常是:

A:点头问好。(1分)

B:微笑、握手和问候。(2分)

C:拥抱他们。(3分)

(8)如果在车上有陌生人要你听他讲自己的经历,你会怎样?

A:显示你颇有同感。(2分)

B:真的很感兴趣。(3分)

C:打断他,做自己的事。(1分)

(9)你是否想过给报纸的问题专栏写稿?

A:绝对没想过。(1分)

B:有可能想过。(2分)

C:想过。(3分)

(10)被问及私人问题,你会怎样?

A:感到不快活和气愤,拒绝回答。(3分)

B:平静地说出你认为适当的话。(1分)

C:虽然不快,但还是回答了。(2分)

(11)你在咖啡店里要了杯咖啡,这时发现邻座有一位姑娘在哭泣,你会怎样?

A:想说些安慰的话,却羞于启齿。(2分)

B:问她是否需要帮助。(3分)

C:换个座位远离她。(1分)

(12)在朋友家聚餐之后,朋友和其爱人激烈地吵了起来,你会怎样?

A:觉得不快,但无能为力。(2分)

B:立即离开。(1分)

C:尽力为他们排解。(3分)

(13)你在什么时候送礼物给朋友?

A:仅在新年和生日时。(1分)

B:全凭兴趣。(3分)

C:在觉得有愧或忽视他们时。(2分)

(14)一个刚相识的人对你说了些恭维话,你会怎样?

A:感到窘迫。(2分)

B:谨慎地观察对方。(1分)

C:非常喜欢听,并开始喜欢对方。(3分)

(15)如果你因家事心情不好,上班时你会:

A:继续不高兴,并显露出来。(3分)

B:投入工作,把烦恼丢在一边。(1分)

C:尽量理智,但仍因心情不好而发脾气。(2分)

(16)生活中的一个重要关系破裂了,你会:

A:感到伤心,但尽可能正常生活。(2分)

B:至少在短暂时间内感到痛心。(3分)

C:无可奈何地摆脱忧伤之情。(1分)

(17)一只迷路的小猫闯进你家,你会:

A:收养并照顾它。(3分)

B:扔出去。(1分)

C:想给它找个主人,找不到就让它安乐死。(2分)

(18)对于信件或纪念品,你会:

A:刚收到时便无情地扔掉。(1分)

B:保存多年。(3分)

C:两年清理一次。(2分)

(19)你是否因内疚或痛苦而后悔?

A:是的,经常后悔。(3分)

B:偶尔后悔。(2分)

C:从不后悔。(1分)

(20)同一个很羞怯或紧张的人谈话时,你会:

A:因此感到不安。(2分)

B:觉得逗他讲话很有趣。(3分)

C:有点生气。(1分)

(21)你喜欢的孩子是:

A:很小的时候,而且有点可怜巴巴。(3分)

B:长大了的时候。(1分)

C:能同你谈话的时候,并且形成了自己的个性。(2分)

(22)爱人抱怨你花在工作上的时间太多了,你会怎样?

A:解释说这是为了你们两人的共同利益,然后仍像以前那样去做。(1分)

B：试图把时间更多花在家庭上。（3分）

C：对两方面的要求感到矛盾，并试图使两方面都满意。（2分）

(23)在一场特别好的演出结束后，你会：

A：用力鼓掌。（3分）

B：勉强地鼓掌。（1分）

C：鼓掌，但觉得很不自在。（2分）

(24)当拿到母校出的一份刊物时，你会：

A：通读一遍后扔掉。（2分）

B：仔细阅读，并保存起来。（3分）

C：不看就扔进垃圾桶。（1分）

(25)看到路对面有一个熟人时，你会：

A：走开。（1分）

B：招手，如对方没有反应便走开。（2分）

C：走过去问好。（3分）

(26)听说一位朋友误解了你的行为，并且正在生你的气，你会怎样？

A：尽快联系，做出解释。（3分）

B：等朋友自己消除误解。（1分）

C：等待一个好时机再联系，但对误解的事不做解释。（2分）

(27)你怎样处置不喜欢的礼物？

A：立即扔掉。（1分）

B：热情地保存起来。（3分）

C：藏起来，仅在送礼物的人来访时才摆出来。（2分）

(28)你对示威游行、爱国主义行动的态度如何？

A：冷淡。（1分）

B：感动得流泪。（3分）

C：使你窘迫。（2分）

(29)你有没有过毫无理由地觉得害怕？

A：经常。（3分）

B：偶尔。（2分）

C：从不。（1分）

(30)下面哪种情况与你最相符？

A：十分留心自己的感情。（2分）

B：总是凭感情办事。（3分）

C：感情没什么要紧，结局才最重要。（1分）

【结果分析】

30～50分：理智型情绪。很少为什么事而激动，即使生气，也表现得很有克制力。主要弱点是对他人的情绪缺乏反应。爱情生活很有局限，而且可能会听到人们在背后说你是"冷血动物"。目前需要放松自己。

51～69分：平衡型情绪。时而感情用事，时而十分克制。很少与人争吵，爱情生活十分愉快、轻松。即使配偶陷入情感纠纷,也能不自觉地处理得妥帖。

70~90分:冲动型情绪。你是个非常重感情的人。如果你是女人,你一定是眼泪的俘虏。如果你是男人,可能非常随和,但好强,且喜欢自我炫耀。你可能经常陷入那种短暂的风暴式的爱情纠纷中。想劝你冷静,简直是不可能的事情。这里有必要提醒你,要控制自己。

【拓展阅读】

如何有效地管理自己的情绪

诺贝尔文学奖得主赫曼赫塞说:"痛苦让你觉得苦恼的,只是因为你惧怕它、责怪它;痛苦会紧追你不舍,是因为你想逃离它。所以,你不可逃避,不可责怪,不可惧怕。你自己知道,在心的深处完全知道——世界上只有一个魔术、一种力量和一个幸福,它就叫爱。因此,去爱痛苦吧。不要违逆痛苦,不要逃避痛苦,去品尝痛苦深处的甜美吧。"要记住,其实情绪本身并无是非、好坏之分,每一种情绪都有它的价值和功能。因此,一个心理健康的人不否定自己情绪的存在,而且会给它一个适当的空间允许自己有负面的情绪。只要能成为情绪的主人,不完全让它左右自己的思想和行为,就可以善用情绪的价值和功能。

在许多情境下,一个人应该泰然接受自己的情绪,把它视为正常。例如,不必为了想家而感到羞耻,不必因为害怕某物而感到不安,对触怒自己的人生气也没有什么不对。这些感觉与情绪都是自然的,应该允许它们适时适地存在。这远比压抑、否认有益得多。只有接纳自己内心感受的存在,才能谈及有效管理情绪。

管理情绪的方法,就是要能清楚自己当时的感受,认清引发情绪的理由,再找出适当的方法缓解或表达情绪。可以将其归纳为以下三个方面。

(1)WHAT——我现在有什么情绪?

我们平常比较容易压抑情绪或者常认为有情绪是不好的,因此常常忽略自己真实的感受。情绪管理的第一步就是要先察觉我们的情绪,并且接纳我们的情绪。情绪没有好坏之分,只要是我们真实的感受,我们都要正视并接受它。只有当我们认清自己的情绪,知道自己现在的感受,才有机会掌握情绪,才能为自己的情绪负责,而不会被情绪所左右。

(2)WHY——我为什么会有这种感觉(情绪)?

我为什么生气?我为什么难过?我为什么觉得无助?我为什么……只有找出原因,才知道这样的反应是否正常;只有找出引发情绪的原因,才能对症下药。

(3)HOW——如何有效处理情绪?

想想看,用什么方法可以纾解自己的情绪呢?当心情不好的时候,你会怎么处理呢?什么方法对你是比较有效的呢?也许可以通过深呼吸、肌肉松弛法、静坐冥想、运动、到郊外走走、听音乐等来让心情平静,也许可以通过大哭一场、找人聊天、涂鸦、用笔抒情等方式来宣泄一下自己的情绪,或者换个乐观的想法来改变心情。

三、大学生情绪调节的主要方法

(一)改变客观刺激与主观认识

客观刺激是情绪发生的诱因,主观认识是情绪发生的决定因素,两者缺一不可。要改变一种情绪,可以从以下两个方面入手:要么改变客观刺激的性质;要么改变自己的认识。改变客观刺激的性质,需要一定的能力、基础和环境条件;改变自己的认识,需要相关的知识、合理的思维模式和自我了解的能力。

【拓展阅读】

大学生不仅要学会控制、调适自己的不良情绪,学会合理、适当地表达自己的情绪,也要学会保持愉快的情绪、维护良好的心境。如何才能优化情绪呢?

(1)学会"阳光思维"。

ABC情绪理论告诉我们:个体的情绪及行为后果C不是由诱发事件A所引起的,而是由当事者对事件的看法B引起的。所以,良好的情绪不是来自于"好事"本身,而是来自于对事件的"好的"看法。这就要求我们认识到:自己是一切的根源;要学会用多棱镜看世界;要建立自信心,视困难为乐趣;要培养正态思维,感恩所有的人和事;要常常倒空心碗,保持空杯心态;要学会寻找每个人身上的优点;要有乐观积极的态度和行为;要懂得认识自我、接纳自我,体验自身的幸福。

(2)学会宽容和理解。

能够宽容他人和宽容自己是心理健康的表现,同时也有利于保持心情愉快。宽容别人的人,对人、对事都怀着欣赏的心态,不仅让他人觉得高兴,而且可以使自己保持心情舒畅。宽容别人是富有爱心的表现,是宽容自己、容纳自己的表现。不愿意宽容别人的人,也不轻易宽容自己,对他人抱有怨恨,对自己自责。当然,宽容不是无原则地妥协,而是要理解他人,接受自己。

(3)培养广泛的兴趣爱好。

兴趣是一个人积极探究某种事物的心理倾向。当一个人做自己喜欢的事情时,可以为之披星戴月、废寝忘食,并乐在其中。所以,培养广泛的兴趣对于优化情绪具有十分重要的意义。调查显示,大学生中情绪不良者大多数没有广泛的兴趣爱好,他们的不良情绪无处释放,优良情绪无从产生。

(4)建立良好的人际关系。

良好的人际关系是优化个人情绪的前提和基础。和朋友在一起,可以共同开展一些有趣和有意义的活动,以放松紧张的情绪;和朋友在一起,可以互相交流情感,分享快乐,分担忧愁。当亲朋好友聚在一起,共同讨论问题、畅谈人生时,就会乐而忘忧,就会产生良好情绪。建立良好的人际关系,一要遵循真诚的、尊重的、宽容的、互利互助的原则;二要端正交往的动机,把握人际交往的方法和艺术。

(5)合理膳食。

膳食不仅能提供人们所需要的能量和营养,也会对情绪产生影响。研究人员认为,食物对情绪的影响力,在于食物中的一些成分可以改变血液中某些神经递质的浓度水平。食物中的一些营养素正是这些神经递质的前提,当身体摄入这些营养后,通过体内加工,可以形成相应神经递质。一定量的营养素可以产生一定量的神经递质,从而影响它们在体内的浓度水平,最终影响情绪。通常认为,鱼、禽、肉、蛋、奶、豆制品等一类高蛋白食物对情绪优化有积极作用;碳水化合物能使人心境平和、感觉舒畅。也有人发现,食用巧克力、黄花菜可以使人心情愉快。

（二）调控内部生理活动与外部表情动作

情绪在发生的时候，或多或少都伴随着内部的生理变化和外部的表情动作。反过来，有意识地控制、改变自身的生理活动和外部表情动作，在一定程度上也可以影响情绪的变化。例如，放松训练法，就是通过放松全身肌肉来对抗紧张情绪；临床上用某些药物作用于身体，来稳定情绪或者缓解抑郁情绪。又如，我国传统的气功，通过一定的身体动作和心理意念，达到调节情绪、增强体质的目的。

（三）合理满足基本需要与学会学习

人类有一些先天的基本生理需要和感官需要，一旦得到满足，人就会感到愉快、轻松和平静；如果没有得到满足，人就会感到痛苦、烦恼或不安。因此，设法采用丰富多样、新鲜有趣的方式，让人的基本生理需要和感官需要得到充分的满足，在一定程度上增加快感，改善人的情绪状态。例如，用明快的色调打扮自己、观赏美丽的景色、倾听悦耳的音乐、品尝美味佳肴、陶醉在芬芳的空气中等，都不失为调节情绪的有效方法。

人在刚出生时仅有几种基本情绪，大量的、复杂的情绪是在后天的生活环境中通过学习逐渐形成的。人在成长、成熟的过程中，心理性、社会性需要越来越丰富，这些需要能否得到满足、满足的程度如何，都对情绪的发展、变化产生影响。屡战屡败、一味苦涩的经历，与屡败屡战、初尝成功的经历，会造就截然相反的情绪体验和行为模式，前者消极退缩，后者积极进取。所以，大学生最好设法让自己多品尝一点成功的喜悦，增加与真善美的接触，少经历一点失败和挫折，尽量减少与假恶丑的接触，通过正面、积极的学习过程，塑造自己良好的情绪品质。

情绪的自我管理与调适需要用心学习、积极实践，还需要一定的时间来巩固成效。希望每一位大学生从自己的生活与心理的实际出发，找到适合自己的情绪管理与调适的方法。

【拓展阅读】

1965年9月7日，世界台球冠军争夺赛在纽约进行。比赛开始后，参赛选手路易斯十分得意，因为他远远领先其他对手，只要再得几分便可登上冠军的宝座。然而正当他全力以赴就要拿下比赛时，发生了意料不到的事情：一只苍蝇落在了主球上。这时路易斯没有在意，一挥手赶走了苍蝇，俯下身准备击球。可当他的目光落在主球上时，发现这只可恶的苍蝇又落到了主球上。在观众的笑声中，路易斯又去赶苍蝇，情绪也受到了影响。然而，这只苍蝇好像故意和他作对，他一回到球台，它就跟着飞回来，惹得在场观众放声大笑。路易斯的情绪恶劣到了极点，终于失去了冷静和理智，愤怒地用球杆去击打苍蝇，不小心球杆碰到台球，被裁判判为击球，从而失去了一轮机会。本以为败局已定的竞争对手约翰见状勇气大增，最终赶上并超过了路易斯，夺得了冠军。

看完这个故事，请同学们小组交流一下：

(1) 在整个故事中，路易斯经历了哪些情绪？

(2) 故事对你有何启发？

【小组交流】

(1) 你有没有对情绪的迷失？

一般而言，我们会将情绪简单分为正向情绪和负向情绪。然而，有些人却过度夸大情绪的负面影响,产生对情绪的迷失。例如,认为如果你对别人生气就表示你不喜欢他;或者认为表达生气就表示不尊重或者没有爱。所以,当父母对你生气而批评你时,你可能就会全盘否定他们对你的关爱;或者父母的某些做法令你不高兴时,你可能会觉得有很深的罪恶感,觉得自己不应该这样,等等。其实爱恨是可以并存的,所有正向与负向的感受都可以同时存在。情绪只是反映内在的感受,并没有好坏之分,每种情绪都有它独特的价值。如果仅仅为了某种情绪而忽略其他情绪,就无法完整地体验生活。

此外,我们对情绪还存在错觉,认为可以选择性地去掉一些情绪,可以完全不生气或者完全不难过,可以永远快乐。实际上,当我们压抑情绪时,就累积了一些紧张,而压制了感受快乐与爱的能力。情绪的能力是整体的,只有自由地体验各种情绪,才能感受更多流畅的情绪。就如纪伯伦所说:"悲伤的创痕在你身上刻得越深,你越能容纳更多的快乐。""当你快乐时,深察你的内心吧。你将发现,只有那曾使你悲伤的,正给你快乐。当你悲伤时,再深察你的内心吧。你将明白,事实上你正为曾使你快乐的事哭泣。"

(2)你怎样对待和处理自己的情绪?

阿强前两天因为考试没考好,心里有挫折感。他一直责怪自己平时不够用功,考前没好好准备,考试的时候没仔细看。他觉得自己不是一块念书的料,自己比别人差,因而很灰心。他开始垂头丧气,故意远离人群,一个人躲在角落,心情很沮丧。

酷妹把她的朋友小顽子心爱的偶像签名照弄丢了。那是小顽子千辛万苦、排了两三个小时的队,才得到的偶像亲笔签名,现在却被酷妹弄丢了,小顽子真的很生气。可是酷妹是她最好的朋友,怎么可以对她生气呢?而且生气是不好的,万一失控,有可能伤害到其他人,而且酷妹也许就不再跟她做朋友了。所以她告诉自己:"算了!丢了就丢了,生气也无济于事。"虽然这样,她还是心里有疙瘩,无法再像以前一样对待酷妹。

小东的学习成绩不好,不喜欢上课,经常逃课去网吧玩游戏。父母经常教育他,希望他专心读书,将来能凭自己的本领自食其力。但是,小东总是嫌父母啰唆,与他们争吵。有一次,他跟父母吵架,一气之下把电视机给砸了,令父母很伤心。

以上三个故事中呈现出来的是某些学生对情绪的态度与处理方式,比较有代表性。如果主角换成是你,你会有什么感受?你会怎么处理自己的情绪呢?有些人在面对情绪时,完全被情绪所控制,当负面情绪产生时,就任由情绪牵制他们的一切思想、感受和行为。另外,有些人则是对负面情绪感到害怕、恐惧,担心自己若感受到生气、愤怒、悲伤、沮丧、紧张、焦虑等情绪,情况会更加糟糕,甚至会发生无法预测的后果,因而就极力压抑、控制自己的情绪;但是,没有表现出来的情绪,并不表示没有情绪,所以原本被引发的情绪仍会间接地影响自己或者人际关系等。也有些人不满于对负面情绪的控制和预防,他们认为情绪是非理性的,所以一个理性成熟的人不应该表现出自己的情绪。他们不允许自己处在负面的情绪中,拼命告诫自己"要理性""要控制情绪""我不应该焦虑,焦虑只会让我表现得更糟""我不应该沮丧,沮丧只会侵蚀我的斗志""我不能生气,生气代表我是一个不能把情绪管理好的人"。因此,他们将自己塑造成为有修养的人,预防可能会引出负面情绪的情境。然而,如果我们一味地否认、压抑或控制负面情绪,我们将失去适当地反映真实情绪的能力,所以也将无法真实感受到快乐等正面情绪,而变成一个单调、无情绪的人。

其实,当我们失去感受负面情绪的能力,也就失去了感受正面情绪的能力。然而许多人却很排斥负面情绪的发生或存在,对它敬而远之,除了因为它带给人们不愉快的感受,也因为它会使其他方面的运作和表现受到影响。但是,排斥并不能防止这些负面情绪的出现,只是徒增自己适应上的困难而已。有效管理情绪的方法,绝不是压抑或控制,而是学习接纳情绪,允许自己有情绪,然后通过适当的方法加以表达或纾解。

(3) 能不能对惹你生气的人发怒?

下面请听听在重要公证事务所工作的年轻人让·马克的诉说。

我从来没愤怒过,童年时期除外。那时我对金属玩具发火时,我的家长立即告诉我:"人不能对东西生气。"而且按照他们的观点,对人也不能生气。进入青春期以后,我心情经常不好,他们就会要求我:"不能用自己的情绪影响别人,要控制自己。"除了最小的妹妹阿丽思,我的姐妹们比我更服从,后来阿丽思与一个个性很强的人结为夫妻。我父母履行自己的说教:总是彬彬有礼,笑容满面,心平气和,即使与他人争辩时也是这样。在生活中,无能力愤怒的表现,不久就给我带来许多麻烦。同龄青少年向我挑衅时,我无能力反击,我常常跑到女孩子那里躲避,因此成为女孩子们的知心人。我学习成绩很好,很容易就找到了工作,也因为我的性格类型令雇主们喜欢,我平和、礼貌,而且很能干。但是仔细想一下,我很苦恼,因为我常常被雄心更强或咄咄逼人的人欺负。他们故意这样做,我想是因为他们不害怕我。有时,我因某个同事霸占了有意思的项目,或因有人跟我开让我不高兴的玩笑而反复琢磨,心里很不舒服。但是只要一面对他们,我有教养的"好孩子"表现就占了上风,我表现出彬彬有礼的样子,只不过与之拉开点距离而已。妻子因此常常谴责我,因为她是我无能力对进攻做出反应的直接见证人,她非常愤怒。这种无能力发怒的压力变得越来越大,于是我决定去和心理治疗师谈一谈。其实不是我害怕对方的反应,只是他人进攻时,我感到内心的退缩,于是变得无动于衷,可事后我非常愤怒。我的父母把我训练得太有教养了!

四、大学生常见的情绪困扰与调控

喜怒哀乐都是人的正常情绪,所谓的情绪管理并不是让人们不要消极情绪了,而是从觉察情绪开始,学会表达,学会转化,用适合自己的方式来达到情绪的平衡。

(一) 焦虑

焦虑是大学生常见的情绪状态,是一种类似担忧的反应或是自尊心受到潜在威胁时产生担忧的反应倾向,是个体主观上预料将会有某种不良后果产生的不安感,是紧张、害怕、担忧混合的情绪体验。当大学生在学习、工作、生活各方面遭遇挫折或担心需要付出巨大努力的事情来临时,便会产生这种情绪体验。焦虑对大学生的影响是复杂的,既可以成为大学生成长成才的内驱力,起促进作用,也可以起阻碍作用。

大学生常见的焦虑有自我形象焦虑、学习焦虑与情感焦虑。自我形象焦虑是担心自己不够漂亮、没有吸引力、体态过胖或矮小等,也有因为粉刺、雀斑等影响自我形象而引起的焦虑。这类焦虑主要与自我认知有关,需要通过调整自我认知重新接纳自我,建立新的自我形象。学习焦虑如考试焦虑,在学生的情绪反应中最为强烈。情感焦虑多数是由于恋爱受挫而引发的自我否定,认为自己不具备爱与被爱的能力,因而过度担心,引起焦虑。有研究者针对 1 135 名大学生焦虑症状的研究表明,大学生的广泛性焦虑症状处在中等水平,女生的广泛性焦虑症状高于男生,非独生子女的广泛性焦虑症状显著高于独生子女,家庭经济状况越差则广泛性焦虑症状也越高。

大学生在意识到自己的焦虑情绪时,要积极调节情绪,要认识到每个人在经历重大负性生活事件后都会有一些焦虑、担心等负面情绪。这些大多都是正常的反应,要接纳并允许自己有这些情绪。要有意识地稳定自己的状态,可以做一些深呼吸放松、音乐放松、冥想等训练。在避免过度关注上,要适度、有节制地关注积极信息,既不懈怠轻视,也不草木皆兵,这样有助于心态的稳定。在保持社会联系上,可以通过电话、视频等方式和自己的亲人、朋友保持联系,接受其他人的支持,而且还要帮助、支持其他人,体验投入感,提升幸福感。当遇到心理困境时,可以找信任的家人、朋友诉说,或者到一个隐秘的地方,大哭一场,让自己的情绪得以缓解。

(二)抑郁

抑郁常常伴随着焦虑,对所有活动失去兴趣,渴望一个人独处。抑郁也伴随着个体思维模式的转变,这些认知改变可以是一般性的,如注意力不集中、记忆力衰退或者很难做出决定。抑郁会使人消极地看待世界、自我和未来。与此同时,还伴随着身体症状,如常常乏力,起床变得困难,睡眠过多或过少,随之而来的是体重激增或剧减。抑郁是一种持续时间较长的低落、消沉的情绪体验,它常常与苦闷、不满、烦躁、困惑等情绪交织在一起。

一般来说,这种情绪多发生在性格内向、孤僻、敏感多疑、依赖性强、不爱交际、生活遭遇挫折、长期努力得不到回报的大学生身上。那些不喜欢所学专业或有人际关系处理不当、失恋等问题的大学生也会产生抑郁情绪。

大学生面对抑郁情绪,应该适当调整学习时间和休息时间,制订锻炼身体的计划,经常放松紧张的神经。轻度抑郁症患者需要勇敢地面对现实,可以放慢生活节奏,冷静地处理各种复杂的事情。这有利于轻度抑郁症患者的心理平衡,也有助于缓解心理压力。可以平时多听音乐,优美的音乐可以缓解精神疲劳,轻松舒适的音乐不仅能给人以美的熏陶和享受,还能使人的精神得到有效的放松。另外,还可以广交朋友,经常和朋友聊天,自信地交谈,不仅可以增进友谊和信任,而且可以使抑郁症患者的精神得到安慰,让烦恼消失。

【案例分享】

这是一位大一女生的自述:"我来自一个虽不富有但也比较宽裕的家庭,父母非常爱我。在我童年时,发生过重大创伤性生活事件,自从这件事后,我不再相信任何人,也不再相信很多人坚信不疑的诸如友谊、爱情等。我想通过努力学习离开原来的生活环境,开始新的生活,摆脱童年生活的阴影。来到大学后,看到同学们都快乐无忧地生活着,长久潜藏于我心中的愤怒悄悄地滋长着。我不知道该如何化解与排解这种情绪,便经常翻同学的书柜和床位,将她们正在看的参考书藏起来。看到她们焦虑、着急的样子,我内在的愤怒就找到了宣泄的出口。即使这样,我仍不解气,我将同学存折里的钱悄悄取出,并将钱全部花掉,以化解我心中的愤怒。"事发后,该女生受到了学校的处分。

这位女生在童年遭受的挫折与伤害,没有得到必要的心理辅导与心理支持;在她升入大学后,她的心理问题仍没有得到及时的解决。因此,她心中潜在的愤怒没有得到缓解,而是压抑起来,并寻找适当的机会进行发泄,最后导致其受到学校纪律的处分。

该女生在童年时受到心理创伤,现在又受到处分,是较严重的打击,对其心灵的伤害是比较大的,建议她尽快接受专业的心理咨询。

(三)愤怒

亚里士多德曾经说过:"那些在不应当愤怒时而愤怒的人,被视为无能;愤怒的方式,愤怒发作的时刻,以及愤怒的对象不适合时,也被视为无能的表现。"愤怒是由于客观事物与人的主观愿望相违背或因愿望无法实现时,人们内心产生的一种激烈的情绪反应。心理学研究表明,当愤怒发生时,可能导致人体心跳加快、心律失常、高血压等躯体性疾病,同时还会使人的自制力减弱甚至丧失,思维受阻,行为冲动,甚至干出一些事后后悔不已的蠢事或造成不可挽回的损失。

精力充沛、血气方刚的大学生,往往好激动、易动怒。遇事缺乏冷静的分析与思考,图一时之快、逞一时之勇的好激动、易动怒的不良情绪特点,在一些大学生身上时有体现。这种情绪对大学生是极其有害的。

情绪属于一种自发性的反应,要用理智控制它的发生很难。因此,大学生进行情绪管理的第一步,就是在情绪来临时,观察并觉察自己到底处在什么情绪状态,并进一步分析、辨识它,了解情绪发生的原因,恰当地表达自己的感受。而提高对自己情绪的觉察能力,首先是运用内省法,知道自己的感受即表面情绪,并分析、辨识表面情绪背后真正的需求和情绪感受,然后平静地接纳它,并将它恰当地表达出来。

【拓展阅读】

古时候,有一个妇人特别喜欢为一些琐碎的小事生气。她也知道自己这样不好,便去求一位高僧为自己谈禅说道,开阔心胸。

高僧听了她的讲述,一言不发地把她领到一座禅房中,落锁而去。妇人气得跳脚大骂,骂了许久,高僧也不理会。妇人又开始哀求,高僧仍置若罔闻。妇人终于沉默了,高僧来到门外问她:"你还生气吗?"妇人说:"我只为我自己生气,我怎么会到这种地方来受这份罪。"

"连自己都不原谅的人怎么能心如止水?"高僧拂袖而去。

过了一会儿,高僧又问她:"还生气吗?"

"不生气了。"妇人说。

"为什么?"

"气也没有办法呀。"

"你的气并未消逝,还压在心里,爆发后将会更加剧烈。"高僧又离开了。

高僧第三次来到门前,妇人告诉他:"我不生气了,因为不值得气。"

"还知道值不值得,可见心里还是有衡量,还是有气根。"高僧笑道。

当高僧的身影迎着夕阳立在门外时,妇人问高僧:"大师,什么是气?"高僧将手中的茶水倾洒于地。妇人视之良久,顿悟,叩谢而去。

何苦要气?气便是别人吐出而你却接到口中的那种东西,你吞下便会反胃,你不看它时,它便会消散了。气是用别人的过错来惩罚自己的蠢行。

夕阳如金,皎月如银,人生的幸福和快乐尚且享受不尽,哪里还有时间去气呢?

【课后活动】

你想拥有一份好心情吗?那就赶快来完成连线吧!你的选择可以帮助自己时刻保持好心情。

第五章　情绪与压力管理

(1) 当你面对他人的批评时　　　　　(A) 不要伤心,要懂得"矛盾无时不有"
(2) 当你和同学有矛盾时　　　　　　(B) 不要难过,要理解父母的苦心
(3) 当你和家人有误会时　　　　　　(C) 不要委屈,要提醒自己"闻过则喜"
(4) 当有人对你不满时　　　　　　　(D) 不要愤怒,要选择"得饶人处且饶人"
(5) 当你对他人的表现不满时　　　　(E) 不要生气,要自勉"走自己的路"
(6) 当你做错事时　　　　　　　　　(F) 不要焦虑,要相信"人最终能战胜环境"
(7) 当你对新环境不适应时　　　　　(G) 不要内疚,要记得"吃一堑长一智"

【小贴士】

如何保持良好的情绪呢?

(1) 微笑着走向生活——表情调节法。

心理学家把与人的内在情绪、情感有关的外显行为特征,统称为表情。一般而言,人的表情是对外交流的窗口,能较灵敏地反映一个人的身心状态。反过来,表情的改变,也会使内心的情绪状态发生相应的变化。现在,不妨皱皱眉,做愁苦状,你能体会到愉快吗?再请你舒展眉头,翘嘴角,弯眼睛,做微笑状,你的体验和刚才皱眉时的体验一样吗?

有意识地改变自己的姿态或表情以调节情绪的方法叫作表情调节法。

(2) 走路速度加快,将使忧郁的心情开朗起来。

我们都有这样的经验,如果有高兴的事,脚步会变得轻快,甚至哼起歌。而心情忧郁或心里有些不安时,一定会闷闷不乐,脚步也会变得沉重,甚至无精打采。有意识地变化动作,心里就会产生一种活力,也会拥有勇往直前的信心。

(3) 洪亮的声调可以增强自信心。

某田径队在训练队员的时候采用"大声呼喊法",让队员喊出一些积极性的语言来增强信心。我们在日常生活中也会有同感,如是一个人说话声音太小,就会让人觉得他缺乏信心,甚至还会被人误以为说谎。相反,宏大而又响亮的声音,可以给予对方一种有信心的印象,自己也能借此产生坚强的信心,进而获得意想不到的好处。

(4) 内部微笑技术。

发自内心地对自己微笑,能够提高自身的能量水平。这里有一种内部微笑体操介绍给各位读者:

笔直地坐在椅子上,两腿分开与臀部同宽。双脚平放在地上。双手舒适地放在大腿上。闭上双眼,正常呼吸。开始放松你面部的所有肌肉。想象身处在一个非常舒适的地方,或许那是你生活中感觉最放松的地方。现在想象看到你自己微笑的面孔从你面部走出来,滑进你的喉咙,滑过你的脖颈,进入你的心脏,进入你的肺部和肝肾,能量输送到臀部和大腿,甚至扩展到你的小腿和脚。这时你能感觉到那种微笑的力量,感觉到你整个身体体验到爱和刺激。

【思考题】

1. 大学生的情绪特点是什么?

2. 请对以下案例进行分析,描述小江所面临的情绪问题,并为小江的心理疏导提供一定的建议。

小江,男,21岁,大专学历,机电一体化专业。曾任某机械制造公司的产品质量管理员岗位。工作2个月后,因为有一次未对产品质量严格把关而受到质检部领导的批评,当月奖金也被予以一定比例的扣除。小江觉得自己很委屈,也很愤怒。自己工作勤勤恳恳,肯学

肯做,积极努力,为什么只因一次小小的差错就扣除自己的奖金。一怒之下,小江就辞职了。

第三节 压力及其应对

【导入案例】

小金作为一名大三学生,同时兼有多种角色:学生、室友、情人、女儿和雇员。一般情况下,这些角色与他人的期望之间不会产生严重的冲突,但有时也会令她十分头痛,无法协调。例如,在最近的一个星期四,她的历史学教授和同班同学希望她在午间课上做一个关于 Calvin Coolidge 的生活的口头报告,室友希望整个早晨都能和她一起打扫公寓卫生,男朋友又想和她共进午餐,而且她至今还没来得及回复母亲上周的来信,雪上加霜的是,老板早上七点半打来电话要求她为一个生病的雇员替班。

一、压力概述

压力是个体对觉知到的(真实存在或想象中的)对自身的心理、生理、情绪及精神威胁时的体验,所导致的一系列生理性反应及适应。随着社会的发展、时代的进步,压力已经成为现代社会生活中的高频词汇,它是每个人都在面临的一种无法逃避的心理状态。而身处大学校园的学生们,每天也会面临方方面面的压力:学习、成长、恋爱、考研、就业……

大学已不再是与社会隔绝的象牙塔,大学生必须面向社会、面向未来,不断提高挫折承受能力,学会适应迅速变化的社会,应对纷繁复杂社会的种种挑战。目前,大学生正处于人生的黄金阶段,精力充沛,聪慧机敏,没有过多的生活羁绊,创造力旺盛,正是学知识、出成果的大好时机。大学生已成为当代整个社会力量中最积极、最富创新精神和最有生气的力量。另外,大学阶段也是人生中极不寻常的时期,由于缺乏对自身成长的科学认识与正反经验,青年人内心交织着种种矛盾。为此,置身于社会剧变的青年大学生需要学会调整心态,以更加积极的姿态适应社会变革发展的趋势。

大学生在大学的每一个阶段都会面临不同的压力,压力是始终存在的。在大一阶段,主要面临着适应新的校园生活的压力。大学的一切都是陌生的,面对新的学习方式、陌生的人际关系、相对宽松自由的校园环境,许多大学新生无所适从,过去的自信荡然无存。大二、大三阶段面临着情感、交往、学习等种种新问题。大四阶段面临着就业、考研等人生的大课题,感到书到用时方恨少,深深体会到社会竞争的残酷性。面对大学不同阶段的各种压力,一些大学生不断调整自己的心态和状态,对自己的人生做出科学规划;也有一些大学生不能面对社会现实,在感叹后悔之中打发时间。

总之,压力并不可怕,关键在于如何辨识、转化和应对压力。在某些情况下,压力也能转化为人生的积极动力。只有勇敢面对压力,化压力为积极的人生动力,才是明智之举。

二、压力的生理反应

(一)内分泌系统

压力状态将导致机体内心跳加速、血压增高、冠状动脉扩张、支气管扩张、生理过程加速、氧气消耗增加、胃肠蠕动增加、呼吸频率和深度提高、焦虑感和疲劳感增加。

(二)自主神经系统

压力状态下的交感神经使心跳加速,心脏收缩压力增大,冠状动脉扩张,腹部动脉收缩,瞳孔扩大,骨骼肌肉力量增强,思维活动增加,基础代谢提高。副交感神经负责在压力后将身体调整回放松的状态。

(三)消化系统

压力会降低唾液分泌量,使人口干舌燥;会导致食道肌肉不可控收缩,使吞咽变得困难;会增加胃酸分泌,减少保护胃壁的黏液量,使人容易发生胃溃疡;会改变大小肠为传输食物进行的有节律的蠕动,使人腹泻或便秘。

(四)免疫系统

压力会引起免疫球蛋白水平降低,使人容易感染疾病。有研究对大学生在期末考试前五天、考试当天、考试两星期后的免疫球蛋白水平进行对比发现,在考试期间(压力最大时)抵抗力是最低的。

【拓展阅读】

免疫系统相关失调

压力会改变生化媒介或神经肽的分子结构,抑制不同类型白细胞的数量和机能。压力荷尔蒙(皮质醇)也会降低白细胞的效能。这个过程中,防御机制效能低下,身体更加容易受到外来和内在病原的伤害。由于免疫紊乱而导致的疾病可以分为四种:外源性反应不足;外源性反应过度;内源性反应不足;内源性反应过度。下面是每种类型疾病的一些例子。

(1)一些感冒和流感(外源性反应不足)。1991年,由享有盛誉的英格兰医学杂志发表的一个研究支持感冒与过度压力之间存在明确相关的假设。这个结果成为影响美国的头条新闻。按照Borysenko的免疫系统模型,随着B淋巴细胞的减少,身体变得更容易受到导致一般感冒病毒的感染。在Borysenko的免疫系统活动矩阵中,感冒和流感被归为外源性反应不足,是因为在这种情况下,抵抗外来病原的B淋巴细胞不足。

(2)过敏(外源性反应过度)。当外来物质或病原(如污染、蜂毒、粉状孢子)侵入体内时,会引发过敏反应。对这种侵入的反应是粒性白细胞分泌出一种被称为组胺的抗体。当组胺碰到抗体时,它们进行无效合成,本质上是为了压制它们的毒性。在对外源性抗体的免疫过度反应中,过量的组胺导致含有黏液的细胞膜组织(通过呼吸抗原进入体内)或皮肤组织(感染时)肿胀。一些研究已经表明,并不是必须由外界抗原的侵入才会引起过敏反应。Borysenko认为,B淋巴细胞具有记忆能力,在没有与抗原进行直接接触的情况下,也会促使组胺和其他抗体(免疫球蛋白)的产生。有些人仅仅是想一想以前曾经激起过敏反应的刺激物就会出现过敏反应。一些研究表明,过敏反应在那些有焦虑倾向的个体身上更加普遍和严重。含有抗组胺的非处方药品和注射过敏针剂是治疗过敏最常用的方法。新的证据表明,放松技术也可以将外界抗原的影响减至最小。

(3) 风湿性关节炎(内源性反应过度)。身体器官也可能会因为免疫系统对被认为是(内部)抗体的细胞过度反应所产生的发炎而肿胀。在这种情况下,免疫系统的成分开始攻击明显健康的组织,将它误认为是外来的物质。风湿性关节炎——一种关节和联结组织疾病——是分泌滑液的组织肿胀使关节发炎。随着时间的延长,润滑的液体会进入软骨和骨骼组织,导致关节进一步恶化。风湿性关节炎严重时可以通过变形的手指关节很容易地看出来。在血液中发现的一种蛋白质被确认是风湿症的病因之一。据推断,风湿性关节炎可能跟基因有关联。同时,严重的风湿疼痛通常与压力阶段有关,尤其是愤怒被抑制时。所以,压力也与风湿性关节炎有关系。这种疾病的治疗方法根据疼痛的严重程度和关节被损伤的速度而有所不同,包括减轻疼痛(如用阿司匹林)和注射类固醇(如可的松)等。

(4) 胃溃疡和结肠炎(内源性过度反应)。胃溃疡常被描述为胃部的一个小孔,但这种描述与事实不符。导致这个器官组织被破坏的一系列事件开始于交感神经系统的过度活动。去甲肾上腺素的分泌量的增加导致了胃部血管系统的收缩,接下来导致胃内壁黏膜分泌黏液减少。分泌这种黏液的目的是保护胃不受胃里分解食物的强消化酶的影响。如果黏液和消化酶(盐酸)之间的平衡被打破,胃壁内部就会变得容易受到消化酶的损害,胃部就开始消化它自己,使胃壁上出现小洞。塞利在他最早关于老鼠的研究中,注意到胃溃疡与未解决的压力之间的联系,这也是最早与压力联系在一起的疾病之一。与之类似,医生也马上注意到病人的焦虑与溃疡症状——最引人关注的是胃部强烈的疼痛——之间的关系。

(五) 肌肉

压力会使肌肉处于强直和疲劳状态。例如,人在愤怒时会咬紧牙关;看恐怖电影时,只坐椅子边缘;易出现紧张性头痛等症状。

(六) 皮肤

去甲肾上腺素收缩皮肤和四肢的末梢血管,使皮肤表面温度降低,皮肤会由于血管的收缩显得苍白无光。

【测一测】

身体症状问卷

看一看压力相关症状列表(如表5.1),按照上周出现的情况、严重状况、持续时间,在相应的位置画圈。然后想一想上周的工作量,看一看你是否能注意到它们之间的联系。

表5.1 压力测试表

序号	症状	多经常?(上周出现的天数)	多严重?(1=轻微的,5=严重的)	持续时间?(1=1小时及以内,5=全天)
1	紧张性头痛	0 1 2 3 4 5 6 7	1 2 3 4 5	1 2 3 4 5
2	偏头痛	0 1 2 3 4 5 6 7	1 2 3 4 5	1 2 3 4 5

续表

序号	症状	多经常？（上周出现的天数）	多严重？（1=轻微的,5=严重的）	持续时间？（1=1小时及以内,5=全天）
3	肌肉紧张（脖子和/或肩膀）	0 1 2 3 4 5 6 7	1 2 3 4 5	1 2 3 4 5
4	肌肉紧张（下背部）	0 1 2 3 4 5 6 7	1 2 3 4 5	1 2 3 4 5
5	关节痛	0 1 2 3 4 5 6 7	1 2 3 4 5	1 2 3 4 5
6	感冒	0 1 2 3 4 5 6 7	1 2 3 4 5	1 2 3 4 5
7	流感	0 1 2 3 4 5 6 7	1 2 3 4 5	1 2 3 4 5
8	胃痛	0 1 2 3 4 5 6 7	1 2 3 4 5	1 2 3 4 5
9	胃/腹胀/胀气	0 1 2 3 4 5 6 7	1 2 3 4 5	1 2 3 4 5
10	腹泻	0 1 2 3 4 5 6 7	1 2 3 4 5	1 2 3 4 5
11	便秘	0 1 2 3 4 5 6 7	1 2 3 4 5	1 2 3 4 5
12	溃疡	0 1 2 3 4 5 6 7	1 2 3 4 5	1 2 3 4 5
13	哮喘发作	0 1 2 3 4 5 6 7	1 2 3 4 5	1 2 3 4 5
14	过敏	0 1 2 3 4 5 6 7	1 2 3 4 5	1 2 3 4 5
15	溃疡/唇疱疹	0 1 2 3 4 5 6 7	1 2 3 4 5	1 2 3 4 5
16	眩晕	0 1 2 3 4 5 6 7	1 2 3 4 5	1 2 3 4 5
17	心悸（比赛时的心跳）	0 1 2 3 4 5 6 7	1 2 3 4 5	1 2 3 4 5
18	颞下颌关节功能紊乱综合征	0 1 2 3 4 5 6 7	1 2 3 4 5	1 2 3 4 5
19	失眠	0 1 2 3 4 5 6 7	1 2 3 4 5	1 2 3 4 5
20	噩梦	0 1 2 3 4 5 6 7	1 2 3 4 5	1 2 3 4 5
21	疲惫	0 1 2 3 4 5 6 7	1 2 3 4 5	1 2 3 4 5
22	痔疮	0 1 2 3 4 5 6 7	1 2 3 4 5	1 2 3 4 5
23	丘疹/痤疮	0 1 2 3 4 5 6 7	1 2 3 4 5	1 2 3 4 5
24	痛经	0 1 2 3 4 5 6 7	1 2 3 4 5	1 2 3 4 5
25	频繁的意外	0 1 2 3 4 5 6 7	1 2 3 4 5	1 2 3 4 5
26	其他（详细说明）_____			

你能够发现压力水平和身体健康之间的联系吗？总分超过30分或许意味着你存在压力相关的健康问题。如果进行规律的放松练习或许能够减轻这些症状的强度、频率和持续时间。在必需的时候推荐药物治疗。

三、压力源

压力源又称应激源，是指对个体的适应能力进行挑战，促进个体产生压力反应的因素。

压力源主要包括精神性压力源、生理性压力源、社会性压力源。

(一) 精神性压力源

精神性压力源直接阻碍和破坏个体正常精神需求的内在和外在事件,包括错误的认知结构、个体不良经验、道德冲突以及长期生活经历造成的不良个性心理特点,如易受暗示、多疑、嫉妒、悔恨、怨恨等。

精神层面的影响在各种压力源中占据最大的比重。它们来自于人们心理上对刺激的知觉。人们对于自我的思想、信念、态度、观点、知觉以及价值观会有本能的防御,一旦以上这些受到挑战、违背,甚至改变,自我就会感受到威胁,进而产生压力反应。精神层面的压力源反映了人格的独特架构,用压力研究专家 Kenneth Pelletier 的话来说,就是"知觉到的自我与理想自我形象之间的分歧"。这类压力源最可能引发压力。

(二) 生理性压力源

生理性压力源,即对躯体产生直接性损害的刺激,如各种疾病、环境的噪声、温度变化等。

有许多生物和生态层面的因素可能引发不同程度的压力反应,一些因素甚至不为人们所觉知,如阳光、电磁场等会影响人们的生物节律。通过时间生物学领域的研究,我们已知这些因素会影响到三类生物节律:①昼夜节律,生理机能在24小时周期内的起伏波动(如体温);②次昼夜节律,短于24小时的周期性起伏波动(如胃的收缩和细胞分裂);③超昼夜节律,超过24小时的周期性起伏波动(如月经)。这些生理变化都受到自然现象,如地球的公转、自转的影响。生理生态影响的一个典型例子是季节性情绪障碍,这是一种居住在北极圈及其附近的许多人患上的疾病。这些人每年都有很长一段时间见不到阳光,因此变得抑郁。除此之外,由技术革命带来的不良影响也属于此类,如因飞机跨越好几个时区而导致的时差。一些人工合成的食物添加剂还可能会引起体内多种压力荷尔蒙的释放。值得注意的是,越来越多的专家认为,21世纪人们压力水平的提高可能是源于人们越来越少接触纯天然物质,体内生理系统受到了影响。不过,只要改变生活方式,如养成良好的饮食习惯、加强锻炼、定期放松,就能恢复体内平衡,使那些生物生态层面的影响因素对健康发挥促进的作用。

(三) 社会性压力源

社会层面的影响早就作为个体困境的来源之一被广泛研究,其中最突出的是过度拥挤的城市和城市的无限扩张。多个动物研究表明,当动物数量超出了一定界限,即使食物和水充足,也会造成看似健康的动物死亡。看来,个人空间的需要对于任何物种都是通用的。人类面对拥挤的城市、交通堵塞、收银台前长长的队伍以及其他个人空间受到侵略的情况时,同样表现出挫败。这一特殊的社会层面的影响应该起源于自然界的本能。除此之外,社会层面因素带来的压力还包括金融风险、搬家、科技进步、违反人权的行为、社会经济地位低下等。

与压力有关的社会层面的影响还包括一些重大的生活变故。Thomas Holmes 和 Richard Rahe 对生活变故与压力和疾病之间的关系进行了大量的研究。通过对几千人的调查,他们得到了一个生活事件的清单,代表着需要人们去适应或调整的最为典型的生活压力源及事件。这张清单包含43个事件,其中不仅有明显的灾难事件,还有一些表面上看起来积极的事件,如度假、结婚等,他们根据每一事件的压力程度设计了评分系统。所有事件都基于它们给生活带来的破坏程度以及人们事后需要付出的调整努力的多少而被赋予数量值。这些数量值被称为"生活变故单位"。最后,他们根据调查结果制成了"社会再适应评定量表",对压力从低到高的43个事件进行了评定。为了进一步检验该量表,Holmes 和 Rahe 还请一些医生比较问卷结果与健康状况的关系。结果发现,生活事件的得分的确与个体健康史有着显著的相关,生活变故单位分数150是一个临界点,高于这个点说明可能会受到生活压力源的危害,出现健康问题。经过进一步的分析,他们用生活变故单位得分划分出了几个等级:150~199分说明存在轻微的生活危机;200~299分说明存在中度的生活危机;300分以上则说明存在重大的生活危机。

【拓展阅读】

请同学们阅读大学生群体的社会再适应评定量表(如表5.2)。

表5.2 大学生群体的社会再适应评定量表

事件	生活变故单位
亲密家庭成员死亡	100
密友死亡	73
父母离婚	65
被监禁	63
受伤或重大疾病	63
结婚	58
重要课程不及格	50
被解雇	47
家庭成员健康问题	45
怀孕	45
性问题	44
与密友严重争执	40
经济状况改变	39
与父母不和	39
换专业	39
新男友或女友	38
学校课业加重	37
个人成就突出	36
在大学的第一学期或学年	35
生活条件改变	31
与老师严重争执	30

续表

事件	生活变故单位
成绩不如预期	29
睡眠习惯改变	29
社会活动改变	29
饮食习惯改变	28
车子的慢性问题	26
家庭聚会数量改变	26
旷课过多	25
转学/换工作	24
多科不及格	23
较不严重的交通违法	20

四、压力对个体的影响

压力对个体的心理影响就如同施加在弹簧上的重物,当重物在弹簧承受范围内并及时移走时,弹簧能高高弹起并恢复原来的弹性;但如果重物超过弹簧的承受范围,或长期置于弹簧上,就会对弹簧产生破坏性作用,弹簧不仅不能弹起,甚至会失去弹性。也就是说,压力对个人的影响包括积极影响和消极影响两个方面。

(一)积极影响

压力有助于提高机体的警觉性,防止意外伤害。压力的产生是机体面临紧张情境时产生的一种自主性反应,这种自主性反应的本质是自我防御,其目的是适应环境。这种自我防御的目的是提高机体的警觉性,防止意外伤害,即对紧张情境的适应。

适度的压力是应对生活的基本条件。在个体成长过程中,压力是不可避免的,而适度的压力为主体学会应对生活、提高适应能力提供了可能。人们在遇到紧张情境时,不仅能够有能力顺利应对而使自己不受到伤害,而且学会了适应。例如,考试前的适度紧张会使人们认识到考试的重要性和意义,从而认真对待这次考试,事先做好计划和复习步骤,以便取得好成绩。

压力能促进个人的成长。人的成长和发展就是不断适应压力的过程。人的一生在每个阶段都需要应对新的要求,都会面对各种不同的成长任务,因此压力是无处不在、不可避免的,也是人成长所必要的。只要能把压力变成动力,那么压力也会成为成功路上的加速器。

【拓展阅读】

一头驴子掉进了一口枯井,它哀怜地叫喊求救,期待主人把它救出来。驴子的主人召集了数位亲邻出谋划策,还是想不出好的办法搭救驴子。大家最终认定,反正驴子已经老了,况且这口枯井早晚也是要填上的。于是人们拿起铲子,开始填井。当第一铲土壤落到枯井时,驴子叫得更恐怖了,它显然明白了主人的意图。当又一铲土壤落到枯井中时,驴子出乎意料地安静了。人们发现,此后每一铲土壤落到它背上的时候,驴子没有哀叫求助,而是冷静地在做一件令人惊奇的事情——它努力抖落背上的土壤,踩在脚下,把自己垫高一点。人们不断把土壤往枯井里铲,驴子也就不停地抖落身上的土,使自己再升高一点。就这样,驴子慢慢地升到枯井口,在旁人惊奇的目光中,潇洒地走出了枯井。

人生不如意之事十之八九。在日常的生活、学习、工作中,会遇到各种各样的困难和挫折。在生活中所遭遇的种种困难和挫折就是加诸在我们身上的"泥沙"。然而,换个角度来看,它们也是一块块垫脚石。我们应该以乐观、积极的心态,面临困境时泰然处之,勇敢地、锲而不舍地将它们抖落掉,变压力为动力,化人生中的绊脚石为垫脚石。

(二)消极影响

压力对身体可能会有消极影响。面对压力时,身体会做出一系列的应对反应,如心跳加速、血管收缩、呼吸增强、淋巴细胞减少等,免疫系统就会减弱,易受到疾病的袭击,甚至身体的整个防御系统都会崩溃。有研究发现,学生面临考试的时候,唾液中的免疫球蛋白会减少,从而导致呼吸道感染的概率增加。

压力对心理会产生不良影响。大多数压力都会让人感到不舒服,并带来不愉快的情绪体验,生活的琐事、繁重的学习任务,日积月累会给人造成心理压迫感,导致负面情绪的产生,如焦虑、愤怒、抑郁、恐惧等。如果不能及时消除这些负面情绪,将会导致个体心理适应困难,甚至造成严重的心理疾病。而当愤怒的情绪占主导时,个体就会变得易激怒,甚至出现攻击性行为。

此外,压力还会冲击个体对自我的认识,引起挫折感和自我评价降低,久而久之,个体在面对学习、工作时产生无力感,对生活失去控制感。

【拓展阅读】

俗话说,没有压力就没有动力,那么,是不是压力越大就越好呢?心理学家发现,压力和效率之间并不是这么简单的线性关系。没有压力的时候,人们会感觉生活堕怠,没有动力;压力太大又会感到不自在,或者心烦意乱,甚至学习或者工作效率开始降低;而中等水平的压力可以保持最高效率。这就是著名的耶克斯-多德森定律。耶克斯-多德森定律示意图如图5.2所示。

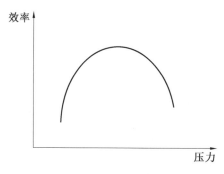

图5.2 耶克斯-多德森定律示意图

从图中可以看出:压力太小会导致动力不够,学习松散,提不起精神,效率很低;压力太大易产生紧张焦虑,效率也不高;而适度的压力最有利于学习成绩的提高。因此,压力不足的学生要思考自己的动力和目标,压力大的学生要学会舒缓压力。例如,有的学生学习目标太高,太重视考试结果,在考试前不断给自己加压,要求自己考出好的名次,而忽视了每天的学习过程,结果出现了越想完美越不完美的结局。

五、大学生常见的压力

一般来说,大学生常见的压力可以归纳为以下几类。

(一)学习压力

学习是大学生的首要任务。大学生活中的绝大多数时间都是在与学习打交道,所以由学习所形成的压力有时虽强度不是很大,但持续时间很长,对大学生的影响不可低估。根据调查,30%的被试者感到目前最大的压力是学习问题。学习方面的压力主要与以下几个因素有关:一是不恰当的社会比较;二是对专业和专业知识不感兴趣;三是学习时间长,学习头绪多。

【拓展阅读】

艾伦是一名大二学生,她从童年时期就对考试失败有着很大的恐惧,每当她在考试中取得C时,她的父母总是在她的很多朋友面前羞辱她,进而导致了她对考试的恐惧。这一长期的消极记忆,使她每当参加考试时都会感到强烈的焦虑。艾伦很怕自己会再次失败,更担心他人的排斥会接踵而至。虽然她每次考试准备得很充分,却经常发挥失常,因为她的恐惧造成了考试中思维过程的"停滞"状态。更重要的是,由于对失败的恐惧,她总是逃避挑战。对于艾伦来说,对良好表现的正常渴望和对不良表现的逃避已经转变为不合理的、进而伤及自身的失败恐惧。这让她很不快乐,并威胁到学业的顺利完成和职业的发展。

艾伦的遭遇在大学生群体中并不少见,处理学习成绩所带来的压力挑战的关键一步是对自己做出双重承诺:第一,全力以赴做好自己;第二,自尊和成绩并不是等价的。

(二)生活压力

也许对一部分大学生来说,最大的压力莫过于生活的艰辛。这是一部分大学生尤其是一些贫困生和特困生的压力源。首先是生活上的窘迫感,有的甚至严重到了"不敢随便多吃一点东西,否则生活费就没有了"的地步。其次是对家人的内疚感。有的大学生来自老、弱、病甚至父母双亡的家庭,他们不想让家人替自己背包袱,可自己又无能为力。

(三)交往压力

部分大学生在交往中会有自卑感。有的大学生总担心别人看不起自己,同学间不经意的一句玩笑或某种行为都会深深地刺伤他们的心灵。

心理学研究认为,社会支持(或良好的人际关系)能对应激状态下的个人提供保护,即对应激起到缓冲作用,从而能有效地减少忧郁倾向和心态失衡。美国社会心理学家的一项调查认为,使人们感到幸福的既不是金钱,也不是名誉、地位、成功,而是良好的人际关系。我国在对大学毕业生所做的一项调查中也发现,大学生最留恋的是与朋友间的友谊。但是在现实的大学生群体中,人际交往并没有那么顺利,反而成了一些学生心理障碍的根源。

(四)情感压力

情感生活作为大学生活的主旋律之一,始终是问题的敏感点和多发点。在出现心理危机的大学生群体中,情感危机引发的心理问题占到了相当的比例。恋爱问题处理不当,造成的后果最为严重。很多大学生在与异性的接触过程中,不知道该接触到什么程度合适,一些学生难以把握自己,一旦出现问题就可能走向极端。

(五)就业压力

就业是大学生最为关注的一个话题,其所形成的压力更大,涉及面也更广。在高校逐年扩招的情况下,大学生就业面临的压力可想而知。人才需求市场萎缩(或饱和)以及大学生择业种类和择业地域的过于集中,是造成这种压力的根本原因。

另外,就业压力还有部分原因来自大学生个体家庭背景的差别。家庭背景的差异在一定程度上造成学生就业上的差异,形成就业机遇的差异。因此,一到毕业临近,那些家庭背景较差的同学就会为自己的前途感到焦虑、担忧,感叹社会的不公,甚至产生怨恨以及某些过激的行为。

【案例分享】

某大学大三学生王某,坐在教室里看书时,总担心会有人坐在身后并干扰自己,有强烈的不安全感,以至于只能坐在角落或者靠墙而坐,否则无法安心看书。他对同寝室一位同学放收音机的行为非常反感,有时简直难以忍受,尤其是午休时,总担心会有收音机的声音干扰自己,从而睡不着觉,经常休息不好。但他不好意思跟这位同学发生当面冲突,因为觉得为这样的小事发脾气,可能是自己的不对。长期以来,他无法摆脱这种心理困境,严重影响了自己的日常生活和学习。即将毕业的他心中一片茫然,担心找不到理想的工作,但有时也懒得去想这个问题,怕增添烦恼。他学习一般,在班里学习成绩属于中等,当看到其他同学都在准备考研究生时,他也想考,但是又不能集中精力学习。他自卑,缺乏自信,生活态度比较消极,认为所有的一切都糟透了。他家在农村,经济状况一般,认为自己有责任挑起家庭的重担,但又觉得力不从心。

在该案例中,王某的心理困境主要是由各种压力源造成的。首先,他即将面临大学毕业,择业困难是构成其压力源的核心。择业压力所导致的心理紧张和心理困境,其实质是由该生自身能力与理想目标之间的落差造成的,落差越大,心理压力也就越大。该生学习成绩一般,对自己缺乏信心,但家在农村,又觉得自己责任重大,必须找到一份好工作,因此心理压力是相当大的,而且是与日俱增。其次,择业压力使该生在心理上产生不安全感。行为发生学认为,当人受到刺激时就会做出某种特定的反应。该生面对压力,采取的是消极应对策略——回避。虽然不去想它,但是问题和压力却仍然存在,尽管只是一种茫然状态。再次,择业压力使该生的心理变得异常敏感和脆弱,这一点在他的日常学习和生活中直接体现出来。哪怕有一点动静,在教室看书或者在宿舍睡午觉就会受到干扰;严重时,即使没有任何干扰,该生也会怀疑、担心和害怕受到干扰。最后,择业压力和敏感的心态极易使该生面临人际冲突问题,这是该生采取回避和压抑等消极应对策略的必然结果。在与同学相处时,尽管该生自己也意识到只是一些很小的事情,但就是不能控制自己。当某件事情或某个人多次引起自己的反感和不快时,就很自然地把自我消极情绪固着在该事或该人,从而影响人际的和谐与沟通。实际上,这是由于该生刻意回避主要现实压力,导致压力感(压力能量)转移的结果。

六、如何应对压力

在现代社会,每个人都不可避免地要承受很多压力。面对压力事件或压力情境,有人积极地去解决问题和困难,有人则消极逃避,从而最终导致个体所受影响的程度不同。

(一)体会生活的意义

心理学家弗兰克认为,一个人生活的基本要义在于了解并坚守生活中的责任,能够对自己和他人负责的生活就是有意义的生活;一个人即使在毫无压力的情况下生活,也不会感到满足,人们唯有在面对问题和解决问题的责任中才会感到满足与充实,生活才会有意义。

(二)制造欢乐气氛,体验主观幸福感

所谓主观幸福感,是指人们对整体或一段生活的满足感、快乐感,它是个体心理健康的主要标志之一。当感到烦闷时,不妨吹吹轻快飞扬的口哨或听听旋律优美的音乐,也可以穿着轻便的服装逛街购物,或观赏、阅读幽默逗趣的电影、小说、漫画,还可以自创舒适的环境,由此来体验主观幸福感。

【拓展阅读】

Watts Whacker 是一位预测专家,曾被多家位列财富 500 强的公司聘请去,通过综合当前信息和趋势以确定世界市场未来的可能性。当人们要求他预测未来的时候,他坦言:"我不是一个心理学家,但是,我确实知道一点:乐观主义者将会有一个美好的未来,但悲观主义者不会。"从表面上看,乐观主义和运气似乎没有什么共同之处,但是,根据 Richard Wiseman 的看法,它们其实是同一枚硬币的两面。他曾经从事过关于运气研究的工作,并且发现,大体而言,我们通过思维里的那些知觉来实现或破坏着自己的运气。也就是说,自我击败的态度会带来对生活不幸的视角,而积极的态度则会吸引积极事件以及那些幸运的人。Wiseman 以英国赫特福特大学为基础,已经研究了成百上千的人以及他们对于运气的知觉和经历。运气心理事实上就是乐观心理,即把心理能量集中在可能上而非不可能上。运气这个词时常使人想到魔法,但是,Wiseman 指出,魔法与我们的生活经历没有任何关系。如果真的有魔法存在,那其实就是我们看待世界的知觉,通过这种知觉我们创造出我们所看到的世界。

为了重构知觉以体验更多的好运,有一些事情是我们都能做到的。Wiseman 建议我们采纳与以下四种态度相关的行为。

(1)通过前摄的姿态而不是扮演一个受害者的方式将你的机遇最大化。

(2)听从你的直觉。跟随你内心的感觉,并且学会倾听直觉的声音,而不是那些会让你退缩的、恐惧的声音。

(3)把注意力集中在积极的事情上,冒一些可以预计的风险。见一些不认识的人,尝试一些新的活动,这样可以增加扩展思维的机会,而且有可能增加你设定和实现新目标的机会。

(4)在糟糕的情境中寻找积极的一面。每一种情境都有好的一面和坏的一面;在每一个时刻都是由你决定什么是好的,什么是坏的。

Wiseman在他的《幸运因素》一书中得出这样的结论,那就是幸运并不意味着中彩票,或是每次低头都发现地上有一张20美元的钞票。相反,生活中的幸运因素,是每一个人一旦决定都可以实现的认知知觉。

(三)适当运用心理防御机制

心理防御机制能够使个体在遭受困难与挫折后减轻或免除精神压力,恢复心理平衡,甚至激发主体的主观能动性,激励主体以顽强的毅力克服困难,战胜挫折。因此,适当运用心理防御机制来缓解压力也是一种行之有效的方法。

心理防御机制有两种方式,一种是认同,一种是升华。这两种方式都能帮助人们化压力为动力,重建信心,继续前行。认同是指人们可以在身边找到榜样作为学习的典范。把痛苦和压力转化为认同和激励,能让人从眼下的危机中解脱出来,去寻找新的目标。升华是指面对危机时,人们内心产生的负面情绪,如紧张、焦虑、愤怒,同样是有能量的情绪,可以把这些情绪的力量用于寻找新的工作机会、新的恋爱对象等,正所谓化悲痛为力量。负面情绪利用得好,也一样可以把人们从危机的泥淖中拉出来。

其实,每个人都有自愈的能力,善用心理防御机制,就能"化险为夷"。

【拓展阅读】

其他形式的心理防御机制:

(1)逃避机制。

压抑是各种防御机制中最基本的方法。此机制是指个体将一些自我所不能接受或具有威胁性、痛苦的经验及冲动,在不知不觉中从个体的意识中排除出去,或将其抑制到潜意识中。例如,我们常说"我真希望没这回事""我不要再想它了"。

(2)自骗机制。

合理化,又称文饰作用,是个体无意识地用似乎合理的解释来为难以接受的情感、行为、动机辩护,以使其可以接受。这个理论有很经典的两个例子,一个是酸葡萄心理(吃不到葡萄说葡萄酸)——丑化失败的动机;一个是甜柠檬心理(得到的不好也说好)——美化被满足的动机。

(3)建设机制。

幽默也是一种积极的精神防御机制的形式,是较高级的适应方法之一。当一个人遇到挫折时,常可用幽默来化解困境,维持自己的心理平稳。例如,月考过后,小明的成绩不是很理想,明明自己考试之前很用心地准备了,可是还是没有发挥好。恰好这个时候小明的好朋友过来问他考得怎么样。小明自嘲地说道:"有时候吧,不努力一把,还真不知道什么是绝望。"

(四)适当运用心理弹性

心理弹性借助物理学的现象——某些物体(如海绵、弹簧)在外力作用下发生形变,当外力撤除后,便能恢复原状。人的心理也一样,在遇到变故或逆境的时候,最常见的反应不是被击垮,而是迅速恢复,通常不超过几个月就能重新回到正常轨道。

大部分人的心理都是有自然弹性的,而这种弹性足以帮助人们应对生命中绝大多数的变故。例如,当亲人去世时,心理弹性的表现形式就有很多种:有人倾诉、哭诉,有人压抑悲伤,有人理想化死去的亲人,有人继续跟死去的人说话,也有人将悲伤转化为对医生的愤怒,但很少有人真的一直沉溺在悲伤里不能自拔。

【拓展阅读】

一大型企业高管坠楼事件引起社会的广泛关注。原本幸福的家庭突然发生变故,这是谁都不愿意看到的。这对每个人来说也是一次提醒:生活这根弦是不是已经绷得太紧,我们是否有能力去应对生活里的各种危机?

心态上没有给自己退路或新的出路,这是缺乏心理弹性的表现。心理弹性,即我们的内心状态是富有弹性的,既能紧绷也能松弛。在面对危机的时候,我们能够通过自我调节而更平和地去应对、去处理。

心理弹性这个词的概念不同于抗压能力。抗压能力是一种结果,心理弹性是一种过程。人只有能够自如伸缩,才能逐渐培养抗压的能力。

心理弹性其实是每个人都有的一种品质,但不同的经历限制了我们的弹性程度。如果没有养成心理弹性,也有机会"翻盘",这时就要借助"心理骗术"。

转移注意力不失为一种好方法。当事业遭遇挫折的时候,我们会想至少还有健康的身体;失恋后我们会反向认知,分手是一件好事,在一起才是错误。

这些平常的"心理骗术"其实就是一种心理防御机制。在遇到困难时,调动心理防御机制可以暂时保护自己,减轻压力,从而在某种程度上帮我们渡过难关,甚至激发潜能,调动积极的能量去战胜困难。

(五)掌握一些预防和缓解生理压力的方法

这些方法有肌肉松弛法,自我放松法,深呼吸法,从事休闲活动,注意适当的饮食、运动、睡眠与休息等。压力并不可怕,只要准备好面对它,应对它,压力就可能变成动力。而且当压力解除时,带给人们的将是成长的喜悦,它将使人们的精神生活更加充实与美好。

【课后阅读】

松弛疗法(relaxation therapy)又称放松疗法、放松训练,它是按一定的练习程序,学习有意识地控制或调节自身的心理、生理活动,以达到降低机体唤醒水平,调整那些因紧张刺激而紊乱了的功能。

松弛疗法具有良好的抗应激效果。在进入放松状态时,交感神经活动功能降低,表现为全身骨骼肌张力下降,即肌肉放松,呼吸频率和心率减慢,血压下降,并有四肢温暖、头脑清醒、心情轻松愉快、全身舒适的感觉。同时,加强了副交感神经系统的活动功能,促进合成代谢及有关激素的分泌。

松弛疗法常与系统脱敏疗法结合使用,也可单独使用,可用于治疗各种焦虑性神经症、恐惧症,且对身心疾病都有较好的疗效。放松训练发展为五大类型:一是渐进性肌肉放松,二是自然训练,三是自我催眠,四是静默或冥想,五是生物反馈辅助下的放松。其中,第二、三、四类兼具有自我催眠的成分,犹如中国气功疗法中的放松功。中国的气功、印度的瑜伽术、日本的坐禅、德国的自生训练、美国的渐进松弛疗法等,都是以放松为主要目的的自我控制训练。

第五章　情绪与压力管理

下面简单介绍几种常用的松弛疗法。

(1)呼吸松弛训练法。

采用稳定的、缓慢的深吸气和深呼气方法,达到松弛的目的。一般要求连续呼吸20次以上,每分钟呼吸频率在10~15次左右(因人而异,要事先通过定期自我训练,在实践中自我体会,确定最佳呼吸频率,并要求训练成熟后再实际应用)。吸气时双手慢慢握拳,微屈手腕,最大吸气后稍屏息一段时间,再缓慢呼气,两手放松,处于全身肌肉松弛状态。如此重复呼吸。训练时注意力高度集中,排除一切杂念,思想专一,全身肌肉放松。平时每天练习1~2次,每次10~15分钟。要有计划地训练,自我体会身心松弛的效果。每一训练期(医学上称"疗程")为15~20次。可休息几天,重复训练,以达到要求为止。可采用坐位或卧位训练,成功后则随时可在实际中应用。切忌在未训练成功时匆忙使用,以致失败后怀疑本法的有效性。

(2)想象松弛训练法。

遇到不良情境产生紧张、恐惧和焦虑情绪时,运用自己的想象力,主动地想象最能使自己感到轻松愉快的生活情境,用以转换或对抗不良心理状态。例如,想象自己躺在和煦的阳光下,在海边聆听大海的波涛声,充分享受大自然的美景和情趣;想象自己在环境幽雅、景色迷人的公园里休憩,在风光迷人、空气清新的优美环境中感受鸟语花香带来的乐趣,心境无比舒畅。想象的内容最好是自己过去亲自经历过、并且能唤起终生难忘的轻松愉快心理的生活情景。对于一位足不出户、想象力不丰富、生活经历贫乏者,补救的办法是想象自己观看过的最精彩、最激动人心的影视节目中的片断情景。

(3)自我暗示松弛训练法。

自我暗示法又称自我命令法。利用指导性短语自我暗示、自我命令,消除紧张、恐惧心理,增强意志力量,保持镇定平衡的心理状态。例如,"这些感觉虽然可怕,但不足畏惧,我可以改变它的意义""我太惊慌失措了,我不必为此小事大惊小怪,我会自己克服的""这些情境没有什么了不起,我一定会排除克服的"。指导性短语由患者自行设计制定,不必千篇一律、生搬硬套。要求短小精悍,流畅顺口,具有鼓舞斗志和自我命令、自我镇静的作用。实践表明,当患者在做一件会引起自己恐惧、焦虑的事时,事先做好充分的心理准备,采用本法训练后再行动,确实具有镇静治疗作用。

【课后活动】

1. **我的压力圈**

在图5.3中,假如中间的那个人是你,周围的圈代表着最近让你产生压力的一些事情。圈越大,代表对你的压力越大,圈离你越近,就代表这件事越迫在眉睫。接下来,请把最近让你感到有压力的事填到圆圈中,看看困扰你的都是些什么事。

2. **分享与交流**

(1)你的压力来源有哪些?

(2)它为什么给你带来这么大的压力?

(3)每个压力给你的感觉是什么?

图 5.3 压力圈示意图

【思考题】

1. 测一测

下列各题,符合情况的回答"是",看看你有几个回答"是"的题目。

(1) 因为发生了某些没有预料的事,你感觉心烦。

(2) 你感觉到你不能控制自己生活中的重要事情。

(3) 你常常感觉到压力和紧张。

(4) 你常常不能成功地应对生活中有威胁性的争吵。

(5) 你觉得不能成功地应对生活中所有发生的重要变化。

(6) 你对把握你的个人问题没有信心。

(7) 你感到事情不是按照你的意愿发展的。

(8) 你发现你不能应对自己必须去做的所有事情。

(9) 你不能控制生活中的一切烦恼。

(10) 你觉得你所有方面都是失败的。

(11) 因为事情都是发生在能控制的范围之外,所以你会感到心烦。

(12) 你发现你常在考虑自己必须完成的那些事情。

(13) 你不能控制消磨时间的方式。

(14) 你感觉积累的大量困难不能克服。

(15) 朋友同学的生日,免不了花钱,你往往不想在这类场合出现以免花钱。

(16) 若你刚买的鞋才穿一天就裂口了,你会气愤、痛苦地抱怨。

(17) 你由于某件小事跟好友生气,大家互不相让,结果你会一个人生闷气,想忘掉这件事,可就是忘不掉。

(18) 当父母因为学习责备你而使你感到压力很大时,你不会和他们争吵,而是一个人压抑情感。

(19) 你的一个非常要好的朋友因为某些原因转学了,你很难过,不想面对现实。

测试结果:

0~6个:你能够应对生活中的许多事情,但有时也会有些烦恼,这是正常的。

7~14个:你有轻度的心理压力,虽然常常会体验到不必要的烦恼,但你基本能处理生活中的问题。你应该学会调节自己的心情,保持轻松愉快的心情。

15~19个:你承受了较大的心理压力,你不能处理生活中的许多问题,因此感到紧张不安,这影响到了你的学习和生活。建议尽快改变这种情况。

2. 想一想

没有压力就没有动力。当你觉得自己毫无压力,生活没有目标和动力的时候,该怎样给自己施加点压力,让自己生活得更有意义呢?

第六章 大学生人际交往

第一节 人际关系概述

【导入案例】

婷婷是一个乖巧文静的女孩子,自从考入大学以后,她感觉周围的同学都比自己优秀,他们不仅学习成绩好,而且每个人都有各种各样的才艺与技能。婷婷努力学习,希望跟上同学们的步伐。每天早上五六点钟,婷婷一定准时起床去图书馆看书复习,只要没课,她都待在自习室、图书馆或教室,到很晚才回宿舍。回到宿舍时,和室友们说不上几句话,大家就都匆匆洗漱睡觉了,每天如此。等到了周末,为了补习,婷婷会整天泡在图书馆,有同学邀约去逛街或看电影,婷婷会觉得是在浪费时间。就这样,到大一上学期结束后,她如愿获得了非常好的成绩。原本非常开心的婷婷希望能够将自己的喜悦分享给同学,但突然发现不知道要跟谁讲。周围的同学都一起结伴去吃饭、逛街、看书,而自己常常独来独往,婷婷想告诉高中的好友,但因为许久不联系了,不知道开口该说什么,怕打扰到别人。就这样过了几个月,婷婷来到心理咨询室,她很困惑,为什么自己找不到好朋友呢?婷婷突然不知道来到大学的意义是什么了,一下子觉得自己没有什么价值,努力学习好像也不能弥补内心的空虚。

人际关系在大学生成长发展中起着不可替代的重要作用。婷婷在努力学习的过程中,忽略了与同学们的相处与融合,内心感到孤独、苦闷,甚至对自我价值产生怀疑。同为大学生的你有没有过类似的体验?你如何看待大学生人际关系?本章我们将一起来探索、学习大学生人际关系。

一、什么是人际关系

一般而言,人际关系的内涵有广义和狭义之分。从广义的角度来看,人际关系是指人与人之间的关系,包括社会中所有的人与人之间的关系,以及人与人关系的一切方面。从狭义的角度来看,人际关系是人与人之间通过交往与相互作用形成的直接的心理关系,它反映了个人或群体满足其社会需要的心理状态,是社会关系的表现形式,由认知、情感、行为三种相互联系的成分构成。

认知成分反映个体对人际关系状况的认知和理解,包括对他人和对自我的认知,是人际知觉的结果,是理性条件,它决定了人际关系的性质。情感成分是对交往的评价态度,反映了双方在情感上的满意程度和亲疏关系,是人际关系的基础和主导成分。行为成分是双方人际交往的外在表现和结果,是表现个性的一切外在行为,如行为和举止风度、表情、手势以及言语等。一般情况下,人际关系的认知、情感和行为三种心理成分要协调统一,这样才会使得个体在人际交往过程中达到内外身心的协调统一。当然,这三种成分也有可能出现不一致的情形,如表6.1所示。

表6.1 八种人际关系模式

序号	心理成分			人际关系模式
	认知	情感	行为	
1	+	+	+	知、情、行协调一致,正向的、完美的人际关系
2	−	−	−	知、情、行协调一致,负向的人际关系
3	+	+	−	认知和情感肯定,行为否定
4	+	−	−	认知肯定,情感和行为否定
5	+	−	+	认知肯定,情感否定,行为肯定
6	−	+	+	认知否定,情感和行为肯定
7	−	−	+	认知和情感否定,行为肯定
8	−	+	−	认知否定,情感肯定,行为否定

把人际关系的知、情、行三种成分分别界定为肯定和否定两种情况,即两大类,再将这三种成分的不同态势进行排列组合,可以得出八种不同的人际关系模式。

第一类:知、情、行三种成分协调一致。这种协调一致指的是这三种成分或者同为肯定,或者同为否定,三者达到统一。三种成分同为肯定(即表6.1中的第一种模式),这是一种正向、完美的人际关系模式,人们会对该人际关系做肯定的认知,对交往的对象给予积极评价,在情感上愿意与对方交往,表现在行为上则是与交往对象互动密切。如初坠爱河的小女生,找到了自己心中的白马王子,正在品尝爱情的甜蜜。三种成分同为否定(即表6.1中的第二种模式),也是认知、情感与行为的平衡。当事人在认知上觉得没有必要进行交往,情感上也不愿意进行交往,行为上表现为没有交往。如一个被强迫进行相亲的女孩,认为相亲对象拿神圣的爱情当筹码,不愿意与其进一步交往,行为上呈现出厌恶、拒绝等状态。

第二类:知、情、行三种成分失衡。这种失衡体现在知、情、行三种成分不会同为肯定或者同为否定,而是三种成分肯定与否定的不同排列组合。如表6.1中的第三~八种人际关系模式。由于人际交往过程受各种不同因素的影响,因此每一种人际关系模式都有存在的可能。

如第四种模式,认知上对交往对象给予积极评价,但情感上不愿意和对方交往,行为上也拒绝与对方进一步互动。这似乎与常识相违背,为什么在认知上认可了交往对象,但情感上和行为上却给予消极回应呢?大家可以想象这样一个例子。一个非常优秀的男孩在追求一个女孩,这个男孩的家世、学历、长相和工作都不错,女孩也深以为然,但女孩已心有所属,情感上不喜欢这个男孩,行为上也拒绝了这个男孩的追求。

再比如第七种模式,认知和情感均是否定,而行为是肯定。这种模式如何理解呢?比如,一个没有结婚对象的男生,事业上处于上升期,无暇顾及谈恋爱,但父母一直频繁给他安排相亲。这天家里又给他介绍了一个女孩,他觉得这个女孩并不是自己的理想伴侣,并不喜欢这个女生,但考虑到如果继续拒绝这个女生,父母将会不断介绍更多的女孩来打扰自己,为了避免父母再三催促,行为上便与这个女生保持着接触和交往,以此来安抚父母着急的心情。

在真正的人际交往过程中,每一种模式理论上都有可能遇到另外其他八种模式。限于篇幅,这里不一一阐释。

【思考题】

同学们,根据这八种人际关系模式,请你结合实际生活中的经历,分别说说每一种模式你能想到的例子有哪些吧!

【课堂活动】

目标:打破初次接触的尴尬,促进彼此了解。

所有的同学在教室里自由漫步,要与每一个遇到的同学握手。不一定要说什么,但要表现得自然。所有的同学都互相握过手以后,继续漫步,互相握手,要同时向对方说出自己的名字。再继续自由漫步,这时,已经互相认识的同学要将对方介绍给其他同学,比如说:"让我把你介绍给某某,这是某某。"每一位同学都要和其他同学接触、握手,说出自己的名字,再把认识的同学介绍给别人。

分享与讨论:认识多少同学?了解多少个人的信息?参加本次活动有何收获?

资料来源:樊富珉.团体心理咨询[M].北京:高等教育出版社,2005.

二、人际关系的建立过程

一般来说,良好的人际关系的建立与发展要经过定向、情感探索、情感交流和稳定交往四个阶段。

1. 定向阶段

这一阶段包括注意与选择交往对象、与交往对象进行初步沟通等心理活动和行为。开学报到的第一天,走进新的宿舍,见到新舍友的第一面,我们会说:"嗨,我叫×××,你叫什么名字?从哪儿来?……"通过这样简单的沟通,我们获得了对别人最初步的了解,并且决定是否要进一步交往。

2. 情感探索阶段

这一阶段,交往双方探索彼此在哪些方面可以建立情感联系。随着双方共同情感领域的发现,彼此沟通越来越深入,自我暴露的深度与广度也逐渐增加。但是,这一阶段所谈话题仍然会避开对方的私密领域,自我暴露不涉及本质的问题。例如,两个同样对足球十分痴迷的人很容易彼此喜欢。

3. 情感交流阶段

这一阶段,双方谈话广泛涉及自我私密的部分,有较深厚的情感卷入。此时,双方会提供评价性的反馈信息,进行客观、真诚的赞赏和评价。这是从普通朋友迈向挚友的必经阶段,如果关系在此阶段破裂,将会给人带来相当大的心理压力。

4. 稳定交往阶段

这一阶段,人们心理上的相容性会进一步增加,自我暴露也更加广泛、深刻。此时,人们已经允许对方进入自己的私密领域,分享自己的生活空间和财产,但在实际生活中,很少有人能够到达这一层级,许多人际关系并没有在第三阶段的基础上继续发展,而是仅仅在第三阶段的同一水平上简单重复。

图 6.1 形象揭示了上述各阶段的人际关系。

第六章 大学生人际交往

图解	人际关系状态	相互作用水平
○ ○	零接触	弱 ↓ 强
○→○	单向注意	
○↔○	双向注意	
◐◑	表层接触	
◐◑	轻度卷入	
◐◑	中度卷入	
◉	深度卷入	

图 6.1 人际关系状态及其相互作用水平

引自 FREEDMAN J C.社会心理学[M].高地,译.哈尔滨黑龙江人民出版社,1997.

【测一测】

了解你的人际交往水平

请从每题的 A、B、C 三个选项中选择其一,并对所选画个记号,如"√"。

1. 你是否经常感到词不达意?
   A. 是　　　　　　B. 有时是　　　　　　C. 从未

2. 他人是否经常曲解你的意思?
   A. 是　　　　　　B. 有时是　　　　　　C. 从未

3. 当别人不明白你的言行时,你是否有强烈的挫败感?
   A. 是　　　　　　B. 有时是　　　　　　C. 从未

4. 当别人不明白你的言行时,你是否不再加以解释?
   A. 是　　　　　　B. 有时是　　　　　　C. 从未

5. 你是否尽量避开社交场合?
   A. 是　　　　　　B. 有时是　　　　　　C. 从未

6. 在社交场合,你是否不愿与别人交谈?
   A. 是　　　　　　B. 有时是　　　　　　C. 从未

7. 在大部分时间里,你是否喜欢一个人独处?
   A. 是　　　　　　B. 有时是　　　　　　C. 从未

8. 你是否曾因为不善言辞而失去改变生活处境的机会?
   A. 是　　　　　　B. 有时是　　　　　　C. 从未

9. 你是否特别喜欢不必与人接触的工作?
   A. 是　　　　　　B. 有时是　　　　　　C. 从未

10. 你是否觉得很难让别人了解自己?
    A. 是　　　　　　B. 有时是　　　　　　C. 从未

11. 你是否极力避免与人交往?
    A. 是　　　　　　B. 有时是　　　　　　C. 从未

12. 你是否觉得在众人面前讲话是件很难的事?
    A. 是　　　　　　B. 有时是　　　　　　C. 从未

13. 别人是否常常用"孤僻""不善言辞"等来形容你?
   A. 是   B. 有时是   C. 从未
14. 你是否很难表达一些抽象的意见?
   A. 是   B. 有时是   C. 从未
15. 在人群中,你是否尽量保持不出声?
   A. 是   B. 有时是   C. 从未

计分:

答A得3分,答B得2分,答C得1分。将各题得分相加得出总分。

评定:

总分在37~45分之间,表明你必须采取措施改善自己的人际交往能力。

总分在22~37分之间,表明你是一个善于交际的人。

总分在15~22分之间,表明你在人际关系方面过分积极,也可能导致消极后果。

引自黄仁发,汤建南.人际关系心理[M].北京:中国科学技术大学出版社,1995.

三、人际关系的瓦解过程

每个人都希望永远拥有良好的人际关系,长久地享受美好的爱情、友谊。然而在一个人的交际过程中,常常伴随着分手和离开。从幼儿园到大学,一路结交了很多朋友,然而也逐渐与一些朋友疏离,甚至关系崩塌。

人际关系的瓦解过程,大致经历以下五个阶段:

1. 分歧

人际关系的瓦解是从双方出现分歧开始的。分歧是人际关系双方的不同点扩大、心理距离扩大,彼此接纳性下降,随之而来的是双方在直觉和理解上都朝不利于原先关系的方面倾斜。当分歧出现时,双方情感的融洽程度下降,彼此开始对对方的情感和动机状态没有把握。共同情感的存在是人际关系的基础,共同情感消失,人际关系就会破裂。如果这一阶段的分歧不是很大,在双方共同努力下问题便可以得到解决;如果分歧得不到解决,就会导致进一步的冲突。

2. 疏远

当人际关系双方出现分歧后,裂痕出现,双方总的沟通量会有所下降,自发的沟通减少,情感融洽程度降低,渐渐处于疏远状态。在这一阶段,交往双方在表面上还试图维持关系依旧良好的印象,实际上彼此关系已出现明显的裂痕,两者都能明确感觉到。一般而言,如果第一阶段出现的分歧没有得到顺利解决,双方长时间都以疏远的方式交往,则关系会进一步恶化。

3. 冷漠

多数双方在此阶段会有痛苦的情绪体验。在这一阶段,交往双方开始放弃增进沟通的努力,人际关系处于冷漠阶段。多数时候,冷漠阶段的人际关系会持续很长一段时间。一方面是因为双方或者某一方期望关系会朝好的方向发展,所以不愿一下子就明确终止关系,另一方面是因为考虑到自身的利益。通常情况下,此时人们已经不太愿意进行直接的谈话,而是仅凭非语言方式来实现必要的沟通和协调。不同于情感融洽时的状态,此时的非语言沟通是缺乏热情的,目光是冰冷的。

4. 逃避

随着关系进一步恶化,为脱离痛苦体验,人际关系的双方会尽可能地相互回避,特别是避免只有两个人在一起的窘境。关系恶化到这一步,人们往往感到很难判断对方的情感状态和对方的行为反应,常常具有不友好、敌意和对抗的举动。在这种状态下,人们都有强烈的自我保护欲望,对许多原本正常的人际行为都会有过敏的反应,于是便会刻意逃避接触。

5. 终结

处于这一阶段的人际关系双方,因相互的关系给自己带来痛苦的折磨,把相互接触视为一种负担,于是选择终结交往作为解脱痛苦的方式。在某种情况下,关系的终结有一个明显的标志,即在先前关系恶化的基础上发生一次直接的、激烈的冲突。也可能是在前几个阶段关系恶化的延续下,彼此相互交往行为中断或彼此利益依存关系解除,冷漠和逃避的关系状态最后转为人际关系终结。

但是有必要知道,一段人际关系的终结并不一定是一件坏事,终结一段名存实亡的关系,既是一段关系的解脱,也是自我成长的必修课。心理学研究发现,认清人际冲突或分歧的本质,特别是建设性地处理分歧和冲突,可以有效地减少人际关系的瓦解和恶化。有时候恰当地处理好已存在的分歧和冲突,不仅能维持原来的人际关系,同时还可能将之推进到更好的状态。

四、需求关系是人际关系的核心

在日常生活、学习和工作中,每一个人都需要和别人建立一定的人际关系,这就是人际关系的需求,需求关系是人际关系的核心,是需求推动人们去交往,通过交往满足心理需要。按照心理学家修兹的理论,人际需求关系可以分为三类。

1. 包容的需求

包容关系的基本行为特征是求助,一方有所求,一方有所予,如果双方无所予求,就无法建立包容关系。由这种动机产生的待人行为,其特征是沟通、融合、协调、参与、随同等,与此动机相反的人际反应特征则是排斥、对立、疏远、退缩等。

2. 控制的需求

控制关系的基本行为特征是支配与依赖。每一个人都有支配他人的欲望,同样,每一个人都有依赖他人的心理,只不过环境和能力的差异支配和依赖心理的强弱不同而导致依赖程度不同。在交往过程中,只有一方力图支配对方,而对方恰好企图依赖另一方时,才能建立起较为稳定的控制关系。否则,就会发生冲突或者关系疏远。如果一方支配过强,令对方不舒服、产生压迫感,对方则会产生疏离感。

3. 感情的需求

感情关系的基本行为特征是同情、喜爱、亲密、热心、照顾等。人都有与他人建立和维持良好关系的欲望。与这种动机相反的人际反应特征是冷淡、厌恶、疏离、憎恨等。感情关系建立的基本条件是交往的双方都是爱的主体,同时又都是爱的客体;双方都给予对方以爱,同时又都接受对方的爱。

心理学家修兹根据上述三种人际关系需求,把行为反应划分为主动表现和被动期待两

种,从而形成以下六种基本人际关系倾向:

(1) 主动与人交往。
(2) 期待他人接纳自己。
(3) 支配他人。
(4) 期待他人引导自己的感情。
(5) 对人表示亲密。
(6) 期待他人对自己亲密。

心理学家霍尼依个人与他人的关系,将人际关系的需求分为以下三种类型。

(1) 顺从型。其特征是"朝向他人",无论遇到谁都倾向于思考"他喜欢我吗?"
(2) 进攻型。其特征是"对抗他人",这类人总想窥探对方力量的大小,或他人对自己的用处如何。
(3) 分离型。其特征是"疏离他人",这类人常想躲避他人的影响和干扰。

五、人际关系的重要性

人际关系是日常生活、学习和工作中极其重要的一部分,其重要性表现在以下四个方面。

1. 满足心理需要

人的各种需要离不开人际交往。美国心理学家马斯洛把人的需要由低到高分为五个层次,依次是生理的需要、安全的需要、归属和爱的需要、尊重的需要、自我实现的需要。这些需要无论是物质的还是精神的,都要在交往和关系中才能得到满足。生理的需要离不开与他人的合作、交换,安全的需要的满足依赖他人和群体,归属和爱的需要只有在交往中才能够得到满足,尊重的需要则要在得到他人的认可后才能够得到满足,自然也离不开交往。马斯洛所说的有自我实现的需要的人不是孤立的个体,而是与他人和社会密切联系的人。

2. 促进个性发展

人际交往是个性发展和完善自我的必要手段。《学记》中说:"独学而无友,则孤陋而寡闻。"在人际交往的过程中,个体通过与别人的交往、比较,提高对自己、对他人的认识,了解自己和周围的环境。随着交往范围的扩大和交往深度的增加,个体对自己的认识越来越深刻,对他人和环境的认识也越来越完整,这样才能形成良好的自我概念,塑造完美的人格。心理学家奥尔波特发现,个性成熟的人都同别人有良好的交往与融洽的关系,他们可以很好地理解他人,具有给他人温暖、关怀、亲密和爱的能力。

3. 有利于心理健康

现实治疗法的创始人威廉·格拉塞认为,所有的心理问题都是因为缺乏或没有满意的人际关系。新精神分析学家霍妮认为,神经症是人际关系紊乱的表现。人的心理病态主要是由人际关系失调引起的。也就是说,人际关系紧张的人不但事业会受阻,而且心情会不好,还会陷入极大的痛苦之中。许多研究表明,良好的人际关系是心理健康的重要表现。良好的人际关系可以为人们提供丰富的社会支持,使人们获得他人的情感与关怀、信任与友谊;遇到困难或挫折时,来自他人的精神援助、心理慰藉和各种支持可以帮助个体缓解压力、消减消极情绪、维护身心健康。

第六章 大学生人际交往

4.人际关系是一种智力

随着心理学家对人类智力研究的不断深入,智力理论较以前有了较大的发展。而现代智力理论中较有代表性的是加德纳的多元智力理论。加德纳在其智力理论中明确区分出七种智力,这些智力成分是相互独立的,受不同的脑部神经调节,其中就包含人际关系智力。加德纳这样定义人际关系智力:能够认知他人的情绪、性情、动机、欲望等,并能做出适度的反应。

除此之外,联合国21世纪智能开发小组对21世纪的人才进行研究得出结论:21世纪的人才应该同时具备五种智商,智商在英文中用Q来表示,也就是要具备五个Q:

(1)基本智商IQ,这等同于我们传统意义上的智商。

(2)成就智商AQ,也就是创新、民主、进步的灵魂。

(3)道德智商MQ,即德行,内容包括体贴、尊重、容忍、宽恕、诚实、合作、负责、勇敢、平和、忠心、礼貌、独立、幽默等各种美德,因此,亦称为美德智商。

(4)情感智商EQ,即良好的人际关系。

(5)体能智商PQ,健康的身体和充沛的精力。

这些研究成果表明,处理人际关系是一种智力。

【拓展阅读】

一个人可以单独待多久

美国心理学家沙赫特·斯坦利曾经做过一个实验,证明了人际交往对人们生存的重要性。在实验中,他以每小时15美元的酬金聘人待在一个封闭的小房间里。房间里只有一桌、一椅、一床、一马桶、一灯,除此之外没有其他物品。一日三餐有人送至房门底下的小洞口,住在里面的人只要伸手就可以拿到食物,送餐的人不和里面的人接触。一共有五个大学生参加了这个实验。结果有人在房间里只待了两小时就受不了了,要求放弃实验,而时间最长的人待了八天。这个待了八天的人出来以后说:"如果让我在里面再多待一分钟,我就要发疯了。"由此实验可见,一个正常的人不能独处太久。人际交往不仅是必需的,而且是非常重要的。

【课堂活动】

请写一写,如果可以的话,请和同学分享一下:

1.你身边有没有朋友?如果有,他是谁?(你不一定要写出他的名字,可以用代号来表示,如"张三")你为什么把他当作朋友?

2.请写出在成长过程中对你影响最大的三个人。

3.当你在生活、学习中遇到困难的时候,你最可能对谁说?为什么是他?

第二节 大学生人际关系

【导入案例】

生活中,有很多熟悉和亲近的人,我们几乎天天都能见到他们。因为天天能见到他们,我们就慢慢地忽略了他们;当我们忽略他们的时候,就很少再去欣赏他们;当我们很少欣赏他们的时候,就很少感激他们;当我们不再感激他们的时候,也许对他们的抱怨就开始了。

很多人虽然在一个学校,天天见面,但有可能只是点头之交。我们不知道别人的喜好,甚至连他们的姓名都不知道。事实上,他们在我们的生命中扮演了十分重要的角色,也许只要多迈出一步,就能与他们成为最好的知己。

一、大学生人际交往的特点

随着社会的发展,信息化浪潮汹涌而至,当代大学生的人际交往也出现了多元交往与开放交往的新趋势和新特点,主要表现在交往范围、交往方式、交往动机、交往内容、交往手段几个方面。

(一)交往范围扩大

进入大学以后,因为现实条件和心理发展需求都发生了变化,所以每个人的交往范围也发生了很大变化。大学生与父母、教师的空间距离明显增加,相处时间明显减少,大学生的人际交往更多是在同龄人之间进行的,交往对象由以前的亲缘、朋辈转向更广泛的社会交往群体,不仅包括家人、教师、同学,还包括同辈群体和其他社会角色群体。

(二)直接交往与间接交往并重

大学生每天的生活基本都是教室—食堂—图书馆—寝室"四点一线",因此,大学生的人际交往以日常面对面的接触为主。大学往往淡化了班级的概念,寝室是大学生在校期间生活和学习的主要场所。在寝室,大学生可以畅所欲言,互相帮助、互相照顾。在这种亲密的接触和交流中,舍友之间能够自然地产生纯朴的同窗情谊,建立良好的同学关系。但随着交往和了解的深入,不同的成长环境、家庭背景、性格特点、生活习惯都有可能成为继续交往的障碍。随着信息技术的迅猛发展,加之网络具有自由性、平等性、共享性、隐蔽性、弱规范性、开放性等特征,大学生可以自由地、平等地在网络上表达自己的情感、思想、观念,而不受现实生活中人际交往的有关社会规范的制约,因此利用网络与他人进行交流逐渐成为当代大学生人际交往的重要方式。网络交往打破了时空限制,扩大了交往范围,大学生的信息流量和存储量空前增加。大学生的交往呈直接交往与间接交往并重的态势。

(三)情感型交往与功利型交往并重

大学生对人际交往有强烈的动机,希望通过交往获得"一生的知己"。大学生在人际交往中十分注重感情的交流,讲究情投意合和心灵的共鸣。但是,随着社会的发展和变化,大学生的交往目的也趋于"理性化""世俗化",交往动机变得复杂,开始注重交往中的互惠互利,注重交往的后果与效益,个别大学生更愿意选择与那些能促进自身发展的人交往。因此,大学生的人际交往在注重情感交流的同时,也越来越注重与自身社会利益相关的务实性,呈现出情感型交往与功利型交往并重的趋势。

(四)交往内容具有丰富性

大学生的许多交往活动都是围绕学业展开的。共同的兴趣和爱好、互相促进和帮助,使很多同学逐渐获得了友谊。同时,他们也热衷于对社会问题的调查研究,关心时事,积极参加社会实践,通过参加公益活动、勤工助学等增加对社会的了解,扩大社会交往的范围,提高独立谋生的本领。大学生的交往内容十分丰富,但其往往思想单纯、阅历尚浅,面对纷繁复杂的社会交往情境时更要增强自我保护意识。

(五)交往手段具有多样性和灵活性

当代大学生的交往手段灵活多样,他们不仅采用互访、聊天等传统手段进行交往,还利用社团活动、聚会、体育活动、结伴出游以及其他集体活动认识朋友、发展友谊。现代科学技术使得网络人际交往成为一种新型的、重要的人际交往手段。学生们通过电子邮件、论坛、聊天软件等在虚拟世界中聊天、交友、游戏,人际交往变得更方便、更快捷,交往范围也更广泛了。

(六)富于理想,期待较高

大学生所处发展阶段的特点决定了他们对于人际关系的期待相对理想化,他们希望一段亲密关系能够按照自己理想化的要求去发展,深受影视作品和文学作品的影响,对同伴和伴侣要求较高,随着关系的持续,逐渐发现人际关系的现实状况与理想相差甚远,就会感到不满意或失望。有些同学不愿意与大学期间的同学交往,却回到与中学阶段的同学交往中去,表现出对现在人际关系圈的不满和疏离。

二、大学生人际交往的三种关系类型

大学生的人际交往可分为以下三种关系类型。

1. 吸引关系

大学生有着强烈的寻找友谊、渴望朋友的心理需求,他们因彼此有好感而互相吸引,在相处过程中能够互相尊重和关心,形成非常融洽的吸引关系。友谊是大学生最主要的情感依恋和基本的人际关系。在良好的吸引关系中,大学生彼此之间能分享喜悦和痛苦,在兴趣爱好上有更多的共鸣和支持,从而获得良好的归属感和安全感。

2. 淡漠关系

处于淡漠关系中的大学生不在少数,产生这种关系类型的原因有很多。比如有的同学会比较重视个人奋斗,希望"两耳不闻窗外事",专注于自己的发展和兴趣,对其他人的感受和行为不感兴趣;有的同学个性突出,与周围的同学格格不入,无法融入集体生活,也不被其他人理解,与其他同学只是点头之交,不会有深入的情感交流;有的同学则是以自我为中心,不尊重他人的感受,导致其他人对他避而远之。有这类关系的大学生在人际交往中往往不善于情感交流和分享，多表现为保守和担忧，他们虽然能够与其他人和平共处，但大多都是比较浅的关系。

3. 冲突关系

大学生之间由于观念不同、习惯不同、意见不合、利益冲突等常发生矛盾、排斥、攻击等人际冲突，冲突双方彼此心生怨恨，导致冷暴力、语言攻击、情绪激动、沮丧、压抑或出现心理障碍等。甚至某些极端情况下会发生故意伤人、杀人等违法犯罪行为，造成恶劣的社会影响。

大学生，特别是大学新生，与人交往和相处的经验较少，这在很大程度上为他们处理人际关系带来了一定的压力。一方面，他们对良好的人际关系抱有极大的期望，希望建立和谐的、友好的、真诚的人际关系，但另一方面，这种期望又往往过于理想化，对别人要求或期望过高，导致对人际关系状况不满，这种不满又会给他们的人际关系带来消极的影响。

三、大学生人际关系常见的困惑

在现实生活中，有的同学人际关系很好，有很多朋友，能够舒服地与他人交往和沟通；但还有一些同学人际关系不佳，朋友很少甚至没有朋友。由于多方面的原因，大学生群体在其人际交往中存在一些区别于其他群体的困惑。

1. 缺乏交往自信

有些大学生虽然有强烈的与同学交往的愿望，希望自己能够交上知心朋友，但是个性、家庭背景、生活环境等多方面的因素往往使得一些同学缺乏交往的勇气和信心。这些同学总是担心自己在交往中不会被别人接纳，因此他们往往在人际交往中处于被动，不能主动与同学交流自己的想法、分享自己的快乐。

甚至有一些同学对人际交往存在一定的恐惧心理和不同程度的焦虑。由于害羞、自卑等心理作用，在与人交往时，显得特别紧张、心跳加快、呼吸急促、面红耳赤、说话结巴等，甚至两眼不敢正视对方，尤其在人多的场合和集体活动中更加感到窘迫。由于过度恐惧和焦虑，与同学、教师缺乏正常交往，给自身的学习和生活带来了很多烦恼。

2. 缺乏交往意愿

有的大学生在上了大学之后，发现自己不如在中学时那么出类拔萃了，进而因嫉妒与自卑心理造成人际障碍，认为自己不如别人，怕别人瞧不起自己，缺少人际必要的信任与理解。

有的同学缺乏与同学的基本合作精神，甚至视同学为敌手。有的同学自高自大、孤芳自赏，瞧不起别人，很少顾及他人的感受，也缺乏与别人合作的精神。他们通常以自我为中心，对周围的人或事漠不关心，自己高兴、开心就愿意理别人，否则就拒人于千里之外。有的同学遇事总是回避退让，整日郁郁寡欢，缺乏交往的愿望和兴趣，他们自我封闭、孤芳自赏，但又特别敏感，心理承受力差，独来独往，不愿与人交往。

人与人之间只有相互帮助、相互支持才能生活得更美好。不愿意与人交往和相处，势必会影响身心健康。

3. 缺乏交往技能

人际交往是一门学问，也是一门艺术。很多同学愿意与他人交往，也觉得在大学期间能够有良好的人际关系是非常重要的，但由于缺乏一些必要的交往技巧和方法，在交谈的过程中显得过于生硬,心存感激却不会表达,往往事与愿违。

有的同学因存在认知偏见而产生理解障碍,不注意交往中的"第一印象",不注意沟通方式,在劝说他人、批评他人、拒绝他人时不讲究艺术。有的大学生在与人交往的过程中,不注意交往的原则,开玩笑不注意场合,不懂得给人留面子,或出言粗鲁伤了对方的自尊心,或不懂得尊重对方的风俗习惯,或不懂装懂夸夸其谈等。他们虽然有与人交往的美好愿望,但是往往无法获得长久的友谊。

4. 缺乏现实交往

网络交往打破了时空限制,为大学生的人际交往提供了一种新的途径和体验。它扩大了大学生的交往范围,满足了他们多样化的交往需要。网络具有匿名性、虚拟性等特点,这使得个别大学生沉溺于网络交往,渐渐忽视现实交往。特别是在现实生活中受到挫折和打击的时候,他们往往不愿意寻求周围同学和朋友的帮助,而是通过网络获得帮助、关心,甚至通过网络发泄以寻求心理的慰藉和平衡。虽然这种形式的交往在一定程度上可以帮助学生渡过心理上的难关,但是长此以往,学生在现实生活中的交往技能将逐渐退化。因此,长期沉溺于网络的同学在现实生活中往往会遇到一定的人际交往困惑。

5. 易发心理问题

大学生人际关系常见的心理问题有自卑、猜忌、孤独等。

自卑是自我情绪体验的一种形式,是个体由于某种生理或心理上的缺陷或其他原因所产生的对自我认识的态度体验,表现为对自己的能力或品质评价过低,轻视或看不起自己,担心失去他人的尊重的心理状态。具有自卑心理的大学生在人际交往中容易出现退缩行为,他们内心渴望与别人交往,并想得到别人的认可和接纳,但由于缺乏自信心,对外界评价敏感,担心别人轻视自己,从而产生焦虑情绪,并影响自己正常的人际交往。有自卑心理的大学生在人际交往中容易表现出言语行为拘谨、逃避集体活动等行为,有时还会因为自卑产生防御行为,如过分地争强好胜、清高自傲、轻视他人等。

猜忌主要表现为对他人的言行过分警觉,敏感多疑,戒备心强。具有猜忌心理的大学生心理防御极强,不信任他人,而自身也总是处于焦虑和压力状态。猜忌心理的产生可能与个体不自信、自我投射和挫折经历有关。

孤独为一种主观上的社交孤立状态,伴有因个人知觉到自己与他人隔离或缺乏接触而产生不被接纳的痛苦体验。孤独是一种主观感受,表现为沉默寡言,缺乏主动和热情,自身体验到寂寞和失落感。孤独感的产生原因除个人特质外,还与个体社交技巧缺乏、自我中心性格等有关。

除此之外,大学生在人际交往过程中还存在妒忌、羞怯、社交恐惧等心理问题,这些心理问题都会影响大学生亲密人际关系的建立。但这些问题通常可以通过人际交往技巧的学习和对自己的全面认识等方法加以调适。

四、建立人际关系网络

每个人都离不开他人的支持。朋友关系是一个多层次、多侧面、多水平的网络结构,有极少数朋友是无话不谈、无所顾忌的知心朋友;有些朋友虽然不是无话不谈,但是可以在重要时刻帮助自己、鼓励自己,在平时的生活中为自己树立表率;还有一些朋友虽然是泛泛之交,但给自己的生活带来了一道不可或缺的色彩,例如一起打球的朋友等。人们需要不同类型的朋友,就像需要不同种类的食物一样。不同类型的朋友有不同的作用,以不同的方式丰富着人们的生活。那么一个人究竟需要哪些朋友呢?作家汤姆拉斯认为,有八种朋友必不可少。

(1)成就你的朋友。这类朋友也可称为导师型朋友,他们往往有丰富的经验,会不断地激励你,在家庭、人际交往和工作方面给你提供很好的建议。

(2)支持你的朋友。这类朋友会在你的人生道路上不断地支持你、鼓励你,他们对你充满理解和信任,并且会在别人面前称赞你。

(3)志同道合的朋友。他们和你志趣相投,也是你最容易与之相处的人,和他们非常有默契,你的心灵经常会被他们触及。

(4)牵线搭桥的朋友。这类朋友属于帮助型朋友,他们会给你牵线搭桥,让你认识其他朋友,在你的人生道路上不断帮你获得机会。

(5)为你打气的朋友。这类朋友能让你放松,当你烦恼的时候,首先想到的就是这类朋友,他们是很好的倾听者。

(6)开阔眼界的朋友。他们能让你接触到新的观点和新的机会,能帮助你从不同的视角看待世界。

(7)给你引路的朋友。这类朋友是"灯塔",能够指引你前进的方向,最能够给你合适的建议。

(8)陪伴你的朋友。这类朋友让你觉得满足,可能很多时候并不需要太多的言语,只要他们默默地陪伴着你,就能抚平你的伤痛。

【课堂活动】

画画你的人际财富图

通常一个成年人大约需要与120个人维持不同程度的人际关系,其中包括2~50个心理关系比较密切的人。人际关系过密或过少都容易引发心理问题。你的人际关系状况如何呢?你认为自己身上的什么性格或品质给你带来了好人缘?如果你的人缘不太好,又是什么原因呢?试着整理一下你的人际关系财富图吧,反思你自己在人际关系中的特点及表现,找出自己可以继续改善的地方吧!

活动物品:一张纸、一支笔。

活动要求:请在白纸中央画上一个有实心原点的圆,中间的原点代表你自己。以这个原点为中心,再画两个同心圆,这三个同心圆代表三种人际圈。同心圆内任意一点到中心的距离表示心理距离。将你的亲朋好友的名字写在图上吧!名字越靠近中心点,代表你与他关系越亲密哦!

A.最内的小同心圆代表你的"一级人际财富"。写在这里的人,是最靠近你心灵的人,他是你生命中最重要的成长力量,带给你最深刻的人生体验和财富。

B.第二大同心圆代表你的"二级人际财富"。写在这里的人,是能够和你分享快乐和忧伤、能共同努力奋斗的人,你们会彼此关心,他让你感到人生的温馨。

C.第三大同心圆代表你的"三级人际财富"。写在这里的人,是交往不多,但在你心中占有一席之地的人,你们会偶尔彼此问候,也可以是曾经亲密现在渐渐疏远的人。

D.同心圆最外面空白处代表你的"潜在人际财富"。写在这里的人,是那些虽然很疏远,但仍然是你抱有期待的人。

人际关系财富图如图6.2所示:

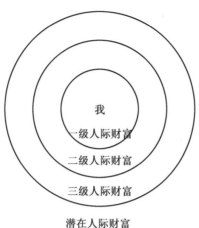

图6.2 人际关系财富图

第三节 大学生人际交往原则与艺术

【导入案例】

生物学家在研究刺猬的习性时做了一个有趣的实验。在寒冷的冬天,研究人员将十几只刺猬放到户外的空地上。这些刺猬冻得瑟瑟发抖,为了取暖,它们只好紧紧地靠在一起。相互靠拢后,刺猬身上的长刺又会让彼此难以忍受,很快它们就会分开。挨得太近,身体会被刺痛;离得太远,又冻得难受。没过多久,刺猬又逐渐靠拢,经过多次摸索,它们逐渐找到了一个适中的距离,既可以相互取暖,又不至于被刺痛。这个实验所强调的人际交往中的"心理距离效应"被心理学家称为"刺猬法则"。

其实,人与人在交往也需要保持恰当的距离。每个人都需要一个私密的空间,不容许任何人"侵犯",包括伴侣、朋友和父母。当这个空间受到他人触犯时,人就会变得惶恐不安。可见,大学生在人际交往中如果能够了解更多关于人际关系的科学理论及技巧,将能大大提升人际交往技能。

一、人际交往的原则

【课堂活动】

请两个学生为一组,就以下话题进行讨论:
(1)自己喜欢吃的东西(面对面)。
(2)自己喜欢看的电影或电视剧(背对背)。
(3)自己将来希望做的工作(一人站着,一人坐着,可互换)。
(4)喜欢与什么样的人做朋友(脚尖对脚尖,保持很近的距离)。
活动结束后,请思考、讨论并分享:
你什么时候感觉最舒服?什么时候感觉不舒服?

在交往过程中人们普遍依据六个原则来逐步建立人际关系。

(一) 诚信原则

诚信也许是人际关系中最重要、最关键的一种品质和交往方式。心理学家对各种不同的对象进行调查发现,不同类型的人在回答诸如"人际关系上你最喜欢具有什么特征的人?""最希望别人采取什么样的方式同自己交往?""自己会采取什么样的方式与别人交往?"等问题时,真诚总会成为分量最重的一个答案。心理学家安德森(N. H. Anderson)对关于个性品质的喜爱程度进行研究后发现,在最受人们欢迎的个性品质中,排在最前面的、最受喜爱的六个品质是真诚、诚实、理解、忠诚、真实、可信。可以看出,后面的五个品质都与前面的"真诚"品质有关。而排在最后、最受排斥的品质包括说谎、虚伪、不诚实、不真实等,又都不同程度地与"不真诚"有关。由此可以得出这样的结论:"真诚"是最受人欢迎的个性品质,而"不真诚"则是人们最为厌恶的个性特征。一个人想要吸引别人,与别人建立良好的关系,真诚是必须具备的品质和交往方式。诚信原则可以说是最为基本的人际交往原则。

人际交往中的"信"包含以下五个含义。一是言必信,行必果。与人交往要说真话,不说假话,还要说到做到,信守诺言,实践诺言。二是信任。不仅要信任别人,还要争取赢得别人的信任。三是不轻易许诺,不说大话,不做毫无把握的许诺。四是诚实。自己能办到的事可以答应别人的请求,办不到的事要讲清缘由,以获得对方的理解。五是自信。要有自信心,相信自己的能力,给他人信任感和安全感。讲信用反映了一个人的品德,每个人都应该讲信用。失信于人会让他人产生一种极强的不信任感,是人际交往中的大忌。

【课堂活动】

不倒翁

活动时间:20~30分钟。

活动场地:室内、室外均可。

活动过程:

第一步,团队成员分组。每组成员并肩围成一个圆圈,而且一脚前一脚后相距约30厘米,选出志愿者站在圆圈的中间,其他组员紧密地肩并肩。

第二步,站在中间的组员须双手交叉抱住自己,并闭上双眼,此时中间志愿者须对其他组员说:"你们准备好要支持我了吗?"其他成员要说:"我们准备好要支持你了!"并将双手举至胸部左右的高度,做好支撑状。

第三步,中间志愿者说"我准备倒了",其他组员同时说"倒下"。此时,在其倒下的方向须两位组员支撑着,并再将其轻推至另一个方向,使志愿者沿着圆圈方向移动。

第四步,在沿着圆圈方向移动两圈后,开始将志愿者轻推至另一方向,如此随意推动中间者至任一方向。约一分钟后,再共同将志愿者扶正,使其恢复身体的平衡。接着再换另一位志愿者,遵循上述程序,如此依序直到所有志愿者都完成这项体验活动。

在游戏过程中,老师要注意确保成员安全。

游戏结束后,请同学们分享感受:

(1)在活动中,当你作为支持者和志愿者时,分别有什么样的感觉?

(2)作为志愿者的你相信其他人会安全地支持你吗,是什么让你相信你是安全的?
_____

(3)从身体倒下直到扶正,你觉得身体有什么变化?
_____

(4)通过这样的活动,你觉得大家彼此间的关系会有什么改变?
_____

(5)生活中,什么时候你才会完全信任一个人?
_____

(二)平等原则

一天,俄国大作家屠格涅夫走在大街上,遇到一个伸手向他乞讨的老人,可他翻遍了所有的口袋也没有找到一分钱,他深感不安,于是握住乞丐的手说:"对不起,兄弟,我什么也没有!"虽然他没有给予施舍,但这声"兄弟"却让这个乞丐感慨万分,回答他说:"哪儿的话,我已经很感恩了,这也是恩惠啊!"这个故事很好地诠释了平等、尊重的人际交往原则。

心理学家亚当斯通过研究人的动机和工作积极性的关系提出了公平理论,他认为,个体的工作积极性不仅与个人的实际报酬多少有关,而且与人们对报酬的分配是否感到公平的关系更为密切。他认为人们总会自觉或不自觉地将自己付出的劳动代价及其所得到的报酬与他人进行比较,并对公平与否做出判断,公平感直接影响员工工作的动机和行为。根据这一理论,在人际交往中,如果个体感觉被不公平对待就会减少交往的积极性。因此,大学生在人际交往中应该遵循平等相待、一视同仁的原则。在友谊建立过程中,个人的出身、容貌、才智、经济实力、教育水平、成长经历、职业等内部和外部条件虽然存在差异,但每个人在人格上是绝对平等的。事实证明,那些优越感强、喜欢表现自己、在人群中爱出风头、自认为高人一等的人在交往中是最不受欢迎的,也会被集体所孤立和排斥。

有些人在与别人交往中总是不停地谈论自己,只要有人听,他们就说个没完,毫不在意别人的反应,对别人要说什么毫无兴趣;有些人通过谈话来炫耀自己;有些人通过谈话来求得别人的同情。无论如何,过分地关注自我,都不能使交往有效、顺利地进行下去。

相反,有些人在与人交往的过程中,一味地帮助别人,这也违反了平等原则。如果想帮助别人,而且想和别人维持长久的关系,那么不妨适当地给别人一个机会,让别人也能有所回报,这样才能让人感觉到在交往中双方所处的位置是平等的,不至于因为内心的压力而疏远。有些人不明白这个道理,在交往中过于主动、热情、大方,认为这样做一定会使友谊得到巩固和加强,使友谊天长地久。殊不知,这样的"过度投资",不给对方任何回报和补偿的机会,无形中就打破了双方在交往中的平等地位,使对方产生很大的心理压力,对继续交往产生恐惧和逃避的心理。

(三)宽容原则

在人际交往的过程中,不管人们如何谨慎、如何深谙交往之道,由于观念或方法不同,在交往的过程中都不可避免地会出现不和谐的音符。宽容就是能够理解交往的对象,原谅并主动去帮助交往对象,从而达到心理上的和谐。"严于律己,宽以待人"是维持良好人际关系的一件法宝。

每个大学生都有自己的个性、优点和缺点，在人际交往过程中难免会发生一些不愉快的事，不能因为意见不同就与同学爆发激烈的冲突，甚至大动拳脚。要学会宽容、忍耐和克制，承认差异，允许不同思想、观点和行为方式的存在。要用宽容的心态去对待别人的错误与缺点，设身处地为他人着想，谨慎批评。宽容是维系友谊的一个重要原则，没有人愿意与心胸狭隘、多疑善变的人交往。

因此，在人际交往中要能够站在对方的角度看问题，即所谓的"换位思考"，设身处地地为他人着想，要有宽阔的胸怀和坚强的意志，需要有正视自己心灵创伤的勇气和自控能力，容得下别人的不足与缺点，尊重与自己不同的兴趣和行为习惯。雨果说："世界上最广阔的是海洋，比海洋更广阔的是天空，比天空更广阔的是人的心灵。"

(四)交换原则

社会心理学家阿龙森和林德做过这样一个实验。

他们安排素不相识的被试者参加一系列实验，使得这些被试者在实验的过程中不得不发生交往，即每个实验环节都由两个人合作完成。每个环节结束之后，安排其中一名参加实验的被试者(实为研究者的助手)对研究者评价另一名被试者(实为真被试者)，并故意安排这名真被试者碰巧听到另一个人对自己的评价。评价有两种情况，一种是夸赞，说喜欢与他一起参加实验的合作者；另一种是抱怨，说自己不喜欢那位一起参加实验的合作者。结果，当实验者让被试者自己选择下一阶段实验中的合作者的时候，受到夸奖的被试者往往还选择原来的合作伙伴，而受到抱怨的被试者倾向于重新选择一个合作者。通过这个实验可以发现，人际关系的基础是人与人之间的相互重视和相互支持，交换性是人际交往的一项基本原则。人际交往过程中，喜欢和厌恶、接近与疏远都是相互的。我们知道，喜欢我们的人，也被我们喜欢；愿意与我们交往的人，受到我们的善待；对我们不屑的人，我们也会对他嗤之以鼻。交换原则要求我们在人际交往过程中，要考虑双方的共同价值和共同利益，使双方在交往中都能得到好处和利益，获得心理上的满足和平衡。

心理学家霍曼斯早在1974年就提出，社会互动是一种类似商品交换的行为，这里的交换不仅是物质商品的交换，还包括诸如赞许、荣誉或声望之类的非物质商品的交换。人际交往如同商品的交换一样是等价的，是公平交易的。他认为在人际交往的相互作用中，要做到收支平衡，也要有利润。人与人之间的交往本质上是一种社会交换，这种交换同市场上的商品交换所遵循的原则是一样的，即人们都希望在交往中得到的不少于所付出的。大多数人的交往都是互惠互利的，完全没有需求上的相互满足和没有回报的交往几乎是不存在的，或是很难延续较长时间的。这里所指的互利并非完全是物质利益上的互利，还包括精神和感情层面的互利。福阿对人际交换进行了分析，提出了交换的六种基本回报类型，分别是金钱、物品、信息、服务、地位和感情。

"投我以桃，报之以李。""爱人者，人恒爱之；敬人者，人恒敬之。"这些传统文化中的智慧形象地展示了人际交往中的交换性是多么重要。在人际交往中，必须要明确"投桃报李"的含义，不能过分看重自己的利益，只求索取，不讲奉献的交往心态必然会造成人际关系出现矛盾和裂痕。应该在互利原则的指引下，彼此帮助，互相支持，使大家都能从交往中得到实惠，只有这样才能获得良好的人际关系。处于社会环境下的人，都希望得到别人的肯定与认同，这种寻求自我价值确立的倾向会引导人们在社会交往中愿意表现自己，努力吸引别人的注意,争取得到别人的接纳。但往往忽略了在吸引别人注意的同时,也要去注意别人;在得到别人接纳的同时,也要去接纳别人。

【拓展阅读】

社会交换理论

社会学家霍曼斯采用经济学的概念来解释人的社会行为,提出了社会交换理论。他认为人和动物都有寻求奖赏、快乐并尽可能少地付出代价的倾向。在社会互动过程中,人的社会行为实际上就是一种商品交换。人们的付出往往是为了取得某种收获,或者逃避某种惩罚,希望能够以最小的代价来获得最大的收益。人的行为服从社会交换规律,如果某一特定行为获得的奖赏越多,个体就越会表现这种行为;而某一行为付出的代价很大,获得的收益又不大的话,个体就不会继续从事这种行为。这就是社会交换。

霍曼斯指出,社会交换不仅是物质的交换,还包括赞许、荣誉、地位、声望等非物质的交换,以及心理财富的交换。个体在进行社会交换时,付出的是代价,得到的是报偿,利润就是报偿与代价的差值。个体在社会交往中,如果给予别人的多,他就会试图从双方的交往中多得到回报,以达到平衡。如果他付出了很多,但得到的却很少,他就会产生不公平感,就会终止这种社会交往。相反,如果一个人在社会交往中,总是付出少,得到多,他就会希望这种社会交往继续保持,但同时会产生内疚感。只有当个体感到自己的付出与收益达到平衡时,或者自己在与他人进行社会交往时,自己的报偿和代价之比与对方的报偿和代价之比是同等的时候,才会产生满意感,并希望双方的社会交往继续保持下去。

当然,个体在进行社会交往时,对报偿和代价的认识并不是固定不变的,也不一定是根据物质的绝对价值来估计的,这完全是一个与心理效价有关的问题。因此,当个体对自己的报偿与代价之比的认识大于他人的报偿与代价之比时,也许无法被别人理解或认可。

这就是为什么在社会交往过程中,有时看来根本不值得做的事情,当事人却觉得很有趣,而有时在别人看来是值得做的事情,却为另一些人所不齿。可见,社会交换过程包含深层的心理估价问题。

(五)情境控制原则

每个人都有情境控制的需要,情境的不明确或不能达到对情境的把握,会引起焦虑。这种情境控制实际上体现了人际关系中的平等与自由。如果一个人感到在人际关系中自我表现受到限制,或者感到双方对情境的控制不对等,那么,个体可能会保持一定水平的自我防御,使交往双方不能有深层的交流,人际关系容易停留在表面。

现实生活中也有这样一类伙伴,其中一方有特别强烈的控制欲,而另一方恰好有很强的依赖心理。不要以为这样的朋友关系是一种很完美的组合,恰恰相反,对别人强烈的心理依赖是一种很不健康的心理状态,而这种朋友关系恰好放任和强化了这种不健康的心理状态。可以说这种朋友关系的维持是以一方牺牲心理的发展而得以实现的。

(六)自我价值保护原则

保护自我价值不受威胁和提高自我价值,是个人先定的优势心理倾向。由于自我价值和他人评价关系密切,在交往过程中,一方面,对肯定自我价值的他人,个体会倾向于认同和接纳,并按照相互性原则给予对方肯定;另一方面,个体会倾向于疏远对自我价值否定的他人,因为和这种人交往会激活个体的自我价值保护机制,以防止自我价值受到贬低和否定。

北京师范大学金盛华教授用自我价值定向理论给予了这种现象详细的解释。新出现的肯定评价意味着自我价值的上升,而新出现的否定评价则意味着自我价值的降低。当原来肯定个体的人转向否定的时候,意味着个体正在丧失已有的自我价值,这个时候有两种选择:一是承认别人评价的正确性,认为自我的价值真的降低了;二是进行自我价值的保护,降低评价的重要性,对评价者的喜爱程度也跟着降低。

在人际交往的过程中,只要威胁到个体的自我价值,个体就会警觉起来,自我价值保护的心理倾向就会引导其用防范、拒绝和贬低别人的方式来进行自我价值保护,这样,与别人建立和维持良好人际关系的目标就灰飞烟灭了。因此,在人际交往过程中,必须遵守自我价值保护的原则,即要对他人的自我价值加以肯定和支持。根据上面讲到的交换原则,只有肯定和支持了别人的自我价值,才能被别人接受、喜爱和支持。

【课堂活动】

请讨论:我要把隐私告诉好朋友吗?

大学生小李和小张是一对非常要好的朋友,平时经常一起吃饭、逛街、学习、上课,二人形影不离。最近一段时间,小李发现小张经常周末不在自习室,问她去了哪里、做了什么,小张有自己的私事要处理,不想让任何人知道,所以就不想告诉小李自己做的事情。但小张又担心如果不告诉小李,会破坏两人之间的关系。小李也觉得有什么事情是不能对好朋友讲的,如果真的拿自己当朋友,应该无话不谈,这样藏着掖着就是对自己的不信任。

请问大家,她们俩人之间的问题出在哪里呢?

【测一测】

信任量表

本量表用于测查关系密切者的相互信任性问题,共有18个项目,涉及信任的三种内涵:可预测性、可依赖性和可信赖性。可预测性是指我们能否预测到同伴的特定行为,包括受我们欢迎的行为和不受我们欢迎的行为。该量表作者认为,凡行为能被预测者,其行为均具有连贯性(无论是一贯好还是一贯坏);而行为不可预测者,则不能赢得人们的信任。可依赖性是信任的最核心成分,可信赖性"使人们能毫无保留地确信同伴将继续负起责任并关心自己"。

指导语:阅读下面句子并决定其叙述是否符合你与同伴之间的关系,从下面挑选恰当的数值来表明你对该陈述同意或不同意的程度。

1分表示完全不同意;2分表示部分不同意;3分表示略微不同意;4分表示中性;5为表示略微同意;6分表示部分同意;7分表示完全同意。

1.我知道同伴将怎样做,他/她的行事总是不出我之所料。(P)

2.我发现同伴是个完全可以依靠的人,尤其在遇到重大事件时。(D)

3.我同伴的行为变化莫测、我总是无法预料下一次他/她又会做出什么令我吃惊的事。(P)*

4.尽管时间在不停地流逝,未来谁也无法确定,但我相信无论发生什么事我的同伴都会给我力量。(F)

5.根据过去的经验,我无法完全信赖同伴对我的承诺。(D)*

6.有时我很难绝对肯定同伴会一直照顾我,未来不太确定,随时间的流逝我们的关系会

发生很大的变化。(F)*

7. 我的同伴是个十分诚实的人,即便他说出令人无法相信的话,别人也会相信他说的是事实。(D)

8. 我的同伴让人不易捉摸,人们有时无法确定他将如何行事。(P)*

9. 我的同伴已被证明是一个可以信赖的人,无论他/她与谁结婚都决不会做出不忠的事(即使有绝对的把握不被抓住)。(F)

10. 我从不认为无法预测的冲突和严重的紧张会损害我们之间的关系,因为我们的关系能经受任何暴风骤雨的考验。(F)

11. 我对同伴的行为方式十分熟悉,他/她做事总会有一定的规矩可循。(P)

12. 如果以前我从未与同伴共同面临某一特殊问题,我也许会担心他/她可能不顾及我的感情。(F)*

13. 即使在熟悉的场合,我也不能完全肯定同伴会重复上一次的行为方式。(P)*

14. 面临未知的新环境时,我感到十分安全,因为我知道同伴是绝不会让我吃亏的。(F)

15. 我的同伴并不一定是可以让人信赖的人,我能想起他有好几次不可信赖的行为。(D)*

16. 想到我在俩人关系上的感情投资,我偶尔会感到不舒服,因为我很难对未来完全放心。(F)*

17. 事实证明我的同伴过去并非总是值得信任,有几次我曾犹豫是否让其参加容易暴露我的弱点的活动。(D)*

18. 我的同伴的行为具有连贯性。(P)

评分指导:

①第1、2、4、7、9、10、11、14、18项按得分进行记录。

②带*号的第3、5、6、8、12、13、15、16、17项按反序计分,如得1分则计7分,得7分则计1分。

③将各项目得分累加即得量表总分。

④得分越高表明可信任度越高。

⑤P维度表示可预测性,包括第1、3、8、11、13、18项;D维度表示依靠性,包括第2、5、7、9、15、17项;F维度表示信赖,包括第4、6、10、12、14、16项。

二、人际交往的艺术

在大学生人际交往中,有的人得心应手,有的人步履维艰,这里涉及交往技巧和技术的问题。熟练掌握人际交往艺术可以促进人际交往。

(一)倾听的艺术

【案例分享】

小明到一家公司应聘,面试临近尾声时,考官正对小明的表现给予评价,言语中多有欣赏之意。也许是考官的心情特别好或是小明是最后一个面试者的缘故,考官竟开始谈起自己在假期滑雪时的经历。小明没有猜透考官此时的心理，觉得这与面试"风马牛不相及"，因此没有认真听考官的讲话，而且心里默默祈祷"快快结束面试吧"。看到他心不在焉的样子，考官感到自尊心受到伤害，心里很不舒服。末了，考官问他对这次滑雪经历有何感想时，小明只好敷衍地说："好极了！"考官说："我在这次滑雪中摔断了一条腿，你觉得好极了？"小明的工作机会因此告吹。

苏格拉底说："上天给我们两只耳朵和一张嘴巴，本来就是让我们多听少说的。"倾听是对他人的尊重、理解，是真诚的接纳，是情感的传递。倾听是语言表达的前提，在学会说话之前，先做一个好的倾听者。大学生在人际交往中要学会倾听，倾听的艺术主要表现在以下几个方面：

（1）目光交流。

在倾听的时候应该与说话人交流目光。眼睛是心灵的窗户，让你的眼神和表情表达出你正在专心听对方说话。但是要注意不要死盯着对方的眼睛，给对方造成压力感。重视倾听，并不是一言不发、单纯地听。

（2）给出回应。

在倾听的时候要点头或发出"哦、嗯"等声音以示应答，既能表示自己在倾听，也能激发说话者进一步讲话的兴趣。否则，对方的独角戏很快就会谢幕。认真倾听，不等于一言不发，也不等于一味地附和对方的观点。从不表达自己观点的人，会被人认为或者是没有主见，或者是太圆滑。如果是前者，对方会觉得与这种人交往很无趣；如果是后者，对方不会敞开心扉，畅所欲言，双方的交往也不会太深入。所以，认真倾听的同时，得体地向对方表达自己的观点和意见，不但不会得罪人，反而会受到对方的欢迎。

（3）捕捉信息。

倾听对方讲话，并不只是让对方感觉到你在听他讲话、你尊重他，最重要的是你要从他讲的话中得到需要的信息。对于对方谈话中的要点，如果自己没有听清楚，可以要求对方谈得更详细一些，说明对交谈的内容很有兴趣，也很重视，需要进一步了解，引导对方做进一步的阐述，便于获得更深入的信息。当没有听清楚或没有理解的时候，要等对方的话说完之后再询问，不要在中途随意打断对方的话，这样有可能造成对方思路的中断，对方也可能因为被别人打断谈话而不高兴。

（4）适时提问。

适时提问有助于理解对方，也有助于控制谈话的方向和增加谈话的积极性。通过提问，可以让对方感觉到，自己对他的谈话内容感兴趣，同时也能启发对方谈论彼此感兴趣的话题。并不是每个人都能对他人畅所欲言，尤其是头一次碰面的陌生人。当交谈出现冷场的时候，可以寻找一些新的话题，及时提问来缓解沉默和尴尬。再好的话题也有说完的时候，当交谈者的兴趣减弱的时候，仅重复一些没有新意的话题是令人乏味的，要敏感地感觉到对方对谈话的兴趣，以便及时将话题转移到新的内容上面。

（二）沟通的艺术

良好的人际关系取决于良好的人际沟通方法。好的谈话方法可以促进人际关系的和谐，而不得体的话语则会伤害人与人之间的感情。大学生在人际交往过程中要学习提高与人交谈、沟通的能力，尤其是语言表达能力。事实上，善谈是知识的广博性、语言的组织能力和思维的流畅性等各种能力和素质的综合反映。

人际交谈中要特别注意的技巧是：每次表达意见时间不要太长，不仅需要有停顿，多使用短句，还要给对方插话和发表意见的机会；语言既要准确无歧义，言辞得体，吐词清晰，又要通俗易懂，富有幽默感；交谈时态度要友好热情，谦虚礼貌，多留些时间倾听别人的观点和意见，避免无谓的争辩伤了和气；交谈和交往要把握好合适的频率，防止欲速不达；用友好的目光、肯定的点头和温馨的微笑将信任和鼓励传递给对方。倾听越多，就会越了解别人，也会赢得对方更多的喜欢和信任；渴望别人的肯定和赞赏是人的普遍心理需求，真诚的赞赏绝不是虚伪的阿谀奉承，而是实事求是地发现别人的优点。如果说赞美是融洽人际关系的语言技巧的话，那么，助人为乐就是融洽人际关系的最好行动。事实上，能付出行动帮助别人的人不仅可以增强自信，而且可以赢得最好的信任。这里特别提到三点，重点讲解一下：

1. 学会幽默

【**案例分享**】

小芳是一个长相、身材、学历、家世都很普通的女孩子，但是她性格活泼开朗、为人正直、风趣幽默，获得了很多人的欣赏，朋友也非常多。朋友们都说只要和小芳接触，就会发现她有着独特的魅力，尤其是她非常幽默。有一次，小芳参加同学聚会，和同学们回忆着大学时代的美好生活，不料服务员在招呼客人时，不小心将一盆水打翻，全洒在了小芳的脚上，把她那双白色的鞋子给弄湿了。服务员不知所措，不停地道歉，现场氛围特别尴尬。小芳却不慌不忙地说："一般情况下洗脚之前是要先脱鞋的。"一句话，使得满屋子的人都笑了起来，不快也一扫而空，大家纷纷佩服她的高情商。

幽默是一种非常有力的武器，在交往过程中恰当地使用幽默，不仅可以展示个人的才华和魅力，还能很好地处理与他人的冲突，建立良好的人际关系。但幽默应该文雅得体，态度应该谨慎和气，应不伤害对方。

2. 学会说"不"

一个"不"字，说起来容易，做起来难。为什么说"不"那么难呢？有些人非常爱面子，很多时候会碍于情面而不去拒绝对方，因此就会勉强答应，但是又违背了自己的心意。的确，要拒绝他人有很多小技巧，但在学习这些技巧之前，需要知道：

（1）拒绝做一件事情并不等于拒绝这个人，只对事不对人，否定事件不等于否定人。

（2）采取的方式既要尊重自己也要尊重别人，不能用指责的方式。

（3）态度温和而坚决，而不是生硬地拒绝。

说"不"，实际上是在给我们自己树立一个人际边界，在人际交往中，并不是所有的事情都应该答应对方，做朋友不意味着要当好好先生，事事迁就对方，平等、相互尊重才是维持友谊长久的秘方。

3. 学会赞美

赞美能激发、鼓励和帮助他人建立自尊与自信，带来愉快、亲密和合作的关系。表扬他人在工作、生活、学习中使人满意的行为，会使他们更加热爱自己的工作，喜欢和你在一起，更愿意做使你满意的事情。

赞美是一门艺术。其中最实用的技巧就是寻找对方贴切的赞美点，这会使赞美显得真诚，更容易让对方接受。而且赞美点越是具体，赞美的效果越好。我们可以从以下三个方面寻找赞美点：

(1)外在层面:穿着打扮(如眼镜、鞋子等)、体型、外貌等。如"你最近健身很成功,体型更匀称了""你的头发很柔顺"。

(2)内在层面:能力、经验、特长等。如"你的演讲能力很强,说话有条理、有逻辑""你说话很有感染力,别人容易信任你"。

(3)与个人间接关联层面:对方的籍贯、养的宠物、让人愉快的具体行为等。如"感谢你分享的学习资料,对我提高英语写作很有帮助!你很善于助人!""你的问候让我觉得很温暖"。

【课堂活动】

优点轰炸

5~10人一组,围圈坐。请一位同学坐或站在中央,其他人轮流说出他的优点和令人欣赏之处,如性格、相貌、为人处世等。被称赞的同学说出哪些优点是该同学自己以前知道的、哪些是他不知道的。每个同学轮流到圆圈中央体验被表扬的感觉。

必须说优点,赞美要具体,避免空洞、含糊的语言,多赞美他人的行为或性格,态度要真诚,赞美要有根据,不能毫无根据地吹捧,这样反而会伤害别人。每位参加者要注意体验:被他人称赞时的感受如何?怎样用心发现他人的优点?怎样称赞他人才是得体的?怎样才能做一个乐于欣赏他人的人?

活动结束后交流一下感受。

(三)优化个人形象,提高内外气质与修养

1. 注意自己的外表和体态语言的塑造。

形象是信誉的重要标志,所以要注意塑造好自己的形象。具体要做到穿着得体、举止大方、有礼貌、谦虚、面带微笑等。人的形象有内在形象和外在形象之分,内在形象包括人的性格、人格、学识、智慧、才能、处世态度等;外在形象是通过人的衣着、谈吐、办事方式等表现出来的,它有时是虚假的,容易使人上当受骗,而内在品质是一个人长期修养的结果,更为可靠。注意塑造好自己的形象,是要使自己的内在形象和外在形象一致,兼具内在的美和外在的美,以真实统一的自我同别人交往,这是保持良好人际关系的关键所在。

2. 建立良好的自信,善于表达自己的优点而不过分夸大

人们不只是希望自己是自信的,也希望自己的交往对象是自信的。试想一下,谁愿意与一个缩手缩脚、唯唯诺诺的人交往?与这样的人交往,不光是自己特别累,还要时刻担心不能给对方造成伤害,因为不知道什么时候就会伤害到他人的自尊心。所以在与人交往的时候,要建立良好的自信,要勇于向别人展示自己的优点,大方地接受别人的夸奖。但要记住凡事都要有度,勇于向别人展示自己的优点,但不是痴迷于向别人炫耀自己的优点。要把握好这个度,需要在与人交往的过程中不断反省、调整自我。

3. 培养积极的生活态度

哈里斯提出人生的四种态度类型:我不行,你行;我不行,你也不行;我行,你不行;我行,你也行。

哈里斯认为,孩子在两岁左右时,就已经选定了前三种见解中的一种。一旦这种见解得以认定,孩子就会始终保持这种见解,并用它来支配自己的全部行为。这种状态将伴随他的一生,除非他在以后的生活中有意识地将其改变成第四种态度。

哈里斯认为,在人的发展中,"我不行,你行"是最早形成的记录。当他们开始蹒跚学步,被亲人爱抚的机会也就随之减少,受到的体罚也越来越多,这时孩子就会断言"我不行,你也不行"。从小受到父母虐待甚至毒打的人,在他"自我安抚"的过程中就会形成"我行,你不行"的结论。一些幸运的人,在生命的早期得到大量的帮助,他将顺利地获得"我行,你也行"的态度。在"我不行,你行"这样一种自卑、怯弱与"我行,你不行"这样一种狂妄自大的心态下,人际交往必然是"有赢有输";在"我不行,你也不行"这种悲观绝望的心态下,人际交往可能呈"双败"局面;只有在"我行,你也行"这种积极乐观的心态下,人际交往才会"双赢"。

【课后活动】

访问陌生人

每位同学去采访一个自己不认识的人。请同学们注意,采访中可能会遇到一些困难,但要想各种办法、尽一切努力去克服,实现突破。列出访问清单,包括要问的问题、可能遇到的困难及应对策略,比如遇到拒绝自己,回答过于简单,态度不好,对自己持怀疑、不信任态度等情况。

采访以后,请同学们反馈各自采访的内容,交流采访时的情况,如有没有遇到困难,自己是如何克服的,有没有难以克服的困难,讲出来让同学一起帮忙想解决的办法。

(四)自我暴露的技巧

自我暴露就是把自己私人性的方面展示给别人,奥特曼等人研究发现,良好的人际关系是在随着自我暴露的增加而发展起来的。随着信任程度和接纳程度的提高,交往的双方会越来越多地暴露自己。因此,自我暴露的广度和深度是人际关系的一个晴雨表,如果想了解自己对某个人的接纳程度,只要了解自己在他面前的暴露水平就可以了。对一个人的接纳水平越高,就越期望对方对我们的暴露。但是,无论关系多么亲密,每个人都有自己不愿意暴露的领域。不能因为关系亲密就期待对方完全敞开心扉,更不应该随意侵入对方不愿意暴露的区域。否则,会让对方产生强烈的排斥情绪,从而降低对自己的接纳水平。

自我暴露的程度,由浅至深可以分为以下四个方面。

一是情趣爱好方面,比如饮食偏好、生活习惯等;二是态度,如对某个人的看法、对时事的评价;三是自我概念与个人的人际关系状况,比如自己的自卑感、与恋人的关系状况等;四是最为隐私的内容,如自己不为社会接受的一些想法和行为等。

一般情况下,关系越密切,人们的自我暴露就越广泛、越深刻。但事情也不完全都是这个样子,彼此完全没有关系的人,却有可能达到完全的自我暴露。一个人不愿意告诉身边朋友的事情,可能会对自己素不相识的网友和盘托出。正是因为素不相识,而且以后对方介入自己生活的可能性很小,暴露给自己造成的风险就会减小,这个时候,个体的防御心理就会降低,从而有可能完全暴露。

自我暴露要坚持以下两条原则。

1. 适宜原则

所谓适宜,就是指自我暴露要和当时当地的环境相符合。切忌不分场合、不分时间、不分对象地暴露自己,那只会让人认为是肤浅甚至是愚蠢的表现。

2. 适度原则

根据交往对象熟悉程度的不同,不同程度地暴露自己的隐私。不然,就像祥林嫂给别人讲阿毛的故事一样,只能招来别人的厌恶。

【拓展阅读】

犯错误效应

是不是一个人的能力越强,就越受大家欢迎呢？社会心理学家阿龙森通过实验证明了什么样的人更受欢迎。一个竞争激烈的演讲会上有四位选手,两位才能出众,不相上下,另外两位才能平庸。才能出众的选手中有一位不小心打翻了桌子上的饮料,而才能平庸的选手中也有一位打翻了饮料。如果是你,你会更喜欢哪个人呢？实验结果表明,才能出众而犯小错误的人最受欢迎,才能平庸而犯同样错误的人最缺乏吸引力。这个研究表明,一个很有才能的人,如果犯一个小小的错误或者暴露了一些个人的缺点,反而让人觉得可爱、有吸引力,更喜欢接近他。这就是犯错误效应。为什么会这样呢？

俗话说高处不胜寒。一个人如果能力超群,会使人倍感到压力,因为这可能会让别人感觉自己无能或低劣,从而产生不平衡或嫉妒心理,或者产生屈尊感,觉得这个人高不可攀,因此敬而远之。聪明能干的人不经意间犯一些小错误,反而让人觉得他和别人一样会犯错,也有平凡的一面,从而使人感到安全。

总之,聪明能干的人会更招人喜欢,能力超群的人犯一些小错误会更招人喜欢。因此,在人际交往中,我们需要表现自己的才能,但无须让自己完美无缺或十全十美。

第四节 人际冲突处理

【导入案例】

心理咨询室来了一位精神疲惫、黑眼圈很重的男孩子,他叫小景。小景是一位大学一年级新生,在来大学之前,他从未住过集体宿舍。他告诉心理咨询师,自己已经4个多月睡不好觉了,和室友之间也产生了很大矛盾,不知道该怎么办,再这样下去恐怕要崩溃了。原来,小景睡眠非常轻,对睡眠环境要求比较高,希望室友能够在晚上11点之前就安静下来准备睡觉,但室友们不是熬夜做功课,就是喜欢半夜打游戏或煲电话粥,还有人睡觉之后打呼噜的声音非常大。小景刚开始还隐忍,后来就开始斥责室友:"能不能有点素质？!"室友也为此做了许多改变,但很明显小景感觉大家都不太喜欢和自己交往了。而且小景也发现,自己的脾气越来越暴躁,有一次一个室友晚上11点多和女朋友打电话,尽管室友声音很小,但自己仍然辗转反侧无法入睡,当时非常生气,直接拿起身边的一本书,砸向室友的脑袋……小景事后非常后悔,但大家心中出现了裂痕,感觉很难修复了,不知道以后该如何面对室友们,现在提出想换宿舍。

在大学各类人际关系中,室友关系可以说是最重要也是最复杂的。几个不同性格、不同生活习惯的人在紧密的空间中长时间生活在一起,在密集的交往过程中可能会出现各种各样的摩擦。那么,在人际关系出现问题,面临人际冲突时,你会如何应对呢？本节我们将介绍大学生人际冲突的解决之道。

世界上没有两片完全相同的树叶,每个人都是不同的,有着不同的需要、目标、生活习惯、理想和价值观。当人们意见相左时,难免会发生争执或冲突。在大学生活中,冲突同样不可避免。大学生来自五湖四海,每个人都承载着不同的文化背景和地域风俗,每个人都有独特的生活经历、思想习惯、人生追求。有人享受安静,有人习惯活跃,有人是"猫头鹰",有人是"百灵鸟"。大学里竞争无处不在,学习成绩、奖学金同样使学生之间存在着看不见的张力。大学生在没有了刚入学时的新鲜感之后,随着彼此的了解,缺点和差异逐渐暴露,摩擦在所难免。

一、冲突的主要原因

人际冲突主要是指由人际交往双方的沟通障碍、需要不同、认识差别、个性差异等引起的,发生在人与人之间的一种对立、紧张甚至敌对的状态。它既可以是隐性冲突,表现为心理和情感上的对立,也可以演化为行为上的显性冲突,如对抗和攻击行为。

相信每个同学都不希望和周围人发生冲突,但在生活中,冲突却总是不可避免的。对于大学生来说,产生人际冲突的原因多种多样,主要有:

1. 沟通不良

良好的人际沟通是人际关系顺利形成和发展的基础。通过沟通,交往双方逐渐加深了解。但在此过程中,无效的沟通往往会成为良好人际关系的障碍,甚而导致冲突的出现。具体来说可以分为两种情况:一是缺乏沟通。很多同学因为沟通不够、相互交流少,在遇到问题时容易以己度人,产生误会,导致冲突的发生。二是沟通技巧不足。除了在沟通缺乏、信息了解不足的基础上产生的冲突外,还存在因为沟通技巧的不足产生的冲突。有很多同学在沟通过程中因为表达方式(如指责、发泄等)等使交往双方产生冲突,关系恶化。

2. 利益因素

对有限资源的争夺也是大学生冲突产生的原因之一。虽然对大学生而言,经济利益冲突并不明显,但学校中有限的资源(如自习室座位的竞争、岗位竞争以及奖学金名额的争夺等)往往也会使同学间成为竞争者,在相争过程中,极易产生冲突。

3. 生活习惯

大学生的生活习惯、行为方式等会因为其来自的地区和家庭而有所不同。这些差异有时会增加同学们在最初交往、接触时的好奇心,但有时这些不同也会成为冲突的源泉。例如,在宿舍中,有同学希望晚上开空调睡觉,但有同学提出自己不喜欢空调的气味,不能接受晚上开空调。这时如果双方不能有效协商,互不相让,冲突必然会发生。

4. 性格特征

冲突的产生也与个体的性格特征有关。在人际交往过程中,有同学比较敏感,在看待问题时容易夸大;有同学粗线条,不把事情放在心上;也有同学话不多,比较安静,乐于独处;还有同学爱热闹,喜欢拉着同学唠嗑……这些性格上的不同有时也会使同学在相处过程中产生矛盾和冲突。

【经典故事】

快乐的真谛

青年拜访一位年长的智者。

青年问:"我怎样才能成为一个既能使自己愉快,也能使别人快乐的人呢?"智者说:"我送你四句话。第一句是把自己当别人,即当你感到痛苦、忧伤的时候,就把自己当作别人,这样痛苦自然就减轻了;当你欣喜若狂时,把自己当作别人,那些狂喜也会变得平和些。第二句话是把别人当作自己,这样就可以真正同情别人的不幸,理解别人的需要,在别人需要帮助的时候给予恰当的帮助。第三句话是把别人当作别人,要充分尊重每个人的独立性,在任何情形下都不能侵犯他人的核心领地。第四句话是把自己当作自己。"

青年问:"如何理解把自己当作自己?如何将四句话统一起来?"

智者说:"用一生的时间,用心去理解。"

二、正确看待冲突

一个高压锅,如果未能适当处理其内在的气体时,当气压达到一定的限度,爆发的威力可以炸掉一栋房子。从前面讲述的冲突起因可以了解到,无论是何种原因,冲突多半与压抑所造成的不满有关系。如果能适当处理这些不满,不但能够有效控制情绪,而且可以使之成为一种动力。

对于人际关系来说,冲突可以带来挑战,也可以带来机遇。冲突的负面影响主要表现在:双方沟通不良,在情感上产生隔膜,严重的甚至会相互诋毁,相互拆台;由于互不相让、恶意攻击导致双方关系破裂。但是,冲突也可以有很强的正面影响,正像俗话所说的,"不打不相识"。一般而言,从冲突的本身来讲,它无所谓好与坏,但在处理方式上却有好坏之分,可能产生消极的影响,也可能产生积极的影响。

1. 人际冲突的消极影响

(1)当冲突变成攻击、自卫、批评的时候,人与人之间的鸿沟加深、裂痕加大,彼此的仇恨、愤怒也会增加。

(2)当双方面对冲突,采用逃避的方式处理时,表面上看起来冲突好像消失了,但实际上,它却转入了每个人的内心,增加了身心疾病的发生率。

(3)由于冲突产生的负向能量增加,如果没有转化它的话,它不仅腐蚀人的身体、心理和精神,也会影响一个人在生活中的工作状态及效率。

(4)与他人的合作,也有可能因为冲突的处理不当而降低效果。冲突可以切断人际的交流,破坏人际的合作。

(5)冲突是可扩散的,冲突增加了多边性关系的不和谐性。这也是为什么原来两个人的小冲突,可以成为两个家庭、两个家族等的大冲突。

2. 人际冲突的积极影响

(1)人际冲突让人们有机会产生思想上或人格上较深层次的接触。冲突的产生,是一个契机,能让彼此的不满与愤怒表达出来,人际关系透明化,彼此才会产生诚实、真心的亲密感。

(2)人与人之间的冲突让人们看问题的角度更开阔。借助冲突,人们可以学习人外有人、天外有天的谦逊,开放自己的心胸,拓宽视野,用新的眼光来看事情的客观面及多元面。

(3)冲突的积极能量可以使一个人增加其创造力及生产力。经历内在或外在的冲突,转化其负向能量为正向能量,可能会产生更大的创造力及生产力。它好像一把锁匙,能将心能的大门开启,使能量涌出。

第六章 大学生人际交往

【课堂活动】

心有千千结

(1)所有组员手牵手连成一个大圈,面向圆心。
(2)请组员们记住自己的左右手分别牵的是谁。
(3)松开手。音乐响起,组员们随着音乐在小范围内随意走动。
(4)音乐停,组员们站住。在不挪动位置的情况下去牵原来左右手牵的人。(如果实在够不着,可以允许稍微地挪动一下)
(5)现在手与手之间、人与人之间,结成了一个异常混乱的死结。要求在不说话、不松手的情况下把结打开,最后恢复成大家开始时手拉手围成的一个大圆圈。
(6)当状况非常复杂,有人想放弃时,老师要暗示、鼓励,一定可以解开死结。

游戏结束后,同学们讨论一个问题:
解开这个结的过程中,你做了什么?带给你的启发是什么?

三、冲突处理策略

【课堂活动】

演绎生活小品

在人际交往中,总会碰到一些不愉快的事情,形成冲突。面对冲突,应如何应对呢?请每个小组将其中一件事演绎成小品。

情境1:室友很懒,每次值日都不打扫卫生,引起了全寝室的不满;好朋友向你借作业抄你不想借,但又碍于情面。

情境2:同学没有经过你的同意就翻看了你的日记。

情境3:你在自习室很认真地看书,旁边有两个同学一直在说话,干扰了你的学习。

情境4:你同学生日没有邀请你,你感到很生气,但同时对方也因为你没来参加他的生日聚会而生气。

……

可以根据同学们的意见,选出最具普遍性的一个情境,以小组为单位来表演和讨论。不仅要表演矛盾冲突的情境,也要表演解决这个人际矛盾的方法。所有同学可以一起讨论以上各种解决方案的可取之处与不合理之处。

在实际生活中,人际冲突是难以避免的,发生人际冲突不可怕,如果处理得当,人际冲突会成为双方增进了解的切入点。

美国学者托马斯等就人际冲突如何解决提出了一种冲突解决模型。他们认为,以沟通者潜在意向为基础,在冲突发生后,参与者有两种可能的策略可供选择:关心自己和关心他人。其中,"关心自己"表现在追求个人利益过程中的武断程度;"关心他人"表现在追求个人利益过程中与他人合作的程度。以"关心自己"为纵坐标,以"关心他人"为横坐标,勾画出冲突行为的二维空间。并在此空间中呈现出五种不同的冲突的处理策略:竞争、合作、妥协、退让及回避(如图6.3)。其中,想不想满足自己利益依赖于个人目标的武断或不武断的态度,想不想满足他人利益取决于合作或不合作的态度。

(1)竞争策略指高度武断且不合作的策略,使用这种策略的个体倾向于只考虑自身利

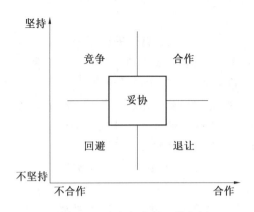

图 6.3 冲突行为的二维空间

益,为达到目的无视他人的利益。

(2)合作策略指在高度的合作精神指导下和在武断的情况下所取的策略,这时个体尽可能满足双方利益,寻求双赢局面。

(3)妥协策略指合作性和武断程度均处于中间的状态,冲突双方各有让步。

(4)退让策略指一种高度合作而武断程度较低的策略,使用这种策略时只考虑对方利益而牺牲自身利益,或屈从于对方意愿。

(5)回避策略指既不合作又不武断的策略,也就是既不满足自身利益也不满足对方利益,试图不做处理,置身事外。

四、如何有效解决冲突

冲突不可避免,有效地解决冲突对维护人际关系有积极作用,如果采用破坏的方式解决冲突,只会破坏人际关系。

1. 态度诚恳而坦率,不隐瞒自己的观点或欺骗对方

当不同意对方的观点时,反对的是对方的观点,而不是对方这个人,不能进行人身攻击或贬低对方。坦诚听取对方的意愿,从对方的角度考虑问题,澄清双方的共同点和分歧点,理解冲突的实质,在自己能让步的余地寻求双方都满意的答案。

2. 学会批评,不到不得已时,决不要自作聪明地批评别人

有时也许批评是不可避免的,这时学会批评的艺术是维护人际关系的重要策略。卡耐基总结的批评的艺术是很值得借鉴的:批评从称赞和诚挚感谢入手;批评前先提到自己的错误;用暗示的方式提醒他人注意自己的错误;领导者应以启发而不是命令来提醒别人的错误,给别人保留面子。

3. 对自己的感受负责,不能因为自己的感受去指责别人

有时候人们很容易指责自己身边的人,仅仅是因为他们就在自己身边。要善于检查自己感受的来源,即使是别人在某种情况下激起了自己的情绪,也应该为自己的情绪负责。避免使用下面这样的谴责性语言,如"你令我失望,你怎么能够……"以及"你搞得我……"尝试使用这样的语言,"发生了……我感觉……"

4. 面对他人的时候,尝试避免对别人做出武断的评价

不要对别人说他们怎样,可以说他们的行为给了你怎样的影响。对我们来说,评价别人、关注别人在做什么是非常容易的,而评价自己、关注自己在做什么是很难的。必须意识到自己也可能会犯错,要敢于发现自己可能得出的错误结论。要有谦逊的态度,勇于面对事实并承认错误。避免使用"你应该……"或"你干吗不……"这类语言,可以采用"我相信你有很好的理由,因为……但是事情既然发生,我感觉……"这类语言。

5. 不要逃避冲突

从冲突中走开并不能解决问题,但是,当情绪被强烈地激起而又不能解决冲突时,最好的办法可能是暂缓,推迟一些时间再讨论这个问题。不要伪装问题已经被解决。双方可以达成协议,在晚些时候当双方都能听进去彼此所说的话时再继续探讨有争议的事情。可以采用下面的方式,约定时间,开诚布公地和对方沟通。尽量找一个能让双方都感到轻松、愉快的时间、地点,让双方的交谈不受干扰。

6. 勇于承认自己的错误

勇于承认错误是人际关系的润滑剂。当人际关系产生障碍的时候,承认自己的错误是明智之举。虽然承认自己的错误是一种自我否定,但是能使自己产生道德上的满足。另外,承认自己的错误是责任感的表现,对他人也具有心理感召力,在此情境中的人际僵局会因此被打破。

7. 学会宽容与谅解

原谅是一种释放和解脱,原谅别人的时候,看似是为别人做了一些事情。但是事实上,也是做了一件对自己有意义的事情。同样,也需要放弃那些自己不想做的事情,给想做的事情提供空间。原谅别人有助于把自己从对别人的怨气中解放出来。原谅可以赶走恐惧和愤怒。智者应该学会宽容和谅解。

【测一测】

平息人际冲突的能力测试

从下列各项中选出适合自己的一项。

(1)你正埋头处理一件急事时,你的一个朋友上门来找你倾诉苦闷,你的做法是:

A. 放下手中的工作,耐心倾听

B. 显得很不耐烦

C. 似听非听,思维还在自己的事情上

D. 向他解释,同他另约时间

(2)你的朋友向你借新买的录音机,你自己还没有好好用过,你的做法是:

A. 借给他,但牢骚满腹

B. 脸色很难看,使你的朋友不得不改变主意

C. 骗他说你已经借给了别人

D. 告诉他你想先用一段时间,然后再借给他

(3)在公共汽车上,你无意踩了别人的脚,别人对你骂个没完,你的做法是:

A. 听其自然,充耳不闻

B. 与他对骂,打架也在所不惜

C. 推说别人挤了自己才踩到他的脚的

D. 请他原谅,同时提醒他骂人是不妥的

(4)影院内不准高声喧哗,但你的邻座却旁若无人地讲话,你感到厌烦,你的做法是:

A.很反感,希望有人提醒其注意

B.大声指责他们"没修养"

C.请服务员来干涉,或自言自语地对讲话者旁敲侧击地进行指责

D.很有礼貌地提醒对方不要影响别人

(5)休息日你忙了一整天,把房间全部打扫干净,你爱人下班后却指责你没有及时做饭,你的做法是:

A.心里很生气,但仍勉强去做饭

B.大发雷霆,骂爱人自私,要爱人自己去做饭

C.索性当晚不吃饭

D.向爱人解释,然后请爱人一同出去吃

(6)某一天你家里有急事,领导不了解情况,要你加班,你的做法是:

A.同意加班但心中暗自埋怨

B.拒绝加班,不做解释

C.借口身体不爽,说不能加班

D.同领导商量由于有急事能否不加班,但若工作的确重要,就仍服从领导安排

(7)你辛苦了好长时间,自己觉得某项工作做得颇为出色,但上司却很不满意,你的做法是:

A.不耐烦地听上司指点,心中充满委屈但默不作声

B.拂袖而去,认为自己受到的对待不公平

C.寻找各种借口开脱自己

D.诚恳地注意自己做得不够好的地方,以便今后改善和提高

(8)别人做了一件很对不住你的事,却又试图掩盖,知道事情真相后,你的做法是:

A.不客气地告诉对方自己已经知道了一切

B.与对方大吵大闹,威胁报复

C.将事情埋在心底,装作什么也不知道

D.诚恳地告诉对方事情对自己造成的苦恼,并表明双方以后仍可真诚相处

以上题目选A项记2分;选B项记1分;选C项记3分;选D项记4分。得分越高,表明平息人际冲突的能力越高,处理人际冲突的方式越有建设性。得分越低,意味着处理人际冲突的方式越情绪化,越容易使事情变得更糟,也使得自己付出更大的代价。每道题目的D项是最有建设性的处理人际冲突的方式,也是最理性、从长远看最有利的处理方式。这类方式是值得提倡的。每道题目的B项是对人际关系最具有破坏性的做法,这些处理方式不但对冲突的解决无益,也使得自己失去更多东西。

【思考题】

1.你认为良好的人际关系对保持心理健康有何意义?

2.你在一段重要的关系中遇到的挑战和困惑有哪些?你的收获有哪些?

3.人际交往应该遵循什么原则?你认为最重要的原则是什么?

4.冲突对你来说意味着什么?你准备如何解决现实生活中遇到的冲突?

【拓展阅读】

1. BERNE E.人间游戏:人际关系心理学[M].刘玎,译.北京:中国轻工业出版社,2014.
2. 迈尔斯.社会心理学[M].侯玉波,译.北京:人民邮电出版社,2006.
3. 曾仕强.圆通的人际关系[M].北京:北京大学出版社,2008.

第七章 大学生爱情与婚姻

【导入案例】

案例一 2019年秋季学期,某大学一名大二女生小唐因对暗恋许久的本系外班男生多次表白未获同意,伤心失望之余,导致情绪低落、学习成绩下降,经过一段时间的心灰意冷后,小唐竟以极端方式——吃安眠药的行为来迫使对方答应自己,后在同寝室同学积极热心的救助下才及时挽救回生命。

分析 一方爱上另一方,通过表白或者暗示而得不到对方响应感情的,叫作单恋,也叫单相思,是人类情感中最特别的感情之一。单恋在大学生群体中非常常见。单恋者往往沉浸在爱的幻想中,向对方表白得不到期望的回应就容易心灰意冷,甚至做出极端行为。如何去爱,健康、理性地去爱,是每个大学生必须要学习的功课。

案例二 2016年的春季学期,某大学刚刚开学之际,一位神情沮丧、心事重重、头发有些泛白的计算机专业博士走进了咨询室。咨询师在和他的谈话中了解到,他已经是博士第六年了,属于延期毕业情况。目前科研论文和毕业的压力巨大,而因为已经步入婚姻中,家中孩子还在上幼儿园阶段,岳母和他们一块儿生活并帮助带孩子,家中只有妻子一人早早硕士毕业并工作养家糊口,导致妻子精神也高度紧张,同时压力很大。因为自己迟迟不能按期毕业,目前两人婚姻状况也出现了很大问题,导致危机四伏,自己不知道该如何应对当下学习、生活中的一切,有很大的崩溃感和无助感。

分析 案例中的这名博士已步入婚姻殿堂,在学业压力和婚姻困扰中表现出无奈和烦恼。现实中还有很多待婚嫁的硕博生,他们总是处于被社会各界讨论的被动状态中,即便他们对学业及情感有着自己的人生规划,也会无端被卷入"催婚"的话题中。不管是善意的劝诫还是恶意的评论,最终都会演变成一种无形的压力,社会舆论往往给予更多无形的枷锁,让他们感到无法喘息。

目前在校博士生心理因现实困扰而带来的焦虑问题需要给予更多的关注。从微观层面看,一个人读书至博士阶段,仍旧无法良好地调节压力、接纳自我,顺利、稳定地融入社会生活群体,很大程度上影响其自我价值的发挥。从宏观层面看,在校博士生在学业、就业、婚恋和认知等方面产生的焦虑心理,也是社会转型、社会评价标准、社会人才需求、社会文化通过高校人才培养系统折射给博士生群体心理的痕迹。缓解博士生焦虑心理除了通过咨询与心理支持,更大程度上还依赖于给予他们更多婚恋生活的指导和帮助,关注高校博士生婚恋诉求,以价值观重塑为重点提升博士生认同感,帮助他们走出婚恋窘境,从而全面提升博士生群体的心理健康素质。

案例三 据媒体报道,东部沿海城市某大学一名男生吴某组织学校音乐社团成员共四人,在校内排练房喝酒聚餐,当晚吴某和被害人张某以及另外两名学生饮酒后躺在排练房地上睡觉。吴某醒后趁张某醉酒无力反抗之际,将其抱至隔壁房间沙发上,强行与张某发生关系。后该市法院一审判决吴某犯强奸罪并给予法律制裁。

分析 目前高校大学生因性问题而引发的心理问题和犯罪问题时有发生,大学生性生理的成熟使他们对性知识的了解欲望日渐强烈,而性知识的匮乏使他们对性道德、性健康认识不足,很容易误入歧途。因此很有必要对大学生们进行必要的性健康教育。

第一节　爱情与婚姻概述

爱情也许是人类最复杂且最微妙的一种情感,而恋爱是青春的一门必修课。正值花样年华的大学生要培养正确的恋爱心理,才能拥有爱的能力,从而酿造爱的琼浆。

什么是爱情?爱情有多少种?爱情是人类永恒的主题,是一种最美好和最深沉的感情。关于爱情的定义众说纷纭。很多名人和学者都有自己对爱情的定义和分类。胡适说:"爱情的代价是痛苦。"罗素说:"爱情可以达到无限强烈的程度。"尽管很多名人或影视作品都探讨和描述过爱情,但多数是从个人的经验出发,即使是学术研究,鉴于爱情本身的复杂性,也难以在学术界达成共识。

一、三种经典爱情理论

(一)弗洛姆的艺术之爱

弗洛姆(Fromm),1900年出生于德国的法兰克福,1922年获得海德堡大学的博士学位,1933年移居美国。他对马克思和弗洛伊德理论都有很深入的研究。他于1956年出版了《爱的艺术》一书,该书一问世,就被翻译成20多种文字,影响广泛而深远。他对爱的诠释与一般人明显不同,他将"爱"作为人类对自己生存问题的回答,是人与人之间合作统一的巨大力量。他认为爱是一门艺术,爱也是一种能力,所以需要学习如何去爱。

他在爱情中强调理性的作用,认为人类最大的天赋就是理性。他认为,对人类生存最准确的答案应该是:人与人之间的协调和每一个人都能与群体融为一体所能体现出来的爱的价值。他认为爱情能够产生积极的力量,这种力量可以冲破任何高墙或樊篱,使人心心相印;爱情还可以让人克服孤独和分离感。真正的爱情是让两个不同的生命结合在一起,却并没有失去彼此本来的个性。

(二)斯腾博格的爱情三角理论

耶鲁大学罗伯特·斯腾博格(Robert Sternberg)是20世纪美国的心理学家和认知心理学家,是智力三元理论的建构者,也是首倡人类爱情三元论的心理学家。他认为,维持爱情的最重要因素在恋爱的早期是不容易发现的。他在对从1个月到6年时间不等的爱情关系的研究中发现,亲密、激情和承诺是最重要的因素。他认为爱情由亲密、激情和承诺三项元素构成,如同三角形的三条边,如果三条边都存在,那么就如同等边三角形非常稳定,这称为完美的爱情,亦称为爱情三角理论(图7.1)。

由于爱情关系中的组成元素可以各自发展而且以不同的比例结合,这就形成七种不同的爱情。

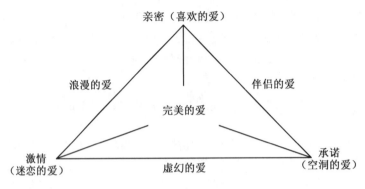

图 7.1 爱情三角理论

1. 喜欢的爱

喜欢的爱的构成只有亲密一条边,人们经常称之为喜欢。喜欢是能够坚持最长久的爱,彼此信赖、彼此理解、有共同语言或者能够互相帮助等。喜欢应该是爱情的起始阶段,当爱情发展后应该出现进一步亲密接触的愿望,如果一对恋人只是停留在喜欢阶段,便难以步入婚姻的殿堂。一些青年男女恋爱多年,但始终没有结婚的欲望,其实是没有进一步躯体亲密接触的强烈愿望。

2. 迷恋的爱

迷恋的爱的构成只有激情一条边。一见钟情是典型的迷恋的爱。迷恋的爱是以性吸引为核心,情欲大于理智。这是一种不成熟的爱,西方没有早恋的概念,往往使用迷恋一词。部分青少年比较容易产生这种迷恋之爱,没有对是否能够结婚做审慎的考虑。迷恋容易过早发生性行为。

3. 空洞的爱

如果爱一个人没有亲密和激情,那么就是空洞的爱,其构成只有承诺一条边。如果爱情开始有激情和亲密,那么是爱情随时间变化而承诺不变。如果开始就缺乏激情和亲密,那么就是虚假的爱情。比如,为了某种目的而结婚或因某种社会或家庭压力而结婚。

4. 浪漫的爱

浪漫的爱由亲密和激情两条边构成。浪漫的爱由于没有承诺而减轻了心理负担,更加具有吸引力。但也正是由于没有承诺,浪漫的爱情难以保持稳定和持久,激情消退后浪漫不在。情人之间的爱情多数是浪漫爱情,但真正产生感情后,往往其中一方又希望对方做出承诺将浪漫的爱固定下来,结果导致不再浪漫。浪漫的爱也常见于婚前性行为或者婚前同居者,由于没有承诺,在浪漫消失后很容易分手,这是难以发展到婚姻阶段的重要原因之一。

5. 伴侣的爱

伴侣的爱是由亲密和承诺两条边构成。伴侣的爱可以最初伴有激情,但激情后来消失了。伴侣的爱往往是中年人的爱情模式。但亲密和承诺还在,他们相依为命、共同生活、互相依赖和帮助。有些人形容这种关系是从恋爱关系变为兄妹关系,这种爱情关系稳定而持久。这也反映出部分中老年人的一种自然的和谐状态。部分青年人由于择偶时过多考虑社会和家庭背景,而忽视相互之间的性吸引,这也构成了伴侣的爱。

6. 虚幻的爱

虚幻的爱由激情和承诺两条边构成。虚幻的爱由于在性吸引的基础上做出承诺,自然缺乏时间的考验或者理性的思索。所以容易出现情感冲突，或者随着时间的延长而爱情消退。"闪婚"就是具体的例证。

7. 完美的爱

完美的爱由亲密、激情和承诺三条边构成。完美的爱由于具备了维持爱情的三种重要元素，如同等边三角形，最为稳定。这是人们追求的爱情模式，但维持这种完美的爱情并不那么容易。任何一条边都有可能发生变化，爱情也要与时俱进才能够永葆青春。爱需要学习和创造，不然，完美的爱也会褪色。

罗伯特·斯腾博格对于爱情三角理论的解释还有一个重要的概念，就是爱情的三项元素会随着时间的推移而发生变化，所以恋爱关系中的两个人在不同的时期会经历不同的爱情类型。

（三）瑞斯的爱情发展车轮理论

瑞斯（Reiss）提出爱情的发展分为四个阶段：首先是好感，然后是自我袒露，之后是相互依赖，最后是亲密接触。瑞斯的爱情发展车轮理论认为，亲密的发展以相似的社会文化背景和相近的角色概念认知为基础，车轮的转动是向顺时针方向前进。在有了好感的基础之上，双方会有互相吐露内心秘密的愿望，能够说心里话，同时感受到轻松和快乐。由于能够互相吐露内心世界，他们的情感越来越接近，互相信任，并且相互依赖，缺一不可，不能分离。当互相依赖达到一定程度的时候，他们就自然会产生相互亲近的需求。这种满足亲密需求的状态就是爱情的最高境界。

瑞斯用车轮的形式说明了爱情发展的四个阶段（如图7.2）。

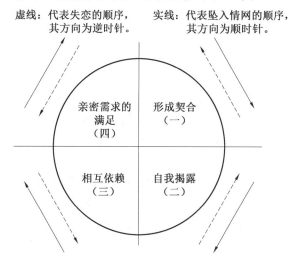

图 7.2 爱情发展车轮理论示意图

第一个阶段：和谐，也叫契合。这是男女双方坠入爱河的开始，彼此了解、欣赏、爱慕，情人眼里出西施，双方在一起感觉轻松自在。双方的背景、经验越相近，两人的和谐度也就越大。

第二阶段：自我揭露。这个阶段双方开始分享自身相对隐秘的部分，比如分享彼此的信念、欲望等。这是双方彼此磨合的重要阶段，倾诉与接纳都成为很重要的选择。很多人的爱情在这一阶段戛然而止。大致原因如下:一是不能接纳对方的某种"揭露",磨合失败。二是在双方信任度、包容度还不够的情况下,揭露全部,导致对方不能接纳或者造成突然的压力,磨合失败。

第三阶段,相互依赖。双方会进行更深层次的揭露,彼此依赖。所有的喜怒哀乐,都会第一时间想与对方分享。

第四阶段,亲密。双方在精神、生理上的需求得到满足,亲密关系建立。

瑞斯的爱情发展四个阶段论中,每一个阶段都是循序渐进的发展,当一个阶段渐渐成熟之后,才会步入下一个阶段,当车轮旋转方向为顺时针时,表示爱情是正向的发展,车轮旋转越多圈儿表示双方的爱情关系越好也越成熟;反之,若遇阻碍则逆时针旋转,这时爱情的发展是负向的,且有可能导致分手。

由上述得出,一份健康、长久的爱情,其车轮是按照以上四个阶段的先后顺序运转的,只有前一个阶段完成了,爱情才能进入下一个阶段。正向运转的爱情车轮才能使爱情长长久久、永不止息。在现实生活中,很多人的爱情车轮是反向运转的,即亲密—相互依赖—自我揭露—和谐。这种反向运转的车轮会导致爱情的中断。比如,现在很多恋人在认识不久、彼此了解不够的情况下,就直接"委身"给对方,很快建立生理上的亲密关系。交往中一旦遇到矛盾,这种脆弱的关系便很快消失,依赖、揭露大大降低,因为这种在契合度还没有形成的情况下建立的亲密关系很难经得住现实的考验。其实这是一种"伪亲密"关系。

二、有关幸福婚姻的含义

有人说,爱情等于情爱加性爱。婚姻就等于性爱加情爱再加承诺。那么,什么是婚姻?幸福婚姻的含义包括哪些?

(一)婚姻的含义

婚姻泛指适龄男女以夫妻名义在经济生活、精神物质等方面的自愿长期结合,以夫妻名义共同生产、生活并组成家庭的一种社会现象。根据双方身体条件、工作能力、结婚观念、历史文化而产生的夫妻关系,应取得医学、伦理、民法等层面的认可。男女自愿结合在一起,互相接受、互相依靠,婚姻应与社会人口变化、历史文化相适应。

著名女作家冰心在《论婚姻与家庭》一文中也这样写道:"婚姻,不是爱情的坟墓,而是更亲密的,灵肉合一的爱情的开始……在平坦的路上,携手同行的时候,周围有温暖的春风,头上有明净的秋月。两颗心充分地享受着宁静柔畅的'琴瑟和鸣'的音乐。在坎坷的路上,扶掖而行的时候,要坚忍地咽下各自的冤抑和痛苦,在荆棘遍地的路上,互慰互勉,相濡以沫……"

女作家兼心理咨询师毕淑敏对婚姻也有巧妙的解读,她说道:"婚姻是一双鞋。男人左脚,女人是右脚。鞋把他们联结为相似而又绝不相同的一双。从此,世人在人生的旅途上看到的就不再是脚印,而是鞋印了。当然,脚比鞋贵重。当鞋确实伤害了脚,我们不妨赤脚赶路。"

婚姻里面,看似只有简单的两个人,但却包含了各自的整个世界。这是一种最为复杂、最为特殊的人际关系,涵盖了精神、情感、生理、社会等方方面面。从心理学的视角而言,婚姻是满足个体内心深处渴求亲密与归属感需求的重要途径,它区别于其他人际关系的特点在于,夫妻之间的彼此了解、关心、依赖、互动、信任和承诺等方面的水平,是朋友、亲子、同事等关系所不可比拟的。从社会学的角度来看,婚姻就是男女双方在平等自愿的基础上建立的长期契约关系。根据观念和文化不同,通常以一种亲密或性的表现形式被承认,以婚礼的方式来宣告成立。

(二)幸福婚姻的定律

托尔斯泰说过:"幸福的家庭都是相似的,不幸的家庭却各有各的不幸。"幸福的家庭通常拥有以下特征:

1. 童心

其实只有童心未泯,青春才会永驻,爱情才可历久弥新,所以最好能多保留一点天真、单纯,多拥有一点爱好、好奇心。在外面尽管当"正人君子",可回到家,大门一关就最好当个大孩子。

2. 浪漫

不要以为浪漫就是献花、跳舞,不要以为没有时间、没有钱就不能浪漫。要知道,浪漫的形式是丰富多彩、多种多样的。

3. 幽默

说话幽默能化解、缓冲矛盾和纠纷,消除尴尬和隔阂,增加情趣与情感,让一家人乐融融。

4. 亲昵

专家研究发现,亲昵对提高家庭生活质量有着妙不可言的作用,而长期缺少拥抱、亲吻的人容易产生"肌肤饥饿",进而产生情感饥饿。

5. 情话

心理学家认为:配偶之间每天至少得向对方说三句以上充满感情的情话,如"我爱你""我喜欢你"。

6. 沟通

不少夫妻把意见、不快压抑在心里,不挑明,还美其名曰"脾气好,有修养"。其实,相互闭锁,只能导致误会加深,长期压抑等于积攒恶性能量,一旦爆发,破坏性更大。

7. 欣赏

人们经常用欣赏的眼光看自己的孩子,所以总觉得"孩子是自己的最好"。又因为常用挑剔的眼光看配偶,所以总认为配偶是别人的好。

8. 爱对方

婚姻存在是因为有了爱,其实很多人根本没有参透爱情,有人说爱是自私,有人说爱是奉献,其实从自身上看爱就是一种付出。所以彼此爱对方是诸多婚姻"白头到老""海枯石烂"等誓言实现的基础。

美国婚姻问题专家温格·朱利告诉我们,幸福婚姻首先应遵循"一大原则"——好人原则:找一个好人,自己做一个好人。谁能做到这一条,婚姻想不幸福都难。

其次,幸福婚姻应遵循"三大定律",①太太定律:第一条:太太永远是对的;第二条:如果太太错了,请参照第一条执行。②孩子定律:第一条:孩子永远是孩子,丈夫也是孩子;第二条:当丈夫引起你的不满时,请读三遍第一条。③家产定律:第一条:除了一张双人床外,其他一切东西都可有可无;第二条:当日子过得越来越烦琐,请共同高声朗读第一条。

最后,幸福婚姻中的双方要具备"五大共识":①爱情是把两个人拴在一起,婚姻是把一群人拴在一起。②结婚意味着杀富济贫,在金钱的支配上不能搞平均主义,更不能斤斤计较。③夫妻之间一旦发生矛盾,出面劝说的人越多,矛盾越是不容易解决,必须学会自我消化。④婚姻是一部机器,故障在所难免,离不开日常的调试和维护。⑤家庭既然是难言之隐的避难所,婚姻就应该具有藏污纳垢的能力。

(三)婚姻中需要共同搭建彼此稳固的婚姻大厦

John Gottman 认为,夫妻之间经营婚姻关系就像是合力搭建一所房子,从打地基到搭房顶,很多重要的环节缺一不可。

首先,需要稳固提升夫妻双方相互了解和熟悉的程度。Gottman 认为,高情商的夫妻能熟知彼此的世界,包括现实层面和精神层面,他把这种含有丰富生活琐事的区域称之为"爱情地图",并在《获得幸福婚姻的7法则》这本书中提供了有关拓展彼此认知空间、描绘细致爱情地图的练习。

其次,彼此的爱意和赞美,也是关系稳固的基础之一。Gottman 曾经说,"喜爱你的伴侣要如同喜爱你的钻戒,因为他/她比钻戒还要宝贵"。对维持一份有价值的、长久的爱情而言,喜爱和赞美是两个非常重要的因素。喜爱与赞美,不仅让彼此感受到关系的亲密与温暖,一起相互支持和陪伴,更是对抗婚姻杀手的重要武器。

第三,经营婚姻,要确保情感账户的丰盈,余额充沛,如同经营自己银行的存款账户。Gottman 博士格外提到,夫妻互动中,积极互动就像是往两人的情感账户里存钱,而每一次的消极互动,都是往外取钱。情感账户这个比喻,真的很形象,你在婚姻里愿意做一个腰缠万贯、幸福感爆棚的富翁,还是做一个一贫如洗、分文不剩,最后只能"流落街头、无家可归"的可怜人?如果婚姻中情感账户余额不足的话,请及时充费,以免"欠费停机"。

第四,让积极的情感来掌权。Gottman 认为哪种情感掌权可以直接影响夫妻之间的互动和关系走向。如果是消极情感掌权,如果夫妻之间在沟通过程中存在分歧,信息接受者心怀消极情感,就会像戴上了灰色眼镜一样,把原本中性的行为解读成消极的。

第五,应对婚姻中冲突的好策略。俗话说,家家有本难念的经,夫妻之间的小打小闹是在所难免的。有冲突是正常的,回避冲突反倒不利于关系的发展。所以,夫妻之间需要学会应对冲突的策略。

Gottman 认为,不要试图解决婚姻里的所有冲突,因为这只是徒劳的幻想,亲密关系中大约69%的冲突是没有办法解决的,也就是那些所谓的长久的问题,因为夫妻双方本就是有着不同个性、兴趣、习惯、观念、经历的独立个体,那些不一致的地方一定会引发所谓的冲突。不要企图拥有所谓完美的理想婚姻,而是要理性地看到,那些永久性的问题是存在的。婚姻房屋的基础如果打得很牢固,两人对彼此有深入的认识了解,熟知对方的个性特点并且能接纳、理解,那些所谓的问题也就不那么令人心烦意乱。

第二节 当代大学生的恋爱现象及心理特点

一、大学生产生恋爱现象的原因

(一)真心喜欢

每个人在遇到自己欣赏、爱慕的人时,往往会想要去接近他。大学生正处于中青春懵懂的阶段,大学校园里对恋爱的管制也没有高中时那么严格,所以当大学生找到自己喜欢的人时,会倾向于与对方发展一段恋爱关系。

(二)心理需要

大学生活有充足的自由时间供大学生自己支配,很多大学生是第一次远离父母和以前生活的环境独自在外,面对陌生环境,很容易产生孤独感。为了弥补心理上的空虚,有些学生会通过结交异性来寻求精神寄托,这是一种"移情"的需要。

(三)生理需要

性冲动是大学生恋爱行为的诱因之一。大学生处于青年期,其生殖系统已经成熟,性激素的分泌影响生理平衡,因而对异性特别敏感。为满足生理需求而去谈恋爱,与爱情的本质相违背,会容易导致人沉溺于欲望的满足。

二、处于恋爱中大学生的心理特点

(一)恋爱普遍化、公开化

据有关调查统计,大学中有36.8%的学生正在谈恋爱,大一有22%的学生在谈恋爱,大二有33%、大三有46%、大四有52%。这说明大学里恋爱现象比比皆是,并随年级呈逐步上升趋势。

大学中流行着这样一种说法:"如果你在大学没有谈过一场恋爱,那么你的大学生活并不完美,因为大学中的爱情是如此纯洁美好。"这种说法受到相当一部分学生的认可,他们以此为由乐此不疲地苦苦寻求。于是,在图书馆内、食堂里、操场上等公共场所,随处可见双双对对大学生恋人们的身影。

(二)恋爱自主性强,浪漫色彩浓厚

部分大学生浪漫主义色彩浓厚,追求丰富多彩的精神生活,很少或者根本不讨论结婚、建立家庭、生儿育女等现实问题。具体表现有以下几点:

1.大学生恋爱的高纯度和理想化

大学生的恋爱纯净、美丽,有时甚至显得单纯。大学生在恋爱的选择上,更重视精神层

面的相互认同,多数大学生恋爱没有现实生活的压力,第一要务就是轰轰烈烈地恋爱。但是,大学生生活在人际关系比较单纯的象牙塔内,大多数人缺乏对社会真实、深入的了解。恋爱时只管沉浸于花前月下,对未来生活的设计盲目乐观,更主要的是对将要面临的困难、挫折等逆境没有充分的心理准备。

2. 大学生恋爱的情感热情奔放

由于大学生处在生理发展的旺盛时期,很多大学生情绪易冲动,表现在恋爱方面,往往热情有余、含蓄不足,恋爱的过程也是跌宕起伏,出于感性的成分太多,理性和责任的成分太少,将两人待在一起非常快乐的感觉列在重要位置,而对未来生活的规划不足,这导致分手的可能性大大增加,而失恋之后又容易陷入情绪的低谷而不能自拔。

3. 部分大学生恋爱观点呈现多元化

传统的爱情理念在今天的大学校园受到空前的挑战,大学的学习和生活氛围与高中相比较宽松,自由度大。有的大学生远离父母,刚刚步入社会,一时不知所措,急需抚慰性的感情;有些大学生没有远大理想,对未来一片迷茫,想寻觅"红颜知己",填补空虚的心灵;有些大学生觉得恋爱是大学期间所追求的一个重要目标,恋爱使大学生活变得色彩斑斓,恋爱可引起一些同学羡慕的目光;有些大学生完全是为了满足自己的虚荣心,认为别人有异性朋友,而自己没有是一种无能的表现;有些女生认为有男生追求才会显得自己有魅力,追求的人越多,就越了不起;甚至有个别的男生抱着玩弄女性的心理去谈恋爱。不正当的爱情观使恋爱不再严肃而神圣。

4. 恋爱观念开放,传统道德淡化

当代大学生已顺应时代的发展,随着恋爱观的日趋开放,大学生群体中的大部分更加敢于追求爱情,表达方式也更加公开化。

从生理上讲,大学生已经发育成熟,但相应的性心理却不够成熟,大学生还无力承担相关的责任。大学生都还没有稳定的经济来源,也没有完全自立的能力。有人只顾一时冲动,偷吃禁果,无论是在精神上还是在物质上都要承受很大的压力。而且,大学生的人格和价值观还没有完全定型,容易受外界的影响而改变。部分学生在不良影响下,给他人和自己都带来了伤害,对社会更是造成了不良影响。

5. 失恋挫折感强,承受能力较弱

失恋,是大部分人必经的挫折,是必须经历的成长过程。调查中当问到"一个大学生失恋时,应该怎么办?"选择"不成恋人成朋友"的学生占49%,选择"发奋学习驱散失恋痛苦"的学生占36.5%,选择"寻找新的朋友抚平创伤"的学生占10.6%,选择"报复对方"的学生占2.4%,选择"悲观厌世"的学生占1.6%。从数据可以看出,虽然失恋对于大学生来说是一个不小的挫折,但是大多数大学生都能正确对待和处理,对失恋的态度还是理智而宽容的。但是,也有一些失恋者不能及时排解这种强烈的情绪,出现消极心态,自暴自弃,封闭自己,甚至自卑迷惘,产生自杀的心理,觉得连最爱的人都抛弃了自己,失去了活在这个世界的意义。

还有些对离开甚至抛弃自己的人念念不忘,还想着与对方的点滴美好,甚至希望复合恋情,陷入自欺欺人的幻想漩涡中无法自拔;也有些失恋者因失恋而绝望暴怒,悲观厌世,怀疑一切,或从此玩世不恭,得过且过,求刺激,发泄心中不满。失恋的种种不良心态会严重影响大学生的身心健康。

(三)大学生恋爱动机的多元化

恋爱动机是产生恋爱行动的内部动力,它由恋爱需要引起,并直接指向恋爱目标。一些研究机构对大学生恋爱动机的调查显示,当代大学生的恋爱动机和目的是多种多样的。

(1)选择人生伴侣的占18.2%,即以寻找终身伴侣、建立家庭为目的的恋爱。这类大学生基本上具备成熟的人格,有正确的恋爱观,能够以理性引导爱情,正确处理恋爱与学习、感情与爱情、情爱与性爱的关系,这是被提倡的恋爱。

(2)选择调剂紧张的学习生活的占19.1%,大学中的人际关系、学习考试以及毕业后的就业都给大学生带来压力,使他们感到压抑、烦闷、茫然不知所措,而恋爱是一种比较亲密的关系,一旦有了恋人,一方面因为有另一半的分担而摆脱孤苦无助的境地,另一方面因为恋爱的甜蜜从而缓解了身心的疲劳。

(3)选择打发无聊岁月的占22.2%,追求丰富的精神世界是人的本能,加上大学校园的一草一木无不透露出生机蓬勃,因此恋爱成了大学生群体竞相追逐的事情。

(4)选择满足生理需求的占31.2%,大学生年龄多在18~24岁之间,生理发育已基本成熟,对性的需求与日俱增,大学生因此选择恋爱。

(5)选择随大流的占6.7%,大学生学习生活在同一个群体环境中,如果大部分人都在谈恋爱,对于那些少部分没涉足恋爱的学生来说,无形是一种压力。大学生处于青年时期,往往希望得到肯定,看到别人成双入对,心中会产生羡慕,也会有几分失落,认为自己独身一人就是落单,对异性没有吸引力,甚至有人会因此而感到自卑,于是急匆匆地随波逐流。

(6)选择证明自己价值的占2.7%,这些学生认为"有人爱"是自身价值的某种肯定,即"有魅力"。

(7)还有些学生由于童年时期缺乏来自父母或者其他长辈的爱,致使其在情感上一直处于"渴望"状态,到了大学,面对众多的异性和开放的环境,"填补"心理由此而生。

(四)大学生谈恋爱的不成熟性

大学生虽然生理上已成熟,但心理上却还处于"初始"阶段,对于爱的真谛以及爱情的责任不能够全面了解和把握,导致大学生在对待恋爱问题上简单、幼稚和不成熟。

感情是维系婚姻的基础,内在的个人素质对恋人间感情的顺利建立和培养起着重要作用。而姣好的相貌并不能承担起维系婚姻的重担。因此在爱情的天平上,内在素质要重于外在容貌。

现实中,越来越多的大学生在选择恋爱对象时更加注重对方的容貌和形象。在择偶态度上,往往重"自我感受",轻来自父母等长辈的意见。这些大学生常以"自我"为中心。这样做的优点是充分自主,自觉自愿,缺点是缺乏成人引导。

在恋爱方式上,部分大学生往往注重恋爱的形式,轻恋爱的内容。恋爱是神圣的,恋爱中的男女是否具有同样的世界观、人生观、价值观关系到他们恋情的发展,而这些需要在双方相互接触中慢慢去了解、去融合。但当前一些大学生却更加注重恋爱的形式,如是否浪漫、是否别出心裁、与众不同,没有耐心、时间和精力去关注、了解对方,忽视了爱情的本质。在恋爱行为中,他们往往重过程、轻结果,重享乐、轻责任。

据调查,有57.6%的大学生认为"恋爱的归宿不一定是婚姻",这说明现在的许多大学生在恋爱时更看重恋爱的过程,偏重情感的体验,却很少考虑双方将来是不是要结婚的问题,结婚对他们来说是无须考虑也无法预知的问题。他们恋爱的理由仅仅是喜欢,"我喜欢,我在恋爱""只在乎曾经拥有,不在乎天长地久""走一步看一步"等成为目前大学生恋爱的重要的心理特征。

(五)大学生恋爱关系的脆弱性

部分大学生在人格特征上表现出自由、任性、缺乏自控力和对挫折的承受应变能力。这种人格特征必然会被其带入恋爱之中,具体表现为:对恋爱对象过分依赖同时又很"以自我为中心"、对待感情投入百分百的精力却缺乏理智的驾驭能力、浪漫色彩浓厚同时不能接受恋爱中的挫折等。这些问题一旦产生,这些大学生会感到很受挫即会情绪失控,无法自拔,从而对学习、生活造成严重影响。这样的恋情极其容易分手,失败率很高。

(六)大学生网上恋爱的日益增多

随着网络的普及,年轻人又多了一个相识的途径——网络。现实生活中他们可能在一个校园,却互不认识,偶然的某天,在网络上认识了,发现对方原来离自己这么近,于是增加了好感,认为是"缘分",一段恋情可能自此开始。也有可能两个不同城市甚至不同国籍的大学生,通过网络相识、相恋。这种新型的恋爱方式对原来传统的恋爱方式带来冲击,成为一种新时尚。但是由于网络的虚幻性和不稳定性,这样的恋情容易夭折,给大学生带来了一定的心理刺激与伤害。

部分大学生在恋爱问题上不成熟,加之在大学期间经济尚未独立,恋爱过程中感情和思想易变,缺乏妥善处理恋爱中情感纠葛的能力,极易造成恋爱的周期性中断,或对选择恋爱对象犹豫不定,恋爱成功率很低。

鉴于以上这些现象,大学生在谈恋爱之前应该冷静思考自己的每一个选择和每一次行动。

第三节 大学生恋爱常见心理困扰的应对方式

调查问卷统计数据显示,当代大学生恋爱心理的现状总体上是健康的、积极的。大部分大学生会有明确的学习目标和职业生涯规划,并且认为谈恋爱基本没有影响自己的学业;大部分的大学生谈恋爱的原因是因为爱情,恋爱动机相对很端正。

但与此同时,大学生恋爱中也存在着比较明显的一些心理困扰,他们很少把恋爱行为与婚姻结合起来考虑,缺乏责任感;还有极少数的大学生为了显示自己的魅力,同时和几位异性交往、周旋,甚至搞多角恋爱,甚至和谁都不确定恋爱关系。调查的过程中发现,恋爱问题处理不好,会影响大学生的学习、生活,还可能对其人格的健康发展产生重要的影响。因此,关注大学生恋爱心理,培养大学生正确的恋爱行为,成为大学生心理健康教育工作的一项重要内容。可以从以下几方面调适大学生恋爱常见心理问题。

(一)正确理解爱情

只有正确地认知爱情,才能更好地面对爱情。爱情是相互给予而不仅仅是为了得到,恋人之间彼此分享快乐、幸福和悲伤等。爱是责任,所有的爱情都包含一份神圣的责任,这种责任不是义务,不是外界强加的,而是内心的自觉,即为自己所爱的人承担风险,而不只是感官上的愉悦与寂寞时的陪伴。爱是彼此尊重,真诚的爱是建立在双方平等与理解基础上的。

(二)正确对待恋爱

大学生要正确对待恋爱,需处理好三方面的关系,即爱情与学业、爱情与友谊、爱情与道德责任。这三个问题解决了,常见的恋爱心理问题基本也就迎刃而解了。

1. 爱情与学业

青年学生进入大学后,专业方向基本确定,未来的事业逐步清晰,他们所面对的压力是显而易见的。绝大多数大学生能够正确看待学业与爱情的关系。他们赞成学习是学生的天职,大学阶段应以学习为主,爱情应当服从学业;或者希望学业和爱情双丰收,既渴求学业有成,又向往爱情幸福。但也有不少大学生一旦坠入情网就不能自拔,学习同样受到严重影响。爱情逐渐成为其生活的唯一追求。

如何处理好学业与爱情的关系,是大学生难以控制而又必须正确处理的问题。大学生应该把学业放在首位,不能把宝贵的时间都用于谈情说爱而懈怠了专业学习。

2. 爱情与友情

人际交往是人类的一种最基本的社会活动。随着人际交往的深入,有的异性之间会产生友谊,有的异性之间会产生爱情,这都是正常的结果。但是有的人会将爱情误认为友情,有的会将友情误认为爱情。作为大学生应该了解爱情与友情的区别,处理好爱情与友情的关系。否则可能既丢了友情,又没找到爱情。爱情和友情是两个不同的概念,两者之间虽然有相同之处,但也有着本质的区别。

友情是同事、同学或朋友之间在相互了解和信赖的基础上形成的一种亲密、平等和友好的情谊关系。而爱情是一种彼此相互倾慕并渴望对方成为自己终身伴侣的专一而排他的感情。在爱情中双方都希望是彼此的唯一,一般比较排斥在其中掺杂第三者或者更多的人,彼此间有着共同的责任和义务要去承担,自觉地为双方的未来打拼和努力。只有区别了爱情和友情之后,才既能感受友情的温暖,也能体会爱情的甜蜜。同时,还要学会处理好爱情对象与朋友之间的关系,别出现误解和嫉妒等不必要的烦恼。

3. 爱情与道德责任

恋爱是一对男女之间一种特殊的交往活动,同时也是人们的一种社会活动。情侣之间在私下场合举止亲密一些无可厚非,但是在公共场合还是应该尽量考虑周围其他人的感受,遵守相应的社会公德,不要做出太过违背道德规范的事情。另外,恋人之间在相处的过程中也应该懂得相互平等、相互尊重,不要完全依附于对方或者让对方完全依附于自身。有些人认为因为当初是自己追的对方,因此就应该对对方言听计从。有些人认为既然自己是被追求的,那么自己就应该高人一等。在恋爱中如果完全失去了自我,彼此之间也就处于一种不平等的地位,爱情很难长久。

(三)身处恋爱挫折中的调适

对于爱情,每个人都希望在经历甜蜜的恋爱之后,有个幸福的结果,但并不是所有的爱情都会有预期收获,能够天长地久。恋爱中也会有坎坷,有挫折。在恋爱中,大学生应该学会去应对和调适挫折与坎坷,培养和提高自己爱的能力。恋爱挫折主要表现为以下三种形式。

1. 单恋

在爱情中如果只是一方倾慕于另一方,而另一方完全不知道,或者对方完全不予理睬,那么这种感情就不能称为爱情,只能称为"单相思"或"单恋"。单恋有时是一时冲动,所以首先要冷静下来,理性地思考自己的这种感情。同时细心地观察对方对自己是什么感觉,如果对方完全没有爱情的意思,那就应该学会将自己对对方的感情进行转移,比如说转移到学业上,转移到与其他的人际交往中,或者其他的目标上去。以另一种可能成功的活动来代替,从而获得成功的心理快慰。

2. 多恋

爱情具有专一性和排他性,一般是发生在两个人之间的感情。在恋爱的过程中需要双方都能够自觉地承担起相应的责任,同时有相应的道德约束。如果一个人同时喜欢上两个或者两个以上的异性并保持恋爱关系,或者同时接受两个或者两个以上异性的追求,就是"三角恋爱"或"多角恋爱"。有的大学生把多角恋爱视为自己能力的展现、魅力的释放而引以为荣;也有极个别大学生视爱情如游戏,以满足私欲或达到报复个人的目的。

面对以上这些状况,大学生应该保持高度的冷静和理智。傲慢和自卑、怀疑和妒忌、讽刺和狡诈,都不是正确的态度。要慎重地审视自己与对象之间的恋爱关系。当自己的恋人对他人产生了恋情时,尽管很痛苦,但也应该学会与对方坦诚交谈,做出抉择。另外,在必要的情况下要懂得"急流勇退"。如果发现自己闯进了别人的情网,或者发现与所爱的人的关系不可能发展下去,应该鼓起勇气,积极地退出来。这看似消极,实为解决多恋关系的一种积极策略。

3. 失恋

有恋爱就有可能失恋。当因为社会现实、他人干预、情意不和等因素而感情破裂时,失恋的挫折就会严重影响大学生的心理、生活和正常学习活动。一下子失去了与自己最亲密的人,对大多数人来说是痛苦的。失恋者经常表现为逃避现实、缩小人际交往圈,精神生活上既折磨自己又影响旁人的情绪,有人甚至向恋人进行行为或心理上的报复。失恋的创伤有时会带来严重后果,如自杀、伤害他人等。其实爱情并不是生活的唯一,不能为它耗费所有精力甚至放弃生命。失恋者可以向他人倾诉自己的内心烦恼,倾吐内心的郁积情绪,以此减少失恋造成的伤害。另外也可以适当应用心理保护机制,进行心理的转移,从而减轻痛苦。比如把热情投入到学业中去,在紧张的学习中逐渐减轻失恋对自己的影响。

第四节 大学生应树立健康正确的婚恋观

目前,高校大学生谈恋爱已成为普遍现象,但受其心理成熟程度、年龄和人生阅历等客观条件的限制,部分大学生对爱情问题还缺乏成熟、全面的认识,容易产生片面的看法。因此,大学生恋爱往往难以经得起时间的考验,而且还会引发一系列的问题。

谈恋爱是大学生在爱情方面的心理素质和心理承受能力提升的重要途径。它最终会走入每个大学生现在或将来的生活。甚至在生活的某个阶段扮演着重要角色。大学生谈恋爱是正常的,不容回避,无须视为洪水猛兽,应以一颗平常心看待。树立健康的爱情观,提升爱与被爱的能力是关键。作为学校教育工作者,有责任以积极的态度积极疏导大学生情感困惑,引导大学生树立健康的恋爱与婚姻观。

大学生作为重要的社会人才储备群体,婚恋观不仅折射出个体的人生价值取向,也在某种程度上代表着未来社会的发展趋势。对他们进行有关婚恋和家庭的良性辅导,是推进社会和谐发展、提高人口素质的根基。家庭和社会都有责任帮助大学生树立正确的恋爱观,使大学生明确什么是真正的爱情。尤其是大众传媒要起到对大学生健康心理负责的表率作用。

学校心理咨询中心开展好对大学生的心理疏导或咨询工作,主要通过个别咨询、团体辅导活动、心理行为训练、网络咨询等多种形式,有针对性地向大学生提供经常、及时、有效的心理健康指导与服务,让大学生们树立良好的恋爱心理,增强责任感和道德观,明确恋爱就要负起责任,克服恋爱中的心理问题。同时帮助大学生处理好环境适应、自我管理、学习成才、人际交往、交友恋爱、求职择业、人格发展和情绪调节等方面的困惑,提高心理健康水平,促进德、智、体、美等全面发展。

学校开设好切实有效的大学生婚恋教育课程,以课堂为主渠道,推进婚恋知识教育。根据中共中央、国务院印发的《中长期青年发展规划(2016—2025)》,教育部已将婚恋教育纳入高校教育体系,以引导青年树立文明、健康、理性的婚恋观。结合在校大学生实际,把婚恋教育课程纳入学校整体教学计划,规范课程设置。该课程以大学生恋爱与发展特点为主线,有针对性地进行恰如其分的多层次、多形式的教育,以理论与案例、活动形式相结合的方式阐述每个主题的内容,做到真正贴近大学生的实际生活,以易于被大学生接受和理解。

【课后活动】
一、爱情量表与喜欢量表

以下有两份量表,分别是衡量"喜欢"和"爱情"的。如果你有点困惑,不太清楚自己的心意,这个小工具或许可以帮你界定出比较明确的轮廓。

测量的步骤:①想着一个你有好感的对象;②仔细阅读每一题的叙述,如果符合你对他/她的心情,请在前面的题号上打个钩。

爱情量表

1. 我觉得我可以告诉他/她几乎所有的事。
2. 我发现我很容易忽略他/她所犯的错误。
3. 为了他/她,我几乎什么都愿意做。
4. 我想独占他/她。
5. 假如他/她心情不好,我应该马上安慰他/她。
6. 如果我永远不能和他/她在一起,我会觉得很痛苦。
7. 假如我寂寞的话,我第一个会想到去找他/她。
8. 我非常开心的是他/她的幸福。
9. 我会原谅他/她所做的任何事。
10. 我觉得该为他/她的幸福负责。
11. 当我和他/她在一起时,我会花很多时间看着他/她。
12. 如果他/她把秘密告诉我,我会很高兴。
13. 没有他/她的话我会活得很难过。

喜欢量表

1. 当我和他/她在一起的时候,我们的心情几乎是一样的。
2. 我认为他/她情绪稳定。
3. 我非常确定他/她能胜任一份需要肩负重任的工作。
4. 在我看来,他/她是一位相当成熟的人。
5. 我很信任他/她的良好判断。
6. 许多人在认识不久之后就会很喜欢他/她。
7. 我认为他/她和我很相似。
8. 我会在班级或是团队选举中投他/她一票。
9. 我认为他/她是一个能很快赢得他人尊敬的人。
10. 我认为他/她是一位相当聪明的人。
11. 他/她是我所认识的人中最可爱的一位。
12. 他/她正是我自己想要成为的那种人。
13. 在我看来,他/她很容易受到别人的推崇。

二、快来测测你的恋爱观(单项选择)

1. 你和对方建立恋爱关系时所依据的条件是:
   A. 各有所长,基本相当
   B. 我比对方优越
   C. 对方比我优越
   D. 我没考虑

2. 对恋爱日程和起始时间的安排是:
   A. 懂得了人生的真谛和爱情的内涵,又确定了事业上的前进方向和出发点
   B. 随着年龄的增长,自有贤妻或好丈夫光临
   C. 先下手为强,越早越主动
   D. 没想过

3. 你认为恋爱最终达到的目的是:
   A. 结为情投意合的伴侣
   B. 成家过日子,养儿育女
   C. 满足情欲需要
   D. 只是看着恋爱好玩,没有考虑下一步

4. (男生做)你对你未来的妻子首先考虑的是:
   A. 善于理家,进得厨房
   B. 容貌漂亮,出得厅堂
   C. 人品好,能体贴、帮助自己
   D. 只是爱,其他无所谓

5. (女生做)你对你未来的丈夫首先考虑的是:
   A. 潇洒、有风度
   B. 金钱、权势占优势
   C. 为人正直,待人和蔼可亲,有上进心

D.只要他有钱,其他都不考虑

6.你希望同你的恋人怎样结识:

A.青梅竹马、一往情深

B.一见钟情、难舍难分

C.在工作和学习中逐渐产生感情

D.经人介绍

7.你认为巩固爱情的最佳途径是:

A.设法讨好对方

B.努力使自己变得更完美

C.对恋人诚恳、言听计从

D.无计可施

8.恋爱的过程是相互了解、相互适应和培养感情的过程。既然是个过程,就需要时间,你希望恋爱的时间是:

A.越短越好,最好是"闪电式"

B.时间尽可能长些

C.时间拖得很长

D.自己无所谓,听对方的

9.你认为了解恋人的最佳途径是:

A.自己精心设计某些场面,对恋人做无休止的考验

B.诚挚的交谈、细心的观察

C.通过朋友

D.没想过

10.当你在恋爱过程中遇到一位比恋人条件更好的异性对你有好感时:

A.说明真相,更忠于恋人

B.对其冷漠,但保持友谊

C.讨好对方并瞒着恋人与其交往

D.感到困惑,不知如何是好

11.你原以为恋人很理想,随着时间的推移发现恋人也有缺点和不足时你怎么办?

A.用对方能接受的方式帮助对方改进

B.因事先没有想到而伤脑筋

C.嫌弃对方,犹豫动摇

D.不知如何是好

12.恋爱进程不是一帆风顺的,你对恋爱中出现波折的认识是:

A.最好不要出现,既然出现了也是好事,是对对方的了解和考验

B.有点难过,认为这是不幸的

C.疑心丛生,打算分手

D.束手无策

13.你倾慕某异性并追求她(他)时,发现她(他)已经另有所爱,你怎么办?

A.静观其变

B. 千方百计"切入"

C. 抽身止步,成人之美

D. 没想过

14. 当你的爱情小舟在行驶中由于对方的原因搁浅时,你怎么办?

A. 千方百计缠着对方

B. 损害对方名誉

C. 说声再见,各奔前程

D. 不知所措

15. 当你的恋人背信弃义甩掉你以后,你怎么办?

A. 只当自己瞎了眼

B. 你不仁,休怪我不义

C. 吸取教训,重新开始

D. 悲愤痛苦,不知所措

16. 当你多次恋爱都未成功,随着年龄增长成了"老大难"时,你怎么办?

A. 一如既往,宁缺毋滥

B. 自暴自弃,随便找一个了事

C. 检查一下择偶标准是否切合实际

D. 自认命不好,对恋爱感到绝望

计分与评价:

题号	A	B	C	D
1	3	2	1	0
2	3	2	1	0
3	3	2	1	1
4	2	1	3	1
5	2	1	3	1
6	1	3	2	0
7	1	3	2	0
8	1	3	2	0
9	3	2	1	0
10	3	2	1	0
11	3	2	1	0
12	2	1	3	0
13	2	1	3	0
14	2	1	3	0
15	2	1	3	0
16	2	1	3	0

得分35~45分:恋爱观正确。这是你进入情场的最佳入场券,进场以后也可能有点曲

折,但这种曲折只不过是实现目标过程中的暂时困难。你最终会寻觅到称心如意的恋人,预祝你婚姻幸福美满。

得分25~34分:恋爱观尚可。你在情场上虽不至于有大的失误,但一时也难以得到真正的爱情。爱情是圣洁的事,为了你的幸福,最好再端正一下恋爱观,变"尚可"为"正确"后,再跨入情场也不迟。

得分15~24分:恋爱观需要好好端正。这是因为你在恋爱观中有不少问题,甚至还有些"霉点",这些"霉点"会使你辛勤播撒的爱情种子难以发芽,即使发芽了也难以结出甜蜜之果。改进恋爱观,不愁爱情之树不枝繁叶茂。

得7个以上0分:你的恋爱观还没有确定,如果你年龄尚小切不可匆匆跨入情场;如年龄已长,也要读几本指导婚恋的书籍,待恋爱观确定之后再跨入情场为宜。

【拓展阅读】

苏格拉底与失恋者的对话

苏格拉底:孩子,为什么悲伤?

失恋者:我失恋了。

苏格拉底:哦,这很正常。如果失恋了没有悲伤,恋爱大概就没有什么味道。可是,年轻人,我怎么发现你对失恋的投入甚至比对恋爱的投入还要倾心呢?

失恋者:到手的葡萄给丢了,这份遗憾,这份失落,您非个中人,怎知其中的酸楚啊。

苏格拉底:丢了就是丢了,何不继续向前走去,鲜美的葡萄还有很多。

失恋者:等待,等到海枯石烂,直到她回心转意向我走来。

苏格拉底:但这一天也许永远不会到来。你最后会眼睁睁地看着她和另一个人走了。

失恋者:那我就用自杀来表示我的诚心。

苏格拉底:但如果这样,你不但失去了你的恋人,同时还失去了你自己,你会蒙受双倍的损失。

失恋者:踩上她一脚如何?我得不到的别人也别想得到。

苏格拉底:可这只能使你离她更远,而你本来是想与她更接近的。

失恋者:您说我该怎么办?我真的很爱她。

苏格拉底:真的很爱?

失恋者:是的。

苏格拉底:那你当然希望你所爱的人幸福?

失恋者:那是自然。

苏格拉底:如果她认为离开你是一种幸福呢?

失恋者:不会的!她曾经跟我说,只有跟我在一起的时候她才感到幸福!

苏格拉底:那是曾经,是过去,可她现在并不这么认为。

失恋者:这就是说,她一直在骗我?

苏格拉底:不,她一直对你很忠诚。当她爱你的时候,她和你在一起,现在她不爱你,她就离去了,世界上再没有比这更大的忠诚。如果她不再爱你,却还装得对你很有情谊,甚至跟你结婚、生子,那才是真正的欺骗呢。

失恋者:可我为她投入的感情不是白白浪费了吗?谁来补偿我?

苏格拉底:不,你的感情从来没有浪费,根本不存在补偿的问题,因为在你对她付出感情的同时,她也对你付出了感情,在你给她快乐的时候,她也给了你快乐。

失恋者:可是,她现在不爱我了,我却还苦苦地爱着她,这多不公平啊!

苏格拉底:的确不公平,我是说你对所爱的那个人不公平。本来,爱她是你的权利,但爱不爱你则是她的权利,而你却想在自己行使权利的时候剥夺别人行使权利的自由。这是何等的不公平!

失恋者:可是您看得明明白白,现在痛苦的是我而不是她,是我在为她痛苦。

苏格拉底:为她而痛苦?她的日子可能过得很好,不如说你是为自己而痛苦吧。明明是为自己,却还打着别人的旗号。年轻人,德行可不能丢哟。

失恋者:依您的说法,这一切倒成了我的错?

苏格拉底:是的,从一开始你就犯了错。如果你能给她带来幸福,她是不会从你的生活中离开的,要知道,没有人会逃避幸福。

失恋者:可她连机会都不给我,您说可恶不可恶?

苏格拉底:当然可恶。好在你现在已经摆脱了这个可恶的人,你应该感到高兴,孩子。

失恋者:高兴?怎么可能呢,不管怎么说,我是被人给抛弃了,这总是叫人感到自卑的。

苏格拉底:不,年轻人的身上只能有自豪,不可自卑。要记住,被抛弃的并不就是不好的。

失恋者:此话怎讲?

苏格拉底:有一次,我在商店看中一套高贵的西服,可谓爱不释手,营业员问我要不要。你猜我怎么说,我说质地太差,不要!其实,我口袋里没有钱。年轻人,也许你就是这件被遗弃的西服。

失恋者:您真会安慰人,可惜您还是不能把我从失恋的痛苦中引出。

苏格拉底:是的,我很遗憾自己没有这个能力。但,可以向你推荐一位有能力的朋友。

失恋者:谁?

苏格拉底:时间,时间是人最伟大的导师,我见过无数被失恋折磨得死去活来的人,是时间帮助他们抚平了心灵的创伤,并重新为他们选择了梦中情人,最后他们都享受到了本该属于自己的那份人间快乐。

失恋者:但愿我也有这一天,可我的第一步该从哪里做起呢?

苏格拉底:去感谢那个抛弃你的人,为她祝福。

失恋者:为什么?

苏格拉底:因为她给了你忠诚,给了你寻找幸福的新的机会。

——选自柏拉图《对话录》

致橡树

舒 婷

我如果爱你——
绝不像攀援的凌霄花,
借你的高枝炫耀自己;
我如果爱你——
绝不学痴情的鸟儿,

为绿荫重复单调的歌曲；
也不止像泉源，
常年送来清凉的慰藉；
也不止像险峰，
增加你的高度，衬托你的威仪。
甚至日光，
甚至春雨。

不,这些都还不够！
我必须是你近旁的一株木棉，
作为树的形象和你站在一起。
根,紧握在地下；
叶,相触在云里。
每一阵风过，
我们都互相致意，
但没有人，
听懂我们的言语。
你有你的铜枝铁干，
像刀,像剑,也像戟；
我有我红硕的花朵，
像沉重的叹息，
又像英勇的火炬。

我们分担寒潮、风雷、霹雳；
我们共享雾霭、流岚、虹霓。
仿佛永远分离，
却又终身相依。
这才是伟大的爱情，
坚贞就在这里：
爱——
不仅爱你伟岸的身躯，
也爱你坚持的位置，
足下的土地。

第八章　心理危机与生命教育

第一节　认识生命及生命的意义

【导入案例】

一名旅客在沙漠里走着，忽然后面出现了一群饿狼，追着他要群起而噬。他大吃一惊，拼命狂奔。当饿狼就要追上他时，他看到前面有一口不知多深的井，便不顾一切地跳了下去。

谁料那口井不但没有水，还有很多毒蛇，见到有食物送上门来，昂首吐舌，热切引颈以待。他大惊失色下，胡乱伸手想去抓到点什么可以救命的东西，想不到天从人愿，给他抓到了一棵在井中横伸出来的小树，他被稳在半空中。

于是上有饿狼，下有毒蛇，不过虽身陷进退两难的绝境，但暂时还是安全的，就在他松了一口气的时候，奇怪的异响传入他的耳内。他循声望去，发现有一群大老鼠正以尖利的牙齿咬着树根，这救命的树已是时日无多了。

就在这生死一瞬的时刻，他看到了眼前树枝上有一滴蜜糖，于是他忘记了上面的饿狼，下面的毒蛇，也忘掉了快要被老鼠咬断的小树，闭上眼睛，伸出舌头，全心全意去品尝那滴蜜糖。

生命的意义在于每一个当下，当你因匆匆赶路而错过一路风景时，就会感叹生命流逝，自己的人生失去了色彩。苏格拉底说，生命中最有价值的事情，莫过于生命本身了。人的生命是有限的，是短暂的。人为什么活着？生命的意义是什么？本节课我们来一起探索生命的价值与意义。

一、认识生命

生命是什么？广义的生命是指一切具有新陈代谢、繁殖、生长和环境适应能力的动植物和无机物。狭义的生命一般专指人的生命。生命构成了世界存在的基础，世界正是因为有了生命而精彩。

人的生命是一个持续不断的发展过程。整个过程分为若干个阶段，每个阶段都有不同的发展任务，也都是在前一个阶段的基础上发展起来的，又为下一个阶段打下基础，形成一个完整的生命周期。

美国心理学家埃里克森把人的心理的社会发展分为八个阶段，每个人在每个阶段都会遇到某种心理成长所必须解决的问题。如果个体在每个阶段都能成功地解决遇到的社会化问题，那么就会在心理和行为上表现出积极的反应，相反就会做出消极的反应，并为以后的发展留下隐患。这八个阶段是：婴儿期(0～1.5岁)、儿童期(1.5～3岁)、学龄初期(3～6

岁)、学龄期(6~12岁)、青春期(13~18岁)、成年早期(18~40岁)、成年期(40~65岁)和成熟期(65岁以上)。婴儿在婴儿期需要得到周围人的关心与照顾,建立安全感和对世界的基本信任;儿童在儿童期开始有了独立自主的要求,主动去探索周围的世界,获得自主感;学龄初期的幼儿表现出主动探究行为,形成主动性,为将来成为有责任感、有创造力的人奠定了基础;学龄期的儿童智力不断发展,接受学校教育,学习适应社会,掌握今后生活必需的技能,获得勤奋感,对未来的独立生活和承担工作任务充满信心;青春期的青少年的主要任务是建立同一感或自己在别人眼中的形象,避免角色混乱;成年早期的个体的主要任务是获得亲密感,避免孤独感,与他人分享快乐与痛苦,进行思想、情感交流;成年期的个体的主要任务是获得创造力感,关怀家庭成员,关怀社会上的其他人,关心下一代的幸福,勇于创造,追求事业的成功;成熟期是自我调整与绝望期的冲突阶段,处在成熟期的个体怀着充实的感情与世告别,以超然的态度对待生活和死亡。这八个阶段首尾相连,构成一个完整的生命周期。

【拓展阅读】

生命的孕育

一个新生命的孕育是从精子与卵细胞的结合开始的。精液是在男女性交时进入阴道、抵达输卵管的。男性每次的射精量为2~5毫升,内含3亿~5亿个精子。精子进入女性的阴道后,开始了一场神奇而激烈的生命赛跑,它们争先恐后地向输卵管游动。在即将进入子宫时,精子又遇到了阻挡——子宫颈。子宫颈是子宫的一道门户,只有在排卵期才会张开一个狭小的通道,精子才能进入。这时真正进入子宫的精子只剩下几千个了。从子宫到输卵管约有15厘米,真正能够到达输卵管的精子只有几百个了,如果这时正值女子排卵期,精子就有可能与卵细胞相遇。精子就要进入卵细胞时又遇到了障碍,卵细胞有壳状保护膜。这时精子们还要同心协力攻破这层膜才能与卵细胞结合。经过这场神奇而激烈的生命赛跑,最后,一般情况下只有一个精子与卵细胞合二为一,完成受精,形成一个新的细胞——受精卵。

受精卵找到一个最适合生长的地方着床后,妊娠就开始了。受精卵在子宫内开始了发育,逐渐由胚胎发育成一个胎儿。随着时间的推移,子宫体逐渐增大,腹部隆起。从末次月经至胎儿娩出,大约需要280天。妊娠10个月左右,胎儿要出生了。所以,每个人的生命都是一个奇迹。

资料来源:https://www.sohu.com/a/224562624_355112

【课堂活动】

你了解自己的父母吗?请回答以下问题。

1. 父母的生日分别是什么时候?
2. 父母的年龄分别是多大?
3. 父母的身高分别是多高?
4. 父母分别穿多大尺码的衣服和鞋子?
5. 父母最喜欢的食物分别是什么?
6. 父母最喜欢的颜色分别是什么?
7. 父母的工作内容分别是什么?
8. 父母是如何打发自己的业余时间的?

9. 父母的朋友有哪些?
10. 父母对家庭的期待和规划有哪些?
11. 父母是如何相识并结婚的?
12. 父母觉得自己幸福吗?
13. 父母对你的期待有哪些?
14. 你与父母多久联系一次?一般是通过什么方式进行联系的?
15. 父母向你分享过内心的感受吗?

把你的答案写在一张纸上,与父母核对后请父母评分。请给父亲或母亲写一封感恩的信,分享自己的感受。

二、生命的特性

(一)人的生命存在三种形态

1. 生物性的存在

人是生物性的存在,生物性是人生命的最基本特性,是人的生命的社会性和精神性存在的基础和前提。人作为一个自然生理性的肉体生命而存在,其生长和发展就必然要服从生物界的法则和规律。所以,衣食住行、吃喝拉撒、生老病死是每一个人都具有的,也是每个人都无法逃避的。

2. 精神性的存在

人之所以为人,就在于人不仅仅是为了满足自己的自然生命而活着,还要追求超越生物性存在的精神性存在。人要规划自己的人生,创造自己的价值,指导和提升生物性的存在。正是有了生命的精神性的存在,人的生命才有了人文意义和价值,有了理性的意蕴和道德的升华。

3. 社会性的存在

每个人要想生存下去,就必须参与和融入社会活动,在与人的沟通、交往和互动中,追求自己生命的意义,实现自己生命的价值。正是这种社会性存在使人面对千差万别、千变万化的社会生活,能够有一种生命的智慧和坚定的信念;使人面对有生有死、有爱有恨、有聚有散、有得有失的有限人生时,有一种豁达的胸怀和安然的态度。

(二)生命的独特性

1. 生命不可逆

从胚胎开始,个体便会一直生长、发育,直至衰亡。它绝不会"倒行逆施",返老还童。其发生、发展和消亡遵循着生命规律,任何人都无法改变。

2. 生命不可再

生命对每个人来说只有一次,失去了生命将不会重生,人们常说"人死不能复生"就是这个道理。

3. 生命不可换

生命为个体所私有,相互不能交换,不可替代。

（三）生命的有限性

人的生命的有限性表现在三个方面：①生命存在时间的有限，人的自然寿命一般为七八十岁，最多百来岁；②生命的无常性，表现为生老病死、旦夕祸福等不可预测，任何人都逃脱不了死亡，任何人必然走向死亡；③个体生命不能离群索居，不食人间烟火，每个人都需要别人的帮助、支持和关怀。生命的有限性促使人去努力思考、发奋创造、积极生活，从而实现自己生命的意义。

（四）生命的创造性

人的生命本身就是一个不断成长、发展的过程。生命就是运动，不间断的运动，但生命比单纯的持续运动更为丰富。生命是在持续运动的基础上不断产生新内容的创造性运动，生命的基本特点就是创造性。人通过创造去把握生活的变化，通过创造去发现生命的意义，通过创造去实现对自己生命的认识、把握和超越。每个人的生命过程都是不同的，独特的。

（五）生命的完整性

德国哲学家雅斯贝尔斯非常强调人的生命的完整性，他指出："毋庸置疑，生命是完整的。它有着年龄、自我实现、成熟和生命可能性等形式，作为生命的自我存在也是向往着成为完整的，只有经过对生命来说合适的内在联系，生命才能是完整的。"

【课堂活动】

成长三部曲

活动目的：体验个体成长的不易，引导学生热爱生命，珍视生命。

活动步骤：首先全部的学生都蹲下当鸡蛋，鸡蛋和鸡蛋猜拳（石头剪刀布），获胜者进化为小鸡（形状：半蹲扑腾着）；小鸡和小鸡猜拳，获胜者变凤凰（站立，挥动双臂），失败者退回鸡蛋（蹲下），重新再来；凤凰和凤凰猜拳，获胜者蜕变成人（站立，比耶），失败者变成小鸡（半蹲扑腾着）再去找小鸡猜拳。

注意：规则是小鸡找小鸡、凤凰找凤凰、鸡蛋找鸡蛋猜拳，不可越级猜拳，各自的形态一定要保持好，好让同伴找到。

三、生命的意义

存在主义心理学家赫舍尔强调："探索有意义的存在是生存的核心。"找不到生命的意义是产生心理问题和选择放弃生命的重要原因。那么，生命的意义到底是什么呢？生命的意义是关于生命的积极思考，是个人正在努力实现的自己给予高度评价的生命目标。具体来说，包括个人存在的意义，寻求和确定有价值的目标，并去接近这些目标。

弗兰克（1963）提出生命的意义因人而异、因时而变，是一个人在某一特定时间内生活的特定意义，每个人在他的生活里都拥有需要完成的、特定的事业或使命。鲍迈斯特（1991）认为人们满足几个基本的需求会让人觉得人生富有意义，他概括这些基本需求是对目的的需求、对自我效能感的需求、对公平的需求和自我价值的需求。

李虹（2004）认为，生命意义的内涵包括三个方面：①生命意义是对个人所理解的"生命"的执着；②生命意义是关于"生命"价值的内部标准；③生命意义是按照"标准"评价自己"生命"的价值。因此，概括来说，生命意义主要包括两个方面：对生命意义的执着和对生命意义的理解。一个人对自己生命意义的认识一般比较稳定，会逐渐转化为生命发展不同时期的信念和价值体系。

从上述这些学者的阐述中可以发现，生命的意义对每个人而言是富有个性化的，是非常独特的，与每个人的体验和需求息息相关，那些能够让自己感受到存在与价值的，就会让自己体验到生命的意义与价值。

【经典故事】

美国地铁里的一个实验

一个寒冷的上午，在华盛顿特区的一个地铁站里，一位男子用小提琴演奏了6首巴赫的作品，共演奏了45分钟左右。他前面的地上放着一顶口子朝上的帽子。显然，这是一位街头卖艺人。没有人知道，这位在地铁里卖艺的小提琴手就是约夏·贝尔，世界上最伟大的音乐家之一。他演奏的是世上最复杂的作品，用的是一把价值350万美元的小提琴。

在约夏·贝尔演奏的45分钟里，大约有2 000人从这个地铁站经过。大约3分钟之后，一个显然有着音乐修养的中年男子放慢了脚步，甚至停了几秒听了一下，然后急匆匆地继续赶路了。大约4分钟之后，约夏·贝尔收到了他的第一块美元。一位女士把钱丢到帽子里，她没有停留，继续往前走。6分钟时，一个小伙子倚靠在墙上倾听他演奏，然后看看手表，就又开始往前走。10分钟时，一个3岁的小男孩停了下来，但他的妈妈使劲拉扯着他匆匆忙忙地离去。小男孩停下来，又看了一眼小提琴手，但他的妈妈使劲地推他，小男孩只好继续往前走，但不停地回头看。其他几个小孩子也是这样，但他们的父母全都硬拉着自己的孩子快速离开。到了45分钟时，只有6个人停下来听了一会儿。大约有20人给了钱就继续以平常的步伐离开。

约夏·贝尔总共收到了32美元。要知道，两天前，约夏·贝尔在波士顿一家剧院演出，所有门票售罄，而要坐在剧院里聆听他演奏同样的那些乐曲，平均得花200美元。其实，约夏·贝尔在地铁里的演奏，是《华盛顿邮报》主办的关于感知、品味和人的优先选择的社会实验的一部分。

实验结束后，《华盛顿邮报》提出了几个问题：

（1）在一个普通的环境里，在一个不适当的时间内，人们能够感知到美吗？

（2）如果能够感知到的话，人们会停下来欣赏吗？

（3）人们会在意想不到的情况下认可天才吗？

最后，实验者得出的结论是：当世界上最好的音乐家，用世上最美的乐器来演奏世上最优秀的音乐时，如果人们连停留一会儿倾听都做不到的话，那么，在匆匆而过的人生中，他们又错过了多少其他事物呢？人们总是在不断赶路，不断前行，以至于没有留意沿途美丽的风景，以至于几乎忘却了最年少时的梦想。人们像个陀螺一样旋转，他们是否得到了自己想要的东西？或者这样的生活是他们想要的吗？生存很简单，生活很难。人们忘记了为何而出发，忘记了生活中除了工作和财富，还有家庭、健康、快乐、朋友，等等，如果把工作和财富当成了生活的全部，那就错过了太多太多……

【课堂活动】

生命历程

活动准备：一张白纸、一支红蓝铅笔。彩笔也行，需一支较鲜艳、一支较暗淡。要用颜色区分心情。

活动过程：

(1)在白纸的中部，从左至右画一道长长的横线。然后给这条线加上一个箭头，让它成为一条有方向的线。请在线条的左侧，写上"0"这个数字；在线条右方，箭头旁边，写上你为自己预估的寿数——可以写68，也可以写100。此刻，请你在这条标线的最上方，写上你的名字，再写上"生命历程"四个字。

(2)请你按照你为自己预估的生命长度，找到你目前所在的那个点。请在你的标志的左边，即代表过去的岁月，把对你有重要影响的事件用笔标出来。请在你标志的右侧，即代表将来的岁月，把自己的想法一股脑儿地写出来吧。把你这一生想干的事，比如挣多少钱、住什么样的房子、理想的伴侣、职业生涯、个人情趣等都标出来。如果可能尽量注明时间。把它们带给你的快乐和期待的程度，标在线的上方。当然，在未来岁月中还有挫折和困难，比如父母的逝去、孩子的离家、生病等各种意外的发生，以及职场或事业方面可能出现的挫折、失业等，不妨一一用黑笔将它们在生命线的下方大略勾勒出来。

(3)如果你觉得是件快乐的事情，就用鲜艳的笔写出来，并且要写在生命线的上方。如果你觉得快乐非凡，就把这件事情写得更高些。如果你觉得是不快乐的事情，就用暗淡颜色的笔写在生命线的下方，越痛苦的事情，写在生命线越下方的位置。

(4)仔细看看，在你的人生当中，是处于横线之上的部分多，还是位于横线之下的部分多？上升和下降的幅度怎么样？

四、生命的终结：死亡与哀伤

凡是生命，都存在死亡的必然性。当听到有关"死亡"这类话题时，你的第一反应是什么？长期以来，死亡一直是人们的最大禁忌。然而，死亡却又的的确确是每个人迟早要面对的。人从生下来的那一刻起，就在逐渐接近死亡，虽然生命有长有短，但死亡却是每个人都得接受的必然结果。既然人早晚都要经历失去亲友及自己的离世，那么，我们就要了解死亡，坦然地面对、接纳死亡，让死亡成为我们的生命导师。希腊哲学家塞尼卡说过："生命历程中，人也必须学习如何生活，更令人意外的是，整个人生历程中，人必须不断学习死亡。"死亡让我们记住生命的有限，好好珍惜现在。

【课堂活动】

死亡故事

请写出你从小到大经历过的与死亡相关的事件，想想这些经历对自己的影响。与你周围的同学互相分享这些事件带给你的感受与思考。

(一)死亡是生命的导师

因为有了死亡，才有对生命的思考。因为有了终结，才凸显过程的重要。因为死亡的必然性，才显得生命难能可贵。了解死亡的事实，让我们有勇气去反思：我们的价值观念是否让我们生活得有意义?如果不是,我们还有时间和机会去改变。对死亡的意识使我们思考什么是对自己最重要的,接受死亡的事实可以让我们学会如何生存。死亡让人对自己生命的有限性与过程性有一个清楚的认识。只有当面对绝对终结的可能性时,我们才会最大限度地利用生命,不让这单一的机会即有限的生命付诸东流。

(二)死亡凸显人生的紧迫感

死亡对于生命是一种边界,是随时可能出现的终止。如果生命是一种无限的延续,那么将导致任何事情都没有结果,因为所有的结果将会被无限推迟,而且,我们总可以把自己的行动无限推迟。正是因为有了生命的期限,我们才会与生命赛跑,把好好规划和利用时间。正是因为有了生命的紧迫感,我们才能以只争朝夕的精神珍惜现在,把握今天,创造生活。死亡教会我们立即行动,因为没有太多的时间可以浪费,没有太多的机会可以错过。

(三)死亡是生命的公平待遇

这个世界上很难有真正的公平,但死亡除外。当我们思考死亡的时候,就感觉到了大自然造物主的神奇。无论生前多么辉煌显赫,每个生命离开这个世界时都是平等的。死亡是神奇的造物主赋予生命的最公平的礼遇。明白死亡是生命公平的礼遇,我们会淡然面对死亡。

【课堂活动】

墓志铭

目的:协助学生反省自己的个人价值观,了解人生目标。

时间:约45分钟。

准备:白纸、笔。

操作:

(1)介绍练习的背景,使参加的学生投入活动,了解什么是墓志铭。举例如何写墓志铭(可以简单到只写上名字、生卒年,也可长篇大论)。

(2)将写好的墓志铭张贴起来,不必写名字,然后讨论。

(3)讨论。例如,看完这么多墓志铭,你觉得哪些人的人生目标吸引你,让你觉得值得尊重?为什么?哪些人的成就是"真正"的成就,为什么?你认为对社会或者他人最有贡献的是谁?假如你要给自己重写墓志铭,你会怎样写?

【课堂活动】

人生价值拍卖会

人的一生是由无数次选择构成的。不同的选择把人们导向不同的路途和方向,使各自的人生呈现出不同的色彩。在面临相同的选择时,每个人做出的决定却不完全一样,这是因为我们每个人所持的价值观不完全一样。

现在,每位同学手上都有10 000元道具钱,它代表了一个人一生的时间和精力。每个人可以根据自己对人生的理解随意竞买下面的东西。每样东西都有底价,每次出价都以500元为单位,出价高者得到东西,有出价10 000元的,立即成交。拍卖的东西如下所示。

1. 爱情:1 000元

2. 三五个知心朋友:500元

3. 金钱:2 000元
4. 至高无上的权力:2 000元
5. 出国深造的机会:1 000元
6. 一门精湛的技艺:1 500元
7. 亲情:2 000元
8. 美貌:1 000元
9. 自由:2 000元
10. 豪宅名车:1 000元
11. 长命百岁:2 000元
12. 勇敢和诚信:1 000元
13. 一颗爱心:1 000元
14. 名垂青史:2 000元
15. 每天都能吃美食:1 000元
16. 拥有自己的图书馆:1 000元
17. 健康:1 500元
18. 智慧:1 000元
19. 欢乐:1 000元
20. 冒险精神:1 500元
21. 孝心:1 000元
22. 周游世界:1 500元

由教师或一位同学担任拍卖师。如果10 000元代表人一生的所有时间及精力,你会花多少钱来买哪些项目?根据拍卖规划一般喊价三次成交。在座的每一位同学都是竞价者,请大家在心中选定自己想要的东西。假如你已认定了自己的目标,就紧紧锁定它,不要让机会白白溜走。"拍卖会"结束后进行讨论与分享。

1. 假如现在已经是人生的尽头,请看看你手上还有什么东西? 你是否后悔得到你所买的东西,为什么? 它们对你来说是否仍有意义?

2. 在拍卖过程中你的心情如何? 你是否后悔刚才为自己争取的东西太少?

3. 有没有同学一件物品都没有买到呢? 为什么?

4. 你争取回来的东西是否是你最想得到的东西?

5. 金钱是否一定会带来幸福和欢乐?

6. 有没有一些东西比金钱更重要,或能够比金钱带来更大的满足感呢? 你是否甘愿为了拥有金钱、权力而放弃一切呢?

7. 有没有比上面所列拍卖物品更值得追寻的东西呢?

8. 整个活动给了你哪些启示?

第二节 大学生心理危机干预

【测一测】

填写表8.1,测一测你对生活的态度。

表8.1 面对生活的态度评定量表

	符合	不符合
1. 我对未来充满希望和热情。		
2. 当事情变糟时,我知道不会一直这样。		
3. 我不能想象今后的十年中,我的生活会是什么样子。		
4. 我预料我最关心的事情能够成功。		
5. 我运气不佳,也不相信会有好运。		
6. 我过去的经历已经为我的将来打下了良好的基础。		
7. 当我展望未来时,我预想会比现在幸福。		
8. 我从未得到我所想得到的东西。		
9. 将来我不可能获得真正满意的生活。		
10. 对我来说,前途渺茫,捉摸不定。		
11. 我想,将来好的时候会多于坏的时候。		
12. 追求自己想要的东西是徒劳的,因为很少有可能得到它。		
13. 我对我的职业发展有一个规划,并不断调整它。		
14. 我对大学期间的学习和生活有大体的计划。		

得分与评价:

1、2、4、6、7、11 选"符合"得 0 分,选"不符合"得 1 分;

3、5、8、9、10、12、13、14 选"符合"得 1 分,选"不符合"得 0 分。

得分小于等于 6 分时,表明你对生活充满希望和信心;

得分为 7~12 分,表明你对生活有轻度无望感;

得分为 13~14 分,表明你对生活有重度无望感,建议立即寻求心理援助。

一、应激与心理危机

每个人在一生中总会遇到一些突发事件,从这个意义上来说,遭遇突发性事件是概率很大的事情。然而,我们担心的并不是遇到了它,而是我们不知道如何应对它。大学生正处在心理发展时期,在这个时期遭遇的突发危机事件会对其造成极大的心理冲击,如果这些心理危机得不到及时的干预,可能会给他们的一生造成非常严重的影响。

(一)应激

所谓应激,是指个体对察觉和认知的某种有威胁的情境或事件所做出的一种保护性反应。引起应激反应的刺激叫应激源。人类所面临的山崩地裂、风雨雷电、火山爆发、洪水猛兽等自然灾难是最古老和持续的应激源。随着社会的发展,人类认识自然和改造自然的能力逐渐提高,社会性、人际间的生活事件所占的比例上升,成为主要的应激原。这些事件包括陌生的环境、拥挤、噪声、人际关系冲突、各类考试、婚姻矛盾、工作压力等。

应激学说认为,一种应激原是否引发个体的应激性反应,还受个体对这个刺激的认知评价和体验的影响。同样一件事对某些人来说是痛苦的、消极的,而对另一些人来说则可能是幸福和积极的。一般来说,消极的、负面的、不可控的、性质模棱两可的事件更容易引发应激反应,如初次远离家乡到异地求学、生活和语言环境不适应、面临没有复习好就要参加的重大考试、失恋、人际关系冲突、家庭破裂、家庭经济困难等。应激反应的结果可能是适应的,例如见到一块飞来的石头,立即躲闪开来,可以称之为积极的应激;反应也可能是适应不良的,如毕业生找不到工作就整天闷睡、卧床不起,可称为消极的应激。应激反应可以分为三个阶段:第一个阶段为警觉期,或称唤醒期,就是个体对这个应激刺激的关注和警觉,机体应激反应的启动或唤起;第二阶段为对抗期,机体开始消耗能量,调动神经、内分泌机制以应对应激刺激,结果压力或被排除,或压力持续存在,机体能量不断被消耗;第三个阶段为衰竭期,如果应激反应持续下去,将可能危害个体的身心健康,导致心身疾病。

(二)心理危机

大学生心理危机一般是指大学生由于突然遭受严重灾难、重大生活事件或精神压力,生活状况发生明显的变化,尤其是出现了现有生活条件和经验难以克服的困难,以致陷入痛苦、不安状态,常伴有绝望、麻木不仁、焦虑,以及自主神经系统症状和行为障碍。

可通过以下三个条件判断大学生是否处于心理危机状态:一是个体存在着具有重大心理影响的生活事件,如突然遭受严重灾难、重大生活事件或精神压力;二是出现严重不适感,引起一系列的生理和心理应激反应;三是当事人惯常的处事手段不能应对或应对无效。如果达到以上三个条件就可以判断个体正经历着危机。那么,是不是心理危机一定就是坏事呢?其实,心理危机意味着危险与机遇并存。一方面,心理危机是危险的,因为它可能导致个体严重的病态。另一方面,危机也是一种机会,因为它带来的痛苦会迫使个体寻求帮助。如果个体能够利用这一机会,危机干预可以帮助个体的自我成长和自我实现。

一般情况下,心理危机的后果有以下三种:第一种是不仅顺利度过危机,还学会了处理危机的方法策略,提高了心理健康水平;第二种是度过了危机,但留下心理创伤,影响个体今后的社会适应;第三种是未能度过危机,导致出现严重心理障碍。

(三)心理危机的表现与特征

1.心理危机的主要表现

心理危机来临时个体在情绪、认知、行为和生理上都会有一些表现,这些反应是互相作用、互相影响、互为因果的。因此,一种反应的加剧必将导致整个系统的恶性循环。

(1)情绪表现。

陷入心理危机的大学生,其情绪反应一般表现为害怕、焦虑、恐惧、忧郁、愤怒、沮丧、紧张、绝望、烦躁、无助、彷徨等。如课堂上无精打采,学习上心不在焉,交往中冷淡孤僻,生活中闷闷不乐,整日垂头丧气等。不良情绪过强或持续存在,将会使大学生的社会功能受到损害,导致他们的心理素质下降,产生各种心理问题,严重时可能出现心理疾病。

(2)认知表现。

在强烈的情绪状态下,个体的认知反应会发生不同的变化。有的个体会积极思考,调整自己的认知,运用理性情绪调节自我,寻找积极的情绪,达到自我成长。有的个体会关注负性情绪,以至于思维狭碍,也就是常说的"钻牛角尖"。如果个体的认知功能遭遇严重的损害,常会出现注意力不集中、记忆力减退、思维反应迟钝等现象。此外,认知和情绪之间存在着相互影响的关系。合理的认知会引起适当的反应,而不合理的认知会导致不恰当的情绪和行为反应。有时负性情绪反应和认知功能障碍之间形成恶性循环,从而使人陷入难以自拔的困境。这些消极情绪也会与当事人消极的自我评价互为因果,或形成恶性循环。此时,个体会觉得活着没有价值或意义,丧失了活动的能力和兴趣,甚至自恨、自责和自伤。

(3)行为表现。

心理危机中的行为反应表现为不能完成本职工作,不能专心学习;呈现社交退缩,与人隔绝,变得令人生厌;社会关系破裂,当事人感到与人脱离或相距甚远,可能发生对己和对周围的破坏行为,并以此作为解决问题的最后努力;拒绝他人帮忙,认为接受支持是自己软弱无力的表现;行为和思维、情感不一致;产生物质依赖、吸烟酗酒、沉溺网络等状况。

(4)生理表现。

陷入心理危机的大学生,其生理反应主要表现为身体免疫力下降、胸闷、头晕、失眠、噩梦、食欲不振、胃部不适等。生理反应如不能得到及时有效的干预,将会影响大学生的心理健康,导致身体素质下降,产生各种疾病,严重者会危及生命。

2. 心理危机的主要特征

总的来说,大学生心理危机具有以下特征:

(1)突发性。

危机常常是出人意料、突如其来的,而且具有不可控制性。引发大学生心理危机的因素众多,如人际关系、学业压力、就业压力、情感不稳定、身体的健康情况等。但往往大学生又缺乏对心理危机的清醒认识。他们中的一些人存在心理危机时选择把秘密埋在心里而不是选择与人沟通。因此,如果心理承受能力不强,就极易引发心理危机。那些缺乏外界介入和帮助的危机极具突发性,令人猝不及防。

(2)无助性。

危机事件的降临常常使个体觉得无所适从、不知所措,使个体的未来计划受到威胁和破坏。由于先前的应对方式无法应对危机事件,社会支持系统不完善,大学生常常感到无助、绝望。

(3)危险性。

危机之中隐含着危险,这种危险可能影响个体正常的学习与人际交往等,严重的还可能危及生命。大学生面对突如其来的危机,并不是都能妥善解决处理。如果性格内向,不善于倾诉和求助,再加上自身承受能力有限,身心所处状态是消极的,就可能加速危机的发生、发展,出现局面失控,甚至引发一些极端或偏激的行为。而面对同一类型的危机,时间变了,对象变了,解决的方法也应该随机应变,而不是千篇一律,否则就会加剧危机的破坏性。

(4)潜在性。

大学生心理危机无处不在,有的甚至无法预测。它往往不是单一因素的反映,而是各种原因相互交织后的综合反映。它存在于社会、学校、家庭中,有时有形,有时无形。随着社会的发展,危机形成的因素也在不停发展,如果个体不能及时调整,适应变化,就会陷于被动,与环境和社会不和谐。

(5)复杂性。

生活中的危机是非常复杂的,它像一张网,个体环境的方方面面(过去的和现在的)都相互交织在一起,对当前的危机起着放大作用,很多复杂的问题都需要危机干预者做出系统的考虑和有效的干预。由此可见,学校、家庭和同辈群体都是大学生心理危机干预中的重要资源。

(6)危险与机遇并存。

危机的解决会导致积极和消极两种预后。对于处在危机中的人来说,正确地处理和解决危机可以使当事人更健康地成长,提高正确的自我意识,是人生路上的一个机会、一个重要转折。此时,危机转变为机遇。但如若解决不好,则可能导致个体严重的心理障碍。

(四)心理危机的分类与发展过程

1. 心理危机的分类

基于大学生在大学校园生活的环境和学习生涯的特点,从危机所涉及的内容来看,大学生在读期间可能面临的心理危机主要有新生不适应、重要考试不及格、因为多种原因不能获得毕业或学位证书、被学校处分、人际关系冲突、失恋、经济困难、就业困难、家庭突然变故等。从危机性质来看,大学生心理危机可以归纳为如下几类:

(1)成长性危机。

成长性危机是指在大学生成长和发展过程中,经历了一些正常的、急剧的变化或转变所导致的强烈应激反应。这些变化是许多人都可能经历的人生正常的发展过程,包括离开家乡去较远的、陌生的地方读大学,如出国留学等;与交往不久的异性分手等。成长性危机有三个特点:其一,心理危机持续的时间比较短暂,但变化急剧;其二,大学生在成长性心理危机期间容易出现一些消极现象,如厌学、人际冲突及情绪冲动等;其三,成长性心理危机如果能够顺利度过,将会促进大学生心理发展,使其获得更大的独立性。

(2)境遇性危机。

境遇性危机指由外部环境造成的、突如其来的、无法预料的和难以控制的心理危机,包括交通事故、突发性受伤、遭遇地震、黑夜迷路、抢劫、入屋盗窃、惊吓等。

(3)存在性危机。

存在性危机是指伴随着重要的人生问题,如关于人生目的、责任、独立性、自由和承诺等出现的内部冲突和焦虑。关于人生意义的追问和思考往往不具有突发性,是潜藏于心底伴随个体终身的课题。例如因为经历了重大事件或罹患重大疾病,导致个体对人生的目的和意义的悲观看法。

一般来说,在人的一生中,成长性危机、境遇性危机和存在性危机都可能发生,但对于大学生来说,在读期间所经历的危机大多是成长性危机,如失恋、考试失败等。

【拓展阅读】

SODAS

SODAS 是英文单词 stop(停止)、operation(选择)、decision(决定)、action(行动)和 self-praise(自我表扬)的缩写,它的意思是当我们面临心理危机时首先要停下来确定问题,然后列出所有可能的选择,决定一个最好的选择,做出执行计划后行动,并在行动过程中用自我表扬激励自己。SODAS 是一种以问题解决为焦点的应对危机的方法。

2. 心理危机的发展过程

(1)心理危机的反应过程。

第一阶段为冲击阶段,也称强烈的情绪反应阶段,一般发生在危机事件出现后不久或当时。如果刺激过大,会使人感到震惊、眩晕、不知所措,也可称为"类休克状态"。

第二阶段为安定阶段,也称逐渐接受现实阶段。人们会采取各种措施努力恢复心理上的平衡、控制焦虑和情绪紊乱,恢复受到损害的认识功能,而后采用各种心理防御机制或争取亲人、朋友的支持。

第三阶段为解决阶段,也称寻求改变阶段。人们会将自己的注意力转向引发压力的危机,并设法处理它。人们可能采取逃避行为远离引发压力的应激原,如依赖药物、酗酒等;或者提高自己的应对技能,改变策略和行为,直接面对危机、解决困扰。

第四阶段为成长阶段。经历了危机之后,个体会重新体验和反思自己的心理变化过程,可能会变得更加成熟,获得更多、更有效的应对危机事件的技巧,但也有可能因为采取消极应对而出现种种心理不健康的问题。

(2)心理危机的发展结果。

因为个体的心理素质和应对方式的不同,以及所拥有和利用的社会资源的差异,不同的个体经历心理危机时的表现和结果是千差万别的。心理危机的常见结果有如下几种:

第一种情形是个体顺利度过危机,个体心理健康状况恢复到危机事件之前的水平;有些个体还从危机事件的处理过程中学会了应对危机的策略和方法,心理素质进一步提高。危机在这类个体那里被作为人生阅历的财富和精彩人生的故事,他们会从所经历的危机中总结出一些人生的经验,并且可以谈笑风生地向别人和子女讲述这些经验。

第二种情形是个体勉强度过了危机,但留下心理创伤,这些创伤成为个体较持久的心理阴影和情结,对个体的认知、情绪情感和行为模式、社会功能带来负面或消极的影响。个体从此表现为不能接触可能诱发这些与创伤记忆有关的物或情景。

第三种情形是个体未能顺利度过心理危机,转而出现神经症等慢性心理疾病,或表现多种多样的心身疾病。

【课堂活动】

生命中最宝贵的五样东西

第一步:请在一张白纸上写下你生命中最宝贵的五样东西。

第二步:每个人在你写下的五样东西中划掉相对不重要的一样,只剩下四样。

第三步:以此类推,直到只剩下最后一样。

完成以上步骤后,与同学们分享:

1.面对生命中最宝贵的五样东西,你依次舍弃掉四样的理由是什么?最终保持一样的理由是什么?

2.请分享一下你在整个活动过程中的心理活动。

二、大学生心理危机的识别

大学生心理危机的表现形式多种多样,但心理危机的发生有一个过程。这个过程有时长达数个月。如果能在危机发生之前识别潜在的心理危机并进行有效的干预,就可能预防心理危机事件的发生。

(一)从外部角度识别

很多大学生在遇到危机的时候不会求助,不会直接告诉别人"我遇到危机了",而会以各种不同的行为方式表现出危机状态,周围人看到的是一些异常的行为表现。情绪突然改变就是能够较易观察到的异常行为,如情绪低落、悲观失望、焦虑不安、无故哭泣、喜怒无常、自制力减弱等。这些异常行为就提示有发生心理危机的可能。当个体出现异常行为,如饮食和睡眠出现异常、个人卫生习惯改变、不修边幅、孤僻独行、旷课、自伤等,就要引起注意。

(二)从个体角度识别

1. 性格方面

一个平时性格开朗、积极乐观的同学出现危机后可能表现出相反的行为,而平时性格内向的人可能变得暴躁、易激怒、怨恨周围的一切,甚至认为社会对自己不公平等。

2. 行为方面

如果一个平时正常的人出现社交退缩、不敢出门、不信任他人、回避他人关心、呆坐沉思、呈木僵状、酗酒、故意违法等行为时,可能是遇到了危机。

3. 情绪方面的异常

如在暂时的震惊之后出现否认、混乱、恐惧、焦虑、抑郁、悲伤、怀疑、紧张、易怒、自责、烦躁,对任何事物都失去兴趣,没有愉悦感,表面平静但眼神游离。这些反应表明个体失去了心理平衡,可能存在潜在危机。失眠,食欲、食量明显变化,容易疲乏,做噩梦,容易被惊吓,感觉呼吸困难或窒息,注意力不能集中,认知能力下降,学习成绩明显下降,滥用药物等,都可作为识别大学生心理危机的指标。

4. 学习兴趣明显下降

如学生上课无故缺席,常迟到早退,成绩陡然下降,根本无法进行正常的学习和听课。心理学认为,正常、有效的学习能力是个体心理健康的前提和标准。当个体在智力正常的情况下,突然丧失了学习能力时,很可能是心理状态出现了问题。

三、大学生心理危机的干预

心理危机干预指对处在心理危机状态下的个体采取明确、有效的措施,使之最终战胜危机,重新适应生活。危机干预的主要目的有两个:一是避免处于危机者自伤或伤及他人,二是帮助处于危机者恢复心理平衡。危机的成功解决有三重意义:一是个体可从危机中学会把握现状,二是可以重新对经历的危机事件进行认识,三是学到更好的应对策略与手段,以便在将来应对可能遇到的危机。心理危机干预者希望通过有效的方法和措施使遭遇危机的个体恢复心理平衡,进而获得新的成长。

(一)大学生心理危机干预技术

1. 自我支持技术

自我支持技术的目的在于,从处于危机中的当事人自身的角度出发来解决危机,调整情绪,使自身的功能水平恢复到危机前。具体做法为:

(1)寻求滋养性的环境,搜集充分的信息。

改变境况的第一步就是要充分了解问题之所在。虽然个体在危机中会陷入莫名其妙的恐惧和不知所措的境地,不知道发生了什么事,也不知道将会发生什么事,但可以肯定的是,那些过去有类似经历的人能够帮助遭遇心理危机的个体。个体还可以向有经验的人和处理危机的专家请教,或从有关书籍中寻找解决问题的办法。

(2)积极调整情绪。

危机的出现显然会使个体极度紧张和沮丧。这些情绪反应往往是内在的,而且消极的挫折体验将使危机进一步恶化。因此,调整情绪的中心环节,就是要培养承受这些痛苦感受的能力。通过调整情绪,诸如焦虑导致恐慌、沮丧导致失望等情绪的恶性循环将得到控制。当危机超出个体的控制以及个体无力改变外部事物时,把握自己的情绪尤为重要。情绪调整法包括抑制、分散等回避痛苦的方法。这些方法能转移消极思想和情绪,为个体的心理重建赢得时间。譬如提醒自己"别想它了,想点别的吧"。分散则是指不断地做事,集中注意力于当前的工作而不去关注那些痛苦感受。分散活动的主要目的是回避痛苦的现实。向别人诉说自己的情感、往事和痛苦的思绪能使悲伤变得可以忍受。这时最重要的不是给危机受害者提供建议或分担痛苦,而是在他们体验极度恐惧和紧张时和他们待在一起。使强烈的、痛苦的情感变得可以忍受的一条有效途径就是"自我对话"。比如,个体通过对自己说安慰或平静心态的话来调节焦虑,甚至可以大声地独白或把所发生的事情写下来。通过有意识地提醒自己注意事物积极的一面来缓解沮丧情绪。良性的"自我对话"在帮助个体摆脱困境和危机时非常有用。

(3)建立良好的人际关系。

孤立无援的个体很希望能够得到别人的帮助。在危机期间和危机过后,个体都需要与周围的人保持良好的人际关系,不一定是要求他人提供强烈的情感支持,而是与他人保持日常的联系,共同分享经验,共同面对事物。这有助于遭受危机的个体重新适应社会,还可以分散他们的注意力,使得他们不再为消极紧张的情绪所困扰。这种良好的关系可以表现为与自己的朋友一起散步、听音乐或是静静地坐一会儿。

(4)面对现实,正视危机。

在危机的前期,个体习惯于采取积极的态度来应对危机,利用一切可以利用的资源来避免危机带来的损害。但到了危机的中后期,当个体积极应对危机的策略失败而感到绝望的时候,就会消极地逃避现实,采取退缩的策略。面对现实,正视危机,有利于个体激发自身潜在的力量,动员一切资源来寻求危机的解决办法。

(5)暂时避免做重大的决定。

处于危机中的个体处理问题的能力比平时要低,由于个体受到问题和情感的双重困扰,搜集信息和处理信息的能力受到一定的限制。也就是说,这时个体对问题不会进行深入的

第八章　心理危机与生命教育

分析,掌握的信息量又太少,无法做出正确的决策。这时个体虽然在很想摆脱危机,努力去寻求一切解决问题的办法,但危机的无法控制性往往使得个体无功而返,甚至造成更大的伤害。在危机时期,避免做重大的决定,有利于个体的自我保护,避免再次受到伤害。

2.专业协助

(1)认知干预。

自20世纪60年代开始,临床心理学领域出现了从认知途径对人的心理问题进行干预的研究,并相继形成了若干认知改变的技术。这些技术的共同点是:都认为认知是客观事件或外部刺激与个体情感和行为的中介因素,都认为认知是客观事件或外部刺激造成个体情感和行为心理问题的重要原因,因此要解决心理问题就必须以个体的认知,主要是认知方面的偏差和失调为干预的对象和切入口。

(2)行为干预。

行为干预的目的是实现特定行为的改变,降低或者消除个体在危机中的一些不良行为,培养或提高个体的一些良好行为,从而提高个体对危机的免疫能力(实现特定行为的改变)。行为干预主要包括三种方法:第一,降低不良行为发生的频率。主要采取的手段是实施负强化。如果某一行为是由于得到了正强化的刺激而发生的话,那么采用负性刺激,该行为就将逐渐减少,甚至消除。第二,提高良好行为方式的频率。主要采用正强化的方法。正强化是将令人愉快、喜爱的事物或事件联系到特定的目标行为,达到提高该行为发生率的一种干预方法。第三,行为塑造。这是持续地逐一强化更为接近目标行为的行为,同时消退先前的较为违背目标行为的行为,使目标行为得以形成。

【课堂活动】

感受幸福

请在纸上写上三件昨天发生在你身上的好事,可以是生活中的小事,比如昨天晚上去洗澡,室友帮我带饭;和食堂打饭阿姨友好地聊了几句等。在每件你记下的事情旁回答:为什么这件事会发生?

(二)大学生要积极应对成长中的危机

德国小说家弗兰克说:"我可以拿走人的任何东西,但有一样东西不行,这就是在特定环境下选择自己的生活态度的自由。"的确,如果不能回避失败和危机,那就选择自己对危机的态度和应对策略。一般而言,心理健康的成熟者面对应激和危机是有灵活的应变能力和弹性耐力的。例如以下四种策略就是可以选择的:①克服困难,使需要得到满足。②回避障碍,通过别的途径达到目的。③改变目标,用其他需要代替原来的需要。④压抑需要,缓解满足或放弃需求。

大学生该从哪些方面来提高自己应对成长中的各种心理危机的能力呢?专家提出以下建议。

(1)多与人交流。

多与他人交流,建立良好的社会支持系统。善于利用各种社会资源获得物质上的援助和心理上的支持。争取资源需要勇气和智慧,而不是懦弱和自闭。参加一个具有支持性的社会组织,如患病后可以参与相关的病友会等。

(2)保持生活节奏。

最大可能地保持正常的、有规律的生活节奏。不因应激事件打乱正常的起居、饮食和锻炼身体的生活习惯。

(3)转移注意力。

主动从事能够转移自己注意力的放松活动,如体育运动、各种兴趣爱好、阅读、美食等一些令人愉快的活动,有助于将自己的注意力从引起不良情绪的刺激上移开,也可以控制不良情绪的蔓延和加重。

(4)自我对话。

积极使用能够使自己平静和冷静下来的自我对话,其中写日记就是一种自我对话的方式。通过自我对话,转换对危机事件的认知,寻找理智、代偿、升华、宣泄、转移、合理化等积极的防御方式,改善自己的情绪情感,选择理性的应对行为。例如通过理智分析,有时会发现原来的目的是无法实现的,在这种情况下,可以转移方向,以其他活动来代替,借此弥补因失败而丧失的自尊与自信。

(5)培养符合主流文化价值的人生观、价值观和爱情观。

心理危机除了有一定的具体诱因之外,最重要的就是受当事人的人生观、价值观和爱情观的左右,从这种意义上说,正确的人生观、价值观和爱情观对于预防心理危机事件具有基础性的意义和作用。

(6)通过各种社会实践,提高抗挫折能力。

大学生要自觉参加军事训练、社会调查、体能训练、生产劳动、实习设计等各种实践活动,提高对挫折和困难的承受能力和自主解决问题、克服困难的能力。

(7)学会寻求积极的帮助。

每个人在不同阶段都可能患心理疾病,心理疾病并不可怕,是可以治愈的。求助是强者的行为,当感觉压力过大或自我调节效果不明显时,要积极向外求助,要信任他人。积极的社会支持对于心理疾病的康复至关重要,周围的同学、老师或朋友会提供解决问题的资源和方法,家人是最值得信赖的社会支持力量,也是最强大的精神依靠。

当感觉自己状态不好、自我调节效果不明显时,可先到专业的心理咨询机构求助,心理咨询人员会运用专业知识帮助个体找到解决问题的方法,并判断是否需要接受精神卫生机构的帮助和治疗。如果需要到精神科接受治疗,一定要遵医嘱服用药物,并积极配合心理治疗。

(8)为有需要的同学提供帮助。

及时关注需要帮助的同学,不歧视有心理疾病的同学,接纳、宽容和帮助他们走出心理阴霾。当身边的同学出现心理问题或危机时,积极的帮助可以使他们走出困惑,甚至挽救他们的生命。当身边的同学在学习、生活中遇到困难时,一句温暖的话语、一个小小的帮助也许就能给予他信心和力量;当发现同学出现心理问题和危机后,如果个人的力量无法帮助他走出困境,就要鼓励他到专业的心理咨询机构去寻求帮助,或者向教师寻求帮助,及时把危机中的同学带到专业机构接受治疗,帮助他走出危机。

【经典故事】

有个叫阿巴格的人生活在内蒙古草原上。有一次,年少的阿巴格和他的爸爸在草原上迷了路,阿巴格又累又怕,到最后快走不动了。爸爸就从兜里掏出5枚硬币,把一枚硬币埋在草地里,把其余4枚放在阿巴格的手上,说:"人生有5枚金币,童年、少年、青年、中年、老年各有一枚,你现在才用了一枚,就是埋在草地里的那一枚,你不能把5枚都扔在草原里,你要一点点地用,每一次都用出不同来,这样才不枉人生一世。今天我们一定要走出草原,你将来也一定要走出草原。世界很大,人活着,就要多走些地方,多看看,不要让你的金币没有用就扔掉。"在父亲的鼓励下,阿巴格走出了草原。长大后,阿巴格离开了家乡,成为一名优秀的船长。

【思考题】

1. 经过这几节课的学习,你现在如何理解心理危机?
2. 如何识别自己和他人的心理危机?
3. 除了本章学到的方法以外,你还知道哪些预防心理危机的方法?
4. 你生命中最重要的东西是什么,你足够关注它们了吗?
5. 你打算做些什么,让你的生命更加灿烂和美好?

【拓展阅读】

1. 李虹.生命意向[M].北京:高等教育出版社,2004.
2. 段鑫星,程婧.大学生心理危机干预[M].北京:科学出版社,2006.

第九章 积极心理与幸福人生

第一节 积极心理学

一、积极心理学概述

(一) 积极心理学的源起

在学习积极心理学之前,我们需要了解一下心理学的基本概念。

心理学(psychology)是专门研究人类心理现象的科学。从有文明以来,人类就常常对心理现象进行观察和思考,但是将其作为一门独立学科进行深入研究,也就是一百多年前的事。大家通常把1879年德国人威廉·冯特在莱比锡大学创建心理研究室作为现代心理学(也有些文献称为"科学心理学")的起点。

心理学的研究领域分为基础理论研究与应用研究两大块。基础心理学研究者的任务是描述(对人的行为进行精确的观察,从而得到可供进一步研究的客观数据)、解释(对观察到的现象进行解释,往往是确定几种解释中的哪一种能最精确地解释一个特定的行为模式)、预测(对一个特定行为发生的可能性进行描述)和影响人的行为;而应用心理学则基于这些研究结果结合现实情况完成三大使命:治疗心理疾病;使所有人生活得更幸福;发现和培养人的天赋。

从心理学的使命可以看出,这是一门非常重要也非常有意义的科学。可是,在心理学不长的发展历史,刚好经历了第一次世界大战和第二次世界大战。战争造成的巨大创伤客观上加速了基础心理学研究和病理应用领域的发展,因为参战各国都投入了大量经费对战争造成的各类心理疾病进行治疗。这也使得整个心理学界将注意力都放在了治疗各种心理疾病上,在相当长一段时间内完全忽视了另外两项使命。此外,由于心理学的普及程度比较低,且很多文学影视作品中又常常展现读心术、催眠术等比较神秘的东西,让大众对心理学产生了较多的负面偏差,认为似乎只有"有病"的人才去寻求心理学的帮助。

美国社会心理学家马斯洛以创立需求层次理论而享誉世界,早在1954年,他就说过一段非常有远见的话:"如果我们对人类的心理学感兴趣,我们就应该限于使用自我实现的人、心理健康的人、成熟的人和基本需求已经满足的人作为研究对象,因为他们比通常符合一般标准或者正常的人更能够真实地代表人类。与目前的消极心理学——由研究病人或者普通人而产生的心理学相比,通过研究健康人而产生的心理学完全可以被称为积极心理学(positive psychology)。"遗憾的是,马斯洛的话并未引起足够的重视,那时整个世界还深陷战后的创伤,随后又开始了冷战,并且很多国家还处于贫困交迫的境地,人们连病人都处理不

第九章 积极心理与幸福人生

过来,哪有时间考虑更加幸福和培养天赋。之后的近半个世纪里,心理学界在基于病理模式研究方法(通俗地说,就是先定义人属于哪种疾病,然后寻找对应的解决方案)的主导下,也取得了不小的成就。可是,这种以"人类有什么毛病"为出发点的思考模式引发的对人类阴暗面的大搜索,还是让所有心理学研究者们感到沮丧——毕竟,即便医好了所有的心"病",也最多是个没病的人。

进入 21 世纪,心理学的另外两项使命开始逐渐被重视起来,很多有勇气的学者开始试图从如何发挥人类的优势这个角度去寻找解决方案。1998 年,马丁·塞利格曼当选美国心理协会主席,他的雄心和责任感激发自己:心理学界必须做出改变,心理学必须能够为人类幸福做出更多的贡献。在与很多杰出的心理学家进行充分沟通交流后,从 2000 年开始,在全世界范围内,心理学界掀起了积极心理学运动。心理学家开始试着采用非病理模式的研究和干预方法去解决问题,开始讨论把心理学的研究成果广泛应用到普通人身上,从仅仅关注人的缺陷到同时关注人的优势。他们不再仅仅告诉心理病人如何康复,更要告诉普通人如何追求幸福与获得成就。

积极心理学是揭示人类优势和促进其积极机能的应用科学,它的核心目标是让人获得更真实、持久的幸福,所以也被称为幸福心理学。但是,积极心理学又远比当下流行的"幸福学"的含义更加广泛,它研究人类所有的积极心态,比如积极情绪、优秀品格、积极组织、创新卓越等心理活动。积极心理学也并非否定以往的心理学研究成果,事实上只是采用了不同的思考和研究方式,是对过去人类弱点取向的平衡。积极心理学并不忽视人类苦难的重要性及其带来的痛苦,只不过提倡应同时识别和理解人类的优势和美德,帮助人们生活得更快乐、更有意义。

很多证据显示,采用积极心理学的治疗干预手段,本身也可以治疗心理疾病,在很多情况下还明显降低了复发率。更难能可贵的是,积极心理学可以提高普通人的心理健康度,不但可以有效防止心理疾病的发生,还能提升普通人的整体效能(如图 9.1)。另外有数据证明,将积极心理学应用到教育中,能够使受教育人群的整体心理效能提升,从而全面改善学习效果,特别是提高创造性思维的能力。

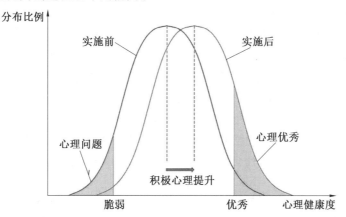

图 9.1 使用积极心理学的治疗干预手段的良好效果

综上可以看出,积极心理学是指利用心理学目前已比较完善和有效的实验方法与测量手段,研究人类的力量和美德等积极方面的一个新思潮。积极心理学由美国心理学家马丁·塞利格曼等人于2000年正式提出并受到广泛关注,它主张研究人类的积极品质,使人们更多地去关注和发现人性的优点及美德,关注人的积极心理,把注意力更多地放在普通人、正常人身上,把关注点聚焦在人类积极的情绪、人格特征和社会环境上。这是对以往主流心理学消极层面与取向以及传统心理健康教育的反思,与现今提倡的"预防为主,干预为辅"的心理健康教育的理念是一致的。

(二)积极心理学的研究

1. 外国学者关于积极心理学的研究

积极心理学的研究最早可追溯至20世纪30年代美国学者推孟关于婚姻幸福感的研究,以及瑞士心理学家荣格关于生活意义的研究。第二次世界大战后,当时心理学界的主要工作任务是治疗精神疾患和创伤治愈,致使相关积极心理学研究的萌芽未获生长就中断。在20世纪五六十年代,对人性积极方面的研究代表为人本主义心理学家罗杰斯、马斯洛等人,他们也是现代积极心理学的奠基人。马斯洛在1954年撰写了《动机与人格》(Motivation and Personality),也是最早出现"积极心理学"这个字眼的著作。而书中最后一章的标题则是"走向积极心理学"(Toward a Positive Psychology)。在那个年代,人本主义心理学对人类积极方面的研究并没有引起大家的重视。

美国著名心理学家马丁·塞利格曼曾获得了精神病理学研究的终身成就奖。当选为美国心理学会主席后,他大力推动积极心理学的发展,在当时是大家公认的"积极心理学之父"。他的主要观点是:心理学不能永远停留在治疗和纠正问题的层面,仅仅关注有问题的人是远远不够的,我们要把更多的正常人、普通人纳入关注和研究的视角,从而使人们的生活质量更高,幸福感更强,拥有丰盈的人生。马丁·塞利格曼在美国心理学会大会上的发言是积极心理学行动的重要里程碑,而2000年和2002年《积极心理学导论》和《积极心理学手册》这两本书的问世,则是积极心理运动的重大胜利。

2. 我国学者关于积极心理学的研究

我国传统文化中包含许多有关积极心理学的思想,我国的积极心理健康教育更侧重于标本兼治。两千多年前,儒家思想中就蕴含着积极心理学的思想理念,例如中国文字"正心",翻译成英文为positive psychology,即西方的"积极心理学"。庄子认为"生则乐生,死则乐死",这也与积极心理学的"幸福至上"不谋而合,就像人们理解的积极心理学的内涵——幸福是自身一种感受,它在于人们的积极态度,尤其是身处逆境时,而不取决于物质条件。"孔颜乐处"也体现了在艰苦环境中,为了理想而乐观通达的心理状态,很好地阐释了积极心理学的理念。

进入21世纪,越来越多的国内学者对积极心理学展开深入研究,同时不断引入并介绍大量积极心理学理念。清华大学社会科学学院院长、心理学教授彭凯平认为,积极心理学与我国传统智慧有着千丝万缕的关系,它正在逐渐被大众认可和接受。作为一门严谨的科学,积极心理学涵盖了从东方哲学到现代神经科学的各个知识体系。数个世纪以来,中国人一直都在追求幸福的真谛。在这飞速发展的时代,了解中国人的心理特征也是非常重要的,特别是他们对幸福的渴望以及追求幸福的各种方式。中国传统文化的智慧可以帮助我们更好地研究幸福,并给积极心理学提供新的视角。比如,积极心理学的福流(flow)就与道家经典《道德经》中"上善若水"的概念紧密相连,正因为如此,积极心理学的观点正逐渐在我国蓬勃发展。彭凯平在《传统的智慧融入积极的福流》一文中谈到孔子说,幸福是"仁",即善待他人、履行自己的义务和责任。在最幸福的时刻,我们会达到"无我"的境界,与自然融为一体,就像"善利万物而不争"的水一样。自此,我国专家将中国国情与积极心理学有机结合在一起。

二、关于积极心理健康教育的研究

(一)外国关于积极心理健康教育的研究

《当代积极心理健康观》的作者玛丽·贾赫德是第一次提出"积极心理健康"的学者。她对积极心理健康的理解如下:首先,积极心理健康涵括了积极自我态度、自我发展与实现、能清晰地认知现实、与周围环境相协调;其次,积极心理健康包括心理没有任何疾患的同时还很注重增加个体积极的活力和积极心理品质;再次,我们工作的重点是挖掘和培养积极的心理品质。这样,一种新的健康理念在积极心理健康之下被界定出来,划出一个既非健康也非问题的中间状态。20世纪末以来,美国掀起了一场积极心理健康教育的浪潮。在学校心理健康教育工作中,营造一个良好的教育环境尤为重要,挖掘学生外显和潜在的资源为其次,注重学生在活动中的积极体验、培养学生积极的人格为最后环节。

(二)我国关于积极心理健康教育的研究

目前,我国心理健康教育在实施方式上更多地依靠"减法式"的心理辅导,只关注有问题的学生,注重心理问题发生后的解决,这也是我国传统心理健康教育的特点。此种方式可以帮助部分学生走出心理困境,恢复正常的学习生活,但由于过多地关注学生心理问题的减少,而忽视学生积极心理品质的增加,这又与积极心理健康教育的目标相背离。积极心理健康教育的目标是培养学生外在和潜在的积极品质,通过积累积极体验,反思、与人分享后逐步培养其健全的人格。培育的对象是所有学生而不是少部分有问题的学生,因为所有的学生都需要生活和学习的指导,让自己的生活变得更美好。

孟万金教授创立了"积极心理健康教育",从2002年开始,他用了几年时间和官群教授编制了中小学生和大学生的积极心理品质量表,为该教育的实施提供具体的测评手段,并先后在报刊发表系列文章,传播积极心理学的理念。他以幸福理念为载体进行阐述,为广大心理健康教育工作者开启了研究之门。

研究证明,培养青少年形成如友善、助人及获得成功等积极的行为和品质,需要青少年经历更多发展性的有利因素,发展性有利因素能有效提高学业成就,并提供一个更有可能取得好成绩的安全与健康的环境,能对学生的学习和生活产生强有力的、积极的影响,并减少学生心理问题的出现。

以上这些正是我国积极心理健康教育的目标和方向。在积极心理学的指引下,近几年来我国大学生应对心理问题的策略正在发生变化,在关注有心理问题学生的前提下,开始更多关注、培养个体积极心理品质的增加,同时营造一种安全与和谐的校园环境,帮助学生设计适合自身的发展计划,促使每一名学生成长成才。

三、积极心理学提出的六大美德二十四项积极心理品质

作为积极心理学的创始人之一,塞利格曼在 2002 年推出的真正幸福论(authentic happiness)在积极心理学界有着巨大的影响。真正幸福论认为"幸福"这个词很难有科学的定义,所以塞利格曼称它应囊括三个领域,即快乐生活(pleasant life)、充实生活(engaged life)和有意义的生活(meaningful life)。经过多年的不断试验和研究,2006 年,塞利格曼与其助手们设计出了一整套建立真正幸福论的临床积极心理疗法。其中有关快乐生活的练习中包括"乐观"和"希望"的干预练习,目的是抵消悲观态度和情感。练习包括"运用你的特长",内容是要求参与者填写 VIA-IS 特长问卷后分析出五个个人优点,然后设法把它们在日常生活中运用起来。这个 VIA-IS 特长问卷是根据塞利格曼的优秀品质和美德理论编写的。经过多年的调查和总结,通过问卷、调查、访问、咨询等科学研究方式,塞利格曼和彼得森在 2004 年出版了他们共同撰写的《优秀品质和美德:手册与分类》(*Character Strengths and Virtues: A Handbook and Classification*),它代表着积极心理学界最抱有雄心的研究项目。两位撰写人希望他们的杰作在积极心理学界能够达到与《心理病症诊断统计手册》(*Diagnostic and Statistical Manual of Mental Disorders*,简称 DSM)在心理学界的地位和作用。他们希望通过认真仔细地分析和总结个人的优点和品德,人们可以更好地利用自己的长处和优势来提高生活效率和幸福感。

《优秀品质和美德:手册与分类》描述了各种能使人们获得幸福生活的优秀品质与美德,并且将它们分类。其中包括几乎世界上每个文化都认同的六大美德:智慧和知识、勇气、仁慈、正义、自制和超越自我。每个美德中还包含着几个性格上的优秀品质,而所有优秀品质都符合以下标准:

(1)这些优秀品质必须是普遍存在的,是被世界上大多数文化认可的。

(2)这些优秀品质会使人感到满足而充实,从大体上而言使人感到生活上的完善、满意和幸福。

(3)这些优秀品质是有道德价值的,它们自身是得到重视和珍惜的,而且它们是达到目的的手段。

(4)这些优秀品质的特性是拥有这一优秀品质的人不贬低没有具备这些优秀品质的人,而且只受到钦佩而不招惹嫉妒。

(5)这些优秀品质有其不恰当的对立面,有明显的带有负面含义的反义词性。

(6)这些优秀品质都近似个人品格,就像一个人的品格一样有概括性和稳定性。

(7)这些优秀品质是可衡量的,研究者曾把它们当作个体差异加以研究。

(8)这些优秀品质都是很独特的,与其他的优秀品质完全不同。

(9)这些优秀品质在历史中可以找到有代表性的范本,可以一目了然地体现在某个人身上。

(10)这些优秀品质会较早地体现在一些儿童身上使他们成为拥有优秀品质的天才。

(11)这些优秀品质具有选择性不存在的特点,即在一小部分的人中没有某个优秀品质。

(12)这些优秀品质会有制度和机构性特点,也就是说社会中的常规、习俗和礼仪会特

意地培养这些优秀品质。

《优秀品质和美德:手册与分类》中的六大美德与二十四个优秀品质(如图9.2)的叙述与总结如下:

1. Wisdom and Knowledge（智慧和知识）

(1) Creativity（创造力）

(2) Curiosity（好奇心）

(3) Open-mindedness（开放的思想）

(4) Love of learning（热爱学习）

(5) Perspective（视野）

2. Courage（勇气）

(6) Authenticity（真实性）

(7) Bravery（勇敢）

(8) Persistence（坚持不懈）

(9) Zest（热情）

3. Humanity（仁慈）

(10) Kindness（友善）

(11) Love（爱）

(12) Social intelligence（社会智能）

4. Justice（正义）

(13) Fairness（公平）

(14) Leadership（领导能力）

(15) Teamwork（团队精神）

5. Temperance（自制）

(16) Forgiveness（宽恕）

(17) Modesty（谦虚）

(18) Prudence（谨慎）

(19) Self-regulation（自律）

6. Transcendence（超越自我）

(20) Appreciation of beauty and excellence（欣赏美和完美）

(21) Gratitude（感激）

(22) Hope（希望）

(23) Humor（幽默）

(24) Religiousness（信仰）

塞利格曼和彼得森称第一组美德为"智慧和知识",包括五种优秀品质。第一个优秀品质是创造力,拥有这个品质的人喜欢用非传统的方式考虑问题和做事;第二个优秀品质是好奇心,这类人对世界上的一切都很感兴趣并喜欢模棱两可;开放的思想是第三个优秀品质,拥有这一品质的人能够客观并理性地过滤信息,不会很草率地下结论,并有很适当的现实取向;热爱学习是第四个优秀品质;有视野是指人们特意去寻找拥有这一品质的人去了解他们的观点,利用拥有这一品质的人的经验与观点来解决自身的问题。

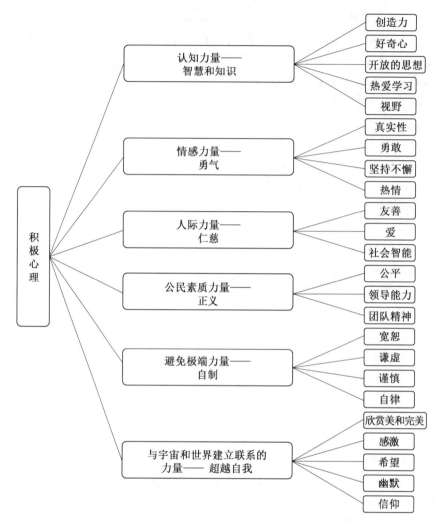

图 9.2 积极心理学六大美德和二十四项积极心理品质

第二组美德是"勇气"。这一美德被普遍赞赏,它包括真实性、勇敢、坚持不懈和热情。有真实性是第六个优秀品质,拥有它的人很诚实、很正直、很真实,也很现实;勇敢这个优秀品质是指勇猛地面对风险和危险,即使感到恐惧;第八个优秀品质是坚持不懈,拥有它的人不会虎头蛇尾,总会完成已经开始的事,这些人很勤奋,做事灵活;拥有热情这一优秀品质的人通常精力充沛,无论做什么都会全心全意、竭尽全力。

第三组美德被称为"仁慈",它包括友善、爱和社会智能。友善是第十个优秀品质,友善的人有同情心,经常帮助别人并且从中得到快乐;拥有爱的人很珍惜与别人的亲密关系。社会智能是这一组美德的最后一个优秀品质,它指的是能够了解和理解自我与他人,拥有这个品质的人有很好的社交技巧,能够很容易地识别自己和他人心情的变化与气氛的变更,同时会很准确地找到自己的位置,充分地把自己的优势和兴趣利用起来。

第四组美德被称为"正义",包括公平、领导能力和团队精神。公平的人不会使自己的偏见影响任何决定,他会给任何人同样的机会;拥有领导能力这一优秀品质的人很会组织活动,是有效而仁慈的领导;团队精神是第十五个优秀品质,拥有它的人有凝聚力,尊敬领导,做分内的事但不会愚昧而自动地去顺从。

第九章　积极心理与幸福人生

第五组美德被称为"自制",是指恰当并适度地控制自己需求和想法的表达,但不是克制自己的动机,而是等到最佳时机,能在最少地伤害自己或他人的同时满足自己的需求。自制包括第十六个优秀品质——宽恕,懂得宽恕的人会给别人第二次机会,会宽容他人,不会报复;谦虚的人很低调,不张扬,不装腔作势,他们觉得自己的成败并不很重要;谨慎的人很小心并且非常细心,有远见,会控制自己暂时的冲动而达到长远的目标;自律是第十九个优秀品质,自律的人能够很容易地控制自己的冲动和需求直到适当的时机,他们知道什么是对错并能依此而行事。

第六组美德被称为"超越自我"。懂得欣赏美和完美是这组的第一个优秀品质,有这个品质的人会去欣赏每个领域和情境中的美;心怀感激的人会随时表达他们的谢意,他们欣赏他人身上的优点和品德,拥有一种惊异感,不会把好事当成理所当然,对生命本身很珍惜、很感激;有希望也是一种优秀的品质,有希望的人会认为好事总会发生,对未来持有积极的观点,积极地为未来做计划,同时兴高采烈地生活在现实环境中;这一组中的下一个优秀品质是幽默感,有幽默感的人会为别人带来欢笑;拥有信仰是最后一个优秀品质,研究者认为有信仰的人知道自己在大千世界中的明确位置,他们有着一致并深刻的信仰,相信每个人、每件事都有更高、更深奥的目的和意义。

另外,塞利格曼和彼得森根据这六大美德和二十四个优秀品质编写了一个调查问卷——优点问卷(VIA Strengths Survey,简称 VIA-IS 特长问卷)。通过回答问卷上的 124 个关于个人人生观、自身行为和信仰的问题,答卷人可以总结出自己最强的五个优秀品质。读者可以在网站 www.authentichappiness.org 上填写问卷,测试自己的优秀品质和美德。

【测一测】

下面给出《优点问卷样本》,每个优秀品质均有两个相应问题,其中问题 A 答案有 5 个选项,即:a 非常像我(5 分);b 像我(4 分);c 中等/无所谓(3 分);d 不像我(2 分);e 非常不像我(1 分)。问题 B 答案也有五个选项:a 非常像我(1 分);b 像我(2 分);c 中等/无所谓(3 分);d 不像我(4 分);e 非常不像我(5 分)。

回答问卷时选择与你最接近的答案,回答完毕后将答案选项后的分数相加,即得出你这一优秀品质的得分。最后,将得分从最高至最低按顺序排列就可以看出你在哪个品质上最突出。分析和总结出优秀品质后,人们可以更清楚地了解自己,这样才能更有效地在生活、工作和学习中利用个人的优势和长处,帮助自己提高生活效率,从日常点点滴滴中获得幸福感和充实感。

一、Wisdom and Knowledge（智慧和知识）

1. Creativity（创造力）

A."我喜欢琢磨新颖的做事方式"这句话

B."我的朋友大多数都比我有想象力"这句话

总分_____。

2. Curiosity（好奇心）

A."我总是对世界很好奇"这句话

B."我很容易变得无聊"这句话

总分_____。

3. Open-mindedness(开放的思想)

A."需要的时候我是一个非常理性的思考者"这句话

B."我容易做仓促的决定"这句话

总分_____。

4. Love of learning（热爱学习）

A."当我学到新东西时我非常兴奋"这句话

B."我从不不厌其烦地去参观博物馆或其他有教育性质的场所"这句话

总分_____。

5. Perspective(视野)

A."看事情时我总可以看到大局"这句话

B."其他人不经常来问我的意见"这句话

总分_____。

二、Courage(勇气)

6. Authenticity（真实性）

A."我总能遵守我的诺言"这句话

B."我的朋友们从不说我是个脚踏实地的人"这句话

总分_____。

7. Bravery（勇敢）

A."我经常在强烈反对声中表明我的立场"这句话

B."痛苦和失望经常把我打败"这句话

总分_____。

8. Persistence（坚持不懈）

A."我总会完成已经开始了的事"这句话

B."做事时我总会转移目标"这句话

总分_____。

9. Zest（热情）

A."我会把我自己完全投入到我所做的事里"这句话

B."我总是闷闷不乐"这句话

总分_____。

三、Humanity（仁慈）

10. Kindness（友善）

A."在最近一个月里我自愿地帮助过邻居"这句话

B."我从不对自己的好运比对他人的好运感到更多的兴奋"这句话

总分_____。

11. Love（爱）

A."在这个世界上,有人对我身心的关心和他们对他们自己的关心一样多"这句话

B."我不容易接受别人给我的爱"这句话

总分_____。

12. Social intelligence（社会智能）
A."不论什么样的社会场合我都能融入进去"这句话
B."我不容易感觉到别人的感受"这句话
总分_____。

四、Justice（正义）
13. Fairness（公平）
A."我对所有人都很公平,不管他们是谁"这句话
B."如果我不喜欢一个人,我很难对此人公平"这句话
总分_____。

14. Leadership（领导能力）
A."我不需要唠叨就总可以让人一起去办事"这句话
B."我不会很好地组织团体活动"这句话
总分_____。

15. Teamwork（团队精神）
A."在团队中我干得最好"这句话
B."在需要放弃自己想要的去顾及团体的利益时我总会犹豫"这句话
总分_____。

五、Temperance（自制）
16. Forgiveness（宽恕）
A."我总是既往不咎"这句话
B."我总会报复"这句话
总分_____。

17. Modesty（谦虚）
A."当别人夸我的时候我会转移话题"这句话
B."我常常说起自己的成就"这句话
总分_____。

18. Prudence（谨慎）
A."我避开有身体危险的活动"这句话
B."我有时会在友情和其他人际关系中做出错的决定"这句话
总分_____。

19. Self-regulation（自律）
A."我控制我的感情"这句话
B."我不能按计划节食减肥"这句话
总分_____。

六、Transcendence（超越自我）
20. Appreciation of beauty and excellence（欣赏美和完美）
A."在前一个月中我曾对优秀的音乐、艺术、戏剧、电影、体育运动、科学或数学而感到非常的兴奋"这句话
B."一年里我没有创造任何美的东西"这句话

总分_____。

21. Gratitude（感激）

A. "我总说谢谢，即使是为很小的事"这句话

B. "我很少停下来去想自己生活中的幸事"这句话

总分_____。

22. Hope（希望）

A. "我总抱有乐观的态度"这句话

B. "我很少会为自己想要的东西制订细心考虑过的计划"这句话

总分_____。

23. Humor（幽默）

A. "我总喜欢劳逸结合"这句话

B. "我很爱说可笑的话"这句话

总分_____。

24. Religiousness（信仰）

A. "我的生活有重要的目的"这句话

B. "我没有使命感"这句话

总分_____。

将各项得分从最高至最低按顺序排列_____。

第二节 关于福流

一、福流的定义

1975年，美国著名心理学家米哈里·契克森特米哈发表了他历经15年的研究成果。从1960年开始，他追踪观察了一些特别成功的人士，包括科学家、企业家、政治家、艺术家、运动员、钢琴师、国际象棋大师等。结果发现，这些人经常谈到他们一个共同的体验：在从事自己喜欢的工作时，他们会进入全神贯注的忘我状态，时常遗忘了当前时间的流逝和周遭环境的变化。原来这些成功人士在做事情的时候，完全出于他们内在的兴趣，乐趣来自活动本身，而不是任何外在的，如报酬、奖励、欣赏等诱因。这种经由全神贯注所产生的极乐的心理体验，他之为"flow"，并认为这是一种最佳的体验。

这种体验当然并不是由他第一个发现的。在人类漫长的历史中，已经有很多思想家、哲学家谈到过这种奇妙的、极致的幸福体验。尤其是东方的传统文化，如儒家思想、道家思想经常提及这种由心理活动所产生的神奇的快乐体验，这是一种全神贯注、心旷神怡的生活和工作状态。彭凯平教授认为，把这种体验翻译成"福流"体验更贴切，因为它是一种幸福的终极状态，音近、意近神更近。

《庄子》首篇《逍遥游》很大程度上就是这种自娱、洒脱、旷达、愉悦的感觉，一种真正的物我两忘、身心酣畅的绝妙经验。庄子在其中特别描述了一个普通中国人的"福流"体验，他就是宰牛的屠夫庖丁，在从事自己所熟悉和喜爱的工作中，就达到了一种物我两忘、酣畅

淋漓的状态——"庖丁为文惠君解牛,手之所触,肩之所倚,足之所履,膝之所踦,砉然向然,奏刀騞然,莫不中音。合于桑林之舞,乃中经首之会。"文惠王在震撼之余,情不自禁地问庖丁,你解牛的技术为什么能如此出神入化、行云流水?庖丁回答:三年前解牛,我眼中只见牛;三年后解牛,眼中无牛。因为此时此刻,他已经进入到一种极致的体验状态,也就是我们所说的"福流"状态。

二、福流的表现状态

"福流"的状态有什么特点呢?在《福流:一种美妙的心理状态》一书中,米哈里·契克森特米哈谈到了六种"福流"的心理体验特征:

(1) 全神贯注,注意力高度集中,完全沉浸在自己所从事的工作之内,忽视了外在所有的影响。

(2) 知行合一,行动和意识完美地结合,已经变成了一种自动化的、不需要意识控制的动作,有一种行云流水般的流畅感。

(3) 物我两忘,自我的意识暂时消失,此身不知在何处。

(4) 时间飞逝,有强烈的时间扭曲感,不知不觉中,百年犹如一瞬间。

(5) 驾轻就熟,对自己的行动有一种完美的掌控,不担心失败,不担心结果,充分体验行动的过程,感受到自己每一个动作精确的反馈。

(6) 陶醉其中,一种超越日常现实生活,发自内心的积极、快乐和主动,不需要外在奖励就能体验到行动的快乐,完成之后有一种酣畅淋漓的快感。

由此可见,这种"福流"的体验既包括身心体验的因素,如个体处于"福流"状态时的感觉,包括行动和知觉的融合,以及注意力集中和潜在的控制感;也包括结果因素的影响,即个体在处于"福流"状态时内心所体验到的一种结果,包括短暂地失去自我意识、时间意识和活动本身的目标意识。

1997年,米哈里·契克森特米哈对"福流"状态的体验又增加了三个条件因素,也就是说产生"福流"体验的外在客观条件,包括三个很重要的因素:

(1) 清晰的目标——当我们知道自己需要达到什么目的,得到什么结果,意识到什么样的目的时,我们更容易产生"福流"体验。

(2) 及时的反馈——我们所做的所有事情都向我们提供了准确的、有意义的、快乐的反馈,激发我们从事这个行动的强烈动机。

(3) 技能和挑战的完美匹配——当所面临的挑战特别困难时,我们很容易产生挫折的感觉,而当挑战特别容易的时候,我们却会产生单调、厌倦的感觉。只有当技能和挑战处于一种最佳匹配的状态时,我们才容易进入"福流"状态。

因此,幸福,特别是幸福的终极体验,从某种意义上来说,是我们的生活,是我们的感受,是我们身、心、灵完美融合的状态。它存在于我们的生活之中。任何事情一旦让你产生浓厚的兴趣,专注而沉浸其中,对周围的一切浑然不知,始终被一种愉悦的力量所推动,虽然这件事情对你有一定的挑战,但你仍然不断地奋斗、创造、探索,觉得自己能够控制它、完成它,而且做完以后有一种发自内心的无比喜悦,一种创造性的乐趣!如果这些情景都出现的话,那么,祝贺你,毫无疑问,你就是拥有过"福流"体验的人。

第三节　积极心理学与人生幸福修炼之旅

一、积极心理学与幸福的关系

2005年1月17日,美国《时代》周刊出版了一期以幸福科学为主题的封面文章,其中指出"心理学界关于幸福最有代表性的研究,是美国著名社会心理学家埃德·迪纳和他的同事完成的。在长达25年的研究中,他们发现一般人所热切追求的生活目标,如高收入、高学历、年轻、美貌,甚至日照时间等对幸福感的实质贡献很小,而最起作用的是和谐友好的人际关系、至爱亲朋的关怀、温暖的社会支持以及适当的关系交往技巧"。

2017年10月18日,迪纳教授在宾夕法尼亚大学应用积极心理学硕士峰会上做了题为"幸福科学的伟大突破"(Amazing Progress of Science of Subjective Well-being)的主题报告,迪纳指出,现在有关幸福的研究越来越多了,但幸福研究要经得住时间和实践的考验,也同样必须遵守科学的原则:摆事实、有证据和讲证伪。而不要做出一个研究就自以为是,好像找到了幸福的灵丹妙药似的。他认为,积极心理学研究所有人类的正向心理,而不只是大家认为的"幸福、PERMA(积极情绪、投入、人际关系、意义和目的、成就)、意志力、美德"等内容,或者几个积极心理学圈子里的著名学者研究的课题才是积极心理学。

很长一段时间以来,很多人都以为积极心理学研究的就是幸福的问题,甚至有人建议用"幸福学"来取代"积极心理学",以扩大积极心理学的影响。但积极心理学的研究范畴本身就非常广泛,它不仅研究人类的幸福,还研究道德、智力、审美、创造、积极的社会关系、积极的社会组织、生活的意义等内容。由此可见,"幸福"只是积极心理学所研究的一个很重要的方面而已。而且幸福科学本身就是一项跨学科的综合性研究,不是心理学一个学科所能解决的问题。实际上,经济学、社会学、政治学等学科都在研究幸福问题。

二、如何塑造幸福

(一)幸福的含义

古往今来,可能从没有一个词像"幸福"一样被多个学科如哲学、心理学、社会学、经济学、文化学来共同关注和研究,也没有一件事情像"幸福"一样被世间芸芸众生那样终其一生苦苦追寻。

如果我们把列夫·托尔斯泰所说的"幸福的家庭都是相似的,不幸的家庭却各有各的不幸"转换到个人身上,是不是也可以说"幸福的人都是相似的,深感不幸的人各有各的不幸"。这里之所以要加"深感"二字,是因为有很多人在别人看来是很幸福的,但自己往往感到不快乐、不开心、不幸福。所以说幸福不幸福是一种自我的主观感受,而不是普世的客观评价标准。

那么什么是幸福呢?如果查看各种书籍和网络资料,幸福的定义真是太多了,而且不同时期对幸福都有不同的理解和诠释。许慎在《说文解字》中指出:"幸,吉而免凶也;福,佑也。"古称富贵寿考等齐备为福。

现代幸福的定义是指一个人自我价值得到满足而产生的喜悦,并希望一直保持现状的心理情绪。或者说幸福是指人们无忧无虑和随心所欲地体验自己理想的精神生活和物质生活时,获得的满足的心理感受。

(二)幸福的修炼与重塑

幸福课是美国哈佛大学 Tal 教授在 2002 年开设的。从第一学期只有六名学生选修,到五年后成为哈佛大学最热门的选修课。Tal 教授是一个典型的完美主义者,大学时期的他表面上拥有了一切,但他就是不快乐。为什么不快乐？要如何变得更快乐？这些人生课题促使他开始研究积极心理学。幸福课一共 23 节,除了专业的心理学知识以外,更多的是一些生活中的常识,也包括一些提高幸福感的方法。了解这些知识和方法就可以提高人们的幸福指数吗？答案当然是"否"。人生的幸福是需要修炼的,修炼是一个漫长的、曲折的过程。追求幸福没有捷径、没有秘诀,只有努力和修炼,这是人们一生的功课。

人们需要处理好三种关系：与自然的关系、与他人的关系和与自己的关系。很多时候人们处理不好前两者的关系,也经常没有处理好与自己的关系。幸福感是自己的感受,一个人自己幸福了,才有能力感染身边的人,才有可能让家人生活得幸福。在幸福课上,Tal 教授讲述了一个词——变形(transform),可以理解为一种变形重塑。因为重塑具有需要经常打磨,坚持不懈、反复曲折的含义。

那什么是变形重塑呢？以大学生为例,如今很多学校只是传达信息。什么是信息？比如我们有一个容器,也就是我们的思想；接收数据、接收科学、接收结果,储存到容器里,这就是信息。等容器(思想)填满了,大学生就毕业了。信息数据是否越多越好？不一定。因为信息无法决定人们的成功、自尊、动机水平、两性关系及其质量,无法决定人们的幸福感。光有信息还不够,变形则是把容器(思想)的形状改变。同样的信息,不同的人可能有截然不同的解读,某个人认为是灾难,另一个人则当成机遇。还有一个很普遍的例子,有很多人似乎拥有了一切,人生顺利、生活富庶,但仍旧不快乐；而另一些人拥有得虽然不多,但天天快乐地享受着人生。当然也有相反的情况,就是那些拥有一切的人,他(她)们充满感恩并享受生活；而那些生活窘迫的人总觉得是社会不公平,自己是受害者而加重自己的不幸。也就是说,重要的不仅仅是获得了什么信息,而是你的容器(思想)是什么形状,你是如何解读、如何理解,什么是你关注的重点。

当我们获得了同样的信息,而不同形状的容器(思想)有不同的理解和解释,我们就应该立刻、积极地学习和实践如何让自己的思想用幸福的语言来诠释。如果你已经具备这种承载幸福的容器,祝福你。如果你时常陷入不快乐的漩涡不能自拔,那就开启这个漫长的、曲折的自我修炼之旅吧。

从积极心理学研究看,快乐由人们的精神状态而定,而非社会地位或银行存款。所以我们的思想需要变形和重塑,这对于建立幸福感来说非常重要。我们要挖掘自身潜能,而这种潜能一直存在,只是我们没有发现,或被成年后追求名誉、地位、金钱物质、享受至上等因素所限制了,或被来自社会和文化的压力所阻碍了。我们要发现它、利用它,以便关注它、理解它,摆脱限制和阻碍。解读比信息更重要。我们要关注自己的容器(思想)是否具备承载幸福的形状。如果现在的容器(思想)不能或者只能承载很少幸福的话,我们就需要努力学习和实践,进行一次次的蜕变和重塑,让自己的思想成为充满幸福的容器。

(三)幸福与幸福基础线

人幸福与否来自内心,而非外在环境和因素。在生活中可以明显看到人与人之间性格是有差异的。有些人天生多快乐,有些人天生多郁闷。只有先从内部进行自我审视、反省和修炼,处理好与自己的关系,有了幸福的掌控力,才有可能去感染和影响甚至帮助他人。就像读书期间,每个学生都知道要获得好成绩,除了自身条件如智商外,更多是靠自身努力勤奋以及好的学习方法。至于学校、老师、家长和同学这些外界因素及其作用,则因人而异。人生幸福修炼也大致如此。要进行自我审视和反省,先要从了解自己开始。

【拓展阅读】

有一天,一位老人坐在村口晒太阳,远处走过来一个外乡人。他问老人:"老人家,我想搬到这个村子来住,请问你们这个村里的人都怎么样啊?"老人没有回答,而是反问外乡人:"你以前居住的村里的人怎么样呢?"外乡人皱着眉头说:"别提了,他们都是一群令人讨厌、自私自利的人,这也是我想搬离的原因。"老人叹了口气说:"先生,恐怕你又要失望了,这个村子的人跟他们完全一样。"外乡人听了沮丧地离开了。过了几天,又有一个年轻人来到这个村子,向老人问了同样的问题,老人仍然没有立刻回答,而是反问了年轻人相同的问题。年轻人笑着回答:"以前那个村里的人都很善良友好,自己和家人都很喜欢那里,离开那个地方真有点不舍得。"老人听了,也笑着说:"你很幸运,这个村里的人跟你们那里是完全一样的。"于是年轻人就定居下来,幸福地生活着。

(四)了解自己的幸福基础线及其影响

心理学研究表明,人的快乐幸福的根基来源于人的基因、家庭生长环境等。积极心理学将基因中的快乐因子定义为人的幸福基础线。天生多快乐的人的幸福基础线就高,反之天生多郁闷的人的幸福基础线就低。

一个人的幸福基础线基本稳定,外界因素如金钱、名利、爱情等给人带来的幸福只是短暂的。遇到开心的事快乐一段时间,遇到郁闷的事情心情沮丧一段时间,这些快乐和痛苦的事件尽管影响的程度和时间长短不同,但最后的结果是相同的。经过时间的推移、岁月的流逝,这些事件不再影响人们,人们的幸福指数又恢复到自己的基础线。

(五)如何提高自己的幸福基础线

积极心理学认为,一个人的幸福基础线基本稳定,但通过后天的努力,基础线可以逐步提高。如果想提高自己的幸福基础线,首先要从心理上坚信这是可以改变的,而且从意识和态度上确定自己是希望改变的。越早认识到这点,则收益越早、获益越多。

三、大学生提升积极心态的方法

无论是日常生活、学习生涯,还是步入社会,个体都可能遇见各种人生困境。比如人际关系的困扰、学业问题、情感纠结、职业生涯规划、情绪与压力的问题、个人成长……

当个体陷入人生困境时应该怎么办?

第九章　积极心理与幸福人生

塞利格曼提出了以品格优势为基石,以正面情绪、投入、人际关系、人生意义、成就等五个方面为支柱的"幸福大厦"模型,为个体提供了通往美好人生的路径。也就是说,当个体学会用积极心态来面对人生时,就一定可以找到内心深处的幸福感。拥有积极的心态不仅可以帮助个体保持正能量,还可以慢慢改变个体对生活的负面看法,增加面对困难和挫折时所需要的勇气与乐观。那么,如何才能获得积极心态?

(一)设立目标

古语说:"凡事预则立,不预则废。"目标可以产生积极的心态,成为努力的依据,也是一种鞭策,一个看得见的彼岸。心理学研究发现,实现目标并不能使人幸福,但拥有目标和实现目标的过程会让人更加满足。

(二)保持幽默

幽默是极好的精神调节剂。一个富于幽默感的人常能自寻快乐、摆脱困境、消除烦恼,在艰难的困境中不消极颓废、不牢骚满腹。从某种意义上讲,幽默是人与人之间的润滑剂,它可以使人们的交际变得顺利、自然。乐观可使人长寿,幽默还有益健康,使人长寿。

(三)放弃完美

没有人是完美的。这是非常真实的也是生活被设计的方式。成长的一部分是学会接受不完美的自己,坦然地承认自己有些地方是不完美的,而且永远也不会完美。越早接受这一点,就能越早与自己和平相处。

(四)树立信心

树立自信心是指不断地超越自己,产生一种来源于内心深处的最强大力量的过程。这种强大的力量一旦产生,就会产生一种很明显的毫无畏惧的感觉、一种"战无不胜"的感觉。拥有自信心之后,原本不能轻易解决的问题也能在不经意间迎刃而解,品尝成功的喜悦。

(五)缓解压力

心理学上对压力的定义是:压力源和压力反应共同构成的一种认知和行为体验过程。压力源是现实生活要求人们去适应的事件。缓解压力最好的方法就是深呼吸,清空大脑,同时在心里默数。首先吸气,同时默默地数到8,保持呼吸1~2秒,然后慢慢地呼气,同时数到8,重复多次。这个简单的方法不仅可以提升能量、改善记忆,还能很有效地控制压力和焦虑。深呼吸也能在体内注入更多的氧气,从而让精力更加旺盛。

(六)心存感恩

想在人生路上一直前行,就要拥有一颗感恩的心,让自己时时刻刻都对这个世界保持感激,这样才能用积极进取的心态走到最后。无论太阳还是月亮,无论富有还是贫困,无论快乐还是痛苦,只要感恩生命中的一切,就拥有了这一切。

（七）学习心理学

"在情绪的惊涛骇浪中，有一个内聚性自我稳稳地在那里。"心理学家科胡特如是说。当人们更多地了解自我、认识自我，就会发现并运用到自我强大的力量。原来情绪是不分对错的，最重要的是人们如何对待它。原来每一个生活事件的背后，都存在深远的意义……为了让大家更好地掌握一些实用的心理学技巧，高校心理委员工作平台集合全国高校心理学专业顶尖师资打造了心理委员 MOOC 和心理疗法 MOOC 课程，无论是恋爱问题、职业生涯规划、压力管理等，大学生都可以在学习的过程中找到自己的答案。

【拓展阅读】

为什么阳光会给人带来积极的情绪？

文/张洋

2020 年 12 月的某一天，在连续多天的阴霾过后，终于迎来了久违的阳光。沐浴在祥和的阳光下，我备感愉悦，不禁思考这样一个问题：为什么阳光会给人带来积极的情绪，以至于阳光几乎成了"积极""乐观"的代名词？

美国杨百翰大学的心理学家马克·比彻曾经做过一项关于心理健康与天气（污染）关系的研究。该研究选择 6 年间 16 452 名大学生的心理健康数据，对 19 种不同的天气（污染）变量进行了研究。实验结果表明，在太阳光照减少的时间段内，学生们精神上的困扰增加，天气（污染）与心理健康之间的关系是由太阳光照时间主导的。这些结果可能会令人感到惊讶，人们通常会认为天气、温湿度或者环境污染会对情绪产生深远的影响，但在研究中却并非如此，唯一具有明显差异的变量是白天的太阳光照时间。

季节的变化会影响人们的情绪，我国古代文人有悲秋的习惯。宋玉《九辩》云："悲哉，秋之为气也！萧瑟兮草木摇落而变衰。"杜甫《登高》云："万里悲秋常作客，百年多病独登台。"这种悲秋情绪很可能反映的是季节性情绪波动。由于季节的变化，特别是秋冬之交，环境、气温和生活规律的改变让人产生一种抑郁的倾向。这种倾向在其他季节相对较轻，但是在特定的季节，特别是秋冬之交比较突出，因此有人把它叫作冬天抑郁症。心理学家目前尚不清楚季节性情绪障碍产生的原因，太阳光照时间的季节性变化可能是其中一个很重要的原因。

心理学家通过研究发现，光线可以通过多种方式影响人们的情绪，常见的是通过调节神经递质或昼夜节律。5-羟色胺又名血清素，早上太阳升起，光线刺激从视网膜传到大脑中的中缝核，血清素开始合成，大脑进入清醒状态。血清素是一种能产生愉悦情绪的信使，几乎影响大脑活动的方方面面，从调节情绪、精力、记忆力到塑造人生观。血清素分泌不足的时候，人就会感到缺乏精力和兴致。此外，光还会影响褪黑素的产生。人体脑部的松果体会产生促进睡眠的褪黑素。血清素和褪黑素此消彼长，白天光照强，血清素分泌旺盛，褪黑素则受到抑制；夜幕降临后，光刺激减弱，合成褪黑素的酶类活性增强，褪黑素分泌增多，而血清素分泌减少。这样光线通过影响人体内神经递质的分泌调节觉醒和睡眠之间的昼夜变化。

漫长的进化赋予生物适应环境的能力。绿色植物进化出了叶绿体，可以通过光合作用合成有机物实现自养。人类虽然没有叶绿体，但也相应地进化出了利用太阳光的能力。当阳光照射在皮肤上，7-脱氢胆固醇在紫外线的作用下转化为维生素 D。维生素 D 是一种非常重要的脂溶性物质，天然食物中含量较少，90% 以上来源于光照后的皮肤合成，因此又被

第九章 积极心理与幸福人生

称为阳光维生素。维生素D可以协助调节基因的表达,对骨骼、肠、心血管系统、大脑及细胞周期、免疫都有重要的作用。缺乏维生素D会导致情绪低落、认知受损、头痛或偏头痛、抑郁症等。现代人长时间待在室内,缺乏阳光照射,普遍缺乏维生素D。因此一有时间就应该走出门去多晒太阳,补充维生素D,维持身心健康。

现代社会中,人们行色匆匆,为了生计而日夜奔忙,却几乎意识不到自己体内的基因其实属于遥远的过去。我们很容易忘记自己的自然周期和最先天的需求。由于有了人造光源,人们便不再遵守自然界的时钟了。然而,自然之道是人类生存和发展至关重要的保障。我国传统文化中有"天人合一"的理念,认为人是自然界的一部分,通过"精气"与天地万物沟通。苏轼曰:"惟江上之清风,与山间之明月,耳得之而为声,目遇之而成色,取之无禁,用之不竭,是造物者之无尽藏也,而吾与子之所共适。"选择拥抱自然、天人合一的生活,我们将会从自然界中汲取无限的力量。

阳光,不仅对人类很重要,对地球上的一切生命演化都很重要。同时,光是我们与生俱来充实灵魂的关键,当我们敞开心扉拥抱光明时,我们的美丽就会照亮前行的路。

【测一测】

二十四项突出优势测试

1. 好奇心、对世界的兴趣(　　)
   A. "我对世界总是很好奇"这句话:
   5 非常符合我　4 符合我　3 既没有符合也没有不符合　2 不符合我　1 非常不符合我
   B. "我很容易感到疲倦"这句话:
   1 非常符合我　2 符合我　3 既没有符合也没有不符合　4 不符合我　5 非常不符合我
   请把上面两项的分数加起来写在上面括号里,这是你的好奇心分数。

2. 热爱学习(　　)
   A. "每次学新东西我都很兴奋"这句话:
   5 非常符合我　4 符合我　3 既没有符合也没有不符合　2 不符合我　1 非常不符合我
   B. "我从来不会特意去参观博物馆或其他教育性场所"这句话:
   1 非常符合我　2 符合我　3 既没有符合也没有不符合　4 不符合我　5 非常不符合我
   请把上面两项的分数加起来写在上面括号里,这是你喜爱学习的分数。

3. 判断力、判断性思维、思想开放(　　)
   A. "不管是什么主题,我都可以很理性地去思考它"这句话:
   5 非常符合我　4 符合我　3 既没有符合也没有不符合　2 不符合我　1 非常不符合我
   B. "我常会很快做出决定"这句话:
   1 非常符合我　2 符合我　3 既没有符合也没有不符合　4 不符合我　5 非常不符合我
   请把上面两项的分数加起来写在上面括号里,这是你判断力的分数。

4. 创造性、实用智慧(　　)
   A. "我喜欢以不同的方式去做事"这句话:
   5 非常符合我　4 符合我　3 既没有符合也没有不符合　2 不符合我　1 非常不符合我
   B. "我的大多数朋友都比我有想象力"这句话:
   1 非常符合我　2 符合我　3 既没有符合也没有不符合　4 不符合我　5 非常不符合我
   请把上面两项的分数加起来写在上面括号里,这是你创造性的分数。

5. 社会智慧、情商( )
   A."不论是什么样的社会情境我都能轻松愉快地融入"这句话：
   5 非常符合我　4 符合我　3 既没有符合也没有不符合　2 不符合我　1 非常不符合我
   B."我不太知道别人在想什么"这句话：
   1 非常符合我　2 符合我　3 既没有符合也没有不符合　4 不符合我　5 非常不符合我
   请把上面两项的分数加起来写在上面括号里，这是你社会智慧的分数。

6. 洞察力( )
   A."我可以看到问题的整体大方向"这句话：
   5 非常符合我　4 符合我　3 既没有符合也没有不符合　2 不符合我　1 非常不符合我
   B."很少有人来找我求教"这句话：
   1 非常符合我　2 符合我　3 既没有符合也没有不符合　4 不符合我　5 非常不符合我
   请把上面两项的分数加起来写在上面括号里，这是你洞察力的分数。

7. 勇敢( )
   A."我常常面对强烈的反对"这句话：
   5 非常符合我　4 符合我　3 既没有符合也没有不符合　2 不符合我　1 非常不符合我
   B."痛苦和失望常常打倒我"这句话：
   1 非常符合我　2 符合我　3 既没有符合也没有不符合　4 不符合我　5 非常不符合我
   请把上面两项的分数加起来写在上面括号里，这是你勇敢的分数。

8. 毅力、勤勉( )
   A."我做事都有始有终"这句话：
   5 非常符合我　4 符合我　3 既没有符合也没有不符合　2 不符合我　1 非常不符合我
   B."我做事时常会分心"这句话：
   1 非常符合我　2 符合我　3 既没有符合也没有不符合　4 不符合我　5 非常不符合我
   请把上面两项的分数加起来写在上面括号里，这是你毅力的分数。

9. 正直、诚实( )
   A."我总是信守诺言"这句话：
   5 非常符合我　4 符合我　3 既没有符合也没有不符合　2 不符合我　1 非常不符合我
   B."我的朋友从来没说过我是个实在的人"这句话：
   1 非常符合我　2 符合我　3 既没有符合也没有不符合　4 不符合我　5 非常不符合我
   请把上面两项的分数加起来写在上面括号里，这是你正直的分数。

10. 仁慈、慷慨( )
    A."上个月我曾主动去帮邻居的忙"这句话：
    5 非常符合我　4 符合我　3 既没有符合也没有不符合　2 不符合我　1 非常不符合我
    B."我对别人的好运不像对我自己的好运那样激动"这句话：
    1 非常符合我　2 符合我　3 既没有符合也没有不符合　4 不符合我　5 非常不符合我
    请把上面两项的分数加起来写在上面括号里，这是你仁慈的分数。

11. 爱与被爱( )
    A."在我生活中，有很多人关心我的感觉和幸福，就像关心他们自己一样"这句话：
    5 非常符合我　4 符合我　3 既没有符合也没有不符合　2 不符合我　1 非常不符合我

第九章 积极心理与幸福人生

　　B."我不太习惯接受别人对我的爱"这句话：
　　1非常符合我　2符合我　3既没有符合也没有不符合　4不符合我　5非常不符合我
　　请把上面两项的分数加起来写在上面括号里，这是你爱与被爱的分数。

12. 公民精神、责任、团队精神、忠诚(　　)
　　A."为了集体,我会尽最大努力"这句话：
　　5非常符合我　4符合我　3既没有符合也没有不符合　2不符合我　1非常不符合我
　　B."我对牺牲自己的利益去维护集体利益很犹豫"这句话：
　　1非常符合我　2符合我　3既没有符合也没有不符合　4不符合我　5非常不符合我
　　请把上面两项的分数加起来写在上面括号里，这是你的公民精神的分数。

13. 公平与公正(　　)
　　A."我对所有人一视同仁,不管他是谁"这句话：
　　5非常符合我　4符合我　3既没有符合也没有不符合　2不符合我　1非常不符合我
　　B."如果我不喜欢这个人,我很难公正地对待他"这句话：
　　1非常符合我　2符合我　3既没有符合也没有不符合　4不符合我　5非常不符合我
　　请把上面两项的分数加起来写在上面括号里，这是你的公平的分数。

14. 领导力(　　)
　　A."我可以让人们为了共同的目标而努力,而且不必反复催促"这句话：
　　5非常符合我　4符合我　3既没有符合也没有不符合　2不符合我　1非常不符合我
　　B."我对计划集体活动不太在行"这句话：
　　1非常符合我　2符合我　3既没有符合也没有不符合　4不符合我　5非常不符合我
　　请把上面两项的分数加起来写在上面括号里，这是你的领导力的分数。

15. 自我控制(　　)
　　A."我可以控制我的情绪"这句话：
　　5非常符合我　4符合我　3既没有符合也没有不符合　2不符合我　1非常不符合我
　　B."我的节食计划总是虎头蛇尾,半途而废"这句话：
　　1非常符合我　2符合我　3既没有符合也没有不符合　4不符合我　5非常不符合我
　　请把上面两项的分数加起来写在上面括号里，这是你的自我控制的分数。

16. 谨慎、小心(　　)
　　A."我避免参与有身体危险的活动"这句话：
　　5非常符合我　4符合我　3既没有符合也没有不符合　2不符合我　1非常不符合我
　　B."我有时交错了朋友或找错了恋爱对象"这句话：
　　1非常符合我　2符合我　3既没有符合也没有不符合　4不符合我　5非常不符合我
　　请把上面两项的分数加起来写在上面括号里，这是你的谨慎小心的分数。

17. 谦虚(　　)
　　A."当人们称赞我时,我常转移话题"这句话：
　　5非常符合我　4符合我　3既没有符合也没有不符合　2不符合我　1非常不符合我
　　B."我常常谈论自己的成就"这句话：
　　1非常符合我　2符合我　3既没有符合也没有不符合　4不符合我　5非常不符合我
　　请把上面两项的分数加起来写在上面括号里，这是你的谦虚的分数。

18. 对美和卓越的欣赏(　　)
    A."在过去的这个月,我曾被音乐、艺术、戏剧、电影、运动、科学或数学等领域的某一个方面感动"这句话：
    5非常符合我　4符合我　3既没有符合也没有不符合　2不符合我　1非常不符合我
    B."我去年没有创造出任何美的东西"这句话：
    1非常符合我　2符合我　3既没有符合也没有不符合　4不符合我　5非常不符合我
    请把上面两项的分数加起来写在上面括号里,这是你的美感力的分数。

19. 感恩(　　)
    A."即使别人帮我做了很小的事情,我也会说谢谢"这句话：
    5非常符合我　4符合我　3既没有符合也没有不符合　2不符合我　1非常不符合我
    B."我很少停下来想想自己有多幸运"这句话：
    1非常符合我　2符合我　3既没有符合也没有不符合　4不符合我　5非常不符合我
    请把上面两项的分数加起来写在上面括号里,这是你的感恩的分数。

20. 希望、乐观、展望未来(　　)
    A."我总是看到事情好的一面"这句话：
    5非常符合我　4符合我　3既没有符合也没有不符合　2不符合我　1非常不符合我
    B."我很少对要做的事情有周详的计划"这句话：
    1非常符合我　2符合我　3既没有符合也没有不符合　4不符合我　5非常不符合我
    请把上面两项的分数加起来写在上面括号里,这是你的乐观的分数。

21. 灵性、目标感、信仰(　　)
    A."我对生命有强烈的目标感"这句话：
    5非常符合我　4符合我　3既没有符合也没有不符合　2不符合我　1非常不符合我
    B."我的生命没有目标"这句话：
    1非常符合我　2符合我　3既没有符合也没有不符合　4不符合我　5非常不符合我
    请把上面两项的分数加起来写在上面括号里,这是你的灵性的分数。

22. 宽恕与慈悲(　　)
    A."过去的事我都让它过去"这句话：
    5非常符合我　4符合我　3既没有符合也没有不符合　2不符合我　1非常不符合我
    B."有仇不报非君子,总要报了才甘心"这句话：
    1非常符合我　2符合我　3既没有符合也没有不符合　4不符合我　5非常不符合我
    请把上面两项的分数加起来写在上面括号里,这是你的宽恕的分数。

23. 幽默(　　)
    A."我总是尽量将工作与玩耍融合在一起"这句话：
    5非常符合我　4符合我　3既没有符合也没有不符合　2不符合我　1非常不符合我
    B."我很少说好玩的事"这句话：
    1非常符合我　2符合我　3既没有符合也没有不符合　4不符合我　5非常不符合我
    请把上面两项的分数加起来写在上面括号里,这是你的幽默的分数。

24. 热忱、热情、热衷(　　)
    A."我对每一件事都全力以赴"这句话：

第九章　积极心理与幸福人生

5非常符合我　4符合我　3既没有符合也没有不符合　2不符合我　1非常不符合我

B."我老是拖拖拉拉"这句话：

1非常符合我　2符合我　3既没有符合也没有不符合　4不符合我　5非常不符合我

请把上面两项的分数加起来写在上面括号里，这是你的热忱的分数。

总　结

一般来说，如果有五项或少于五项得到9分或10分，这是你突出的优势，至少你是这样觉得的，请把它们圈出来。你也会有一些项目得了4~6分，这些就是你的劣势。

请用下面的标准评估你的突出优势。

◆真实感及拥有感，比如感觉"这是真正的我"。

◆当你展现你的某个优势时，你很兴奋，尤其是第一次。

◆刚开始练习这个优势时，有快速上升的学习曲线。

◆会不断学习新方法来加强你的优势。

◆渴望有别的方式去展现自己的优势。

◆在展现优势时有一种必然如此的感觉。

◆运用这个优势时，会越用情绪越高昂，而不是越用越疲倦。

◆个人追求的目标都是围绕这个优势的。

◆在运用这个优势时，你会感到欢乐、热情高涨甚至是狂喜。

如果你的优势符合以上某个标准，那这就是你的突出优势了。

参考文献

[1] 张明,魏义梅. 心理委员培训手册[M]. 北京:高等教育出版社,2013.

[2] 魏改然,贾东城. 大学生心理健康教育[M]. 北京:高等教育出版社,2017.

[3] 朱小根. 大学生心理健康教育[M]. 北京:清华大学出版社,2010.

[4] 倪海珍,杜旭林. 大学生心理素质训练[M]. 北京:科学出版社,2009.

[5] 刘梅,刘静洋. 大学生心理健康教育[M]. 2版. 北京:清华大学出版社,2018.

[6] PLOTNIK J, WAAL F, REISS D. Self-recognition in an Asian elephant[J]. Proceedings of the National Academy of Sciences,2006,103(45):17053-17057.

[7] 张日升. 咨询心理学[M]. 北京:人民教育出版社,1999.

[8] HOGG M A. Essentials of social psychology[J]. Essentials of Social Psychology,2009,17(1):104-106.

[9] 张拓基,陈会昌. 关于编制气质测验量表及其初步试用的报告[J]. 山西大学学报(哲学社会科学版),1985(4):73-77.

[10] 林崇德,杨治良,黄希庭. 心理学大辞典[M]. 上海:上海教育出版社,2003.

[11] 中国就业培训技术指导中心.(2005). 心理咨询师. 基础知识. 民族出版社.

[12] LEWIN K, LIPPITT R, WHITE R K. Patterns of aggressive behavior in experimentally created "social climates"[J]. Journal of Social Psychology,1939:10(2):269-299.

[13] BORGATTA E F. The structure of personality characteristics[J]. Behavioral Science,1964,61(1),8-17.

[14] JOHN M, DIGMAN, NAOMI, et al. Factors in the natural language of personality: re-analysis, comparison, and interpretation of six major studies[J]. Multivariate Behavioral Research,1981,16(2):149-170.

[15] GOLDBERG, LEWIS R. The development of markers for the big-five factor structure[J]. Psychological Assessment,1992,4(1):26-42.

[16] MCCRAE R R, COSTA P T. The structure of interpersonal traits[J]. Journal of Personality & Social Psychology,1989,56(4):586-595.

[17] SMITH G M. Usefulness of peer rating of personality in educational research[J]. Educational and Psychological Measurement,1967,27(4):149-170.

[18] TUPES E C, CHRISTAL R E. Recurrent personality factors based on trait ratings[J]. Journal of Personality,1992,60(2):225-251.

[19] GRANOVETTER M S. The strength of weak ties[J]. American journal of sociology,1973,78(6):1360-1380.

[20] WOOD S. Initiating career plans with freshmen[J]. School counselor,1990,37(3):233-239.

[21] 胡敏. 大学生心理健康教育与指导[M]. 上海中医药大学出版社,2005.

[22] 何少颖. 大学生心理健康教育与训练[M]. 厦门大学出版社,2003.

[23] 彭聃龄. 普通心理学.[M]. 4版. 北京师范大学出版社,2001.

[24] 钟谷兰,杨开. 大学生职业生涯发展与规划[M]. 华东师范大学出版社,2008.

[25] 王沛. 大学生职业决策与职业生涯规划. 科学出版社,2007.

[26] 夏光. 大学生职业生涯规划指南[M]. 机械工业出版社,2009.

[27] 林崇德. 心理学大辞典[M]. 上海:上海教育出版社,2003.

[28] 周宗奎. 现代儿童发展心理学[M]. 合肥:安徽人民出版社,1999.

[29] 贾晓明,陶勑恒. 大学生心理健康——走向和谐与适应[M]. 北京:北京理工大学出版社,2005.

[30] 连榕,张本钰. 大学生心理健康[M]. 北京:北京师范大学出版社,2012.

[31] 张静. 大学生心理教育[M]. 北京:电子工业出版社,2017.

[32] 陈红英,潘丽红. 大学生心理健康教程[M]. 武汉:武汉大学出版社,2008.

[33] 董奇. 学习的科学[M]. 北京:中国书籍出版社,1996.

[34] GERALD COREY. 心理学与个人成长[M]. 胡佩诚,译. 北京:中国轻工业出版社,2007.

[35] 张大均. 大学生心理健康教育[M]. 重庆:西南师范大学出版社,2004.

[36] 黄希庭. 心理学导论[M]. 北京:人民教育出版社,2007.

[37] 俞国良. 大学生心理健康[M]. 北京:北京师范大学出版社,2019.

[38] 周莉,刘海娟. 大学生心理健康教育[M]. 北京:中国人民大学出版社,2020.

[39] 胡谊,张亚,朱虹. 大学生心理健康教育[M]. 上海:华东师范大学出版社,2019.

[40] 邱鸿钟. 大学生心理健康教育[M]. 广州:广东高等教育出版社,2017.

[41] 樊富珉,王建中. 当代大学生心理健康教程[M]. 武汉:武汉大学出版社,2003.

[42] 樊富珉,费俊峰. 大学生心理健康十六讲[M]. 北京:高等教育出版社,2018.

[43] 马福,吴越,刘娟娟. 大学生心理健康教育实用教程[M]. 北京:科学出版社,2018.

[44] 倪海珍,杜旭林. 大学生心理素质训练[M]. 北京:科学出版社,2009.

[45] SEAWARD B L. 压力管理策略:健康和幸福之道[M]. 许燕,等译. 北京:中国轻工业出版社,2008.

[46] 傅小兰. 情绪心理学[M]. 上海:华东师范大学出版社,2016.

[47] 黄希庭. 心理学导论[M]. 北京:人民教育出版社,1991.

[48] 刘翔平. 当代积极心理学[M]. 北京:中国轻工业出版社,2010.

[49] 孟昭兰. 情绪心理学[M]. 北京:北京大学出版社,2005.

[50] 彭聃龄. 普通心理学[M]. 北京:北京师范大学出版社,2001.

[51] 乔建中. 情绪的社会建构理论[J]. 心理科学进展,2003(5),541-544.

[52] 桑志芹,邓旭阳. 大学生心理素质训练[M]. 上海:上海教育出版社,2006.

[53] 徐东兴,聂晗颖,高倩. 大学生焦虑心理个案简析[J]. 学校党建与思想教育,2015(2),50-51.

[54] 谢弗尔. 压力管理心理学[M]. 方双虎,等译. 4版. 北京:中国人民大学出版社,2009.

[55] 彭贤,马千珉. 人际关系心理学[M]. 北京:清华大学出版社,北京交通大学出版社,2019.

[56] 张慧,钟蓉戎.本科大类培养背景下大学生同伴关系调查与分析:以浙江大学工科大类为例[J].高校辅导员,2012(2):50-54.

[57] 黄仁发,汤建南.人际关系心理学[M].合肥:中国科学技术大学出版社,1995.

[58] 樊富珉.团体心理咨询[M].北京:高等教育出版社,2005.

[59] FREEDMAN J L.社会心理学[M].哈尔滨:黑龙江人民出版社,1997.

[60] 古畑和孝.人际关系社会心理学[M].王康乐,译.天津:南开大学出版社,1986.

[61] 田国秀.团体心理游戏[M].北京:学苑出版社,2012.

[62] 俞国良.大学生心理健康[M].北京:北京师范大学出版社,2019.

[63] 周莉,刘海娟.大学生心理健康教育[M].北京:中国人民大学出版社,2020.

[64] 胡谊,张亚,朱虹.大学生心理健康教育[M].上海:华东师范大学出版社,2019.

[65] 樊富珉,费俊峰.大学生心理健康十六讲[M].北京:高等教育出版社,2018.

[66] 桑作银,汪小容.大学生人际交往心理学[M].成都:西南财经大学出版社,2007.

[67] 邱鸿钟.大学生心理健康教育[M].广州:广东高等教育出版社,2017.

[68] 周莉.大学生心理健康教育[M].北京:中国人民大学出版社,2015.

[69] 唐慧敏.大学生心理健康教育[M].北京:高等教育出版社,2017.

[70] 张明,魏义梅.心理委员培训手册[M].北京:高等教育出版社,2013.

[71] 魏改然,贾东城.大学生心理健康教育[M].北京:高等教育出版社,2017.

[72] 朱小根.大学生心理健康教育[M].北京:清华大学出版社,2010.

[73] 倪海珍,杜旭林.大学生心理素质训练[M].北京:科学出版社,2009.

[74] 刘梅,刘静洋.大学生心理健康教育[M].2版,北京:清华大学出版社,2018.

[75] 马丁·塞利格曼.真实的幸福[M].洪兰,译.沈阳:万卷出版公司 2010.

[76] 连榕,张本钰.大学生心理健康[M].北京:北京师范大学出版社,2012.

[77] 张静.新编大学生心理健康教育[M].北京:电子工业出版社,2017.

[78] 陈红英,潘丽红.大学生心理健康教程[M].武汉:武汉大学出版社,2008.

[79] 张大均,邓卓明.大学生心理健康教育——诊断·训练·适应·发展[M].重庆:西南师范大学出版社,2004.

[80] 俞国良.大学生心理健康.北京:北京师范大学出版社,2018.

[81] 周莉,刘海娟.大学生心理健康教育[M].3版.北京:中国人民大学出版社,2020.

[82] 胡谊,张亚,朱虹.大学生心理健康教育[M].上海:华东师范大学出版社,2018.

[83] 邱鸿钟.大学生心理健康教育[M].广州:广东高等教育出版社,2018.

[84] 樊富珉,王建中.当代大学生心理健康教程[M].武汉:武汉大学出版社,2014.

[85] 樊富珉,费俊峰.大学生心理健康十六讲[M].2版.北京:高等教育出版社,2020.

[86] 刘明娟,曹峰瑞.关于生命意义的研究综述[J].科技情报开发与经济,2009(9):165-166.

[87] 顾海良.生命教育——大学生读本[M].北京:人民教育出版社,2007.

[88] 郑晓江.生命教育演讲录[M].南昌:江西人民出版社,2008.

[89] 魏安乐,陶新宏,黄晓云,等.大学生生命教育调查研究——以合肥地区高校为例[J].合肥学院学报(社会科学版),2009,26(2):109-112.

[90] 周红五.心理援助:应对校园心理危机[M].重庆:重庆出版社,2006.

[91] 魏改然,贾东城.大学生心理健康教育[M].北京:高等教育出版社,2017.

[92] 刘峨,张先宗,秦玉学,等.心理健康教育[M].2版.北京:清华大学出版社,2019.

[93] 彭凯平.传统的智慧融入积极的福流[N].中国日报·欧洲版,2018-04-20(9).

[94] 任俊.积极心理学思想的理论研究[D].南京:南京师范大学,2006.

[95] 塞利格曼.真实的幸福[M].洪兰,译.沈阳:万卷出版公司,2010.

[96] 王承清.积极心理学理念与学校心理咨询的发展[J].中小学心理健康教育,2015(4):27-29.

[97] 庞红卫.积极心理学导向——美国中小学心理健康教育发展新趋势[J].中小学心理健康教育,2009(1):23-26.

[98] 郭菊.积极心理学取向下的小学心理健康教育模式研究[D].成都:四川师范大学,2014.

[99] 周旖,邱模英.积极心理学视角下学生积极心理的三个维度及其培育[J].成功(教育版),2013(1):271.

[100] 张倩,郑涌.美国积极心理学介评[J].心理学探新,2003(3):6-10.

[101] 李金珍,王文忠,施建农.积极心理学:一种新的研究方向[J].心理科学进展,2003,11(3):321-327.

[102] 任俊,叶浩生.积极:当代心理学研究的价值核心[J].陕西师范大学学报(哲学社会科学版),2004,33(4):106-111.

[103] 任俊.积极心理学[M].上海:上海教育出版社,2006.

[104] ASPINWALL L G, STAUDINGER U M. A psychology of human strengths: fundamental questions and future directions for a positive psychology[M]. Washington DC: American Psychological Association, 2003.

[105] HELD B S. The negative side of positive psychology[J]. Journal of humanistic psychology, 2004(9):9-46.

[106] LOPEZ S J, SNYDER C R. The Oxford handbook of positive psychology[M]. 2nd ed. New York: Oxford University Press, 2009.

[107] FADDA D, SCALAS L F, MELEDDU M. Contribution of personal and environmental factors on positive psychological functioning in adolescents[J]. Journal of adolescence, 2015(8):119-131.

[108] DUCKWORTH A L, STENN T A, SELIGMAN M E. Positive psychology in clinical practice[J]. Annual review of clinical psychology, 2005(1):629-651.